Postwar Japan-Korea relations

歴史認識から見た
戦後日韓関係

「1965年体制」の歴史学・政治学的考察

吉澤文寿 編著

社会評論社

はじめに

吉澤文寿

日本の植民地支配期に「徴用工」として軍需工場に強制動員された韓国人四人が新日鐵住金（現・日本製鉄）に損害賠償を求めていた裁判で、韓国大法院（最高裁に相当）は二〇一八年一〇月三〇日、新日鐵住金に賠償を命じる判決をくだした。賠償金は、一人あたり一億ウォン（約一〇〇〇万円）の計四億ウォンになる。この判決に対し、同日の衆議院本会議で、安倍晋三首相は「一九六五年の日韓請求権協定によって、完全かつ最終的に解決している。判決は国際法に照らしてありえない判断だ」と述べた。また、一一月六日に河野太郎外相は、「国際法に基づく国際秩序に対する挑戦」と発言し、韓国政府の対応如何によっては国際司法裁判所への提訴も辞さない姿勢を明らかにした(1)。日本のメディアや評論を見ると、この問題が「日韓請求権協定で完全かつ最終的に解決済み」であるという観点から、この判決に批判的な論調が目立つ。しかし、この判決の内容と意味について、より冷静に考えてみる必要がある。

この判決は、植民地支配当時の戦時強制動員の被害者たちが、支援者とともに長い間戦ってきた末に勝ち取ったものである。一九六五年に締結された日韓請求権協定によって、植民地支配責任が何ら明記されないまま、日本から韓国に経済協力が行われた。そして、韓国政府はその一部をウォン貨資金として実施した国内補償で、生存する被害者をいっさい切り捨ててしまった。その後、韓国政府による一連の「過去事清算」事業が行われたが、それはそのような協定を結んだ韓国政府による人道的措置と呼ぶべきものであった。

判決では、日韓請求権協定は「両国の債務・債権関係を政治的合意によって解決するためのもの」とされ、被害者個人の請求権は残っているという見解が示された。すなわち、日本の朝鮮植民地支配および侵略戦争の遂行に直結した日本企業の反人道的な不法行為を前提とする強制動員被害者の日本企業に対する慰謝料請求権は、同協定の適用対象ではないと判断された。二〇一二年五月二四日の韓国大法院判決では、このような請求権が協定の適用対象ではない以上、韓国政府の外交保護権も残っているとしていた。ただし、韓国政府がその考えに立つとしても、今後日本政府に外交保護権を行使するかどうかは、韓国政府の判断次第である。

ところで、植民地支配に対する責任を問う動きは、決して韓国の被害者だけの行動ではない。これは、二〇〇一年八月末から九月初めにかけて南アフリカ共和国で行なわれた反人種主義・差別撤廃世界会議（ダーバン会議）で植民地支配、人種主義、奴隷制などが議論され、ダーバン宣言として結実した。その後も、二〇〇八年八月三〇日にイタリア政府のベルルスコーニ首相はリビアに対して過去の植民地支配を謝罪し、両国間の戦後賠償を含む友好協定を締結した(2)。また、二〇一三年六月六日、イギリス政府は、英統治下のケニアで起きた独立闘争「マウマウ団の乱」を英国政府が弾圧したことについて、公式謝罪がなかったものの、遺憾の意を表明するとともに、弾圧の被害者五二〇〇人以上に計一九九〇万ポンド（約三〇億円）の補償金を支払うと発表した(3)。ヨーロッパ諸国による植民地支配に関しても、実に五〇〇年も前から引きずってきた植民地支配の責任を問う被害者やその子孫たちの声が、二一世紀に至ってようやく顕在化しつつある。

また、国際法の観点から見ても、今回の判決が重大な人権侵害に起因する被害者個人の救済を重視する国際人権法の進展に沿ったものであることも忘れてはならない。同年一一月五日に山本晴太弁護士、川上詩朗弁護士らが発表した声明は次のように指摘している。

本件のような重大な人権侵害に起因する被害者個人の損害賠償請求権について、国家間の合意により被害者の同意なく一方的に消滅させることはできないという考え方を示した例は国際的に他にもある

（例えば、イタリアのチビテッラ村におけるナチス・ドイツの住民虐殺事件に関するイタリア最高裁判所（破棄院）など）。このように、重大な人権侵害に起因する個人の損害賠償請求権を国家が一方的に消滅させることはできないという考え方は、国際的には特異なものではなく、個人の人権侵害に対する効果的な救済を図ろうとしている国際人権法の進展に沿うものといえるのであり（世界人権宣言　八条参照）、「国際法に照らしてあり得ない判断」であるということもできない(4)。

そして、日本の朝鮮植民地支配をめぐる問題について、朝鮮民主主義人民共和国（北朝鮮）との間に何らの協定も結ばれていないことも想起すべきである。日本側としては二〇〇二年九月一七日の日朝平壌宣言が韓国と同様の協定を結ぶ根拠になると考えているだろう。しかし、曲がりなりにも植民地支配によって「朝鮮の人々に多大の損害と苦痛を与えた」と宣言に明記されている以上、北朝鮮側からそれに見合った行動が要求されることは、当然ありうると考えるべきだ。北朝鮮側からよほどの譲歩がない限り、日本政府が北朝鮮の被害者に損害賠償あるいは慰謝料を一切支払わないような協定を結ぶことは困難である。

このように考えると、二〇一八年の「一〇・三〇判決」は、ひたすら日韓請求権協定を盾にして、今までの日韓関係を維持しようとするには、あまりにも大きなインパクトを与えているといえよう。そうであるならば、世界史的にも植民地支配の責任を問う動きが顕在化するなか、今回の韓国大法院判決は、植民地支配および戦争による南北朝鮮の被害者に対して、日本政府や企業が加害者としての公正かつ誠実な対応を実現する好機をもたらしたと言えるのではないだろうか。被害者やその支援者は、二〇一九年六月一九日に韓国政府が日本政府に提案した日韓両国企業の自発的出資による基金などに期待しつつ、差し押さえた日本企業の資産を現金化する手続きを粛々と進め、国際的な社会正義と被害者の人権擁護の確立を今後追及するだろう。ただ、この問題が日韓関係の様々な局面悪化を招いていることは看過できない。このように、「被害者不在」の「過去清算」によって現在まで継続する日韓関係こそ、存続の危機に立たされている。いまこそ、日韓関係をアップグレードさせる意味でも、日本と韓国の人々が被害者を中心に考え、解決のための知恵を

出し合うときである。(5)

社会正義と人権尊重という、いわば積極的平和に寄与するかたちで日韓関係を再構築する契機として「一〇・三〇判決」を捉えようとする観点は、この判決が克服しようとする「一九六五年体制」の学問的考察が長期的に目指すところであろう。ここで「一九六五年体制」とは、狭義としては一九六五年に締結された日韓諸条約、とくに「日本国と大韓民国との間の基本関係に関する条約」(日韓基本条約)および「財産及び請求権に関する問題の解決並びに経済協力に関する日本国と大韓民国との間の協定」(日韓請求権協定)を基礎とする日韓関係である。(6)ただ、これらの諸条約の基礎にあるのは一九五二年四月二八日に発効した「日本国との平和条約」(サンフランシスコ講和条約)であることを踏まえるならば、「一九六五年体制」とは、この講和条約によって基礎づけられている「サンフランシスコ体制」(7)を補完するサブシステムとして理解することもできるだろう。本書はこのように規定される戦後日韓関係について、「歴史認識」をキーワードとして、歴史学的、政治学的アプローチで考察するものである。

より具体的に本書の目的を述べるならば、次のとおりである。まず、一九六五年に日韓基本条約および諸協定(以下、日韓諸条約)が締結された後も、日韓間でくすぶり続けた歴史関連の問題について、その現在に至るまでの両国における展開過程を分析し、その要因を構造的に明らかにすることである。本書の特徴は、日韓諸条約締結による「一九六五年体制」の成立から五〇年を過ぎた現段階で、日本の朝鮮植民地支配をめぐる歴史認識、日本軍「慰安婦」や強制動員された朝鮮人について「完全かつ最終的に解決」したとされた請求権について、(一)最新の開示資料に基づいて日韓諸条約の妥結過程を検証し、(二)作成から三〇年の経過で開示が見込まれる一九八〇年代前半までの日米韓の公文書を発掘して付き合わせ、(三)さらに民間の論文雑誌資料を使い、政治運動のインパクトを組み込みながら日韓諸条約の締結過程およびその歴史的環境を再検証し、国交正常化を起点とする広義の「歴史問題」を歴史学的及び政治学的に解明したところにある。本書は一九六五年の日韓国交正常化を大きな軸として、戦後日韓関係をとらえなおそうとするものであり、日韓会談および現代の日韓関係について優れた研究成果を発表してきた実力者から新進気鋭の研究者まで集めており、いずれも先行研究を乗り越えようとする意欲的な論文集となった。一九九八年一〇月八日に小渕恵三首相と金大中大統領が発表した「日韓共同宣言――二一世紀に向けた新たな日韓パートナーシップ（日韓パートナーシップ宣言）」にあるように、「日韓両国が二一世紀の確固たる善隣友好協力関係を構築していくためには、両国が過去を直視し相互理解と信頼に基づいた関係を発展させていくことが重要である」。執筆者の研究者としての関心は決して一様ではないが、この点においては問題意識を共有している。

本書は二〇一五年四月から三年間実施された平成二七年度（二〇一五年度）科学研究費助成事業の基盤研究（B）「日韓国交正常化以後の請求権および歴史認識問題の展開過程の検証」（研究課題／領域番号15H03324）の研究成果である。また、平成三一年度（二〇一九年度）科学研究費助成事業の研究成果公開促進費（19HP5137）の交付を受けて出版される。一九六五年の日韓国交正常化交渉（以下、日韓会談）で積み残された課題として、請求権および歴史認識問題に焦点を絞り、歴史学、政治学、市民運動家らが研究会を開き、これらの課題を討議した。本書は、それらの成果として、それぞれの専門分野の観点から、日韓会談の最新の研究成果を踏まえつつ、外交文書などの開示が進みつつある一九八〇年代までの日韓関係を考える一〇篇の論考からなる著作集である。

本書は全体として三部に分けることができる。第一部では、日韓会談研究を進めた史料公開状況や、それを元にした最新の研究成果を収録した。李洋秀論文が二〇〇五年から始まる日本の日韓会談関連外交文書公開請求運動から、外務省による同文書の公開までの過程を論じる。金恩貞論文は日韓・日朝関係の非対称性の起源を日韓会談に求め、「北朝鮮要因」をめぐる日韓間および日本政府内の論争を考察する。太田修論文は財産請求権交渉における日本側の「相互放棄」から「経済協力」への構想の変化について、九州大学附属図書館の森田芳夫文庫などから、新たに発掘した史料に基づいて再検証するものである。浅野豊美論文は今日まで継続する日韓請求権協定をめぐる論争に関連して、米国の対日援助が財産請求権交渉を決定づけたと論ずる意欲作である。

第二部では、日韓国交正常化以後の歴史認識問題を考察した論考を集め、今後のさらなる議論の深化を目指す。長澤裕子論文はこの間、日韓会談期の外交文書研究が集中していたが、国交正常化直後に続いた両国の交渉に関する開示文書を検討し、すでに歴史認識の問題が両国の代表者の交渉中に露呈していたことを示している。山本興正論文は、戦後日本の朝鮮近現代史研究の第一人者である故・梶村秀樹に焦点を当て、「日韓体制」を批判する梶村の論点を浮き彫りにする。吉澤文寿論文は日韓両国で開示された藤尾正行文部大臣による「日韓併合は韓国側にも責任がある」などとする発言をめぐる外交文書を検証し、一九八〇年代の歴史認識問題の要点を明らかにする。

第三部では、日韓会談およびその後の日韓関係（「一九六五年体制」）の歴史的空間に関する論考を集めた。金崇培論文は「サンフランシスコ平和条約」、「コリア」などの呼称の背景を再検証し、名称からの国際政治学の必要性を論じる。成田千尋論文は沖縄の帰属問題をめぐる一九五〇年代の日韓関係と沖縄との関係を論じるものである。金鉉洙論文は日韓会談反対運動を主導した在日朝鮮人学生の「祖国」認識を考察する。

本書は、これらの一〇篇の論考を通して、戦後日韓関係における「歴史認識問題」について、歴史学的及び政治学的視点から新たな認識を提示しようとするものである。現在の日韓関係は、日韓国交正常化によって成立した「一九六五年体制」について、多角的に研究する必要性がますます高まっている。そのような要請にも応えうるような研究成果として、本書を上梓したい。

（注）

（1）河野外務大臣会見記録（二〇一八年一一月六日付）、外務省ホームページ。https://www.mofa.go.jp/mofaj/press/kaiken/kaiken4_000770.html#topic9（最終アクセス二〇一八年一一月八日）。

（2）伊藤カンナ「イタリアの戦後賠償」、『名古屋大学法政論集』第二六〇号、二〇一五年二月、「ベンガジ条約について――イタリア―リビア『友好』条約は日朝条約のモデルとなるか?」（日朝国交「正常化」と植民地支配責任ウェブサイト、二〇一〇年九月一日付）https://kscykscy.exblog.jp/13899811/（最終アクセス二〇一八年一一月八日）。

（3）「植民地下で拷問、三〇億円補償表明、英、ケニアの被害者に」、『朝日新聞』二〇一三年六月八日付。「Mau Mau

torture victims to receive compensation - Hague」（ＢＢＣニュースウェブサイト、二〇一三年六月六日付）。https://www.bbc.com/news/uk-22790037（最終アクセス二〇一八年一一月八日）。

（4）「元徴用工の韓国大法院判決に対する弁護士有志声明」（二〇一八年一一月五日付）。この声明の呼びかけ人は青木有加、足立修一、岩月浩二、殷勇基、内河恵一、大森典子、川上詩朗、金昌浩、在間秀和、張界満、山本晴太である。

（5）吉澤文寿「徴用工への賠償命令と日本の『過去清算』」、『金曜日』第一二〇八号、二〇一八年一一月九日付、一八頁。

（6）金昌禄「韓日過去清算、まだ終わっていない――『請求権協定』を中心に」、吉澤文寿編著『五〇年目のつながり直し――日韓請求権協定から考える』、社会評論社、二〇一六年所収。

（7）原貴美恵「継続するサンフランシスコ体制――政治・安全保障・領土」、成田龍一・吉田裕編『記憶と認識の中のアジア・太平洋戦争　岩波講座アジア・太平洋戦争　戦後編』、岩波書店、二〇一五年。

歴史認識から見た戦後日韓関係――「１９６５年体制」の歴史学・政治学的考察＊目次

第二章 日韓会談における北朝鮮要因 金恩貞・63

第一部　日韓会談関連外交文書の公開と日韓会談研究の新視点

第一章　日韓会談文書の開示請求訴訟と在日の法的地位

李洋秀

はじめに

二一世紀になっても、未だ一九六五年の日韓協定に注目せざるを得ないのは、日本軍国主義による植民地支配の被害に対する歴史清算問題が、国交正常化後も何一つ解決されずに長い間両国間で放置されてきて、今もその延長上にあるためだ。

今も南北朝鮮の人たちを苦しめている半島の分断構造は、第二次世界大戦末期連合軍による占領問題が俎上に上った一九四五年二月のヤルタ会談から、日本が占領軍の支配から独立したサンフランシスコ講和条約発効の一九五二年四月二八日までの七年間で、その枠組みの全てが決定されたといっても過言ではないだろう。

朝鮮半島は旧ソ連が代表する共産国家陣営と、それに対抗する米国、英国等の自由陣営間の冷戦構造により三八度線（今の軍事境界線とは位置も形態も違うが）で分断され、さらには朝鮮戦争まで勃発した。まさにその戦争の真っ最中に、日韓会談は始められた。

一五年という長い歳月を経た会談の末、日韓間で国交が結ばれたが、三六年間の植民地支配が合法だったのか不法だったのか、その結論は両国が互いに認識を一致しないままだったし、その後五四年が過ぎた今日も両国は、その解釈について立場を異にしている。

それなのに過去の清算問題は六五年韓日協定で全部「完全かつ最終的に解決」され、「請求権についていかなる主張もできない」という判決が日本各地の裁判所で下され、日本政府は今もその立場を頑なに守っている。したがって六五年の会談妥結まで、何がどのように相談され決定したのかに、関心が集まるしかなかった。

一　日韓会談文書開示を求める裁判闘争

1　日韓会談の定義

それならば、果たして「日韓会談」とは一体、何を指すのか？　定義するのは本当に容易でない。一体、いつからいつまでの何を指して、「日韓会談」と呼ぶのか。時間的にも内容的にも、どの国のどの部署が作成したのか、その量も膨大であるばかりか、何をもって会談文書と定義するのか、説明することすら困難だ。難しいどころではなくほとんど不可能なのだが、それでもひとまずインターネット「ウィキペディア」の百科辞典を引いてみると、次のような記述がある。

「第二次世界大戦後の日本と大韓民国間の国交正常化に至るまでの一連の会談をいう。一九五一年に予備会談が始まり一九六五年東京で、両国政府代表が調印するまで開かれた」。

しかし果たして、それだけが「日韓会談」なのか？　一九六五年の韓日協定締約から既に五四年の歳月が流れたが、日本政府と韓国政府が存在する以上、「日韓会談」は今も開かれているし、現在進行中であり、今後も続く。

また「日韓会談」文書には、韓国政府が作成した文書と日本政府が作成した文書がある。もちろん韓国政府は「日韓会談」とは呼ばず、「韓日会談」と呼ぶ。本稿ではひとまず、会談の日本側文書を中心に検討してみることにする。

一九五一年一〇月に第一次会談予備会談が始まる前から準備資料を作成する作業に入っていたので、日韓会談自体と会談関連文書とには若干、時間的な差がある。

とりあえず日韓会談文書とは一九六五年までの国交正常化交渉の間と、国交樹立後から現在に至る文書の、大きく二つに分けられるだろう。

日韓両国の市民で結成された「日韓会談文書・全面公開を求める会」（以下、「求める会」とする）の一〇年間の裁判闘争の中でも、「日韓会談の定義」はくり返し議論された。即ち「求める会」が開示を要求する文書の範囲を、「一九六五年の会談妥結までと限定するのか？」、でなければ「三〇年経過した外交文書は基本的に公開するべき」という情報公開法の一般的原則により、その後の「国交樹立後、少なくとも一九八五年頃までは含まれなければならないのではないか？」という二つの意見が対立した。

結果、とりあえず六五年までの会談文書公開を求めて裁判を起すことにし、その後の文書に対しても、今後要求していくことで合意を見て、運動を始めた。

次に時間的な問題ではなく、作成部署に関して考察してみよう。外務省の書類だけが日韓会談文書ではない。大蔵省（現在は財務省）、文部省（現在は文部科学省）、法務省（出入国管理局と大村収容所など在日同胞関連）、厚生労働省、農林水産省（李ラインと船舶、漁獲物輸出入等）、総務省、宮内庁、国会図書館、憲政資料館、国土交通省（海上保安庁と竹島等）、防衛庁（現在は防衛省）防衛研究所図書館、総務省、国家公安委員会（警察庁）等の関連部署と共通して所有、管理した情報や文書も甚だ多く、どこまでが外務省文書で、どこからが外務省文書でないと分けられる明確な境界線というものもない。

これはある程度、韓国側文書にも共通点がある。韓国政府が公開した文書はあくまで、外務部保有の文書が公開されただけで、大統領官邸（会談開始当時は「景武台」、現在は「青瓦台」）関連の文書や国軍、国情院（過去の安全企画部、中央情報部）の文書は含まれない。

黒塗りで隠した部分が圧倒的に多い日本側文書と比較して、「韓国は文書を一〇〇％公開したが、日本は四分の一を隠している」という評があるが、これは正確でない。韓国も外務部以外の多くの部署の文書は公開されてないし、開示された韓国側文書にも一部にすぎないが、黒塗り部分が若干含まれている。

2　韓国が先に文書公開

一九八八年にソウルオリンピックが開かれ「漢江《ハンガン》の奇蹟」と呼ばれる経済成長もあって、一九八九年一月から韓国国民の海外旅行が自由化された。長い闘争と犠牲の結果、いよいよ民主化されたのだ。

それまで訴える場所や裁判を起こす機会が与えられなかった日帝植民地時代の強制連行、徴用・徴兵による被害者やその遺族、日本軍に「慰安婦」（性的奴隷）を強要されたおばあさんたちは、日本の教科書の歴史歪曲や政治家の相次ぐ妄言に誘発され、日本政府や企業を相手に謝罪と補償を要求する訴訟を、日本各地の裁判所で起こした。その数字は九〇件以上になる、そのうちの韓国人関係だけでも四五件(1)に達する。しかしシベリアに抑留された日本人や、鹿島、花岡の中国人強制連行、台湾人軍属に対する謝罪と補償等、一部の和解を除き、それらの請求はみな棄却、敗訴で終わってしまった。

例えば騙されて「慰安婦」に連行されたと一九九一年八月一四日に名乗り出た金学順《キム・ハクスン》さんも原告に含まれる「アジア太平洋戦争韓国人犠牲者補償請求事件」は同年一二月六日東京地裁に提訴されたが、二〇〇一年三月二六日棄却判決が出た。続く東京高裁での控訴審も二〇〇三年七月二二日に棄却、最高裁が二〇〇四年一一月二九日上告棄却することで、原告側の敗訴が確定した。判決は「慰安婦に対する国家、軍隊の関与や募集方法での詐欺や脅迫、慰安所で強要された事実」を認めながらも、「六五年韓日請求権協定で時効が過ぎた」と判断し、原告の請求する権利を許容しなかった。しかも既に高齢に達していた原告のうち、多くの人は判決を待てずに亡くなった。金学順さんも一九九七年に享年七三歳で亡くなられた。日本での裁判が一審だけでも一〇年近い歳月を必要とし、三審まで一四年という長い時間がかかるとは夢にも思わなかっただろう。

日韓会談文書が全部公開されたとしても、それが過去の歴史清算に直結し、犠牲者に対する謝罪や賠償が直ちになされるとは誰も期待しなかったが、強制動員の被害者らは韓国政府に会談文書の開示を要求して、二〇〇二年一〇月一一日ソウル行政法院に提訴した。原告は日本軍性的奴隷、浮島丸爆沈犠牲者の遺族、在韓被爆者、三菱重工、日本製鉄等への強制動員、勤労挺身隊、ＢＣ級戦犯、軍人・軍属等の被害者と遺族の一〇〇人で構成された。

二〇〇四年二月一三日「請求権協定文書公開を命じる」一審判決が下された。これに被告・原告の両側が控訴したが、控訴審中に外務部が関連文書を全部公開することを約束し、原告は控訴自体を取り下げた。大統領府首席補佐官会議は同年八月一四日会談文書公開の検討を指示し、二〇〇五年一月一一日、文書開示が決められた。外交部文書の一部五件が一月一七日に、残る一五六件約三万頁が八月二六日に開示された。

3　日本側文書の開示を求めて

韓国側の日韓会談文書はこのようにして公開されたが、日本外務省は同会談の日本側文書を全く公開しようとしなかった。二か国が共に持った会談なのに、片方だけが開示され、片方は隠したままの姿は、客観的に見れば均衡を失っており異常な事態である。日本政府もすべての文書の公開を要求するべきと、日韓の市民と学者、弁護士ら、個人が三八〇人、団体が七〇近く集まって、市民団体「求める会」が二〇〇五年一二月一八日東京で結成された。裁判を前提としたので、同時に弁護団も組織され、会員としては日韓の市民三三一人が集まった。

しかし日韓会談文書とはいうものの、外務省がどんな文書を持っているのか分からないので、韓国で公開された文書を参考にした。第一次会談予備会談から第七次会談までの本会議、基本関係及び請求権委員会の会談関連文書リストを作成し、開示を請求した(2)。外務省の返事は、内容を見て「可能な部分に対しては本年六月二四日までに開示を決めるが、残りは二〇〇八年五月まで（二年後⁉）に決める」という傲慢きわまりないものだった。

二〇〇六年八月一七日になって、やっと一次開示として一九五八年の第四次会談本会議会議録の一四文書六五頁、参席者の名前まですべてが黒塗りの「みじめなもの」が開示された。これでは到底「公開された」とは認められず、「求める会」は「異議申告書」を麻生太郎外務大臣宛に同年一〇月二日提出した。

同時に、「少なくとも韓国が公開した程度の量の文書は公開するべき」と、同年一二月一八日東京地方裁判所に一次訴訟を起こした。ところが開示からわずか半年後の二〇〇七年三月六日、外務省は昨年黒塗りで開示した文書を一変して三月二八日に「全面開示する」と通知してきた。四月二日の開示説明には、「再度検討した結果、開示しても問題ないと判断するに至った」とあるが、それなら初めから公開すればよい。まるで人を弄んでいるかのようだ。

同年四月二七日には二次開示として二五の文書が公開されたが、韓国で発行された雑誌や新聞のうち日韓会談に関連するものを外務省で翻訳したもので、とても「外交文書」と呼べる代物ではなく、裁判で争う対象にもならなかった。

一次訴訟の判決が迫った二〇〇七年一一月一六日、三次開示として一四〇件、五三三〇頁の文書が出されたが、この中に完全不開示文書が一件あって、注目された。いくつか変な点があるのだが、題名が「竹島問題に関する文献資料」という文書番号一三七は、何頁あるのも分からない完全不開示の文書だった。

また文書番号一〇一と一〇五は、一九六五年に開かれた第七次全面会談在日韓国人法的地位委員会の「会議録」となっているが、これは会議録ではない。実在する会議録はどこかに隠してしまい、その五年後の一九七〇年に別途作成された鶴田剛事務官のメモとすり替えてある。両国間で言い争いになり、緊張した雰囲気の会議録の公開を嫌がった外務省が、後になって作成されたメモを代りに挿入したのだ。公式な会議録と個人のメモとは全く違うものだ。別に存在する会議録をないと偽装して、次元が違う他のメモとすり替えるというのは完全な詐欺というしかない。この三次開示の不開示部分の完全開示を要求して、二次訴訟の準備が始められた。

4　一次訴訟の勝訴

そして、二〇〇七年一二月二六日に下された一次訴訟の判決は、原告「求める会」の歴史的勝訴判決であった。「情報公開法」によれば「開示請求があった日から三〇日以内に、量が著しく多いなど事情があっても、六〇日内に公開しなければならないが、「外務省が一年七ヶ月も、さらに必要というのは違法であり、組織として必要な措置を取っていないのは怠慢」という判決文は、本当に夢のようだった。

しかしこの勝訴内容は請求から開示までの「時間的な問題だけ」に限られたもので、内容的には全く勝っていなかった。「裁判費用は両側が半々で支払え」というせいぜい二分の一の勝訴だった。

敗訴判決で体面を失った外務省は一審判決を不服とし、二〇〇八年一月八日東京高等裁判所に控訴した。市民運動の中で始まった行政訴訟で原告側が勝訴したことはほとんどなかったし、また反対に国側が敗訴するのも珍しかった。四月二三日に開かれた控訴審は外務省側が控訴人で、市民団体側の弁護団が被控訴人という立場で開かれた。しかしこれまで原告側の椅子にしか座ったことのない被控訴人側弁護団は、普段通り控訴人席に陣取ってしまった。逆に控訴人側弁護団もまた、何も考えないまま被控訴人側に座って、裁判の開始を待っていた。法廷に判事が入って来て、「座る席が反対」という指摘を受けると、両側の弁護団は恥ずかしくて頭をかきながら席を交換した。常日頃、鬱陶しいだけの法廷で、笑いが出ることは決して多くないが、この時だけは本当に笑いの花が満開だった。

控訴審は一審で勝訴した「求める会」が、訴訟自体を取下げることで終結した。即ち一次訴訟は「当初、情報公開の決定に二年もかかるという外務省の怠慢を問うために起したが、違法という判決も出たし、この五月には外務省がすべての日本側文書の開示を決めた。したがって裁判をこれ以上継続する必要がなくなったので、提訴自体を撤回したい」として、外務省側もこれに同意したので、控訴審は終了し一次訴訟自体も終わった。

5　日本側文書の開示と二次訴訟

二〇〇七年末の一次訴訟の判決により、外務省はすべての文書を早急に開示することが法的に義務付けられた。結果、二〇〇八年四月一八日には四次開示として一三〇文書、三四八二頁を開示した。外務省の開示は続いた。五次開示として五八四文書、一万六二六三頁が五月二日に、六次開示として一一七五文書、三万一〇七一頁が五月九日に開示された。合計五万八三四三頁の文書が開示された。

また公開された中でも、頁数も不明な不開示文書が二三、黒塗りで隠した部分開示を含む文書が五四九もあり、これは全体の二五％、四分の一に達する。

しかし「求める会」は既に三次開示の不開示内容公開を求めて二次訴訟を準備中だったし、四次開示の内容を検討する時間もなかった。またその後、何次にわたり、どのくらい開示されるのか、推測すらできなかった。

二次訴訟と三次訴訟は内容的に共通するので、別個にせず一つの裁判で統一するように、裁判所に提案したが外務省側が断ってきた。それで三次開示に対する二次訴訟を二〇〇八年四月二三日東京地方裁判所に起こした。二次訴訟の一審判決は二〇〇九年一二月一六日に下されたが、完全に原告側の敗訴だった。その内容と言えば、インカメラもない世界的に立ち遅れた日本の裁判で、裁判長は隠された場所を点検もすることもなく、外務省の権限を無制限に許容して「韓国で同じ文書が公開されているといっても次元が違う」などと、何を言っているのか全く理解できない理由で、原告の提訴を全て棄却した。続く東京高裁の控訴審でも二〇一〇年六月二三日棄却され、二〇一一年五月九日最高裁判所の上告不受理決定で一審判決が確定し、二次訴訟は終わった。

6　三次訴訟で逆転勝訴

しかし二〇〇八年一〇月一四日東京地方裁判所に提訴した三次訴訟は、二次訴訟とは大きく異なっていた。内容的には似ているが、量が全く違う。二次は二八のファイルだけが対象だったのに、三次は対象が五二〇にもなる大量の文書だ。途中で重要でないと判断されたものが公判過程で除去され段々減ったが、最終的に三四八件の文書の開示を巡って争った。

しかし公判の場で裁判長自ら、「インカメラがなくて判断し難い」と不満を表明したり、「日本政府の内部文書を外務省が墨を塗るのは理解できるが、なぜ韓国公開の文書まで黒塗りするのか？」という当然の質問が出て、完全敗訴だった二次訴訟とは異なる様相を見せた。なのである程度、勝利の可能性を期待したのだが、二次訴訟の敗訴が悲惨だったので、「最初から日本の司法府になど、何の期待もできない」と失望している人も少なくなかった。

三次訴訟の一審判決は二〇一二年一〇月一一日言い渡された。二次訴訟は一審判決まで一年半しかかからなかったのに、三次訴訟は四年もかかった。量が多くて、判事が一つ一つ文書を点検して確認するのに、多くの時間を要したのだ。二六〇〇頁を越す判決文は(3)、黒塗りの合法性を争った「三八二個のファイルのうち二六八は公開せよ」という劇的な原告側の勝訴だった。不開示が許された一一八ファイルの中にも、「開示できると考えられる場合があるので、再検討を真剣に迅速に全力投球することを望む」と、いう付言まで付けられた。

三〇年以上経過した文書に対して、国家に「法的保護に適合した可能性を立証する必要がある」と明確な基準を提示しただけでなく、日本の法の制度の不備（インカメラ制度がないこと）にまで言及した。司法府がここまで立法府を批判したことは、特筆すべきことだ。

一部非公開が認められたので「完全勝訴」とまでは言えないが、裁判費用も「外務省側が五分の三を負担、原告が残りの二を負担せよ」という判決は、一次訴訟の〇点評価と比較すれば、一〇〇点満点ではなくても六〇点は与えられるだろう。

7　控訴審と裁判の終結

しかし外務省は一〇月二四日（当時は民主党政権）、東京高裁に、四七文書の「開示決定」に対する「一部控訴」をしてきた。「これなら勝訴できる」と厳密に選び抜いた文書だけを争点にした控訴審は、当然被告の「求める会」側が不利な立場に置かれた。

外務省の「一部控訴」に対抗して、市民団体側弁護団は「附帯控訴」で対抗した。「附帯控訴」と一般控訴の違いは、訴訟費用をこちら側が負担する必要がないという差だ。

控訴審である二審の東京高等裁判所で争点になったすべての文書のうち、一番先頭に外務省が持ち出した文書が、完全不開示の「外務省北東アジア課」が「作成」したという「河合文庫のうち官府記録目録」だった。しかし「河合文庫」は、二〇一三年三月二九日付で開示された文書番号三八〇「韓国国宝古書籍目録（第二次分）」に「河合文庫（京都大学図書館保管）韓国本」が含まれている。「官府記録目録」と、この「韓国本目録」が完全に一致するのかは不明だが、全く無関係とも考えられなかった。

直接、京都大学図書館で河合文庫を閲覧してみようということになり、二〇一三年七月一九日筆者と共同代表ら五人が京大を訪ねた。だが大学図書館で使われている目録は京大で作ったものではなく、成均館《ソンギュングァン》大学校の千恵鳳《チョン・ヘボン》名誉教授作成の『河合文庫所蔵韓国本』だった。その目録を一冊全部、そのままコピーして帰ったが、京都大学も作らず韓国の学者が作ったものを、なぜ外務省が「作成した」と嘘をついて、必死に非公開にしようとするのか、全く理解できなかった。

弁論が結審する二〇一四年三月一三日、証人尋問で外務省北東アジア課小野啓一課長は、「河合文庫のうち官府記録が開示されると、……わが国が交渉上不利益になる憂慮がでることが十分に想定される」(4)と開示を拒否した。

一次訴訟の途中から参加したわが方、張界満《チャン・ゲマン》弁護士の法廷尋問が圧巻だった。小野課長のダラダラとした長い説明を遮って、「複雑な説明は要らない。あなたはこの目録を直接、見たことがあるのかないのか？『ある、ない』で答えなさい」と迫ったところ、課長は小さい声で頭を下げて「ありません」としか話をつなげなかった。結局河合文庫目録は、公判直後の三月二四日に突然開示された。これでは今まで二年間、一体何を争ってきたのか、裁判の体も成していない。

それなのに東京高裁は二〇一四年七月二五日、外務省の一部控訴四七文書の不開示を容認する不当判決を下した(5)。

情報公開三〇年の原則に対しても、「国際的慣習だと認めるのに十分な証拠はなく、……作成後一定期間を経過した公文書に対して、法廷不開示情報該当性に関する行政機関側の立証責任を重く扱う、実質的な根拠も探し難いと言わざるを得ない」という世界的にも後退した内容だった。

「求める会」は二次訴訟で敗訴した経験もあるので、弁護団も団体執行部も「これ以上、最高裁判所まで上告して闘っても、良い結果を得られる可能性はない」と判断した。また上告して闘うことを望む人もいなかった。

これで一〇年にわたる裁判闘争は終りを告げ、団体は二〇一六年一二月二三日解散した。しかしまだ隠された文書はまだ多くあり、また今まで開示させた文書を世界中に提供するアーカイブスを開設することにした。その後も一九一五文書の黒塗り部分は少しずつ開示され、二〇一七年八月一八日まで続いた。団体もホームページを閉鎖せず、新しく開示された文書も含めて日韓両国の文書を今も提供中だ。

二　講和条約と在日朝鮮人の国籍問題

1 戦後の在日朝鮮人政策

日本政府はポツダム宣言受諾を決定する一九四五年八月一四日、海外在住の日本人軍人三五〇万、一般人三三〇万人は「現地化定着させる方針」を在外公館に指示する。自国民を放棄する日本政府に、在日同胞に対するまともな政策等まったくなかった。

九月二日降伏文書に署名した重光葵外相が、一九三二年四月上海で尹奉吉《ユン・ボンギル》義士が投げた爆弾で片方足を失っていた事実も、在日同胞の運命を暗示しているようだった。

米国政府は占領軍に「中国人である台湾人及び朝鮮人を軍事上、安全が許す限り『解放された民族（liberated people）』として取り扱う」[6]という基本方針を下す。これは「戦勝国民としての地位は付与しない」という宣言でもあった。

一九四五年一二月一五日衆議院は「議員選挙法改正案」を成立させ、朝鮮人、台湾人等、旧植民地出身者から選挙権・被選挙権を剥奪する。翌四月一〇日歴史上初めて女性に選挙権が与えられたが、その裏で植民地出身者は永遠に見捨てられた。

まだ占領軍の支配下にあった日本国政府は、一九四七年五月二日憲法施行の前日、天皇最後の勅令二〇七号「外国人登録令」で、在日朝鮮人を「基本的人権が保障された平和憲法」適用から除外する。登録令は米配給と連動し、登録した外国人にだけ米配給権が与えられた。餓死者が出るほど戦後の食糧難だったが、祖国の半島では突然帰って来た一五〇万海外在住同胞の職場や住宅、食糧等が不足した上、伝染病まで流行した。

しかし三六年ぶりに祖国を取り戻した在日朝鮮人は日本各地に民族学教を建て、子どもたちに母国語を教えて帰国の準備を急いだ。学校数は小学校だけでも五〇〇校、児童数は五万人を越えた。

在日朝鮮人を「外国人」として切り捨てた日本政府は、一九四八年になると今度は一変「朝鮮人学校閉鎖」

通達を都道府県知事に下す。[7] 反対デモは全国に広がり、特に同胞の多住地域の大阪、神戸で活発で、警察の弾丸で金太一《キム・テイル》という一六歳の少年が死亡する事件まで起きる。いわゆる阪神教育闘争だ。

同じ時期に半島の南では五・一〇単独選挙に反対する四・三蜂起が済州島で起き、結局南北が別々に大韓民国と朝鮮民主主義人民共和国を創建することになった。

また済州島に残った南労党の地下組織を鎮圧するために国防警備隊が組織されたが、麗水《ヨス》、順天《スンチョン》で反乱が起き、中には命をかけて日本まで逃亡した人も現れた。しかし当時、まだ国交がなかった日本に渡るためには「密航」しか方法がなかった。

2　吉田のマッカーサー宛書簡

このような状況で吉田茂首相は一九四九年七月六日、占領軍ホイットニー民生局長宛に在日を糾弾する手紙を送る。「内密に申上げるが、朝鮮人の不健全分子が共産主義の先棒を担いでいる。労働運動に、又一般の治安の問題に由々しき事態を惹き起こしているが、この朝鮮人は洵《まこと》に厄介千万にして、不逞分子はどしどし不法入国し密輸入を行って共産党のためにファンドを稼いでいると思う」[8]。これは日米間の私的な手紙なので、日韓会談文書には含まれない。手紙を翻訳、出版した袖井林二郎法政大学名誉教授によると、これは一九七六年五月三〇日公開の「外交記録」にあるというから、三〇年経過する前に公開されたようだ。アメリカの情報公開が先に進んでいることを、如実に見せる。

八月には、次の手紙[9]（日付署名なし）をマッカーサー総司令官宛てに送る。

「総数約百万人（筆者注：全く根拠がない。一九四九年一〇月の外国人登録によれば五九万四五六一人）、その半分が不法入国（いくら密入国が多くても五〇万は荒唐無稽）の在日朝鮮人問題について、早期の解決を迫られています。私は朝鮮人がすべて、生国の半島に送り返されることを欲します。

その理由は一、日本の食糧事情食料事情が悪い。二、朝鮮人は日本経済の再建に貢献してない（筆者注：差別で職場が得られない）。三、朝鮮人は犯罪を犯す比率が高い。経済法規違反の常習犯で、かなりが共産主義者か、悪質な政治的犯罪を犯し投獄されている者は常に七千人を越えています。

戦後裁判に付せられた朝鮮人による刑事事件は、一九四八年五月末まで七万千五十九件、九万千二百三十五人になります（筆者注：住所変更の申告遅延、身分証の携帯違反等、軽い違反を全て、重大刑事犯として統計を出している）。

朝鮮人送還計画で私の考えは一、原則として、朝鮮人は全部送還、費用は日本政府が負担。二、日本在住を希望する者は、日本政府に許可申請をする。在住許可は日本経済再建に貢献しうる者にだけ与える」。

これに対しマッカーサーは「総司令部としては、送還される朝鮮人が韓国で処刑されると承知で送還することは望ましくない。日本で死刑判決を受けさせるほうがまし[10]」と返事する。

一九五〇年突然朝鮮戦争が勃発するが、時を同じくして第二次世界大戦を終結させる「対日平和条約」締結問題が起きていた。韓国は既に「連合国側として対日講和会議に参加することを国連に要請すること」を一九四八年九月三〇日国会施政方針で李承晩《イ・スンマン》大統領が演説していたし、ムチオ駐韓米国大使の同意も得ていた[11]。

しかし日本外務省は一九五〇年九月にまとめた「対日平和条約想定大綱」で、「韓国は対日平和条約の原署名国になることを主張するかも知れないが、実現しないであろう[12]」という憶測を、冷徹に観察する。

一九五一年一月四日張《チャン》勉《ミョン》駐米大使は、講和条約交渉と署名に参加を要請する韓国政府の覚書を米国務部に手渡す。韓国の参加が適切でないなら、日本と単独平和条約を締結できるよう助けを要請し、この席でダレス国務部顧問は「韓国の参加資格を認めた[13]」ので当時、韓国政府は講和会議の参加を確信していた。

ところが朝鮮戦争の最前線でマッカーサー総司令官は、朝鮮半島をいくら爆撃しても無駄で、中国とソ連の支援を断ち切らないと戦争に勝利できないと一九五〇年一二月二〇日、ソ連に一八発、中国に八発、合計二六発の原爆投下リストをワシントンに送る。[14] 結局マッカーサーを統制できなくなったトルーマン米国大統領は一九五一年四月一一日、マッカーサーを総司令官職から解任する。

3　吉田ダレス会談

その直後の一九五一年四月二三日、吉田とダレス特使との会談[15]が東京で開かれる。ダレスは「韓国政府は国連総会決議で朝鮮の正統政府として認められ、多数の国連加盟国に正式承認されている。米国は韓国の地位を強化したいし、日本政府も同意見と思う。条約実施で在日韓国人が連合国人の地位と権利を取得し、主張すると日本が困ることは承知した。この困難をどう回避するかは米国で考慮するので、韓国の署名には同意してほしい」と述べたが、吉田は「在日朝鮮人はきわめて厄介で、彼らを本国に帰したいとたびたびマ元帥に話した。マ元帥は、今帰すと韓国政府に首を切られる。人道的立場からその時期ではないとの意見だった。しかし朝鮮人は帰って貰わぬと困る。彼らは、戦争中労働者として連れてこられ炭鉱で働いた。戦後、社会の混乱の一因をなし、共産党は彼らを手先に使い、彼らの大部分は赤い」と説明し、[16] 次の書類を提出する。

「合衆国政府は平和条約に、韓国政府を署名国として招請する意向と承知した。日本政府は、合衆国政府の再考を希望する。韓国は『解放民族』で、日本に対しては平和条約で始めて独立国となる。日本とは戦争状態にも交戦状態にもなく、連合国に認められるべきでない。韓国が署名国となれば、在日朝鮮人が連合国人として財産の回復、補償の権利を取得し主張してくる。百万近い朝鮮人がかような権利を主張したら、日本政府は耐えられない負担を負う。しかも朝鮮人の大部分が、共産系である事実も考慮にいれなければならない。

日本としては、平和条約に朝鮮に対する一切の権利、権原及び請求権を放棄することと、韓国の独立を承認する文言を挿入し、日本とは法的に独立国家となったと規定しておき、朝鮮動乱が解決し半島が安定した後、日韓間の関係を別に協定することが最も現実的と考える。

その後、日本側が米国に渡した『補足陳述』には『韓国の署名について、在日朝鮮人が連合国人の地位を取得しないことを明白にされるなら、韓国が署名することに、異議を固執しない。』と記した。しかし韓国の署名参加は結局、韓国の強い要望にもかかわらず、米国は取りやめることになった」。

吉田・ダレス会談でわかることは、日本政府即ち吉田は韓国の対日講和条約参加問題より、在日同胞の追放にしか関心がなかったということだ。「在日朝鮮人が連合国人の地位を取得しない」限りという条件がついたものの、始終一貫して韓国の講和条約参加に反対してきた日本政府が、「韓国政府が平和条約に署名することには、異議を固執しない」と賛成もしくは許容したのは最初で最後、この時の一度だけだ。

しかし韓国の対日講和条約参加問題は、東京での吉田・ダレス会談から二週間も持ち堪えられなかった。五月三日ワシントンで開かれた「英米協議」で、英国は韓国の条約署名に強く反対した。韓国が署名することになると、日本の植民地統治の合法性が問題になる。そうなると大英帝国をはじめ、欧米の植民地統治を否定する議論が噴出することになる。結局、米国は台湾と韓国の条約参加を断念し、代わりに英国は中共(北京政府のこと)の参加案を放棄することで妥協が成立する。

韓国だけでなく北朝鮮と中国も対日講和会議に関心を見せたが、アメリカと戦争中の状態で現実性はなかった。

九月八日サンフランシスコで対日平和条約が署名されるが、結局中共、台湾、韓国、北朝鮮、インド、ビルマ、ユーゴスラビアは参加しなかったし、ソ連とチェコスロバキア、ポーランドは署名しなかった。

4　日韓予備会談の開始と一次会談の決裂

第一次公式会談を準備するための日韓予備会談は一九五一年九月二五日、占領軍総司令部シーボルト外交局長の「在日朝鮮人の法的地位問題について、韓国外務部と日本外務省が総司令部外務局の部屋で総司令部が傍聴出席の下で協議するように」という指示から始まった。日韓会談自体が翌年四月の平和条約発効までに、「在日朝鮮人対策」に目途をつけるためGHQが主導して始められたといえる。

また一一月一日施行の新しい「出入国管理令」に在日韓国人と台湾人が適用対象になるかが緊急議題だったが、予備会談では「本会談の議題を外交関係の樹立と基本条約、漁業協定問題、通商条約、請求権処理、文化協定問題を取り上げること」[17]が決められた。

一五年間の日韓会談を想い起す時、多くの人はマスコミの報道に誘導され、真っ先に「李ライン（平和線）」と日本漁民の拿捕を思い浮かべるのではないだろうか。しかし予備会談が始まった時、まだ平和線は存在しなかった。平和線が設定されたのは、翌一九五二年一月一八日のことだ。

講和条約は調印六か月後の、一九五二年四月二八日になって初めて発効する。その前に国交正常化を実現させようと、二月一五日本会談の第一次交渉が始められる。しかし本会談直前に平和線が宣言され、会談は大きく頓挫した。

最初から日本側は、講和条約発効と同時に在日同胞の日本国籍を剥奪し、強制退去の対象にするのが目的だった。

一九五二年四月一九日付法務府民事局長の一片の通達[18]により、日本で生まれた二世、三世を含む六〇万の在日同胞が「外国人」として取り扱われることになった。

一方、韓国政府は元々在日同胞の問題に無関心で、自分たちの政府の正統性を証明することで、請求権により大きな利益を得ようとした。即ち「一九一〇年の強制併合は不法であり、それ以前に締結されたすべての条約は無効」と主張したが、反対に日本は「日韓間で締結されたすべての法令は『国際的な協定』であり、合法」と主張した。

また韓国側は「韓日間財産及び請求権協定要綱」（いわゆる対日請求八項目）を提示し、日本側はこれに対して「在韓日本人財産に対する請求」を主張することで、正面からぶつかった。結局、一次会談は四月二五日に決裂し代表団は帰国してしまったまま、四月二八日の平和条約発効を迎えた。

だが一九五二年五月一二日、密入国者二八五人と共に解放前から日本で暮らしていた在日韓国人のうち外国人登録手続き違反者一二五人も一緒に、日本法務省出入国管理局が釜山に強制送還したところ、「在日韓国人の国籍処遇問題が解決されていない」と韓国政府はその引取りを断った。(19)

日本側から見れば、李承晩は就任当時から「七三歳の老齢なので融通性がない頑固者になっていたし……対馬の返還要求、船舶、文化財の返還要求、日本漁船の拿捕など不快な印象」を与え、平和線宣言に強制退去の受け入れ拒否にまで至った。

最終目標はすべての在日朝鮮人一〇〇万人の追放なのに、一二五人の強制退去まで拒絶されたことは、吉田にとって大きな衝撃だった。もちろん一〇〇万という数字も誇大妄想の産物であり、マッカーサーやホイットニー宛に送った書簡の中でもとんでもない数字を羅列した吉田だったが、彼の民族差別意識は普通ではなかった。

その上、朝鮮半島はまだ戦争中だったし、ＧＨＱによって解散された「朝連」に代わる「民戦（在日朝鮮民主統一戦線）」は日本共産党の指導の下、非合法、武装闘争路線で対抗した。一九五二年五月一日には皇居の前で「血のメーデー事件」が起き、六月二四日大阪の吹田事件、七月七日名古屋の大須事件は、朝鮮戦争に呼応する在日同胞の闘争的な側面もあった。

開城《ケソン》で始まった停戦会談は板門店《パンムンジョム》に場所に移したが、捕虜の釈放問題で壁にぶつかった。巨済島《コジェド》の捕虜収容所にいた北朝鮮人民軍一五万と中国共産軍二万の捕虜が一九五二年五月七日暴動を起こす。(20)国連軍広報局は収容所と北朝鮮との連絡を遮断するために九月二六日、「国連軍防衛海域設定」を発表する。

しかし日本の岡崎外相は「該当海域で操業する日本漁船は千七百五十三隻に達し、もし操業が禁止されれば三万二千人漁民が生業を奪われて年間七十五億円の漁獲高を失うことになるので、漁業を継続できるようにしてほしい」[21]と一〇月二三日マーフィー（Murphy）在日米大使に要望する。

朝鮮戦争中なのに日韓会談が決裂したままでは、共産陣営と戦うアメリカの立場が苦しくなった。問題妥結のためにクラーク（Clark）国連軍司令官は、李承晩大統領夫婦を一九五三年一月五～七日日本に招請する。吉田は李大統領と会談を持つ。後年、吉田を訪ねた外務省北東アジア課前田課長に、当時のことをこう追憶した。

「私は李承晩というヤツが大嫌いで、彼が来た時にもう少しこちらが愛想よくしておけばよかったものだが、どうも虫が好かないもので、いい加減にあしらったものだから、考えてみると、君達若い人に苦労させるようになった」[22]。

その上二月四日には、日本漁船第一大邦丸及び第二大邦丸が韓国漁船二隻の銃撃を受け、死亡者が出る事件まで発生する[23]。そんな中で始まった第二次会談が、順調に進行するはずもない。

三　朝鮮戦争停戦と北朝鮮送還

1　会談休会案と北朝鮮送還問題

朝鮮戦争は一九五三年三月五日スターリンの死亡により、停戦会談妥結の雰囲気が造成されていた。そんな中、日本側は第二次会談に際して代表、全権など任命せず、外務省の参議院外務委員会専門員久保田貫一郎を四月一三日、参与資格で交渉の主任を任せる。

ただ李承晩だけが「北進統一」を掲げ、「もし停戦協定が締結されたら国連軍から離れて、韓国軍だけで戦う」と四月二三日米国の新大統領アイゼンハワーに覚書を手渡す。

久保田は李承晩政権との会談を打ち切る「日韓会談無期休会案」[24]を作成、六月二一日付で提案する。その提案に対する外務省内の反応は迅速だった。アジア局第二課は二二日付で「妥結をはかる場合」即ち会談を継続した場合の利点と「休会とする場合」、決裂させた場合に出る不利な点を、対照表[25]に作成する。二三日には下田武三条約局長が「無期休会案に賛成の理由」で呼応するが、余りにも早く、また親切な反応をどう評価するべきか？　いくら考えても久保田が提案した後に、初めて検討に入り、文書を作ったとは考えられない。久保田が参加に指名されてから二か月後、外務省内部で念入りに検討して出した結果を発表した、と見るのが当然なようだ。

日本漁船の拿捕が続く中、久保田は吉田と次のような話[26]を交わす。

「戦争をするつもりはもちろんないが、あまりひどく日本漁船がやられるので、多少実力行使的なことをやらなくちゃいかんという論が出て、日本の海上兵力は韓国に対してどの位抵抗できるかを調べてみたことがある。しかし、日本の方が劣勢でだめなんだ。私が直接聞いたのではないが、吉田総理も冗談にぶつ放せよといったことがあるらしい。本気じゃないんだが、空気はそんなだつた」。

会談は七月二三日夏休みに入るが、久保田は「会談が妥結する自信がなかったから、正直にいうと夏期休会がそのまま無期延期になるといいなと思った」と回顧する。

七月二七日板門店で休戦協定が調印されるが、それはあくまで「休戦」に過ぎず、「終戦」はしていない。二一世紀の今に至って初めて、米朝首脳会談で「終戦宣言」が議題に上っている。

一般的に在日の北朝鮮への帰還事業は、一九五八年八月一一日総連川崎の中留分会が金日成《キム・イルソン》宛に「集団帰国を嘆願する手紙」を送り、九月八日金日成が歓迎声明を発表したのが始まりと知られている。

　しかしそれよりはるか前、停戦から半月後の五三年八月に北朝鮮への送還事業に対する具体的な検討が、外務省と入管の間で始まっていた。これはもちろん、戦争中の吉田・ダレス会談、それに先んじるマッカーサー宛の朝鮮人一〇〇万（?）追放要請から始まった、一貫した流れといえる。

　一九五三年八月八日外務省が法務省出入国管理局に送った書簡「入管収容所に収容中の朝鮮人の北鮮（マヽ）向け送還の件」[27]。

「八月六日、朝鮮解放救援会（北鮮系）の金宗衡《キム・ジョンヒョン》なるもの（外務省へ）来省し、要旨次のとおり述べた。

『休戦成立を機として、在日朝鮮人のうち北鮮へ帰国を希望するものをできるだけ多く帰国させてやりたい。一般朝鮮人の送還が困難ならば、まず手始めに、現在入管の収容所にいれてあるもののうち、北鮮へ帰国希望の者だけでも早速着手したいと思う。その方法としては、韓国の許可を得て釜山経由で北鮮へ帰すとか、国連軍の了解を取付けて流民交換に割込むとか、或は中共経由で送り返す等色々あるが、いずれにしても休戦を契機に是非実現したい。入管側にも話をしたが、入管としてもこの計画に賛成している。ついては外務省の御意向を承わりたいので、直ぐでなくても研究してみておいて欲しい。』

　本件について入管鶴岡（千仭）次長と話合ったところ、在日朝鮮人五十万の問題は入管のみならず、日本としても解決を要する大問題であり、こういう機会にうるさいものを送り返すことは旁々《かたがた》いつ迄経っても埒《らち》の開かない韓国側との交渉に対するプレッシャーともなり、日韓会談との関係、中共の態度、アメリカの考え方、航行安全の問題等種々の困難があることはよく承知しているが、入管としては原則的に賛成であり、むしろ全般的な在日朝鮮人の韓国乃至は北鮮への引揚問題として強力に推進したいと思う。近日中に（入管が）外務省と会議を開いて相談したい」と語った。

八月一一日「在日朝鮮人の北鮮向け送還問題に関する外務省と入管との打合せ」

入管鶴岡次長「密航者を今直ちに韓国に送還すれば、同人を殺すに等しいので、一般在日朝鮮人で北鮮に帰りたい者を帰すようにしたい。在日朝鮮人で生活に困窮している者は多いので、一万や二万は必ず帰る旨の申し出があった。……入管としては英国船ででも中共に向け自費出国することは差支えないが、在日一般の北鮮帰還の問題について関係当局との協議を要するものであるとして、何らコミットしてない。しかし、単純密航者を含め年々三千人足らずしか送還できない実状では、まとまった数の在日朝鮮人が北鮮に帰ることは趣旨としてよい話である。……さらに本件実施までには十分米国側と協議し、同意を得ておかねばならぬと思われるが、在日米軍は日本の治安上から朝鮮人が一人でもいなくなることを希望しておる（米軍ではなく、日本政府の本音?!）につき、賛成するであろう。……『民戦』代表が北鮮に赴き、北鮮政府と話をつけて帰って来るのなら、……その人選にもタッチした上で、再入国を黙認してもよい意向」のようである。

一〇月五日付外務省の内部文書、作成者の部署肩書及び姓名なし。

「韓国側は、在日鮮人《（ママ）》はすべて韓国民なりと主張するが、然らば好ましくない在日鮮人を引き取ってくれという、日本側要求には応じようとしない。本来なら韓国政府の統制に服しない朝鮮人が沢山居ることは、韓国側にとり恥づべく且つ情けない事柄なのに韓国側は、そんな鮮人が沢山居て日本政府が手を焼いているのを、恰も韓国側の強みかの如く振舞って来た。よって再開後の日韓交渉においては、適当な時期に再度かかる在日鮮人の引き取りを要求し、韓国側が再び拒絶する場合は、日本政府としては何時迄も彼等を養う負担に堪えられないし、帰還先については何よりも本人の自由意思を尊重すべき筋合いと認めるから、北鮮へ帰還を希望する者は北鮮へ送還するのもやむを得ざる事態に逢着する可能性もあるべき旨を示唆するのも一策であらう。かくしてこそ始めて韓国側をして自己の情けなき立場を自覚せしめ、日本側をして逆に攻勢に出ることを可能ならしめるであろう。本件李浩然《イ・ホヨン》（『民戦』幹部）

の申出は、差当り外務省が関知せざる建前の下、入国管理庁において純然たる出入国許可の問題として善処することとし、一向差支えない問題と考えられる」。

2 久保田発言で会談決裂

一九五三年一〇月六日に始まった第三次会談が一五日の第二次請求権委員会での「久保田発言」によって決裂し、五年間の空白期間を作り出したことはあまりにも有名なので、ここでは省略する。だが二一日に完全決裂した会談の決裂経緯に対して外務省情報文化局長は、同じ二一日にもう久保田を徹底的に擁護する談話[28]を発表していたのは驚きだ。手際がよすぎるどころではない。

情報文化局長談

「十月六日再開以来の日韓会談は韓国側の理不尽な態度により本日継続不能に陥った。……然るに韓国側は請求権部会において議題と関係なき問題を取上げ、之に関するわが方の応答を故意に曲解し、わが方の説明を了解しようとせず、あまつさえその撤回とその非を認めしめんとし、これに応ぜざる場合は会談続行を拒否する態度に出でた。……今後の非公式な一部会における些々たる言辞を殊更に歪曲し、会談全般を一方的に破壊した責任は挙げて韓国側にありと言わざるを得ず、遺憾に耐えない次第である」。

続く二二日の談話

「日韓会談は昨日不幸にして不調に終わった。これは韓国側の予定の計画のようである。……曰く韓国は日本が韓国を三十六年間占領し、韓国人を奴隷としたことに対し、賠償を要求すべきであったと。これは日本代表から日本の朝鮮統治は悪ばかりではなかったとの表現を誘発した。韓国代表は日本側がかかる『傲慢』な態度を持する限り、会談の続行は不可能なりとして、会談打切りを宣言した。日本は彼らに対して会談続行を哀願する地位にはいないのである」。

久保田は会談の破壊を反省するどころか、図々しくも今後の方針[29]まで発表する。

「朝鮮人は、第二次大戦の寵児として、あたかも日本に対し戦勝国であり陳謝を要求すべきであるかの如き錯覚を今尚持っている。彼等がこの思い上った雲の上から、国際社会の通念と外交会議の常識の適用するレヴェル迄降りて来ない限り、日韓問題の真の解決はあり得ない。此の大前提の下に対策を考えてみる。

業界、水産庁は不当な所謂李ラインを認めない立場から言っても、出漁強行を希望する。この場合、当然海上保安庁、保安庁警備隊の保護を必要とする。……勿論出漁強行の場合は、彼我の実力衝突の恐れがあるから慎重を期すべきではあるが、韓国の無法を前に引込み続けることは彼の無法を実績化する虞れがあるから、所謂李ラインを一部突破し、余り深入りせず集団出漁を強行し、これを護衛する方策を講ずべきであると一応考えられる。

北鮮系の北鮮への送還……希望者は北鮮へ帰れるよう実際的な方策を考えるべきである。南北鮮統一は見込み薄で、北鮮は相当長期に亘り政治単位として残るであろうから、その前提の下に物を考える要がある」。

久保田本人は翌日二七日国会参議院水産委員会[30]で妄言を撤回することなく、自らの発言を正当化して一方的に韓国を糾弾する。また在日同胞の追放問題と関連して、看過できない発言をする。

自民党秋山俊一郎議員「今日本におる朝鮮人のうち、北鮮系と称する朝鮮人は、北鮮へ送還しなければならないのか、南鮮へ送還してもいいのか。北鮮系と称する者は、必ずしも三十八度以北の者ばかりではないと思うが、日本政府はどう見ておるのか？」

久保田の返事「日本にいる朝鮮人は外国人であり、それは勿論間違いないが、全部韓国人であるという書き方は、甚だ問題が多い。日本には半島の北の人が多いわけ（筆者注・事実無根）で、国籍処遇条約の非常に重大な点で、未解決のまま残されている」。

秋山「（日本）国民の食糧問題も非常に困難しているのに、六十万、七十万の朝鮮人を養う必要はない、早く帰せという声も相当ある」。

在日同胞の九八％が故郷を韓国に置くことを百も承知の上で、久保田は図々しくも「半島北側の人が多い」と真っ赤な嘘をつき、朝鮮人追放の基盤を築き上る。民族差別で公務員の中に在日同胞は一人もいない。何人かいた市役所の職員や国鉄職員は全部、強制的に日本国籍に帰化させて、在日朝鮮人側の立場に立つ公務員は全て、一年半前の講和条約発効時に追放してある。選挙権は既に剥奪してあるので国会議員はもちろん、地方議会にも朝鮮人はいない。

日韓会談の決裂により、在日の北朝鮮への送還で最大障害物だった韓国側の邪魔は消え去った。これを機に吉田政権は在日同胞の追放対象地域を、韓国から北朝鮮に大きく方針転換させる。ちょうど休戦協定を結んだ北朝鮮では、残留日本人の帰国問題が浮上していた。

3　外務省が日赤外事部長を派遣

前述した「総説」には、会談に参加した人たちの回顧録が多く紹介されている。そこには日韓会談文書に含まれていない日本赤十字社の資料からの引用もある。木内利三郎日赤外事部次長の談話速記の一部[31]を紹介する。木内は陸軍大学、陸軍予科士官学校のフランス語教授だったが、一九四八年から日赤外事部調査官長を担当していた。

木内は自身の原稿「北朝鮮帰還八年をふり返る」の中で、「日赤がこの援助事業を引き受けたのは、形式的には、一九五九年二月一三日の閣議から始まった。……しかしこの具体的発動前には、長い前史がある。一九五三年一〇月下旬、ソ連に赴いた日赤代表が、ソ連赤十字と（日本人）ソ連残留者の引揚交渉をする際に、北朝鮮地区の引揚について家族から抑留者あての通信を示してソ連側の意向を打診したところ、一一月二八日ソ連赤十字から『北朝鮮・外蒙古にいる日本人の消息は直接それぞれの赤十字と連絡されたい』と伝えてきた。

一九五四年一月六日、日赤島津社長はジュネーブの赤十字連盟ド・ルージェ事務総長宛に北朝鮮残留日本人の安否情報を朝鮮赤十字会中央委員会に伝達するよう電報を打った。日本人の帰国が許されるなら、その便船を利用して日本にいる在日朝鮮人で帰国を希望する者を貴国に帰すことを援助したいと思うと申し添えた」と回顧録で証言している。

一九五五年に入ると日本政府は、本格的に北朝鮮送還事業の推進に乗り出す。七月一日付で外務省の井上益太郎を日本赤十字外事部長に就任させる。

井上は東京帝大法科を卒業後一九二三年外務省に就職、就任先は満州で当時、中国関係の日本外交の中心人物は総領事の吉田茂だった。二〇年中国で過ごした吉田は、軍部より強硬論者で「満蒙分離」を支持したという。

井上は中国共産党に対する諜報活動を広げ、東京と「満州」をしばしば往復した。一九五二年四月、大学時代一年先輩だった岡崎勝男が外務大臣に任命されると、嘱託上級分析官として外務省に呼び戻された。

この部分についてはオーストラリア国立大学教テッサ・モーリス―スズキ教授の『北朝鮮へのエクソダス』(32)に詳しい。しかし同教授が赤十字国際委員会を訊ねた二〇〇四年六月は「一九五〇年までの一般公文書しか公開していないが、一九六五年までの機密解除手続きがちょうど完了したところだった」という。国際機構の公文書公開が、いろいろな国の妨害により難しかったのではないかと考えられる。アメリカの国立公文書館は情報公開三〇年原則を守っていて、ソ連が崩壊してグラスノスチと情報公開をしたのは有名だ。しかし韓国政府の文書公開を日本外務省は邪魔してきたし、赤十字が公文書公開をためらってきた背景には、日本政府がいたのではないかとの疑いを持つのは筆者一人ではないだろう。

一九五五年当時に戻ってみよう。井上は外事部長就任二か月後の五五年九月二七日、赤十字国際委員会を訪ねてボワシエ委員長と面談する。今も残る赤十字国際委員会の記録には「在日朝鮮人は暴力的で危険である。国連軍への攻撃は、きわめてよく組織されている。帰国を希望する在日朝鮮人を北朝鮮へ送りたいが、韓国政府の怒りをかうのは必至だから、赤十字国際委員会に仲介的役割を演じてもらい、政治的問題を中立化する意向はないか？」という井上の質問に、赤十字国際委員会は「日本と近隣国との人道問題の解決のために、できることならいかなることでも喜んでするだろう……」[33]と答えたとある。

一二月一五日に外務省アジア局五課は「北朝鮮帰還希望者の送還問題処理方針」草案を作成する。[34]ここでは「本件送還は日赤の責任で行なわせ、関係閣僚の了解を取りつける。本邦内の輸送と諸経費は日本政府において負担し、送還の対象者は生活困窮者のみとする。送還は総連の提出する名簿に基づき、実施する。北鮮赤十字社は送還船を派遣すること。（日本側が負担する筋合ではない）」。

一九五六年一月二〇日北朝鮮残留日本人帰国問題のために日本赤十字代表団が東京を出発、香港経由で平壌を訪問した。代表団は葛西嘉資日赤副社長、宮腰喜助（前改進党議員）、通訳、そして井上の四人で構成された。井上は北朝鮮側担当者申英根《シン・ヨングン》と極秘会談を持ち、「『在日朝鮮人の生活安定』を達成する最善の方法は、在日朝鮮人社会の六分の一を『消滅させる』こと、すなわち北朝鮮に送りこむこと」と説明した。しかし北朝鮮側は「ほんとうに北に帰国したいと望んでいる在日朝鮮人の数は千に満たない」と見ていた。[35]

4　四七人の帰国希望者と赤十字国際委員会

北朝鮮にいた日本人三六人が赤十字船として派遣された海上保安庁の巡視船「こじま」に乗り、一九五六年四月二二日舞鶴港に帰ってきた。

この船に乗せてほしいという北朝鮮帰国希望者四七人は三月末に日本赤十字本社を訪ねて要請活動をして

いたが、四月六日からは座り込みに入る。

赤十字国際委員会極東派遣団のミシェル代表とド・ウェック課長はインド、中国を経て四月五日平壌を訪問する。朝鮮赤十字社との議題は「朝鮮戦争による行方不明者の捜索と在日朝鮮人の北朝鮮への帰国問題」[36]だった。だが朝鮮赤十字は帰国問題に関する国際赤十字への協力を断り、帰国見込み者の数は「われわれが受けとったリストによれば七百人だが、もっと多いのは確か」と話し、井上が主張してきた六万とはかけ離れた数字を出した。報告書には「日本赤十字より当の北朝鮮側のほうが推定においてはるかに控えめで、それが問題を拡大させているように思われる」と書かれた。

四月三〇日東京に到着した極東派遣団の二人が、日赤で目撃したのは北朝鮮帰国を要求して座り込み中の四七人だった。だが派遣団が、当事者の話を聞いたようすはない。

派遣団は五月九日から韓国を訪問、釜山の収容所も視察し、五月一九日には大村収容所に案内された。韓国に送還されれば極刑が待っている者は命を賭けて北朝鮮に送ることを嘆願したし、北朝鮮を祖国と信じる在日朝鮮人もいて、北朝鮮送還希望者は九七人に達した[37]。赤十字国際委員会は彼らの間の差をよく理解できず、釜山収容所にある日本漁船の拿捕者や朝鮮戦争行方不明者捜索もみな、責任を負わなければならない立場にあった。

五月二七日に会った重光外相は「日本では生計の道を持たない者たちが、祖国でより良い生活をできるような解決策を見つけることである。この『希望』を叶えるべく、赤十字国際委員会の支援を期待している。特に、婦女子は日本では惨めな暮らしを送っているので、祖国に帰したい」と発言する。

結局、派遣団は井上の下心を、次のように判断する[38]。

「『一、日本における朝鮮人問題には全体として人道的配慮はない。

二、日本政府は、暮らしに困窮し、共産主義的なところのある朝鮮人数万人を排除して、それによって安全保障問題と予算問題とを一挙に解決しようと望んでいる。

三、日本政府は、必要なら北に行きたいひとりひとりの要求を煽ってでも、帰国事業を実施する決意である。』

この最後の点についてミシェルは、『かなり〝深刻で重大な結果を伴う〟と思われる』と、引用符つきで書き添えている」。

5　北朝鮮からの送金問題

前述の木内調査課長の回顧録には、北朝鮮への帰還事業だけが記載されているのではない。北朝鮮と総連との間の教育援助費の送金などに対する言及もある。

先にこの問題に関する、外務省文書を紹介する。

「一九五六年一一月一九日、北朝鮮赤十字は在日朝鮮人子弟の教育費および奨学金を在外朝鮮人中央教育会あて送金することについて、日赤に対し援助を要請してき、またこのほか大村収容中の朝鮮人や北朝鮮帰国希望者四八人に対する援助金の送付に対してもあっ旋方を依頼してきた。日赤は赤十字国際委員会にあっ旋を依頼したところ、日本政府が賛成するなら協力するという回答があった。外務省は五六年一一月二九日に関係官庁と協議し、『教育費、奨学金の送金は現金為替管理法上送金が可能であり、政府は無関係の立場を取る。北朝鮮帰還希望者四八人に対する送金についても同じ立場である。大村収容中の朝鮮人に対する援助金品の送付は、抑留漁師との関係もあり、対韓関係上同意できない』方針を決定して、日本赤十字に伝えた。一二月二九日、日本赤十字は北朝鮮赤十字に対して、日本赤十字はこの送金に関与できないので赤十字国際委員会あてに送金するように通報した。

北朝鮮政府は五七年四月六日に上記の教育費及び奨学金として在日朝鮮人教育会あてに北朝鮮貨五〇〇〇万ウォン（英貨一二万八九五ポンド、日本円一億二一〇九万九〇八六円）を送付してきた。この教育資金はその後、例年予算に計上され、五七～六〇年毎年二回、六一年、六二年年一回、六三～六五年毎年三回送られて、六五年末まで十九回、計四五億八七二万五四九三円送られた。（その後も送金は続き七一年末まで四二回、計一一二億一六三四万円余に及んでいる）」[39]。

教育送金に対する井上の回顧も、木内は附記に記載しているが、上の外務省文書とは異なるニュアンスがあり注目される。

「井上は一九七〇年四月一四日下記のとおり語った。

北朝鮮から在日朝鮮人の教育援助費として送金してきたのは、三二年四月からであるが、その前は、昭和三一年（一九五六）末頃北朝鮮赤十字から日赤に話があり、三二年（一九五七）四月から日赤宛に送金してきた。その際井上外事部長は『外交代表のない民族を保護するのは赤十字の任務の一つでもあり、日赤が受取るとすれば資金の配布などを統制できる』と考えたが、ときの中川（融）アジア局長は『送金は自由であり、日赤を通ずる必要はない』という見解であったので、直接送金の形になってしまった」[40]。

大村収容所への送金問題も木内回顧録には「一九五八年五月に北朝鮮赤十字から大村収容者への慰問金を日赤あてに送って来、これを赤十字国際委員会の駐日代表が大村に持って行き配分したことがある。その際には北朝鮮系だけというわけにいかず、収容者全員に均等に渡した。収容者は七四〇名、そのうち北朝鮮系九三名、韓国系六四七名であった」[41]とある。

外務省文書にも「北朝鮮赤十字は五三年（五八年の誤記）六月に大村収容所の援護金として二五〇〇ドル（九〇万円）を日本赤十字に送って来、それは六月二八日に赤十字国際委員会駐日代表アングスト（Heinrich Angst）氏により（井上外事部長随行）大村収容者に分配された」[42]とあるが、これは同じ回顧録にある井上の証言「日本赤十字を通じる必要がない」と矛盾する。

テッサ教授は「一九五〇年代の二億円は大金で、今なら何十億円にも相当する金額である。その金額が時間のたつにつれてさらに大きくなっていった[43]」とし、五八年一〇月二九日国会での日本社会党田中織之進議員の発言を紹介している。

「朝連（総連の誤記）に北鮮から四億数千万円、……在日朝鮮人の子弟の教育費ということで、朝鮮政府から、国際赤十字社を通じて、……日赤を通じて、朝鮮人総連合に対して二回にわたって何億かのお金を送ってきた[44]」。

その後も北朝鮮からの送金が続いたことを、木内は証言する。

「五九年九月の伊勢湾台風の時、北朝鮮赤十字から日赤に対し、在日朝鮮人に慰問の米と布地を送りたいと言ってきた。日赤はその受領配分を断わった。しかし、一二月に送金された帰還待機困窮者向け援護金三〇万朝鮮ウォン（日本円約四二〇〇万円）は受取り、帰還待機者の代表として総連に伝達した[45]」。

「一九五九年一〇月一〇日、大量帰国が始まる直前、……朝鮮赤十字会の金応基《キム・ウンギ》は電報で島津に、『総連関係の在日朝鮮人を支援するために送ったお金を当事者に渡すのが遅い』と、苦情を言うまでになった。一〇月三一日井上益太郎の説明によれば、このとき問題になった金額は『一〇億円、三〇〇万ドル相当』である[46]」。

テッサ教授は「奇妙なことに、こうした多額の金額がジュネーブを経由した、あるいは、赤十字国際委員会の事前の認識のもとに送金された、という証拠はジュネーブの文書庫ではついに見つからなかった。……

実際に国際赤十字を経由したのだろうか。……あるいは、送金がおこなわれていたことさえ知っていたのだろうか？　知っていたとしたら、……こうした巨額の金の流れが、……『平穏裏にかつあらゆる政治的宣伝の枠外において』おこなわれるはずの事業に、どのような潜在的影響力を及ぼしたか、理解していたのだろうか」と疑いを抱いている(47)。

このテッサ教授が抱いた謎は、木内の回顧録に出た井上の証言によって、「日本赤十字が統制する権利を外務省に奪われ、直接送金形態になった」ことが証明されたが、それなら逆に誰がどのように受け取って渡したのか、その流通系統や領収書の行方等、また新しい疑問が生じる。

北朝鮮への帰還事業の背景には、吉田首相が陣頭指揮した在日朝鮮人に対する民族追放政策があった。その吉田の外孫が日本の副首相兼財務大臣で元首相の麻生太郎だ。麻生の父親麻生太賀吉は「麻生炭鉱」を大々的に経営しながら、強制連行した朝鮮人や米英国、中国人戦争捕虜を酷使したことでも悪名高い。

四　協定は妥結したが、その内実は

1　一つの条約と四つの協定

一九六五年六月二二日東京で署名された、一つの条約「日韓基本関係条約」と四つの協定「漁業協定、請求権・経済協力協定、文化財・文化協定、在日韓国人の法的地位協定」、「韓国との紛争解決交換公文」（以上、すべて略称）を東京で両国が署名調印し、日本では同年一二月一八日国会の批准を受けて公布され、効力発生の告示がされた国交正常化だが、どれだけ「完全かつ最終的に解決」されたという言葉と距離が遠いか、今日の現実を説明するまでもないだろう。

一五年にわたる日韓会談の中で、一九一〇年の「日韓強制併合」の合法性について、両国は合意を見ることなく、「already null and void（もはや無効）」という曖昧で理解できない言葉で解釈を異にしたまま「基本条約」を締結してしまった。その上に以後五十年間も、それをそのまま放置し、問題を解決する努力を疎かにしてきた。

文化財協定を考えてみると、六五年当時は「文化財とは何か」という「定義」すらないまま、協定が締結された。その後すぐに一九七〇年、ユネスコ条約ができたが日本は二〇〇三年まで加入しなかった。

二〇一〇年は強制併合から百年を迎えた年で、民主党政権時の菅直人首相談話によって宮内庁所管の「朝鮮王朝儀軌」が韓国に引き渡された。しかし、その後二〇一二年一〇月に対馬の観音寺が保有していた金銅観音菩薩像の盗難事件が起き、文化財返還問題は大きく座礁してしまう。また、日韓協定すら読んでいない日本のマスコミは、文化財問題も「全部請求権協定で完全かつ最終的に解決」されたという、ニセ宣伝を大本営発表のように垂れ流す。「嘘も百回言えば本当になる」を地で行っているようだ。そこまで請求権協定を恣意的に拡大解釈するのなら、初めから「文化財協定」を締結した意味などなくなり、協定自体が必要なくなる。

2　竹島と拿捕は無関係

漁業協定に関しては、李ラインと日本漁船拿捕のせいで、韓日間で長く最も大きな軋轢を生んでいた。しかし国境線を越えた漁船が拿捕される例が、韓日間に限らないことは言うまでもでない。一九六五年まで韓国に拿捕された漁船は延べ三二五隻、船員は三九〇九人だ。しかし一九四六年以後ソ連・ロシアに拿捕された漁船は一三四一隻に達し、船員は九五〇二人、死亡者は三一人になる。[48]

一九五五年八月八日操業中に拿捕された長崎の漁民Aさんは「拿捕された時は、完全に李ラインは超えていた。李ラインなんか全然頭に無かった。日本は（李ラインを）承認していなかったから。日本の監視船は行け行けと言う。……拿捕保険に入っているということは、拿捕覚悟で行った。拿捕保険は掛け捨てなので、船主はやっぱりきつかった。給料は一九五五年頃船長で月三万円、船員で二万円、大卒でも何千円しか貰えなかった時代。……一九六五年になって日韓基本条約が決まり、私は九三万円位貰った。（抑留されていた期間、拿捕保険からの）補償で一日千円位。税金もなかった。捕まった時、船員たちは『早く帰りたい』と言っていたけど、お金を貰った時は『もっと（長く）居ったら良かったな』と現金なものだった。みんな家持っている人なんか、船造ったりした」と証言しているが、このような内容は日韓会談の文書からはみつからない。

日韓会談に参加した黒田瑞夫（当時、条約局第一課事務官）の回顧[49]には、「一九五七年頃だったと思うが、日韓漁業水域での日本漁船の操業による水揚げ高は約三〇億円である。他方北洋漁業の水揚げ高はざっと、その一〇倍三〇〇億円だ、という話を聞いたことがある。日韓漁業は紛争の大きさに比較して、かかっている経済的利益は北洋漁業よりずっと小さかった。竹島に至っては、わかめ、さざえの漁獲が年に五〇万円程あるだけだと聞いたことがある」とある。

「百聞は一見に如かず」[50]で、島根県庁の別館二階にある「竹島資料室」には、日本漁船一五三隻が拿捕された当時の週刊誌の写真が展示されている。だが、ほとんどが済州島と対馬の間、あるいはさらに西側の黄海で漁業中に捕っていて、竹島付近は一隻もない。

また、竹島が日本の領土と主張する「竹島問題研究会」の委員藤井賢二（市立姫路高校教員）氏ですら、「日本海の漁場は主として『以東底曳』だった。一九六五年一一月六日付島根新聞の社説は『李ラインによる損害は島根関係のみでも抑留百二十一人、捕獲船十一隻、被害約十億円』と記録しているが、これらの漁船も『以東底曳』漁船と考えられる。竹島近海は水深が深く底曳網漁業の好漁場ではなかった。よって、竹島近海で日本漁船の大量拿捕があったかのような言説は偽りである」[51]としている。圧倒的に以西底曳漁船の比率が高く、韓国の西側海域から済州島付近南側海域が主で、竹島はほとんど関係ない。

3　請求権と在日の法的地位

請求権協定については市民団体「求める会」のホームページに筆者の拙稿「新規開示文書を参考にした日韓請求権問題の考察[52]」があるので参照してほしい。会談では韓国側の要求する「対日八項目請求権」に対して、日本側は在韓日本財産を掲げて争ったが、これは初めから韓国側の請求額を値切るためのハッタリだったことが、開示された日本側の文書から明らかになった。

例えば「一九五六年五月沢田大使説明資料[53]」。

「わが方法理論は、厖大と予想された韓国側の賠償的要求を封ずるための防衛的なもので、元来立論にも無理があるのを免れないので、米国務省の見解をまつまでもなく、いずれは撤回する要があると考えられ、すでに昨年春の非公式会談において谷大使より、韓国側の態度いかんでは請求権を放棄してもよい旨示唆するところがあった。……結局最も現実的な方法としては請求権を相互に放棄するしかないが、対韓請求権の放棄は直ちに国内補償問題を誘発するところであり、従来は大蔵省からの異論もあって正式には請求権の放棄を提案する段階にはいたらなかった」。

久保田発言で決裂した日韓会談を再開するにあたって作られた一九五五年一月外務省側の内部文書[54]からも、日本側の戦略上の本音が窺える。

「請求権問題に対する日本の法理的主張は、元来第一回会談に当って先方の過当な主張を相殺中和せしめる、戦術上採用されたものであるが、今日この主張は韓国側のみならず日本の最もよき理解者、斡旋者である米国政府をも納得せしめえず、徒に韓国側の悪宣伝に好餌を与えている。既に韓国側で処分済の旧日本財産が返還される見透しは全くない（朝鮮戦争でほとんど破壊）のであるから、この法理論も実益はなく、却って日本の真意を疑わしめ、日韓会談再開の支障となっているのであるから、日本としても潔く従来の解釈を改めることが適当である。……又先方が無理を云った場合にはこれを広く国際世論に問うことによって日本の立場を有利にすることが出来るのであって、今の様に国際的に納得せしめることの困難な議論で頑張っているのよりは余程有利である」。

「法的地位協定」には当然のことだが「完全かつ最終的に解決」したという文言などどこにもない。一九九一年一一月に「特別永住」制度が新設され「協定永住」制度は消滅してしまったので、「法的地位協定」の命はたった二五年しかもたなかった。つまり六五年の協定では、「解決」しなかったのである。

日韓会談が最後の段階に入った一九六五年三月二六日、両国外相と関係者だけの会談で藤崎萬里《まさと》条約局長は「現在の日本政府として、たとえモーラリー（道徳的）にせよ、百年先の日本政府をしばるようなことを言えるものではなく（孫までの計算を長くとれば、それ位になる）、せいぜい三〇年先、四〇年先のこと位まででであろう。ある程度、話が煮詰まって来た段階で、日本側で相当時間をかけて協議の上、二五年に有効期間を限定した案を韓国側に提示した」[55]。即ち「孫の代までの永住権は絶対にやれない」という強硬論が日本政府の内部に強くあり、問題解決を二五年後に先送りしたのだ。六五年の協定がどれ位不充分な条約だったか、如実に見せてくれる代表的な例だ。

一九六六年一月に「協定永住権」制度が発足し、永住権申請の受付けが始まるのだが、表1の統計を見ると六六年以降も検察に送検、起訴された数が一つも減らないし、かえって増加していることが分かる。すなわち最も多く送検された五三年と五五年の二万三〇〇〇件と二万五〇〇〇件に比べても、六六年に二万人以上、七二年にも二万一〇〇〇人を越す件数が計上されている。また、送検された人のうち、起訴された比率が三分の一や五分の一に満たないのは、刑事罰に該当しない軽い違反まで、積極的に検察へ送検したことを意味する。悪名高かった「外国人登録法」は二〇一二年七月九日に廃止され、特別永住者は「住民基本台帳

表１　朝鮮人被疑者数（外国人登録法関係）―検察統計年表による―

1946 年	1	
1947 年	88	
1948 年	1,074	
1949 年	2,499	
1950 年	12,906	
1951 年	11,836	
1952 年	11,651	
1953 年	23,294	
1954 年	19,263	
1955 年	24,993	
1956 年	13,897	
1957 年	6,613	（起訴）
1958 年	9,725	（起訴　3,765）
1959 年	10,333	（〃　3,223）
1960 年	18,407	（〃　4,757）
1961 年	18,184	（〃　3,749）
1962 年	19,482	（〃　4,021）
1963 年	23,779	（〃　4,471）
1964 年	17,690	（〃　4,419）
1965 年	19,737	（〃　4,355）
1966 年	20,855	（〃　4,553）
1967 年	15,012	（〃　3,688）
1968 年	16,937	（〃　3,369）
1969 年	19,672	（〃　3,735）
1970 年	15,306	（〃　3,202）
1971 年	17,427	（〃　3,539）
1972 年	21,072	（〃　4,492）
1973 年	19,048	（〃　3,968）
1974 年	19,226	（〃　3,942）
1975 年	13,487	（〃　4,635）
1976 年	11,156	（〃　4,605）
1977 年	9,958	（〃　4,429）
1978 年	9,209	（〃　5,031）
1979 年	7,131	（〃　4,155）
1980 年	7,447	（〃　3,985）
1981 年	7,517	（〃　4,767）
1982 年	5,497	（〃　3,246）
1983 年	3,497	（〃　2,257）
1984 年	3,092	（〃　1,875）
1985 年	2,669	（〃　1,624）
1986 年	4,536	（〃　1,694）
1987 年	1,973	（〃　1,147）
1988 年	1,265	（〃　602）
1989 年	545	（〃　216）
1990 年	273	（〃　144）
計	517,259	

＊人権セミナー事務局調査
欄外に「70～80％が（登録証の）不携帯（違反）」というメモが書かれている。

法」の適用対象になったが、「特別永住者」にも行政罰が「一〇万円以下」の過料で処され、「提示義務違反」場合には相変らず、刑事罰の対象で、強制追放の対象である。

表2は「解放後在日朝鮮人・韓国人人口の推移」だが、一九七一年から二〇一一年まで四一年もの永い間、日本法務省は「韓国籍」と「朝鮮籍」を別に分けた統計を発表してこなかった。これは総連と民団の勢力分析を提供することを嫌った面もあるが、逆に言えばなぜ突然二〇一六年三月になって区別して発表したのだろうか。

安倍政権は自民党議員の要求を受け、従来「韓国・朝鮮」としていた集計を、同年三月発表の在留外国人統計から、「韓国」と「朝鮮」を分離して公表する方針に転換した、と報道されている。「朝鮮」は記号

表2　解放後の在日朝鮮人・韓国人人口の推移

年度	韓国籍		朝鮮籍		総計
	人数	%	人数	%	
1945	大韓民国建国以前は朝鮮籍	0	植民地時代の「朝鮮戸籍」のまま	100	1.155,594
1946		0		100	647,006
1947		0		100	598,507
1948	未分類？	？		？	601,772
1949	〃	？		？	597,561
50.3	39,418	7.4	495,818	92.6	535,236
1950	77,433	14.2	467,470	85.8	544,903
1951	95,157	17.0	465,543	83.0	560,700
1952	121,943	22.8	413,122	77.2	553,065
1953	131,427	23.6	424,657	76.4	556,084
1954	135,161	24.3	421,078	75.7	556,239
1955	143,889	24.9	433,793	75.1	577,682
1956	146,331	25.4	428,956	74.6	575,287
1957	158,991	26.4	442,778	73.6	601,769
1958	170,666	27.9	440,419	72.1	611,085
1959	174,151	28.1	444,945	71.9	619,096
1960	179,298	30.8	401,959	69.2	581,257
1961	187,112	33.0	380,340	67.0	567,452
1962	199,174	35.0	370,186	65.0	569,360
1963	215,582	37.6	357,702	62.4	573,284
1964	228,372	39.5	350,173	60.5	578,545
1965	244,421	41.9	339,116	58.1	583,537
1966	253,611	43.3	331,667	56.7	585,278
1967	267,261	45.2	324,084	54.8	571,345
1968	289,551	48.4	308,525	51.6	598,076
1969	**309,637**	**51.0**	**297,678**	**49.0**	**607,315**
1970	331,389	54.0	282,813	46.0	614,202

＊1945年は国勢調査、1946年はＧＨＱ指令による調査、1947～2012年は外国人登録による法務省統計。
1950年3月～1970年までの韓国・朝鮮籍の区分は水野直樹・文京洙共著の『在日朝鮮人歴史と現在』、岩波新書、2015年、163頁。
2012年以降の分離集計は法務省発表法務省発表。
http://www.moj.go.jp/content/001178165.pdf
1969年だけ太字にしたのは、この年に初めて「韓国籍」の人数が、「朝鮮籍」を上回ったからである。

年度	総数
1971	622,690
1972	629,809
1973	636,346
1974	643,096
1975	647,156
1976	651,348
1977	656,233
1978	659,025
1979	662,561
1980	664,536
1981	667,325
1982	669,854
1983	674,581
1984	680,706
1985	683,313
1986	677,959
1987	673,787
1988	677,140
1989	681,838
1990	687,940
1991	693,050
1992	688,144
1993	682,276
1994	676,793
1995	666,376
1996	657,159
1997	645,373
1998	638,828
1999	636,548
2000	635,269
2001	632,405
2002	625,422
2003	613,791
2004	607,419
2005	598,687
2006	598,219
2007	593,489
2008	589,239
2009	578,495
2010	565,989
2011	545,40

年度	韓国籍		朝鮮籍		総数
	人数	%	人数	%	人数
2012	489,431	92.3	40,617	7.7	530,048
2013	481,249	92.6	38,491	7.4	519,740
2014	465,477	92.9	35,753	7.1	501,230
2015	457,772	93.1	33,939	6.9	491,711
2016	453,096	93.3	32,461	6.7	485,577
2017	450,663	93.6	30,859	6.4	481,522
2018	449,634	93.8	29,559	6.2	479,193

でしかなく、「朝鮮」籍は「北朝鮮」国籍ではない。にもかかわらず、今回は「朝鮮」籍者を「北朝鮮」国籍者と定め、韓国籍者と明確に「区別」しようというのである。これは朝鮮半島から来た人びとを分断し、いわば「北朝鮮」人を人為的に創出して、その人びとをより差別化していこうということになる。

本来、大部分が朝鮮半島の南に故郷、本籍地を置く在日同胞だが、「大韓民国」建国が宣言された初めの頃、韓国に国民登録をした人は三万九四一八人で全体の七・四％に過ぎなかった。今（二〇一八年末の統計）では四四万九六三四人、九三・八％なので自然な姿とも言えるが、それでもまだ二万九五五九人、六・二％の人が日帝植民地時期の「朝鮮籍」をそのまま守っている。これをどう見るべきか？

この「朝鮮籍」は二つに分けられる。一つは兄弟、親戚が帰国船に乗って北朝鮮に住んでいるので、総連組織を離脱したり、家族の送金が切れると、北朝鮮居住の親戚が生活上不利になるから、それを憂慮して「朝鮮籍」を守っている人たち。もう一つは、「大韓民国」の歴史より自分たち「朝鮮籍」の歴史が、一九一〇年から百年以上と長い歴史を持っていて、解放後の「大韓民国」が民族教育などで北朝鮮のように在日同胞を支援するのではなく、それを弾圧する日本政府側に加担したので、そのまま「朝鮮籍」で暮らしている人たちだ。

筆者自身も長い間、韓国にある戸籍に名前がなかったし、強制追放とセットになった「協定永住権」に何の魅力を感じず、海外国民登録もしなかった。六五年の韓日協定は決して昔話などでなく、今日も起きている大きい問題であり、明日に直結する。二〇一五年一二月二八日、日韓外相が突然合意した、いわゆる「慰安婦」のおばあさんを追憶する平和の少女像の撤去問題。「最終的かつ不可逆的な解決」と釘をさされた合意は野合、密約に過ぎず、韓日間衝突の象徴になってしまった。

たとえ安倍一人の責任ではなく、戦争責任を負わない明治の大日本帝国の軍事大国が犯した戦争犯罪と植民地統治の不法性が今問題になっているのだ。

外交文書というものは初めから、政府側が自分たちの利益に合うように作ったものなので、どれだけわれわれが公開させても、隔靴掻痒の感は避けられない。それでも私たちが闘って勝ち取った成果は小さくないと思う。誰が三八度線を引いて、誰が朝鮮半島を植民地に作ったのか、誰が在日同胞を両国間のエサとして私利私欲で売り払ったのか、解いていくべき残された課題は、あまりに多い。

（注）

（1）「戦争／戦後補償裁判一覧表」、筆者他共著『未解決の戦後補償』、創史社、二〇一五年、二〇八～二一三頁。

（2）「日韓会談文書公開要求リスト、二〇〇六年四月二五日 http://www.f8.wx301.smilestart.ne.jp/nihonkokai/itiran/itiran.htm

（3）「平成二〇年（二〇〇八年）（行ウ）第五九九号 文書一部不開示決定処分取消請求事件」東京地方裁判所、判決書 http://www.f8.wx301.smilestart.ne.jp/saiban/3ji/hanketu/mokuji.htm

（4）外務省北東アジア課小野啓一課長の陳述書、平成二五年（二〇一三年）四月二六日付。

（5）平成二四年（二〇一二年）（行コ）第四一二号、平成二五年（二〇一三年）（行コ）第二三一号 文書一部不開示決定処分取消しなど請求など控訴事件判決。東京高等裁判所第八民事部。

（6）「日本占領及び管理のための連合国最高司令官に対する降伏後における初期基本的指令」、一九四五年一一月一日、http://www.ndl.go.jp/constitution/shiryo/01/036/036tx.html
（7）文部省学校局長通達「朝鮮人設立学校の取扱いについて」、一九四八年一月二四日。
（8）ホイットニー将宛の手紙「共産主義者との対決に臨む決議表明」、一九四九年七月六日。袖井林二郎編訳『吉田茂＝マッカーサー往復書簡集：一九四五―一九五一』、講談社、二〇一二年、四二七頁。
（9）前掲、袖井『吉田マッカーサー書簡集』、四四八〜四五〇頁。
（10）GHQ-SCAP Records, Box 2189, "Immigration-Febrary 1950-March 1952" マイクロフィッシュ版は国立国会図書館、fiche no. GS（B）-01603
（11）「FRUS,1949,Vol.VII,1976, pp.904,p911.」太田修著『日韓交渉――請求権問題の研究』、クレイン、二〇〇三年、六一頁。
（12）日韓会談日本側文書番号一一二四「日韓国交正常化の記録 総説Ⅰ」、一六一頁（書面上では一〇七頁）。
（13）"Memorandum of Conversation"（1951.1.26）RG 59, Lot File 54D423, box. 7.
（14）ＮＨＫスペシャル「朝鮮戦争・分断の悲劇三八度線」、一九九〇年八月一二日放映。米国バージニア州マッカーサー記念館で、この「投下リスト」を公開中。
（15）前掲「総説Ⅰ」、二〇一頁（書面上では一二七頁）。
（16）前掲「総説Ⅰ」、一八三〜一八七頁（書面上では一二九〜一三三頁）。
（17）前掲「総説Ⅰ」、二三九〜二四〇頁（書面上は一八五〜一八六頁）。
（18）民事甲第四三八号「平和条約の発効に伴う朝鮮人台湾人等に関する国籍及び戸籍事務の処理について」。
（19）日本側文書番号一一二五「日韓国交正常化の記録総説Ⅱ」、二〇二〜二〇六頁。
（20）https://ko.wikipedia.org/wiki/%EA%B1%B0%EC%A0%9C%EB%8F%84_%ED%8F%AC%EB%A1%9C%EC%88%98%EC%9A%A9%EC%86%8C#
（21）日本側文書番号一九一五「日韓国交正常化の記録総説Ⅲ」、四八〜五四頁。
（22）前田参事官「日韓問題と私」、外務省アジア局北東アジア課日韓国交正常化史編纂委員会、一九七〇年三月、三〇頁。
（23）前掲、「総説Ⅲ」、五七頁。

(24)日本側文書番号一〇五四「日韓会談無期休会案（私案）」、久保田参与、五〜二〇頁。
(25)前掲、一〇五四「無期休会案（私案）」、二一〜二五頁。
(26)久保田貫一郎「第二・三次日韓会談の回顧」、外務省アジア局北東アジア課日韓国交正常化史編纂委員会、一九七〇年二月、一三〜一四頁。
(27)「K'.3.2.2.9 在日朝鮮人の北朝鮮帰還問題一件第一冊」、二〇一〇年五月二四日付で外交史料館に移管されたファイル。
(28)日本側文書番号六四〇「日韓会談のいきさつ」、一五〜一七頁。
(29)日本側文書番号一〇六二「日韓会談決裂善後対策」、一一〜一一頁。
(30)http://kokkai.ndl.go.jp/SENTAKU/sangiin/016/0796/main.html
(31)木内利三郎「日本赤十字の行った対韓国・北朝鮮赤十字交渉」、外務省アジア局北東アジア課日韓国交正常化史編纂委員会作成、一九七〇年五月、二五〜四四頁。
(32)テッサ・モーリスースズキ『北朝鮮へのエクソダス——「帰国事業」の影をたどる』、朝日新聞社、二〇〇七年、文庫版は二〇一一年発行。以下テッサ著『エクソダス』。文庫版の方がより新しいので、引用は文庫版から行う。
(33)前掲、テッサ著『エクソダス』、文庫版一一四頁。
(34)日本側文書番号一二六「日韓国交正常化の記録総説六」、四八〜五一頁。
(35)前掲、テッサ著『エクソダス』、一四八頁。
(36)前掲、テッサ著『エクソダス』、一五五頁。
(37)前掲、テッサ著『エクソダス』、一六二頁。
(38)前掲、テッサ著『エクソダス』、一六三頁。
(39)日本側文書番号一九一六「日韓国交正常化の記録総説四」、九六〜九九頁。
(40)前掲、木内「北朝鮮赤十字交渉」、二四頁。
(41)前掲、木内「北朝鮮赤十字交渉」、二一頁。
(42)前掲、「総説四」、九九〜一〇〇頁。
(43)前掲、テッサ著『エクソダス』、一三五頁。
(44)第三〇回国会衆議院予算委員会議事録 http://kokkai.ndl.go.jp/SENTAKU/syugiin/030/0514/main.html

(45) 木内利三郎「日本赤十字の行った対韓国・北朝鮮赤十字交渉」、二一頁。
(46) 前掲、テッサ著『エクソダス』、二三五頁。
(47) 前掲、テッサ著『エクソダス』、二三五頁。
(48) 宮本正明、内藤寿子、鈴木久美著『〈海の上の国境線〉について考える』、大阪国際理解教育研究センター、二〇一〇年。
(49) 黒田瑞夫「私の関係した日韓交渉の歴史」（未定稿）、外務省アジア局北東アジア課日韓国交正常化史編纂委員会作成、一九六九年九月、四二〜四四頁。
(50) 週刊『アサヒグラフ』、一九五九年六月一四日号掲載の写真。
(51) http://d.hatena.ne.jp/scopedog/20150813/1439484394
(52) http://www.f8.wx301.smilestart.ne.jp/nihonkokai/seikyu-ken/kosatu.pdf
(53) 日本側文書番号六八（一二八七）「日韓会談議題の問題点」、二三、二四頁。
(54) 日本側文書番号一二四八中川融局長記「日韓関係の打開について」、一〇〜一二頁。
(55) 日本側文書番号一一二八「日韓国交正常化の記録　通説XII」、一七〇頁。

第二章　日韓会談における北朝鮮要因

金恩貞

はじめに

戦後朝鮮半島は、敵対的な理念対立を背景として大韓民国（以下、韓国）と朝鮮民主主義人民共和国（以下、北朝鮮）に二分された。冷戦の産物でもあるこの二つの政権は、一九九一年九月一七日第四六次国際連合（以下、国連）総会において同時に国連加盟国になるまで、自らが朝鮮半島を代表する唯一の合法政府であることを主張し合いながら、長年対立してきた。朝鮮半島における二つの敵対的な政権の存在は、米国の東アジア冷戦戦略に組み込まれていた日本にとって、外交的スタンスを狭める一要因でもあった。

日本は、韓国と様々な分野において交流を深める一方で、北朝鮮とはまだ国交がない。現在国連加盟国の中で、日本が国家として承認していない国は北朝鮮が唯一である。このような日韓関係と日朝関係の対照的な構図は、日韓国交正常化交渉（以下、日韓会談）が妥結した一九六五年を境に確立したものである。すなわち、日韓会談の妥結は戦後日朝関係に制約を課したこととなる。だがその一方で、日朝間の接近が日韓会談の過程でしばしば影響を与えたことも否めない。日韓会談における北朝鮮要因は、会談の成否を揺るがすほど決定的なものであったとは言い難いが、少なからぬ影響を与えたことは確かである。

本稿では、日韓会談の過程で起こった諸論争を北朝鮮要因に焦点を絞って再検討した上、朝鮮半島に対する日本外交のディレンマに迫ることとする。これによって、今日加速化している朝鮮半島の情勢変化に対して日本外交はいかに対処すべきかという課題に、有効な手掛かりを提供できれば幸いである。

本稿は全五節で構成されている。一節では、韓国と北朝鮮の対日関係が対照的に展開された背景を、終戦直後の連合国間の力関係の影響という側面から検討した。韓国と北朝鮮は対日講和条約へ署名国として参加する資格をともに排除されたが、対日講和の後、韓国のみ日本との単独会談への道を開いた。このことについて、二節では、日本の戦後処理が西側連合国のみと終結したことと連動して論じた。三節では、日本の対韓請求権主張をめぐる諸論争を北朝鮮要因と関連付けて分析した上、これらの論争が来るべき日朝会談へどのような示唆を与え得るのかについて考察した。四節では、日本の朝鮮半島政策が、日韓関係と日朝関係の狭間で二者択一に迫られ、いかなる外交的ディレンマを露呈したのかを明らかにした。五節では、日本の朝鮮半島政策が日韓関係優先という方向に傾斜し日韓会談が妥結へ向かう過程で、日本政府は将来日朝交渉の可能性の余地をいかに残そうとしたのかを解明した。

一　日本と植民地朝鮮の断絶

1　終戦直後、朝鮮半島に残された日本財産の処分

日本の敗戦により朝鮮半島に対する日本の植民地統治は終焉を迎えたものの、連合国である米国とソ連の影響の下で、朝鮮半島は事実上南北分断に追い込まれた。日本の敗戦直後、朝鮮半島は北緯三八度線を境に、それ以南の地域には米軍が、以北にはソ連軍が進駐した。朝鮮半島を分割占領した米軍とソ連軍の第一の目的は、日本軍の武装解除とともに同地域における日本の影響力を排除することであった。そして、朝鮮半島に在住していた日本人は、占領軍の統制の下で日本の敗戦直後から本国へ引揚げさせられた。

日本が敗戦した一九四五年八月当時、海外に在留していた日本人は、軍関係者が約三二〇万人、民間人が約三八〇万人であった。民間人の中で日本へ引揚げた者は約三二〇万人であり、なかでも朝鮮半島からの引揚者は、北朝鮮地域から約三〇万人、南朝鮮地域から約四二万人の、計約七二万人にのぼった。これは、海外引揚者の約二二%を占める、旧満州地域からの引揚者一〇〇万人に次ぐ大規模な引揚げであった(1)。

南朝鮮からの引揚げは一九四六年三月にピークを迎えた(2)。その際、南朝鮮に残置された旧日本財産(以下、在韓日本財産)は、国公有資産・私有財産を問わず、四五年一二月六日付で駐朝鮮米陸軍司令部軍政庁(以下、駐韓米軍政庁)が発した軍政令第三三号(以下、命令三三号)によって、米軍政庁に帰属された。命令三三号により没収された在韓日本財産は、大韓民国(以下、韓国)政府が樹立された後の四八年九月二一日、「韓米間の財産および財政に関する最初の協定」(以下、韓米協定)第五条によって韓国政府に移譲された。同資産は、不動産、金、銀、白金、通貨、証券、銀行勘定、債券、有価証券等を含めて、約二二億ドルに上った(3)。

他方、北朝鮮地域からの日本人引揚げは一九四七年四月にほぼ完了した(4)。北朝鮮地域には、戦前日本が重化学工業の基地として育成していた大規模な産業施設が多くあった(5)。そのため同地域には、在韓日本財産を上回る約二九億ドルの日本財産が残っていた(以下、在朝日本財産)。同資産は、北朝鮮臨時人民委員会により接収され自主管理されているうちに、進駐軍であるソ連軍により北朝鮮への国有化が追認され、北朝鮮政権が成立した翌日の四八年九月一〇日に、北朝鮮政府へ正式に移譲された(6)。

要するに、在韓日本財産は連合国側である米軍の命令三三号を法的根拠として韓国政府へ移譲された反面、在朝日本財産は連合国側の法的措置を経ずにソ連の黙認の下で北朝鮮政府に直接接収されたのである。

2　米軍政下、翻弄される韓国の対日政策

戦後直後米国政府は、敗戦国日本に対して厳格な戦争賠償を取り立てることを方針とした。一九四五年一二月一八日、第一次対日賠償使節団の団長であったポーレー(Edwin E. Pauley)は、海外の日本財産を凍

結した上、懲罰的な対日賠償要求を原則とした「ポーレー中間報告」を発表した。そしてポーレーは、南朝鮮も対日賠償要求が可能であることを示唆した。米軍政期の南朝鮮過渡政府は、四七年八月に「対日賠償問題対策委員会」を設置し、対日賠償要求リストを作成していた。この作業は、四八年八月に成立した韓国政府に継承される。(7) しかしその後、米国の対日政策の大転換によって、韓国の対日賠償要求も制約を受けることになる。

一九四七年六月、米国は戦後ヨーロッパに対する復興計画を発表し、四八年からマーシャルプランを実施した。だがこれは、事実上西ヨーロッパに限定された援助政策であり、ソ連に対する封じ込め政策の一環でもあった。ソ連は、四七年九月にコミンフォルムを結成し、四八年六月にはベルリン封鎖を敢行して米国の西ヨーロッパ政策に対抗した。こうした米ソ間の対決的な政策は、ヨーロッパにおける東西間の冷戦を本格化させた。間もなく、ヨーロッパの冷戦はアジアにも及んだ。すると、米国政府内では、極東における日本の戦略的重要性を強調し、経済復興により日本の政治的安定を回復することに政策を転換させようという声が強くなった。(8) そして朝鮮戦争勃発後の五〇年末頃、米国は対日賠償政策の転換を公にし、自国の対日賠償要求を撤回するとともに、他の連合国にも対日賠償要求の停止を求めた。(9)

一方韓国政府は、米国の対日賠償政策の転換を懸念しながら一九四九年九月に『対日賠償要求調書』を完成させた。韓国が算出した賠償総額は、終戦直後の為替で換算すると約二五億ドルとなっていた。また韓国政府は、対日賠償要求に関する確実な権利を獲得すべく、対日講和会議へ署名国として参加する資格、つまり対日戦勝国としての地位を米国に要請していた。その根拠として、戦前中国上海にあった大韓民国臨時政府は、植民地期間には対日独立闘争を展開し、第二次世界大戦時には光復軍を結成して、対日宣戦布告の上連合国側の中国軍に編成され日本軍と戦ったと主張した。(10)

ダレス（John F. Dulles）米国務長官顧問は、駐日連合国軍総司令部（Supreme Commander for the Allied Powers, 以下、ＳＣＡＰ）のマッカーサー（Douglas MacArthur）最高司令官とムチオ（John J. Muccio）駐韓米国大使に対し、韓国の対日講和会議への参加問題について意見を求めた。マッカーサーとムチオは、韓国が連合国側の署名国として対日講和会議へ参加することを容認しても良いとした[11]。結論から言うと、韓国の対日講和会議への参加は最終的に挫折するが、当初ダレスはマッカーサーやムチオの建議を受け入れ、一九四九年一二月、五〇年六月、五一年一月付の対日講和条約草案に、署名国リストへ韓国を含めた。ただし、米国が韓国の対日講和会議への参加を許可した意図は、韓国の対日賠償要求を担保するためではなく、むしろそれを軽減させるためであったことは注目すべきである。ムチオ大使は、韓国の『対日賠償要求調書』にて勘定された対日賠償要求額は非現実的であるとし、韓国は米軍政庁から引き渡された在韓日本財産で満足すべきだと勧告した。しかもムチオは、韓国の対日講和会議への参加を容認する際に、韓国の対日賠償要求と在韓日本財産を帳消しにすることを条件としていた[12]。

すなわち、韓国政府の対日賠償要求計画は米国の対日賠償政策の枠組みの中で立案・施行されたが、米国の極東戦略における日本の役割が強調されるにつれて、韓国の対日賠償要求計画は緩和の圧力を受けざるを得なかった。一方、米軍政期の南朝鮮は、治安や行政のため植民地時代の公権力や親日派出身のエリートをそのまま引き継いだが、これらは韓国政府樹立後も重用された[13]。韓国の対日政策は米国の方針に翻弄されつつも、韓国はある意味で妥協的な対日姿勢をとっていたとも言える。

3　ソ連の日本分割占領の挫折と北朝鮮の対日政策

米国の対日政策の枠組みの中で曲がりなりにも対日賠償要求を準備していた韓国とは異なり、北朝鮮の対日姿勢は極めて厳しかった。北朝鮮の金日成政権は、政府樹立の翌日である一九四八年九月一〇日の声明で、「日本帝国主義統治の残滓の一掃、日本帝国主義時代の法律の無効、日本植民地経済体制の一掃」を唱えた上で、日本が帝国主義的侵略国家として再生することは朝鮮民族の独立を脅かすものであるとし、日本に対する強い反感を露わにした。さらに、「日本帝国を再生しようとするすべての帝国主義国家も敵と見なす」とし、日本のみならず、戦後日本と韓国へ政治的影響力を強めている米国に対しても警戒を示した[14]。

また、金日成政権は、国内における日本の朝鮮植民地統治の残滓清算を優先し、対日賠償要求の準備を先送りしていた。そして、内部の権力暗闘に親日派清算という名分を利用し、多くのエリート政敵を粛清した。[15]こうした内部の事情を、北朝鮮において対日賠償要求の準備ができなかった一因として見ることもできる。またこの時期、北朝鮮の対外政策が急変したため対日賠償要求の準備ができなかったとする論者もいる。[16]本稿では、戦後韓国と北朝鮮における対日政策が対照的に展開された要因を、連合国間の力関係に着目して考察する。

まず日本の敗戦に際しての連合国側の様子を、周知のことではあるが概観しておく。一九四五年二月、主要連合国であった米英ソ三か国の首脳は、第二次世界大戦後の国際秩序について協議するためヤルタ会談を開催した。この会談において、ソ連は、ドイツが降伏した後対日参戦することを米英に約束した。ナチス・ドイツ降伏後の七月一七日からは、米英ソ三か国の首脳は戦後処理を決定するため、ソ連の占領地域となったベルリン郊外のポツダムに集まった。このポツダム会議の際、主要連合国間の力の均衡は著しく米国に傾斜していた。同会議の最後に表明されたポツダム宣言には対日降伏勧告文も含まれていたが、同宣言文は、秘密裏に行われた原爆実験の成功で自信がついた米国が大部分の内容を作成したと知られている。

日本はポツダム宣言を受諾せず戦い続けたが、ソ連はヤルタ会談で約束した対日参戦について迷っていた。ソ連が対日参戦を躊躇しているうちに、米国は八月六日、広島へ原爆を投下した。すると、九日未明、ソ連は日ソ中立条約を破棄して電撃的な対日宣戦布告の上、満州と中国東北地方に進攻するが、同日午前一一時、米国は長崎に第二の原爆を投下した。ソ連の対日参戦と米国による二度の原爆投下は日本の降伏を決定付けた。八月一五日、日本が無条件降伏を宣言すると米国はすぐ停戦命令を出した。ソ連は、後退する日本軍があまり抵抗しなかったため日本軍との衝突がほぼなかったが、米国に北海道の分割占領を提案した。米国は、日本とほとんど交戦しなかったソ連の北海道上陸を拒否し、事実上単独で日本を占領することとなった。戦後の日本占領に加わろうとしたソ連の望みは実現せず、かつ、ソ連は米国の対日単独占領をくつがえすだけの資源に恵まれなかった。[17]

一方ソ連軍は、日本の関東軍が朝鮮半島を通じて本国に脱出することを防ぎ、後退する日本軍と朝鮮半島で戦うため朝鮮半島の北部にも進駐していたが、対日占領に加われなかった後そのまま朝鮮半島北部に駐屯した。しかしソ連は、当初から朝鮮の占領や支配が目的ではなかった。むしろ、北朝鮮に豊富にあった天然資源の確保と、当時東洋一の規模を誇っていた水豊ダムの発電機など主要工業施設の機械類を戦利品として獲得することが重要であって、北朝鮮占領に対しては明確なビジョンがなかった[18]。それ故、ソ連は北朝鮮の対日賠償要求の権利を担保することもできなかった。一九五一年、ソ連外務省が作成した対日講和条約案には、北朝鮮の対日講和条約への参加や対日戦争賠償要求と関連する条項はなかった[19]。米国が、当初の厳格な対日政策下でも、対日政策を緩和した後でも、韓国の対日賠償要求について一定の権利を認めたこととは対照的であった。

二　対日講和会議をめぐる政治過程

1　東アジアの国際情勢と対日講和会議との連動

ヤルタ会談では、事実上米国とソ連の二大国が戦後の世界秩序を主導することが宣言されたが、当時、ルーズベルト（Franklin D. Roosevelt）米国大統領は、ヨーロッパ政策においてはソ連と協調し、アジアにおいては、日本の膨張を抑えるために中国を中心とするアジア秩序の再構築を構想していた。共産主義やソ連に対する認識が緩やかだったルーズベルトが一九四五年四月一二日に急死し、副大統領であったトルーマン（Harry S. Truman）が大統領に昇格した。トルーマン政権は、ヨーロッパ政策の遂行にあたってはソ連と共産主義を脅威的な存在として認識し冷戦戦略を展開したが、アジアでは中国の大国化という前政権の政策を継承しつつ懲罰的な対日賠償政策を進めた[20]。

ところで、対日政策をめぐって、ワシントンのトルーマン政府と東京のSCAPの間では、見解の相違があった。温和な対日占領政策を展開していたSCAPのマッカーサー最高司令官は、ワシントンへ厳格な対日賠償政策の中止を建議していた。そして、パリ講和会議が大詰めに向かっていた一九四七年三月、本国との事前協議を経ず対日講和条約の早期締結案を一方的に発表した。トルーマン政府はマッカーサーの言動を警戒したため、この時点での対日早期講和論は挫折した(21)。

その後、戦前から中国大陸で展開されていた国民党と共産党間の内戦が共産党の勝利で終結し、一九四九年一〇月、共産党政権率いる中華人民共和国（以下、中国）が成立した(22)。中国が共産化すると、米国は東アジアにおける冷戦体制に備えるため、対日早期講和論を全面に打ち出した。ほぼ単独で日本を占領していた米国は、対日早期講和論に急転換した上、対日講和条約も事実上単独で進めた(23)。

ソ連は、ドイツとの講和などヨーロッパ問題をできる限り有利に処理するため、極東問題において米国を刺激することを自制し、対日講和の問題で米国の主導権を見過ごしていた。他方では、非公式の戦略として中国と北朝鮮との関係を現状維持し、北京をアジア革命運動の司令塔とする革命分業を構想しながら、西側大国との対峙を避けるべく毛沢東が望んだ中ソ同盟結成に躊躇した。だが、一九五〇年一月、米国がソ連と中国の接近を警戒し中ソ離反工作に出たため、ソ連は北京の離反を食い止めるべく中国との友好同盟相互援助条約を結んだ。同時にソ連は、国連において中国代表権問題を紛糾させて米国を圧迫した。松村史紀によると、「これで極東に熱戦の火種がまかれ、皮肉にもソ連にわずかに残された対日政策の資源さえ擲つという結果に帰結した」という(24)。

一九五〇年六月、ソ連から武器などの援助を受けた北朝鮮の挑発により朝鮮戦争が勃発した。米国は、同年七月から国連軍の名の下で韓国へ大規模な兵力を派遣したが、同年一〇月半ばには、中国が一〇〇万人と言われる中国人民志願軍を北朝鮮側へ送り込んだ。その後、同戦争は米国と中国の代理戦争の様子を帯びて展開された。米国は国連の場で中国を侵略者として咎めたが、中国は朝鮮戦争へ深く介入し米国への敵対感を強めた。これで、アジアにおける冷戦構造も鮮明となった。米国は、共産勢力により朝鮮半島で熱戦が勃発し、極東の情勢が大きく揺らいだことに驚愕した。これを契機に、米国のアジアでの冷戦遂行におけるパートナーとして、日本の価値は一層高まった(25)。

この時、中国の周恩来外交部長は、朝鮮戦争の停戦交渉を視野に入れながら、米国の対日単独講和と日本の再武装を問題視し、対日講和条約に中国とソ連が参加する対日全面講和を要求した(26)。一九五一年三月以降米ソ両国は朝鮮戦争の停戦に向かって動き始めたが、同年五月、ソ連も米国の対日単独講和に反対し、米英ソ中四か国の外相会談による対日講和条約の草案作成方式を主張した。だが米国は、六月一九日、ソ連の提案を拒否するという旨の覚書をモスクワへ渡す(27)。その後、朝鮮と台湾海峡における米軍の展開や朝鮮戦争の長期化の可能性のため、中国とソ連による対日全面講和要求は朝鮮戦争停戦協定の取引条件から除外された(28)。

以降米英両国は、共産主義に対する警戒を強め、ソ連が参加しなくとも対日講和をはたすことに合意した。だが、中国の代表権と台湾の処理、韓国の講和会議への参加などをめぐっては意見が分かれていた。英国は、大陸中国を中国の代表として対日講和会議へ参加させるべきであり、韓国は戦前日本の植民地であって交戦国ではなかったため連合国資格を付与できないと主張した。中国の代表権を北京の共産党政権ではなく台湾の国民党政権に付与しようとした米国は、中国問題で英国の譲歩を得るため、韓国の対日講和会議への参加に猛反対する英国に同意した(29)。

一九五一年六月、米英は、ソ連を講和会議に招請はするがその参加は期待しない、中国と台湾のいずれも講和会議に招請しない、韓国の講和会議への参加を認めない、ということに合意した。七月二〇日には、米英両政府がソ連に講和会議への招請状を送り、その際、九月にサンフランシスコにて講和条約の締結と調印を行うことを告げた。以降、ソ連は対日講和会議に出席するが、中国の不参加を理由に会議の無効を訴え調印を拒否する(30)。

ここで検討したように、対日講和問題をめぐる主要連合国間の駆け引きは冷戦状況に大きく影響された。特に、中国大陸の共産化と朝鮮戦争勃発による東アジア情勢の変化は、共産主義に対する米英の警戒を強めた。その結果、対日講和条約は、北朝鮮の後見人たる中国とソ連どちらも署名国とならず、西側陣営を代表する連合国と日本との講和として決着した。このような結末は、戦後韓国と北朝鮮における対日政策を根本的に異にする要因となり、また日本にとっても韓国と北朝鮮に対する外交的ディレンマを与えた本質的な要因となった。

2　対日講和会議へ招待されなかった二つの朝鮮

北朝鮮は、一九五一年六月二六日付の覚書をモスクワ政府へ送った。その内容は、米英の対日講和条約草案に反対し、米英ソ中四か国の外相会談による対日講和条約の草案作成方式を主張するソ連の提案を支持しながら、ソ連の仲介で北朝鮮も対日講和条約へ参加することを希望するものであった。また国内では、対日講和会議への参加を主張する運動を全国的に展開した。八月三一日、北朝鮮は朴憲永外相の談話形式で、中国および北朝鮮が参加しない対日講和は無効であると言明した上で、日本が朝鮮植民地時代に行った朝鮮人の強制徴用および徴兵、財産の強奪などによる被害は大きいとし、日本に対しその人的物的損害賠償を要求するとした(31)。

ところが、一九五一年六月、すでに米国がソ連の提案を拒否したのみならず、米英交渉では韓国の対日講和会議への参加が不承認となった状況で、北朝鮮の対日講和会議への参加要求は無意味であった。米国を説得して対日講和会議への参加資格を得ようとした韓国政府の試みが英国の反対によって挫折したことに続いて、ソ連の仲介で対日講和会議へ参加しようとした北朝鮮の試みも失敗した。

一方、一九五一年七月、ダレス米国国務長官顧問は韓国政府へ対日講和条約の試案を渡していた。しかし、同条約第四条（a）項の規定は、韓国にとって極めて不利なものであった。韓国政府は、在韓日本財産が四五年の命令三三号および四八年の韓米協定によって、すでに韓国へ移譲されたと考えていた。だが同条項は、日韓間の外交交渉によって、在韓日本財産の所有権移転に関する議論を改めて行うことを明示していた(32)。韓国の李承晩大統領は、ダレス試案第四条（a）項の規定が日本の韓国併合を正当化し、ひいては日本による対韓請求権の主張を是認する結果になると猛非難した。そして、米国に同条項の修正を強く要請した。米国は韓国の要請を受け入れて、五一年八月一六日付で作成した対日講和条約の最終草案の第四条に、在韓日本財産の処分を命じた命令三三号の効力を日本に認めさせる趣旨の（b）項を新たに設けた[33]。第四条（b）項が対日講和条約の調印直前に挿入されたため、日本はそのまま対日講和条約の調印に向かった。対日講和条約は、一九五一年九月八日に米国のサンフランシスコで調印され、五二年四月二八日に発効することとなった。

対日講和条約の調印直後、北朝鮮は、中国と北朝鮮が排除されたまま対日講和条約が締結されたことを辛辣に批判した。一九五一年九月一五日には朴外相の声明を通じて、「対日講和条約は米国のアジアにおける新しい侵略を実現するためであり、日米安全保障条約によって日本を米国の軍事基地化するとともに、日本を再武装させアジア侵略の先鋒とする」ことが米国の狙いであると非難した[34]。韓国は、対日講和条約への参加資格を付与しなった連合国側を批判[35]しながらも、米国を刺激するような発言は控えた。

韓国と北朝鮮はどちらも対日講和会議へ招待されなかったが、その後韓国は米国の斡旋で日本との国交正常化交渉を開始し、ここで対日請求権を要求する機会が作られる。先述したように、対日講和条約は事実上米国が単独で行いソ連と中国は米英によって排除された。この結果、米国の影響下にある韓国には米国を通じて次善策を講じる道が開かれる一方、北朝鮮の対日接近の道は厳しくなったともいえよう。

3　対日講和条約における「朝鮮」関連規定

対日講和条約において、「朝鮮」の利益について触れているのは、第二条、第四条、第九条および第一二条である。ただし、「朝鮮」という地名が示されているのは第二条のみであり、その他の条項は第二一条の「朝鮮はこの条約の第二条、第四条、第九条及び第一二条の利益を受ける権利を有する」という文言により、間接的に朝鮮の利益を担保している。

第二条（ａ）項には、「日本国は朝鮮の独立を承認して済洲島、巨文島及び欝陵島を含む朝鮮に対するすべての権利、権原及び請求権を放棄する」と規定している。第九条には「日本国は、公海における漁猟の規制又は制限並びに漁業の保存及び発展を規定する二国間及び多数国間の協定を締結するために、希望する連合国とすみやかに交渉を開始するものとする」という規定がある。第一二条（ａ）項は、「日本国は、各連合国と、貿易、海運その他の通商の関係を安定した且つ友好的な基礎の上におくために、条約又は協定を締結するための交渉をすみやかに開始する用意があることを宣言する」としている。

一方これらの条項は、朝鮮が連合国に準ずる資格をもって日本と交渉することを望んだ韓国の意に叶うものではなかった。第一四条から第二一条までの条項には、連合国の対日請求権および連合国による在外日本財産の処分に関して記されているものの、朝鮮の対日賠償請求と直接関連する規定はない。

韓国が日本との請求権交渉の際に法的根拠としていたのは第四条（ｂ）項であったが、周知の通り、同条項は日韓の間で激しい法的論争を引き起こす火種となった。第四条（ｂ）項では、「日本国は第二条及び第三条に掲げる地域のいずれかにある合衆国軍政府により又はその指令に従って行われた日本国及びその国民の財産の処理の効力を承認する」と規定している。同条項によれば、駐韓米軍の命令三三号による在韓日本財産処分の効力を、日本が最終的に認めたという解釈が可能となる。だが、第四条（ａ）項の「この条の（ｂ）の規定を留保して、日本国及びその国民の財産で第二条に掲げる地域にあるもの並びに日本国及びその国民の請求権（債権を含む）でこれらの地域の施政を行っている当局及びそこの住民（法人を含む）に対するものの処理並びに日本国におけるこれらの当局及び住民の財産並びに日本国及びその国民に対するこれらの当局及び住民の請求権（債権を含む）の処理は、日本国とこれらの当局との間の特別取極の主題とする」（筆者抜粋要約）という規定では、駐韓米軍による在韓日本財産の処分について、その最終的な決着は日本と韓国が外交交渉を通じて解決すべきだと解釈できる[36]。このような、第四条における（ａ）項と（ｂ）項の相反する規定は、一九五〇年代の日韓交渉を難航させた主因となっている[37]。

しかも、対日講和条約における「朝鮮」関連条項は、戦前の朝鮮のみならず戦後分断国となった朝鮮についても、国際社会における明確な地位規定がなされていない。戦前の朝鮮は、終戦直後から南北地域に分断され、対日講和条約の最終案が米英共同で作成された時点では、朝鮮戦争が膠着化し南北分断は厳然たる現実となっていた。対日講和条約の英文では「ＫＯＲＥＡ」、日本語文では「朝鮮」となっているが、どちらも韓国と北朝鮮に関する明確な規定がなく、現実に存在していない「戦前の朝鮮」もしくは「地理的表現としての朝鮮」として記されている。

そうでなくても、戦後朝鮮半島で成立した敵対的な二つの政権について、日本外交はいかなる態度をとるべきかが課題となるはずだった。だがこれに加えて、対日講和条約における「朝鮮」の曖昧な規定は、請求権問題において強い独立変数となる可能性を内包していた。すなわち、韓国と北朝鮮が同条約における「朝鮮」の正統性をめぐって争う場合、日本はどうすべきなのか。または、韓国と北朝鮮を同時に「朝鮮」の正統性を持つ政体として認める場合、日本にとっては二重の賠償責任が課せられる可能性が出てくる。この問題は、日本が在韓日本財産に対する権利主張を構想していた時、早くも表面化した。

三　日本の対韓請求権主張をめぐる諸論争

1　対日講和条約第四条の解釈論争

日本外務省は、敗戦直後の一九四五年一一月から講和条約に関する研究を開始した。四七年三月にマッカーサーが早期講和の方針を示すと、外務省内の研究は政府レベルでの検討に移行した。日本政府は、名古屋大学法学部の山下康雄教授など国際法学者に研究を委嘱し、本格的に研究を行った。研究の焦点は主に、敗戦国の在外財産の処分が、戦争賠償といかに関係するかに当てられた。一連の研究成果は、外務省条約局法規課によって、五〇年三月から五一年三月の間に、講和条約研究資料としてまとめられた[38]。

講和条約研究資料の中で、一九五一年三月付で刊行された『領土割譲と国籍・私有財産』では、敗戦国の在外国公有財産は概ね連合国側に没収されるが、敗戦国国民の在外私有財産に関しては条件を満たせば原所有者の権利が認められる、と結論づけている。これは、在韓日本財産のうち、私有財産に対しては日本の所有権主張が可能だとする論理につながった[39]。一方山下は、日本による朝鮮統治と関連して生じた問題で未解決の事柄については、日本が責任を負うべきであるとした。その例として、韓国民が日本官吏としてうけるべき未払俸給や恩給、および日本の公債などを挙げた上、「あえて言えばこれらが韓国の対日請求権」であるとした。そして山下は、韓国政府がそれらを放棄したとき、その代償として日本は在韓日本財産に関する権利を放棄することを提案した[40]。

ただし、このような在韓日本財産に対する日本の所有権主張の論理は、対日講和条約第四条に（b）項が挿入される前に形成されたものである。なお、講和条約調印直前に第四条に（b）項が新設されたことは、日本の予想外であった。それ故、外務省条約局は対日講和条約の調印直後、山下に見解を求めて講和条約第四条に関する法的論理を改めて構成し、在韓日本財産に対する請求権論理をまとめて行った[41]。

そのうち、韓国側の法的論理が明らかになった。SCAPの外交局長であるシーボルド（William J. Sebald）の仲介で日韓会談が予定されたが、その準備段階として、一九五一年一〇月二〇日から予備会談が開かれた。この際、韓国側は、在韓日本財産は命令三三号によって駐韓米軍政庁へ没収された後韓国政府に移譲されたので、対日講和条約第四条（a）項に明示された日韓間の財産処理に関する特別取極の対象となるのは、韓国の対日請求権のみであると主張した。韓国側は、その法的根拠として対日講和条約第四条（b）項をあげ、日本は命令三三号の効力を同条項により承認したと説いた[42]。

一九五一年一〇月一〇日から開かれた第一二回国会の「平和条約及び日米安全保障条約特別委員会」は、日韓会談予備会談と時期を重ねていただけに、政府関係者の答弁は国内で注目を引いていた。ここで西村熊雄外務省条約局長は、第四条（b）項が日本にとって不利であることを認めた[43]。外務省内では、第四条（b）項が今後日韓間の交渉に否定的な影響を及ぼすという憂慮が広がった[44]。

しかし、日本政府の交渉戦略は、（ｂ）項の有効性を全面否定することしかなかった。一九五二年二月一五日から開始された第一次日韓会談の際に、日本代表団は、命令三三号は在韓日本財産の没収を意味しない、在韓日本財産のうち私有財産に関しては国際法上日本の原所有者に所有権及び最終処分権がある、という法的論理を全面に打ち出した。その上、対日講和条約第四条（ａ）項により、韓国政府が処分した日本財産の売却代金は日韓間の外交交渉で改めて討議すべきであるとした。そして日本代表団は、在韓日本財産に対する日本の所有権、すなわち対韓請求権を公式に提起した。(45)

韓国では「逆請求権」と呼ばれる日本の対韓請求権主張は、韓国側の大きな反発を買った。第一次日韓会談は、日本の対韓請求権主張の妥当性をめぐる日韓間法律論争のあげく決裂した。その後一九五〇年代にかけて、日本の対韓請求権主張をめぐる日韓間攻防のため、日韓会談が進展しなかったことは広く知られている。

第一次日韓会談決裂後、日本政府内では今後の日韓交渉において法的論理をいかに用いるべきかについて議論が行われた。外務省内では外交交渉としての日韓会談の性格を重視し、日韓間の不毛な法律論争に対する懐疑論が台頭した。外務省は、在韓日本財産に対する日本の権利主張は妥当だが、その法的論理は韓国の法的論理を覆すほどではないと判断した。これに加えて、国務省覚書によって韓国の立場が強化されたこと、日本政府内の強硬な対韓姿勢のため米国内の世論が日本に厳しくなったことなどを指摘し、今後の日韓会談においては韓国との法律論争をなるべく避けた方が良いと説いた。(46)

大蔵省は、対韓請求権主張を貫くことを明言して、日韓間の交渉は厳格な法的論理の上で行うべきだと主張した。日韓間請求権交渉において在韓日本財産がいかに扱われるのかは、日本国内の引揚者補償問題と絡んでいた。日本の敗戦とともに帰国した引揚者たちは、彼らの海外財産が国家の戦争賠償に使われたとして、ハーグ陸戦法規第四六条と日本国憲法第二九条を法的根拠とし、海外に残された自身の財産への国家補償を求めていた。それ故、請求権問題に伴う財政的な混乱を懸念した大蔵省は、政府内で最も強硬な対韓姿勢を示していた。(47)

一方韓国政府は、第四条（ｂ）項の挿入によって日本に対する一定の交渉力を確保したとはいえ、日本の法的論理を覆すことができないことを認識していた。韓国政府は米国に対し、対日講和条約第四条（ａ）項と（ｂ）項が、在韓日本財産の処分を命じた命令三三号といかなる関連性を持つのかについて明確な解釈を求めた。米国務省は一九五二年四月二九日、対日講和条約第四条と命令三三号の関連性について見解を示した覚書を韓国政府へ送付する[48]。ところが同覚書も、第四条（ａ）項と（ｂ）項の相反する規定を同時に認める折衷的な内容であったため、日韓間の法律論争をさらに助長する要因となった[49]。

日本の対韓請求権主張をめぐる日韓間の法律論争や、対日講和条約第四条と命令三三号との関連性に対する米国解釈は、日韓会談期間中北朝鮮問題と絡めて議論されたことはない。しかし、日朝会談の可能性が高まっている今日、日韓会談時の日本と韓国の法的論理が、日朝会談へどのような示唆点を与えているかを考察することは意味のある作業となろう。すなわち、日本は、日韓会談の時は命令三三号の有効性をめぐり韓国と法律論争を展開したが、連合国側による法的措置がないまま在朝日本財産を国有化した北朝鮮とはいかなる交渉を展開すべきかについて検討しておく必要がある。その際、過去日韓会談の際に用いられた様々な論理と論争を再考察しながら、その反面、日朝会談における論理が、過去の日韓会談とどのように整合するのか、もしくは矛盾するのかについても検討する必要がある。

2　日韓間請求権処理に関する日本政府内の議論

日本政府が対韓請求権を主張した真の目的は、莫大と予想される韓国の対日請求を減額するとともに、朝鮮半島から引揚げた者の私有財産に対する国家補償を回避するためであったことはよく知られている。一方、前述したように、日本が対韓請求権の対象としていたのは主として引揚者たちの私有財産であり、対韓請求権主張論理の基礎を提供した山下は、韓国の対日請求権の対象を個人請求権に限定することを主張していた。

当初日本政府内では、対韓請求権主張が貫徹されることを前提として、日韓間請求権を「相殺」もしくは

「相互放棄」することとし、具体的な処理方式として次の三つの案を検討していた。第一は、私有財産不可侵の法理を貫徹し、国家が関与せず、私人間の直接解決に委ねるという直接主義である。第二は、私人間の債権債務に関して全て国家が肩代わりをし、私人間決済を国内問題として解決をはかるという間接主義である。第三は、中間的な案として、国家は弁済責任を直接負担しないが、日韓の間に共同清算委員会などの仲介役の機関を設けて国家が私人間の請求権問題の解決を促進するという仲介主義である。(50)これら三つの構想案には、従来からの日本政府の対韓認識が反映され、かつ日韓両国の有している請求権が私有財産に限定されていることが分かる。

この際、大蔵省は「相殺」方式を、外務省は「相互放棄」方式を主張するが、これは日韓間請求権問題に関する両省間の認識の温度差が露呈する契機となった。「相殺」と「相互放棄」は用語上似通った方式に見えるが、この二つの方式が日韓間請求権問題において日本政府にもたらす政策的帰結は大きく異なっている。「相殺」方式は理論上、日韓双方の請求額を差引して精算し、その差引残高がどちらかの方へ返還されることになる。他方で「相互放棄」方式は、日韓両国の請求権の差額を問わず、相互の請求権を完全に放棄することを意味する。(51)

大蔵省は、国家が何らかの形で請求権問題へ介入することで財政的責任を被る可能性のある、間接主義や介入主義のような解決方式に反対した。そして、日韓間請求権の「相殺」方式を念頭に入れ、私有財産に関してはあくまで私人同士の直接解決に委ねるべきと主張した。これによって日本政府は韓国に対する莫大な請求権の支払いのみならず引揚者に対する国家補償も回避できる、と大蔵省は考えていた。(52)

外務省の場合は、大蔵省の主張している「相殺」方式による私人間直接解決の実効性に疑問を呈した。在韓日本財産の相当部分が朝鮮戦争によって消失したなかで、「相殺」方式を貫徹しても実質的に日本が得られる差額は少額であり、むしろ日本が支払う分の方が多くなるおそれがあるというのが外務省の判断であった。外務省は、日韓双方が請求権をきっぱりと「相互放棄」する方が日本としては得策であり、なお引揚者に対する補償問題などには実質的に国家が介入せざるを得ないと主張した。(53)

3　韓国の管轄権と在韓日本財産の範囲

日韓間請求権の処理方式をめぐる大蔵省と外務省の認識のずれは、韓国の管轄権問題をめぐってさらに顕在化した。戦後、朝鮮半島を二分した北朝鮮と韓国は、国際的地位において正統性と体制優位を確保するため、互いに朝鮮半島において正統性をもつ唯一の合法政府であると主張していた。一九四八年八月には韓国政府が、同年九月には北朝鮮政府が成立していたが、国連は同年一二月一二日の第三次国連総会の決議を通じて、韓国のみを朝鮮半島における「唯一合法政府」と承認した。だが、同決議は「国連臨時朝鮮委員会（ＵＮＴＣＯＫ）と協議が可能なところの朝鮮人多数が居住している地域で有効な支配と管轄権を及ぼす韓国が、朝鮮半島における唯一合法政府である」とし、朝鮮半島における管轄権については北朝鮮に対する判断を留保したまま、韓国のみを「唯一合法政府」として認定していた。当然韓国は敵対的な北朝鮮政権を否定するため、朝鮮半島における「唯一合法政府」は韓国のみであるが故、韓国政府の管轄権は朝鮮半島全体に及ぶと主張していた(54)。

一方、先述したように日本の敗戦時朝鮮半島に残された日本財産の総額は約五一億ドルを超えていたが、三八度線以南地域に約二二億ドル、三八度線以北地域に約二九億ドルと、韓国より北朝鮮の方に多く存在していた。もし、日本と韓国が相互の請求権を認めた上で、在朝日本財産が在韓日本財産の範囲に含まれ、さらに日韓間請求権の「相殺」方式が採用されれば、日本は莫大と予想される韓国の対日請求を回避できる。それ故、朝鮮半島における韓国政府の管轄権を韓国に限定する場合と、北朝鮮地域を含めた朝鮮半島全地域にまで韓国の主権が及ぶと認める場合によって、在朝日本財産の取扱いや日韓請求権交渉の成り行きに重大な影響を及ぼすのである。

大蔵省は、国連総会の決議により韓国のみが「唯一合法政府」としての地位を確保し、また韓国が朝鮮半島における唯一の管轄権者であると主張したとはいえ、朝鮮半島における韓国の管轄権の範囲が曖昧であることは十分認識していた。しかし、対韓請求権主張の貫徹と日韓間請求権の「相殺」方式を強く望んでいた大蔵省は、朝鮮半島全体に残されたすべての旧日本財産が、日韓間請求権交渉の対象になることを期待した。[55]それ故大蔵省は、北朝鮮にある旧日本財産を韓国との請求権交渉の対象に含める解釈を可能にする、朝鮮半島全地域における韓国のみの管轄権を主張したのである。[56]

農林省と外務省は、大蔵省の主張について事実上反対した。農林省の場合は、朝鮮半島全地域に韓国政府の管轄権が及ぶとすれば北朝鮮の漁場が縮小されることとなるため、日本は新たな漁業紛争に巻き込まれる可能性があると指摘した。[57]外務省アジア局は、将来北朝鮮と国交正常化交渉を行うことを念頭に入れて、朝鮮半島には実質上韓国と北朝鮮二つの政権が成立しており、韓国の管轄権は三八度線以南に限定すべきだと考えていた。[58]外務省条約局は、北朝鮮地域にも韓国の主権が及ぶとする大蔵省の見解を受け止めながら、韓国政府の実際の施政範囲に鑑み韓国の管轄権を朝鮮半島の南半部に限定することもできると述べ、二つの解釈が可能であるという折衝的な意見を示していた。[59]アジア局のみならず条約局も、国連が韓国の管轄権の範囲を明確にしていない故、北朝鮮を合法政府として認めることに法的問題はないとみていたことは確かであった。

ただし外務省は、朝鮮半島における韓国の管轄権問題は、国連が決定した「唯一合法政府」の承認問題と関連があるため、公に北朝鮮の共産政権を認めることには慎重だった。すなわち、日本が北朝鮮を北半部の「施政当局」と見なすことは、朝鮮半島における二つの政権を認めることとなり、これは日本が国連や米国の方針に異議を唱えることと同義であるとともに、北朝鮮地域にも主権が及ぶと主張する韓国政府を刺激することとなるため、日本の対米外交に悪影響をもたらす恐れがある、というのが外務省の判断であった。結論として外務省は、「国連決議など国際政治の状況から見て日本が韓国の管轄権を規定することは適切ではない」とし、韓国の管轄権について明確な言及を控えた。[60]

このように、朝鮮半島における韓国の管轄権範囲をめぐる問題は、韓国と北朝鮮間のみならず、日本政府内においても各省庁の利害関係により論争的なものとなった。換言すれば、日本が北朝鮮政権をいかに認識するかという問題は、日韓間請求権問題に関する日本政府の政策形成過程で変数となっていたのである。

四　日韓関係と日朝関係の狭間

1　鳩山政権の対韓関係改善の標ぼうと日朝接近

第一次日韓会談が決裂してから約一年後の一九五三年四月、第二次日韓会談が開始されたがほぼ進展せず、朝鮮戦争の休戦協定のため一時休会となる。同年七月二七日に朝鮮戦争の休戦協定が成立した後、同一〇月六日に第三次日韓会談が再開される。だが、日韓会談日本側首席代表である久保田貫一郎が植民地統治を正当化する発言を行ったことを皮切りに、日韓間では激しい論争が展開される。同会談は、開始してから三週間も持たず一〇月二六日、中断に追い込まれた経緯はよく知られている。

第三次日韓会談が決裂した直後、外務省は米国へ会談再開のための仲裁を要請した。韓国側も米国に仲裁を期待していたため、米国は公式に日韓会談再開のための仲裁に乗り出すが成果をあげられなかった。一方、外務省は水面下で、日韓米三者協議を通じて日韓会談再開を講じる。だが、韓国問題について冷ややかな態度を取っていた吉田茂内閣の下で、外務省の対韓接触は極めて制限的とならざるを得なかった。吉田政権期全般にわたって日韓関係は低迷を続けた[61]。

日韓関係に緊張緩和の兆しが現れたのは、一九五四年一二月一〇日、吉田政権に代わって鳩山一郎政権が成立した直後である。鳩山首相は、対米関係に傾斜していた吉田政権の対外政策を批判し、米国からの「自主独立」外交を掲げる一方、共産圏との関係改善を唱えた。また、日韓関係を硬直させた吉田政権の対韓政策を批判し、行き詰まった日韓関係の改善を訴えた。韓国政府は日韓関係改善のため積極的に動き出す鳩山内閣に対して好感を示し、日韓会談再開に対する韓国国内の期待も高まった[62]。

一九五五年二月、日韓会談再開のための水面下協議が開始された。同協議は、中川融アジア局長と柳泰夏駐日韓国代表部参事官との間で実務レベルの話し合いを行う他、より高いレベルでの合意を目指し、谷正之外務省顧問と金溶植駐日韓国代表部公使がカウンターパートとなって協議を行った。「谷・金」会談では、それまでの日韓交渉と比べて踏み込んだ議論が行われた。谷顧問は、日本が条件付きで対韓請求権主張を放棄する用意があると示唆した。金公使は、日本が対韓請求権主張放棄の代価として韓国の対日請求権の後退を求めるのではないかと警戒しつつ、日韓会談再開のために韓国政府も真剣に取り組むと述べた。[63]

ところが、鳩山政権が日韓間協議を進める傍らで日本業者に北朝鮮とのバーター取引を許可し、すでに北朝鮮と貿易協定を密かに結び、貿易関係の開始直前にまで至ったという情報が韓国側に伝わった。[64] 韓国側は早速外務省へその真意を訊ねたが、中川アジア局長は、韓国が反共の最前線で北朝鮮と対峙している時、日本が韓国との関係回復を唱えながら裏で北朝鮮と通商することは韓国との信頼を損なうことであると述べ、日朝貿易説を一蹴した。中川は、外務省としては共産国家との関係回復を第一課題とした鳩山政権の対外政策に異存はないが、韓国との関係を犠牲にしてまで北朝鮮との関係を推し進めることには疑問があるとし、「外務省は日朝関係については政治的見地より反対」であると明言した。[65]

そもそも、日朝間の接近は、共産圏国家との関係回復という鳩山政権の外交方針の延長線上にあった。一九五四年一〇月一二日にソ連と中国は、自由主義国家との平和的共存を唱え、日本との関係正常化を希望しその第一歩として政治経済関係の樹立を宣言した。鳩山は首相就任直後、中ソの提案を受けて、五五年二月からは日ソ間で国交再開交渉を進める。北朝鮮も中ソの対日平和共存戦略に歩調を合わせて、五五年二月二五日に南日外相は日朝関係の樹立を呼びかける声明を発し、日本への接近を図っていた。[66]

駐日米国大使館側は外務省に対し、日本と北朝鮮が漁業協定を結んでいるという情報があると伝え、日朝間の接触を警戒した。その上、鳩山の朝鮮半島問題への対応を素人外交官と揶揄し、北朝鮮問題のため日韓関係が紛糾するだろうと警告した。米大使館側は、日朝関係正常化に法的障害はないが、北朝鮮は国連によって朝鮮戦争における侵略国として定義されており、自由主義諸国は平壌政権を承認していない点を強調し、日本は北朝鮮との接近を延期すべきだと忠告した。[67]

2　朝鮮半島政策をめぐる鳩山と外務省の認識の亀裂

外務省は、将来における北朝鮮との国交回復や請求権交渉の可能性を念頭におき、北朝鮮政権も実質的な合法政府として見なしていたと、先に述べている。したがって、鳩山政権の対北朝鮮政策は、外務省の根本方針と対立するものではなかった。ただ外務省は、朝鮮半島問題全般をとらえ「分断国家である朝鮮においては韓国との国交正常化への努力を優先的に選ばねばならない」と考えていた。[68] 鳩山内閣で副首相兼外相に就任した重光葵も、韓国との国交打開に悪影響がある限り、日本は北朝鮮との交渉を考えていないと述べた。[69] 外務省は、鳩山政権の方針とは一線を引き、非公式チャンネルを通じて韓国との接触を地道に続けた。

だが、外務省と米国政府の憂慮にも関わらず、鳩山政権と北朝鮮の接近は表面化した。北朝鮮は、日朝貿易および残留日本人の引揚問題を日本国民に訴えつつ対日接近を加速化した。[70] 一九五五年三月九日開催された北朝鮮最高人民会議第九回会議においては、「日本人民との接近を促進させ、経済的文化的関係が成功的に樹立発展されることを歓迎する」と唱え、日朝国交正常化を求める動きも見せた。[71]

鳩山首相は、北朝鮮の声明に応じるかのように、三月二四日の衆議院本会議において北朝鮮との接触を認めた。しかも、「谷・金」会談で対韓請求権主張の放棄に合意したのかという質疑に対して、それを全面的に否定した。[72] また、三月二六日の参議院予算委員会では、「北朝鮮とも善隣友好の実をあげたい」と答弁する。韓国政府は、鳩山政権に対する期待が高かっただけに大きな衝撃を受け、「谷・金」会談は三月二六日に七回目の討議を最後に決裂した。[73]

日韓関係がまたしても冷え込む中で、鳩山はむしろ韓国より北朝鮮を優先するような態度を強めた。一九五五年六月、鳩山首相は、朝鮮半島における「二つの朝鮮」を認め韓国と北朝鮮への等距離外交を行うと唱え、韓国政府を憤慨させた。米国側は外務省に対し、日本と北朝鮮との国交正常化交渉などのニュースは、日韓関係の一層の悪化を図り自由陣営内にひびを入れようとする共産側の策動であろうと述べ、北朝鮮と接近する鳩山政権に警告した[74]。

中川アジア局長は駐日韓国代表部の柳参事官に会い、鳩山政権は日韓関係に悪影響のある北朝鮮との関係は一切絶ったと語った上、日韓会談再開に向けた非公式討議を継続することを説得した[75]。しかし、柳参事官は、本国の政府が「吉田内閣は反韓国であるがゆえに発言はむしろ一貫していたが、鳩山内閣は一貫性に欠けた」と非難した上、「外務省の言うことは信用できるが他の関係者は信用できない」とし、鳩山政権に対する強い怒りを示していると伝えた[76]。また、柳は駐日米国大使館側に「鳩山が自らの人脈を通じて外務省の頭越しに北朝鮮との復交を行う[77]」と述べ、朝鮮半島政策をめぐる鳩山と外務省の間の認識の亀裂を懸念した。韓国は鳩山政権に対する不信が払拭できず、一九五六年一二月二三日に鳩山首相が退陣するまで日韓関係は改善しなかった。

ここで見たように、日韓関係改善に対する日本政府の認識と動きは、吉田政権に比べて鳩山政権の方が前向きだったが、鳩山政権も日韓会談再開交渉に失敗した。鳩山政権下で日韓会談再開交渉が失敗した一次的な原因は、日韓間の主張の対立が解消されなかったことにある。ただし、鳩山が対共産圏外交の一環として北朝鮮に接近し韓国側を刺激したことも、鳩山政権期に日韓関係が改善しなかった一因となる。一方この際、朝鮮半島に対する鳩山政権と外務省の外交方針の不一致は、韓国の対日不信をさらに強めた。

3　日本国内における北朝鮮の勢力拡大

日韓関係が低迷する中、日本国内では北朝鮮への関心が高まり、日朝両国の接近は様々なチャンネルを通して進められていた。

戦後、在日コリアンは日本国内で、民族学校の設立や自分たちの権利を守るための団体結成を展開した。当時、南朝鮮を本国とする在日コリアンは一九四六年一〇月、「在日本朝鮮居留民団」を結成した。四八年八月に韓国政府が樹立されると、九月に「在日本大韓民国居留民団（以下、民団）」に改称し、在日韓国人の公認団体として正式に韓国政府から認められる。北朝鮮志向の在日コリアンも民団に対抗していくつかの団体を結成した。吉田政権はこのような在日コリアンの勢力化を懸念していた。生活が不安定な在日コリアンに日本政府が生活保護を施すことを負担に考えた上に、朝鮮半島の政治状況に影響を受けて在日コリアン社会内でもイデオロギー対立が先鋭化していたため、在日コリアンの存在を社会問題視していた。吉田政権は、在日コリアンが組織した大部分の団体を左翼団体と見なし、彼らを潜在的な共産主義者として強く警戒していた。四九年九月八日、法務省はＳＣＡＰの黙認の下で在日コリアン系の民族学校の設立を許可せず、一部の在日コリアン系の宗教団体などに解散命令を出し、その幹部の追放や財産の没収を行った(78)。

だが鳩山政権期、北朝鮮政権による対日平和攻勢を契機に、北朝鮮系の在日コリアンは一九五五年五月、まとまった組織として「在日本朝鮮人総連合会（以下、総連）」を正式に発足させた。当初、約六〇万人を数える在日コリアンの中では北朝鮮を支持する勢力が圧倒的に多かった。北朝鮮の金日成政権は、総連を窓口として、親北傾向の在日コリアンの子供に教育援助費や奨学金などを政府の予算に計上して対日送金をし、北朝鮮支持の青少年の育成に努めた(79)。また、総連の幹部に対しては、国旗勲章と功労メダルを送り、それらと北朝鮮政府とのつながりを図った。このように北朝鮮政権が総連を通じて在日朝鮮人包容政策を実施できたのは、鳩山政権が日本国内で北朝鮮系団体の政治活動を黙認したことを意味した。これとは対照的に韓国の李承晩政権は、在日コリアンにあまり興味を示さず、財政面や本国の関心度から劣勢に立たされていた民団の活動はさらに低調なものとなっていった(80)。

北朝鮮と日本の接近は、在日コリアン社会において北朝鮮の優位を促進したのみならず、李政権の地位を低下させることにもつながった。

北朝鮮は、在日コリアン社会で勢力を拡大した親北団体と日本左派を媒介として、より大胆に日本国内へ接近した。一九五五年九月六日、在日朝鮮高等学校校長を代表とする「祖国訪問団」が香港経由で北朝鮮を訪問し、一〇月一八日には主に社会党の議員で構成された「日本国会議員訪朝団」が平壌を訪問した。中でも、議員訪朝団は二〇日の帰国にあたっての記者会見で、日朝両国間の関係正常化に関連した諸問題について具体的な解決方法を議論し、満足できる結論が出たと発表した。同記者会見で注目を集めたのは、北朝鮮政権は韓国が設定した李ラインを否定し、また竹島の日本領有を認め、漁業問題について日本への大幅な譲歩を明言した、という内容が含まれていたことである(81)。

漁業問題は韓国のみならず北朝鮮にとっても非常にデリケートな事案であった。したがって、北朝鮮政権が李ラインと竹島領有権を放棄するような発言をした真意、あるいは発言自体の真偽は把握できない。ただし、北朝鮮との関係改善を積極的に支持する日本左派の言動には日韓会談を牽制する狙いがあり、韓国政府を緊張させたことは確かであった。

ところでこの時期は、釜山に抑留された日本人漁師（以下、日本人抑留者）の釈放問題と、長崎市所在の大村収容所に収容されて刑期を終えた韓国人（以下、大村韓国人）の強制送還問題をめぐって、日韓の反目が最高潮に達していた。韓国の李承晩政権は、一九五二年一月一八日に李ラインを宣布し、五二年九月から李ラインを侵犯する日本漁船の拿捕を開始した。その後、韓国国内法に基づいて、李ライン内で拿捕された日本漁船の乗組員を釜山の刑務所に入れていたが、五四年からは刑期を終えた漁夫を釈放せずそのまま釜山に抑留し続けた。一方日本政府は、五一年一一月に制定した出入国管理令に基づいて、不法滞在や軽犯罪などを犯した在日コリアンを大村収容所に入れ、刑を終了した者は韓国へ引き渡していた。だが対日講和条約発効後の五二年五月、韓国は、在日コリアンが日本へ滞在した経緯や、在日コリアンには軽犯罪に対しても厳しい待遇がなされることは不当であることなどを理由に、大村韓国人の受け入れを拒否し、彼らの日本国内への釈放を要求した(82)。

これらの懸案は、第一次日韓会談が開始される前から争点化し、韓国政府が対日交渉の際に日本に対する圧迫手段として利用した側面が強かったが、一九五五年三月に「谷・金」会談が決裂された以降これらの問題をめぐって日韓の対立はエスカレートしていた。一二月頃外務省は、大村韓国人を韓国へ送還せず日本国内へ釈放することを条件に、釜山の日本人抑留者を釈放することで接点を模索した。ところが、日本法務省の入国管理局は、大村韓国人と抑留日本人は性質を異にしていると指摘した上、日本国内の治安上の理由から大村韓国人を国内で仮釈放することに強く反対した[83]。大村韓国人と日本人抑留者の相互釈放問題は、日韓間で争点化したのみならず、日本国内でも政治化しつつあった。

こうした中で、一九五五年一〇月一五日、北朝鮮は「大村収容所抑留朝鮮公民の即時釈放を要求する、韓国の抑留日本人との交換は不当である」という談話文を出した。そして、刑期を終えても韓国政府から送還を拒絶された大村韓国人のうち、北朝鮮への帰国を希望する人を受け入れると電撃発表した[84]。

北朝鮮は、鳩山政権が対共産圏外交を掲げていることを機会として日本へ接近したが、厳然たる冷戦の下で日韓関係の正常化を優先する米国側の警戒の故、日朝間政府レベルの接触は極めて制限的だった。だが北朝鮮は、在日コリアン社会で勢力を拡大し体制優位を誇示するとともに、日韓間の争点となっている懸案に介入してきたのである。

4 大村韓国人をめぐる綱引き

一九五七年二月、岸信介が外相を兼任し首相に就任した。岸は韓国との関係回復へ積極的に乗り出した。ほぼ同じ時期韓国では、国民から支持を拡大していた野党の張勉が副大統領として登場し日韓関係の改善を唱えた。日韓両国における国内政治状況の変化により、長らく停滞していた日韓関係に新しい風が吹きこんだ。日韓両方の新政府は早速接触し、五七年六月一五日には日韓会談再開のための合意議事録の暫定案が出された。この後、合意議事録の修正と議論を重ねながら、日韓会談再開のための合意に向かった[85]。

一九五三年一〇月以降長い期間中断されていた日韓会談が再開に向かうと、北朝鮮の金日成首相は、五七年九月二〇日最高人民会議第二期第一回会議で、日朝両国の利益のみならずアジアの平和強化のため日本と正常な関係を打ちたてる努力をするという演説を行った。一二月五日には、日朝関係正常化を希望すると、より直接的な表現を使って日本へ宥和的なメッセージを送った[86]。

しかし、釜山の抑留日本人漁師の釈放問題を急ぐ岸首相は、朝鮮半島政策において、日韓会談再開と日韓間諸懸案の妥結を優先することを明らかにした。日韓両側は、一九五七年一二月三一日付の合意議事録に署名した。この過程で岸首相は、大村韓国人と抑留日本人漁師の相互釈放を条件に、韓国が主張を続けていた日本の対韓請求権主張の放棄を受け入れて、日韓会談再開交渉を最終妥結した(87)。

日韓会談再開を警戒した北朝鮮の対日宥和工作は功を奏せず、一九五八年四月一五日、東京では予定通り第四次日韓会談が再開された。北朝鮮は労働新聞を通じて、日本が李承晩政権と一方的に対日請求権や在日コリアンの国籍問題などを討議することは無効であり、米国の思惑により開催された日韓会談は日朝両国民の意思と利益に反すると批判した(88)。

ところで日本の朝鮮半島政策は、一九五八年一月からすでに新たな局面を迎えていた。日本政府は、日韓会談開始前に予備的措置として大村韓国人の日本国内釈放を開始し、これと時を同じくして抑留日本人約八五〇名を釈放するよう韓国に求めた(89)。大村韓国人の数は、五四年末には一三〇〇人に達し、五五年には二三二人が仮釈放されたがその後も増加し、五六年から世間では「大村朝鮮人収容所」として知られるほどであった。五七年一二月には、大村の他、収容所分室である横浜を合わせて一七三六人に膨れ上がっていた(90)。だが日本政府は、この中から一部のみを日本国内での仮釈放の対象とし、残りの大部分を韓国政府が引き取ることを要求した。韓国政府がこれを受け入れなかったため、韓国人収容者問題は日本政府を悩ませた。北朝鮮は、すでに在日コリアンの北朝鮮への帰国を呼びかけていたが、大村韓国人をめぐる日韓間の軋轢を隙間として狙い、五八年一月四日大村韓国人の北朝鮮への帰国を実現させると発表した。すると、大村収容所の強制退去対象者の中に、北朝鮮への帰還を希望する者が増加した(91)。

問題は、この時期日本で不法滞在者となって大村収容所に入れられているコリアンは韓国南部出身者が多かったが、彼らが韓国ではなく北朝鮮への帰還を希望していたことである(92)。ここには韓国の国内政治状況と関連して、終戦直後の日本国内における「朝鮮人問題」とは異なる事情による者が多かった。戦後韓国政府単独樹立のための総選挙を控えていた南朝鮮では、同選挙が朝鮮半島の分断を固定化させるという理由で、反対デモが全国各地で起こった。済州島では、一九四八年四月三日を起点として反対デモが急速に展開されたが、軍隊と警察が過剰に鎮圧し、罪のない民間人が「共産主義者」とのレッテルを貼られ、多くの犠牲者が発生した。「済州島四・三事件」と呼ばれるこの事件が完全に終焉したのは五七年四月である。だがそれまで、約八万人の島民が公権力によって殺害されたと言われている[93]。この「済州島四・三事件」と五〇年に勃発した朝鮮戦争から逃れた多くの韓国人は日本へ密入国したが、彼らは不法滞在者として日本当局に逮捕され大村収容所などに送られていた。これが、大村収容所に韓国人が急増した主要因となっていたのである[94]。

ともかく、韓国政府から送還を拒否された多くの大村韓国人が、北朝鮮からの帰国呼びかけに応じたことは、日本政府にとっては韓国人収容者問題を解決する絶好の機会であった。日本政府は、日本人漁師の釈放問題と切り離して、大村韓国人の北朝鮮送還問題を解決する方針を決めた。ただし、一九五八年四月に第四次会談として再開した日韓会談への影響と韓国政府の強い反発のため実行を躊躇していた。ところで五八年六月、北朝鮮へ帰国を希望した大村韓国人がハンガーストライキを起こしその後治療を拒否する事件が起こった。日本政府は人道上の理由をあげ、一部を国内で仮釈放した[95]。

韓国は、日本がこれらの人々を国内仮釈放に踏み切ったのは、結局北朝鮮へ帰国させるための前段階の措置であると批判した[96]。北朝鮮は、日本政府が大村収容者を北朝鮮へ帰国させず仮釈放や抑留することを批判しつつも、日本政府の思惑を意識し、より積極的に在日コリアンの北朝鮮への帰国を奨励した。在日コリアン社会においても北朝鮮への帰国運動が高揚していた[97]。こうした展開は、日本国内で釈放された大村韓国人が北朝鮮を「祖国」として志向し、北朝鮮へ帰国してしまう事態となることを憂慮した韓国政府を刺激し、第四次日韓会談は一時中断と再開を繰り返した。

五　日韓会談と北朝鮮問題の仕分け

1　北朝鮮帰国問題のインパクト

日本政府は、北朝鮮帰国問題に関する韓国政府との妥協や協議を一切拒否し、同問題と分離して日韓会談を進めることとした。一九五七年七月一〇日外相に就任した藤山愛一郎率いる外務省も韓国側に対し、日韓会談は北朝鮮帰国問題と分離して再開すべきだとして、この問題によって韓国政府が交渉を決裂させることのないよう釘を刺した(98)。外務省を含む日本政府は、北朝鮮帰国問題について韓国に対し断固とした態度を示したが、そもそも北朝鮮帰国事業を推進する日本政府の強硬な態度の背後には、在日コリアンに対する厳しい視線があった。菊池は、外務省が「在日朝鮮人の犯罪率の高さと生活保護受給世帯の多さ、漁業問題および相互釈放問題をめぐる韓国との合意困難」を理由に同問題を推し進めていたとし、この事実は在日コリアンに対する日本政府の偏見と差別を表すひとつの証左であるという(99)。

一九五九年二月一三日、日本政府は、北朝鮮帰国事業の実施に関する閣僚了解を行った。その後日本政府と北朝鮮はジュネーブで日朝両側の赤十字社が直接に協議を行うことに合意し、北朝鮮帰国問題について赤十字国際委員会の調停を確保するための申し入れも行った。同年三月、第四次日韓会談の日本側首席代表である沢田廉三外務省顧問は、このような進行状況を韓国へ通告した。その際、日本はジュネーブにおける北朝鮮との協議を放棄してまで、日韓会談を再開することは考えられないと明言した(100)。

第四次日韓会談における韓国の当面の課題は、請求権交渉より、大村韓国人および在日コリアンの北朝鮮への帰国を阻止することとなってしまった。韓国が大村韓国人の受け入れを拒否しながら、彼らが北朝鮮に「帰国」することにも反対した理由については、今後別稿をもって述べることとするが、当時韓国国会の「在日朝鮮人の北朝鮮送還に反対する韓国国会の決議」から若干窺うことができる。一九五九年二月、韓国国会は「自由国民を共産側に渡してやることに加担することによって彼ら（北）の兵力と労働力を増強させるのを幇助し、その戦争能力を強化させ、大韓民国に脅威を与える露骨な挑発行為だと信ずる」という「北送」

非難決議を行った[101]。

ようやく、一九五九年六月二四日、ジュネーブで日本と北朝鮮は在日コリアンの帰国問題に関する交渉を妥結し、日朝赤十字間で帰国協定に仮調印した。北朝鮮は、日朝赤十字間の交渉を開いて帰国協定を締結することに成功したが、北朝鮮帰国事業を阻止できなかった韓国はこれを外交上の失敗だと考えた。一方日本政府は、予備会談の時期から日韓会談に深く関与してきた韓国の兪鎮午が、「北朝鮮帰国事業は事実上始まっておりこれを阻止することは不可能」だと、李大統領を説得したと分析していた[102]。

いずれにせよ、厳しい冷戦の時代、朝鮮半島はまさにその最前線であったが、日本政府は在日コリアンの北朝鮮帰国問題においては、日韓交渉やイデオロギー対立とは一線を画し、韓国に譲歩することもなくこれを推進した。そして、一九五九年一二月一四日、北朝鮮行きの第一船が新潟港から出発した。ただし、北朝鮮帰国問題を日韓会談と関連付けない、とする日本政府の意思には断固たるものがあった。

2　日韓会談の進展と日朝関係の限界

一九六〇年七月、岸は日米安全保障条約の改定をめぐる政治的混乱に見舞われ退陣を余儀なくされ、池田勇人が政権の座に就いた。池田は、国内的には安保闘争に象徴される対決的政治のイメージを払拭し、所得倍増計画として知られる経済発展を優先する政策を選んだ。また、安保改定の過程で混乱した対米関係を立て直し、自由主義諸国との良好な関係を維持することを外交課題とした[103]。特に米国は、東アジア冷戦戦略上日韓関係の改善は欠かせないことであるとし、池田政権に対し日韓関係の促進を求めた[104]。

一方、同じ頃、韓国では李承晩政権が倒れ、張勉政権が成立した。副大統領だった時期から日本との関係改善に積極的だった張勉は、政権成立直後から日韓会談再開を要請した。日韓両国は一九六〇年一〇月に第五次日韓会談を開始することとするが、会談が開始する前の九月六日、小坂善太郎外相が日本の閣僚としては戦後初めて韓国を公式に訪問した。小坂は、日韓相互の経済繁栄と国民生活の安定、そして共産主義に対抗するため日本が韓国に経済協力を行う用意があると述べた上、韓国の新政府に対し経済協力を公式に提案した。[105]第五次日韓会談は六一年五月韓国で起こった軍事クーデターにより中止となるが、朴正煕率いる韓国の軍事政権は、前政権よりさらに積極的に日韓関係改善を希望して第六次日韓会談に乗り出し、六一年一〇月二〇日、第六次日韓会談が開始された。

北朝鮮は日韓会談が急進展することに強い警戒を示した。小坂外相が訪韓する際、「朝鮮の統一を妨害する池田政府と張勉一派との悪質な共謀」であり、「東北アジア同盟を揚げた米帝国主義の陰謀と関連している」と非難した。朴軍事政権と日本の接近がより緊密化すると、北朝鮮の対日態度は一段と厳しさを強め、日本が北朝鮮に対し敵対的かつ非友好的政策をとっていると非難し続けた。[106]

ところで韓国の朴政権は、請求権問題および日韓会談の早期妥結を強く表明し、日韓会談交渉代表団とは別の段階で日本と接触し、政治的妥結を図った。一九六一年一一月には「池田・朴首脳会談」を、六二年三月には「小坂・崔徳新外相会談」を行った。そして、六二年一一月に行われた「大平・金会談」では、「無償経済協力三億ドル、有償経済協力二億ドル、民間借款一億ドル以上」という内容で、請求権問題解決の大綱に合意した。日韓会談が紆余曲折を経ても確実に妥結へ向かっていくこの際に、北朝鮮は、池田と会談する朴を「売国奴」と非難し、日韓外相会談や「大平・金会談」を前後して各新聞では「韓日会談粉砕」を唱えた。また、北朝鮮が全朝鮮を代表するもので日本は朝鮮が統一されたのちに請求権問題を解決すべきであると言い、日韓会談を否定しつつ、日本、韓国、北朝鮮の三者会談も提案した。[107]

池田首相は北朝鮮の主張する統一後の解決や三者会談に注目したが、池田内閣は日本の公式な見解として韓国との関係改善を明らかにした。一九六二年一月一四日の参議院予算委員会で大平正芳外相は、「日本、韓国、北朝鮮との三者会談は建前からも実際からも成り立たない」と答弁した。池田首相は六四年三月一二日の参議院外務委員会で、「二つの朝鮮が本来あるべき姿ではないと思うので三者会談をする考えはない。日韓会談を邪魔しようとするための疑われる筋がある」と述べ、日韓会談の妥結を最優先する方針を再確認した。[108]池田内閣は、共産主義国家である北朝鮮との正常な関係が現実的に難しいと認め、北朝鮮を日本外交の対象から意図的に排除した上、対米関係を意識して日韓関係を解決する方向へ向かったのである。

ところが一九六三年五月から、韓国国内では軍事政権の対日低姿勢と屈辱外交を糾弾しつつ日韓会談妥結に反対する運動が全国的に展開された[109]。この際北朝鮮は韓国内の反対運動を激励する目的で、平壌をはじめ各地で日韓会談糾弾集会である「日本軍国主義者の南朝鮮再侵略反対群衆大会」を開いた。六四年から、韓国国内の日韓会談反対運動は朴政権打倒をかかげて反政府運動へと発展し、「六・三事態」に至った。すると、北朝鮮内の群衆大会や新聞の論調も、日韓会談反対よりも「朴政権打倒を主張する南朝鮮の青年学生市民の闘争支持」を強く表明するようになった[110]。日韓会談が進展していく中で、北朝鮮は韓国内の日韓会談反対運動や反政府運動に浸透し、韓国内部から日韓会談の破綻を企てようとしたのである。

3　管轄権論争の棚あげ

「大平・金合意」により請求権問題解決の枠組みが決まると、日本と韓国は、まず日韓基本条約を締結して日韓国交正常化を既成事実とした上で、その他の課題に妥結していくこととした。ところで日韓基本条約をめぐる交渉過程で、日韓基本条約第三条における「韓国の唯一合法性」条項と関連して、朝鮮半島における韓国の管轄権問題が浮上した。韓国の管轄権問題は、日本が対韓請求権を主張する際に在韓日本財産の範囲をいかに規定するかをめぐって日本政府内で論争が展開されていたが、今回は、日韓間で韓国の管轄権問題をめぐる論争が展開されることとなった。

同問題は、一九六五年二月に椎名悦三郎外相が訪韓して行われた「椎名・李外相会談」で決着が付けられたが、事実上棚あげ形式となった。要するに、韓国の「唯一合法政府」を承認しつつも、朝鮮半島における韓国の「管轄権」については言及せず、日韓基本条約が仮調印された[111]。日韓基本条約における韓国の「唯一合法政府」と「管轄権」の規定は、国連総会決議の枠を超えない範囲で決着されたのである。ここで注目すべきは、韓国は将来日本と北朝鮮との交渉可能性を遮断するための確実な条項を望んだが、日本は将来日朝交渉の余地を残そうとしたことである。

先述したように、当初から外務省内では、将来の日朝交渉の可能性を念頭に入れ、韓国の管轄権を三八度線以南に限定すべきと考えていた。すなわち、朝鮮半島が事実上韓国と北朝鮮という二つの国家に分離されたとし、北朝鮮を実質的な合法政府として見なした。それ故、対韓請求権主張の対象となる在韓日本財産に、在朝日本財産を含めるべきではないと考えていた。こうした外務省の考え方は、大平外相が外務省内の討議中に無償経済協力の意味を尋ねた際に、明確に示された。

中川条約局長は大平外相に、無償経済協力が表層的には韓国との経済協力を示すが、実質的には請求権の性格を帯びると答えた。ただし、韓国への支払いの名目が請求権であるならば、交渉の対象となる地域を韓国だけに規定する必要があるが、この場合韓国が反発し朝鮮半島における韓国の管轄権問題まで話が飛躍する可能性があると指摘した。それ故、無償経済協力を名目とすれば管轄権問題は避けられると、中川は説いた(112)。

韓国の管轄権に関する外務省の考え方は暗黙のうちに日本政府の公式見解とされ、一九六五年の日韓基本条約をめぐる交渉過程で貫徹されたと言える。他方では、朝鮮半島における韓国政府の管轄権について確実な条項を挿入し、将来の日朝交渉の可能性を阻止しようとした韓国の試みは事実上失敗したことを意味した。このように、日本の思惑が達成されたことによって日朝間請求権交渉の機会は残されたのである。

おわりに

日韓会談は予備会談を含めて約一五年間進められたが、しばしば北朝鮮がファクターとなって日韓会談に少なからぬ影響を及ぼした。それを大まかに三つの時期とパターンに分けてまとめることとする。

第一に、一九五〇年代初期、在朝日本財産は、請求権問題に関する日本政府内の議論において論争を生み出した。日本の対韓請求権主張や日韓間請求権の処理方式をめぐる議論の際に、在韓日本財産の範囲に在朝日本財産を含めるべきか、これと関連して朝鮮半島における韓国の管轄権をいかに承認すべきか、などの問題は省庁間の利害によって意見が分かれていた。ただし、この論争は北朝鮮が仕掛けたものではなく、北朝鮮の存在そのものが日本の対韓政策決定過程に影響を与えたのである。

第二に、日韓会談が長い中断期を挟んだ一九五〇年代半ば以降、北朝鮮は日韓関係に能動的に影響を与えた。対共産圏外交の延長線で対朝接近がなされた鳩山政権期、北朝鮮は、鳩山政権との接近をきっかけとして在日コリアン社会へ積極的に浸透し、多くの影響力を誇示した。これは韓国政府を刺激し、日韓会談再開交渉を停滞させる一要因ともなった。岸政権期の五八年四月、中断されていた日韓会談が約四年半ぶりに再開した。ところが、岸内閣は在日コリアンの北朝鮮帰国問題の解決を当面の課題として、日韓会談を後回しにした。この時期、日朝両国は在日コリアンの北朝鮮帰国事業を進めるため緊密に接触したが、日韓会談は一歩も進まず日韓関係は依然として停滞したままであった。

第三に、一九六〇年代に入ると、日本政府は日韓会談の妥結を優先する方針を明確にする。よく知られているように、日韓関係における六〇年代の意義は、請求権交渉が経済協力方式として決着された後に日韓会談が最終的に妥結され、戦後日韓関係が正式に出発した時代である。その反面日本と北朝鮮は、五九年一二月に在日コリアンの北朝鮮帰国事業に合意し、その後同事業が本格的に始まったものの、それ以上の接近や交渉のための接触がないまま、六〇年代を迎える。日韓関係が五〇年代とは打って変わって急進展する中で、北朝鮮は対日、対韓非難声明を続けざまに発表し、日韓会談の進展に強い警戒を示すが、池田内閣のみならず佐藤内閣においても、韓国との関係改善のみが明らかにされた。

今後来たるべき日朝会談の際に韓国はいかなるファクターになり得るのか、もしくは日韓会談はどこまで先例となるのかを検討する上で、日韓会談における北朝鮮ファクターに注目することは意義深い。

（注）

（1）若槻泰雄『戦後引揚げの記録』、時事通信社、一九九一年、四六頁。

（2）정병욱（チョン・ビョンウク）「조선총독부관료의 귀환후의 활동과 한일교섭――同和協会・中央日韓協会를 중심으로（朝鮮総督府官僚の帰還後の活動と韓日交渉――同和協会・中央日韓協会を中心に）」、『광복60 년 새로운 시작 종합학술대회 자료집（光復六〇年 新しい始まり総合学術大会資料集）Ⅰ』、二〇〇五年、二一四～二三二頁。

（3）若槻前掲書、一九九一年、一九八～二〇六頁。

（4）チョン・ビョンウク前掲論文、二〇〇五年、二一四～二三二頁。

（5）朴正鎮『日朝冷戦構造の誕生1945―1965――封印された外交史』、平凡社、二〇一二年、二一頁。

（6）若槻前掲書、一九九一年、二四〇～二四四頁。

（7）対日賠償要求を準備するための南朝鮮過渡政府およびその後の韓国政府の様子については以下を参照。太田修『〔新装新版〕日韓交渉――請求権問題の研究』、クレイン、二〇一五年、四九～六一頁。

（8）楠綾子『占領から独立へ』、吉川弘文館、二〇一三年、二三四～二四八頁。

（9）太田前掲書、二〇一五年、五九～六五頁。

（10）이원덕（李元徳）『한일 과거사 처리의 원점――일본의 전후처리 외교와 한일회담（韓日過去史処理の原点――日本の戦後処理外交と韓日会談）』、서울대학교출판（ソウル大学出版）、一九九六年、二六～三八頁。

（11）高崎宗司『検証日韓会談』、岩波新書、一九九六年、一六頁。

（12）太田前掲書、二〇一五年、六一～六五頁。

（13）鄭俊坤「アメリカ占領政策とその対応――日本と韓国の政治風土の比較のために」、『明治大学大学院紀要』第二七集、一九九〇年、二二五～二二八頁。

（14）「日韓会談と北朝鮮」情報公開法に基づく日本外務省開示文書（以下、外務省文書）、二〇〇六―五八八（請求番号）―九一一（文書番号）、二～七枚目。以下、日韓会談関連の日本外務省文書は同じ要領で表記する。ただ、枚目の表示は任意。

（15）장박진（張博珍）『식민지관계 청산은 왜 이루어질 수 없었는가――한일회담이라는 역설（植民地関係清算はなぜ成し遂げられなかったのか――韓日会談という逆説）』、논형（ノンヒョン）、二〇〇九年、一二六～一四一頁。

（16）朴正鎮前掲書、二〇一二年、二七頁。

(17) 松村史紀「サンフランシスコ講和会議と中ソ同盟（1949―52）――東側世界の『全面講和』外交（1）」、『宇都宮大学国際学部研究論集』第四四号、二〇一七年、六一頁。
(18) 下斗米伸夫『モスクワと金日成――冷戦の中の北朝鮮1945―1961』、岩波書店、二〇〇六年、二一～一二頁。
(19) 朴正鎮前掲書、二〇一二年、二九頁。
(20) ルーズベルト大統領の東アジア構想の中で戦後中国を大国とする構想については、以下を参照。五百旗頭真『米国の日本占領政策』上、中央公論社、一九八五年、一二九～一五四頁。
(21) 樋渡由美『戦後政治と日米関係』、東京大学出版会、一九九〇年、五～一〇頁。
(22) 波多野善大『国共合作』、中央公論社、一九七三年、二四六～二五四頁。
(23) 李錫敏「トルーマン政権期における『冷戦戦略』の形成とアジア冷戦の始まり――対ソ脅威認識を中心に」、赤木完爾、今野茂充編『戦略史としてのアジア冷戦』、慶應義塾大学出版会、二〇一三年、二五頁。
(24) 松村前掲論文（1）、二〇一七年、六六～六七頁。
(25) 和田春樹『朝鮮戦争全史』、岩波書店、二〇〇二年、二九一～二九四頁。朝鮮戦争に中国が参戦する過程とその結果については、以下を参照。ディヴィッド・ハルバースタム著・山田耕介、山田侑平訳『ザ・コールデスト・ウインター：朝鮮戦争』下、文春文庫、二〇一二年、第八部。
(26) 松村史紀「サンフランシスコ講和会議と中ソ同盟（1949―52）――東側世界の『全面講和』外交（2）」、『宇都宮大学国際学部研究論集』第四五号、二〇一八年、一〇八～一〇九頁。
(27)「日韓会談と北朝鮮」、外務省文書、前掲、五～七枚目。
(28) 松村、前掲論文（2）、二〇一八年、一〇八～一一一頁。
(29) 金民樹「対日講和条約と韓国参加問題」、『国際政治』第一三一号、二〇〇二年、一三八～一四二頁。
(30) 松村、前掲論文（2）、二〇一八年、一一四～一二一頁。
(31)「日韓会談と北朝鮮」外務省文書、前掲、四～五枚目。
(32) 정무과〔政務課〕「1.주일대표부 유진오 법률고문의 일본출장보고서〔駐日代表部兪鎮午 法律顧問日本出張報告書〕,1951.9.10」、大韓民国外務部外交文書（以下、韓国外交文書）、七七（登録番号）『한일회담 예비회담〔日韓会談予備会談〕（1951.10.20～12.4）본회의 회의록〔本会議会議録〕、제1―10차〔第一～一〇次〕、1951』。以下、日韓会談関連の韓国外交文書は同じ要領で表記する。「一九五一年八月二十日座談会」、一九五一年八月、外務省文書、

二〇〇六―五八八―一五七二。
(33) 高崎前掲書、一九九六年、一六〜二〇頁。
(34)「日韓会談と北朝鮮」、外務省文書、前掲、五〜七枚目。
(35) 太田前掲書、二〇一五年、七五頁。
(36) 李鍾元「韓日会談とアメリカ――『不介入政策』の成立を中心に」、『国際政治』第一〇五号、一九九四年、一六三〜一八一頁。
(37) 李東俊「日韓請求権交渉と『米国解釈』――会談『空白期』を中心にして」、李鍾元、木宮正史、浅野豊美［編］『歴史としての日韓国交正常化Ⅰ』、法政大学出版局、二〇一一年、五三〜八二頁。
(38) 日本政府内で対韓請求権主張に関する法的論理が形成される過程と、その法的論理に関する詳細な分析は、以下を参照。金恩貞「日韓国交正常化交渉における日本政府の政策論理の原点――『対韓請求権論理』の形成を中心に」、『国際政治』第一七二号、二〇一三年、二八〜四三頁、金恩貞『日韓国交正常化交渉の政治史』、千倉書房、二〇一八年、二六〜三五頁。
(39) 条約局法規課『領土割譲と国籍・私有財産　講和条約の研究　第一部（山下教授）』、一九五一年、序説。
(40) 山下康雄「在韓日本資産に対する請求権」、『国際法外交雑誌』第五一巻第五号、一九五二年、一〜三〇頁。一九五二年一〇月二五日に公表された同論文は、それ以前に外務省文書としても保存されている。「在韓日本資産に対する請求権」、一九五二年七月三〇日、外務省文書、二〇〇六―五八八―一三一一。
(41) 条約局法規課「平和条約第四条について（下）（未定稿）（講和条約研究第四号）」、一九五一年九月、外務省文書、二〇〇六―五八八―一五六二、「在韓日本資産に対する請求権」、一九五二年七月三〇日、外務省文書、二〇〇六―五八八―一三一一、山下康雄「在韓日本資産に対する請求権」、『国際法外交雑誌』第五一巻第五号、一九五二年、一〜三〇頁。
(42) 韓国外交文書、七七、前掲。
(43)「第十二回国会参議院平和条約及び日米安全保障条約特別委員会会議録第十号」、一九五一年一一月五日、『日本国会会議録検索システム』（二〇一九年五月三一日検索）、アジア局第二課「国会における在外財産補償に関する政府答弁等」、外務省文書、二〇〇六―五八八―一二三四。
(44) 西沢記「日韓問題定例打合会（第三回）」、一九五一年一二月一〇日、外務省文書、二〇〇六―五八八―一六三一。

(45)金恩貞前掲書、二〇一八年、七三~七七頁。
(46)この時期、請求権問題をめぐる外務省内の動向については、同前書、第2章の3を参照のこと。
(47)アジア局第二課「国会における在外財産補償に関する政府答弁等」、外務省文書、二〇〇六—五八八—一二三四。
(48)John Allison to Yang Yu Chan, 1952.4.29, RG84, Korea, Seoul Embassy, Classified General Records, 1953-55, 320.1, Box.4, NA.
(49)国務省覚書が出された経緯やその内容を分析した上で、同覚書の法解釈の曖昧さを批判し、日韓交渉への影響を考察した論稿としては以下を参照。李鍾元前掲論文、一九九四年、李東俊前掲論文、二〇一一年。
(50)アジア二課「請求権処理問題交渉に関して問題となる諸点」、一九五二年二月五日、外務省文書、二〇〇六—五八八—一五六四。
(51)日本政府内で日韓間請求権の処理方式に関する議論が「相殺」から「相互放棄」へと転換されるまでの政治過程については以下を参照。金恩貞前掲書、二〇一八年、第2章。
(52)「請求権処理問題交渉に関して問題となる諸点」、外務省文書前掲。
(53)アジア二課「日韓会談問題の検討」、一九五二年八月一九日、外務省文書、二〇〇六—五八八—一〇四一。
(54)李東俊『未完の平和』、法政大学出版局、二〇一〇年、一六~二〇頁。
(55)アジア二課「日韓会談日本側代表団第一回打合会」、一九五二年二月八日、外務省文書、二〇〇六—五八八—一六三四。
(56)条三「第二条による分離地域に係る請求権の処理方式」、一九五二年二月七日、外務省文書、二〇〇六—五八八—一五六七。
(57)「日韓会談日本側代表団第一回打合会」、外務省文書、前掲。
(58)「請求権問題交渉に関する打合せ会」、一九五二年二月二五日、外務省文書、二〇〇六—五八八—五三九。
(59)「第二条による分離地域に係る請求権の処理方式」、外務省文書、前掲。
(60)「請求権問題交渉に関する打合せ会」、外務省文書、前掲。
(61)第三次日韓会談決裂直後の日本政府内の動向については以下を参照。金恩貞前掲書、二〇一八年、第3章。
(62)同前書、一二六~一三〇頁。
(63)同前。
(64)アジア局第五課「日韓会談の経緯(その二)二、韓国政府の対日態度の悪化」、一九五五年一〇月一五日、外務省文書、二〇〇六―五八八―四八二。

(65) 中川記「北鮮とのバーター取引説に関し柳参事官申入の件」、一九五五年二月一七日、外務省文書、二〇〇六―五八八―一六七〇。

(66) 朴正鎮前掲書、二〇一二年、一八四～一八五頁。日ソ国交正常化過程については以下を参照。田中孝彦『日ソ国交回復の史的研究――戦後日ソ関係の起点：１９４５―１９５６』、有斐閣、一九九三年。

(67) 池田直隆「アメリカの見た鳩山内閣の『自主』外交」、『国際政治』第一二九号、二〇〇二年、一七八～一七九頁。

(68)「日韓会談と北朝鮮」、外務省文書、前掲、九～一七枚目。

(69)「日韓会談の経緯（その二）二、韓国政府の対日態度の悪化」、外務省文書、前掲。

(70) 朴正鎮前掲書、二〇一二年、一八四～一八五頁。

(71)「日韓会談と北朝鮮」、外務省文書、前掲、九～一七枚目。

(72)「第二十二回国会衆議院会議録第五号」、一九五五年三月二四日、『日本国会会議録検索システム』（二〇一九年五月三一日検索）。

(73)「日韓会談と北朝鮮」、外務省文書、前掲、九～一七枚目。

(74) アジア五「日韓関係に関する一米人の内話の件」、一九五五年六月二一日、外務省文書、二〇〇六―五八八―一六七六。

(75) 中川記「柳参事官と会談の件」、一九五五年七月七日、外務省文書、二〇〇六―五八八―一六七〇。

(76) 中川記「日韓問題に関する柳参事官の内話」、一九五五年四月一一日、外務省文書、二〇〇六―五八八―一六七〇。

(77) 池田前掲論文、二〇〇二年、一七八～一七九頁。

(78) Diary entry for 1949, William J. Sebald Papers, 1887-1980 [hereafter, Sebald Diaries], Special Collections and Archives Division, Nimitz Library, U.S. Naval Academy, Annapolis, Maryland　本日記についてはロバート・D・エルドリッヂ氏と楠綾子氏にご教示いただいた。記して感謝申し上げたい。

(79)「日韓会談と北朝鮮」、外務省文書、前掲、六六～七七枚目。

(80) 崔永鎬「終戦直後の在日朝鮮人・韓国人社会における『本国』指向性と第一次日韓会談」、李鍾元、木宮正史、浅野豊美編『歴史としての日韓国交正常化Ⅱ』、法政大学出版局、二〇一一年、二五一～二五三頁。

(81)朴正鎮前掲書、二〇一二年、一八九〜一九三頁。
(82)金恩貞前掲書、二〇一八年、八四〜八六頁。
(83)アジア局第五課「日韓会談の経緯（その二）四、国交調整問題の停頓」、一九五五年一〇月一五日、外務省文書、二〇〇六—五八八—四八二。
(84)「日韓会談と北朝鮮」、外務省文書、前掲、一八〜二六枚目。
(85)岸政権成立後から日韓会談再開のために日韓間で行われた水面下交渉については以下を参照。金恩貞前掲書、二〇一八年、第3章。
(86)「日韓会談と北朝鮮」、外務省文書、前掲、一八〜二六枚目。
(87)경무대아주과〔景武臺亜州課〕「韓日予備会談終結のための調印に関する件」、韓国外交文書、一〇一『제4차 한일회담 예비교섭〔第四次韓日会談予備交渉〕.1956-58V.3 1958.1-4)』。
(88)「日韓会談と北朝鮮」、外務省文書、前掲、一八〜二六枚目。
(89)外相「日韓交渉妥結に関する件」、一九五八年一月一〇日、外務省文書、二〇〇六—五八八—一五三二。
(90)吉澤文寿『[新装新版]戦後日韓関係——国交正常化交渉をめぐって』、クレイン、二〇一五年、六六頁。
(91)「日韓会談と北朝鮮」、外務省文書、前掲、二四〜二六枚目。
(92)外相「日韓交渉妥結後の経緯に関する件」、一九五八年三月二〇日、外務省文書、二〇〇六—五八八—一四八八。
(93)朴天郁著・李潤玉訳『韓国近・現代史』、夏雨、二〇一七年、二三八頁。
(94)「第二十二回国会衆議院法務委員会議録第二十三号」、一九五五年六月一八日、『日本国会会議録検索システム』（二〇一九年七月三日検索）。
(95)板垣局長「大村収容所内の北鮮帰国希望者に関する柳大使、板垣アジア局長会談要旨」、一九五八年七月七日、外務省文書、二〇〇六—五八八—三二五。
(96)ア北「日韓交渉の経緯とその問題点」、一九五八年一一月一〇日、外務省文書、二〇〇六—五八八—一五四三。
(97)朴正鎮前掲書、二〇一二年、二三〇〜二四〇頁。
(98)アジア局「板垣局長・崔参事官会談要旨」、一九五九年一月三〇日、外務省文書、二〇〇六—五八八—三二五、アジア局「藤山外相・柳公使会談要旨」、一九五九年二月七日、外務省文書、二〇〇六—五八八—三二七、「藤山外相・柳公使会談要旨」、一九五九年二月一二日、同前。

(99) 菊池嘉晃『北朝鮮帰国事業──「壮大な拉致」か「追放」か』、中公新書、二〇〇九年、一〇二～一〇七頁。

(100) 北東アジア課「沢田・柳会談録」、一九五九年三月一一日、外務省文書、二〇〇六―五八八―三三二、「沢田・柳会談要旨」、一九五九年四月一六日、外務省文書、二〇〇六―五八八―三三二。

(101) 神谷不二編『朝鮮問題戦後資料』第2巻、日本国際問題研究所、一九七八年、五五一～五五二頁。

(102) 北東アジア課「日韓会談関係情報」、一九五九年八月一七日、外務省文書、二〇〇六―五八八―二八五、「許政代表内話の件」、一九五九年八月二一日、外務省文書、二〇〇六―五八八―二八五、「韓国代表団動静に関する件」、一九五九年一〇月一五日～一一月二七日、外務省文書、二〇〇六―五八八―二八五。

(103) 吉次公介『池田政権期の日本外交と冷戦』、岩波書店、二〇〇九年、一三～一五頁。

(104) 北東アジア課「小坂外相の訪韓に関する件（首相への説明資料）」、一九六〇年八月二五日、外務省文書、二〇〇六―五八八―五〇七。

(105) 北東アジア課「小坂大臣訪韓の際の尹大統領、張国務首相との会談中注目すべき諸点（局長の口述されたもの）」、一九六〇年九月九日、外務省文書、二〇〇六―五八八―五一一。

(106) 「日韓会談と北朝鮮」、外務省文書、前掲、二七～三二枚目。

(107) 同前、三三～三五枚目。

(108) 同前、三九～四〇枚目。

(109) 『東亜日報』、一九六三年七月二四日。

(110) 「日韓会談と北朝鮮」、外務省文書、前掲、三三～四三枚目。

(111) 張博珍前掲書、二〇〇九年、四九九～五一〇頁、吉澤前掲書、二〇一五年、二一八～二二七頁。

(112) 北東アジア課「日韓会談の進め方に関する幹部会議概要」、一九六二年七月二四日、外務省文書、二〇〇六―五八八―一三三八。

第三章　日韓財産請求権「経済協力」方式の再考

植民地支配正当論、冷戦、経済開発

太田修

はじめに

二〇一八年一〇月三〇日に韓国の大法院で、日本の植民地支配・戦時下に旧日本製鉄に強制動員された労働者が損害賠償を求めて提訴していた事件に原告勝訴の判決が出された。続いて同年一一月二九日に広島三菱重工業事件についても原告勝訴の大法院判決が出された。それらの判決の核心は、植民地支配下の戦時動員および強制労働への損害賠償は、一九六五年に締結された条約第二七号「財産及び請求権に関する問題の解決並びに経済協力に関する日本国と大韓民国との間の協定」（以下、財産請求権経済協力協定）では未解決だったとする内容だった。

これに対して日本政府、被告企業、日本の大手メディアは財産請求権経済協力協定で「解決済み」だとして批判した。さらに、この大法院判決をめぐる齟齬は条約の解釈をめぐるものだったにもかかわらず、日本政府首脳が「国際法違反」、「日韓関係を根底から覆す暴挙」など反韓ナショナリズムを煽るかのような発言を行ったことにより、日韓関係はすくなくとも政治レベルにおいて悪化の途をたどった。

この植民地支配下の戦時強制動員被害者問題を考えるためにも、財産請求権経済協力協定が締結されるまでの過程をもう一度考えてみる必要がある。財産請求権経済協力協定は日本の植民地支配と戦争の責任を問うものとならなかったのであり、今回の大法院判決の内容もおおむね妥当だと筆者は考えているが、なぜ植民地支配と戦争の責任を問うものとならなかったのか、あらためて検討してみたい。

その際に、日韓国交正常化交渉（以下、日韓会談）関連文書の分析が重要となる。この一〇年ほどの間に日韓市民の日韓会談関連文書公開要求運動で、日韓両政府が所蔵する日韓会談文書が大量に公開され[1]、日韓会談の歴史を再検討することが可能になった。筆者はそれらの資料を用いて、二〇一一年に一九五〇年代初めの日本政府の植民地支配認識や日韓会談での対応方針などを検討した論文を書いた[2]。

それに続く研究として二〇一五年の歴史学研究会大会で報告「日韓財産請求権経済協力構想の再考」を行い、雑誌『歴史学研究』にその報告文を書いた[3]。だが、紙幅の関係上それは大会での報告の概要を整理しただけのものとなったため、本稿ではその報告文に引用と注を付し若干の修正を加えて書き直すこととしたい。

具体的には、新しく公開された日韓会談文書を使って、第五次会談（一九六〇年一〇月～六一年五月）から第六次会談（一九六一年一〇月～六四年四月）の「大平・金合意」（一九六二年一一月）までの間に、日本政府が日韓の財産請求権問題を「経済協力」によって処理する方案を政府の方針として確定していく過程を跡づける。

これまでの研究では、日韓財産請求権問題が三億ドルの「無償供与」と二億ドルの「長期低利貸付」の「経済協力」によって「完全かつ最終的に解決されたこととなる」とされたことが、日韓会談で植民地支配・戦争被害の責任が問われなかった原因の一つとして指摘されてきた。二〇〇五年以降に韓国と日本で公開された日韓会談文書の読解をもとに書かれた張博珍、吉澤文寿、金恩貞らの研究[4]も、そうした問題意識にもとづくものだと言える。

筆者も基本的にはそうした理解が妥当だと考えているが、そもそも財産請求権問題とは何であったのか、また財産請求権問題を「経済協力」によって処理する方案は日本政府内でなぜどのように提起されその方針として確定されたのか、「経済協力」による植民地支配・戦争被害の処理という方式は世界史においてどのように位置づけられるのか、などの問題が明らかにされたとは言えない。

第一節では、日韓財産請求権問題を「経済協力」により処理する構想が一九六〇年代に立ち上げられる背景として、敗戦直後から一九五〇年代にかけての日本政府内での認識や議論を整理しなおす。前稿「二つの講和条約と初期日韓交渉における植民地主義」の公刊後に得られた新事実や知見を中心に紹介するもので、前稿の補論となる。

次に第二節では、日本政府内で財産請求権問題を「経済協力」により処理する方針が一九六〇年七月に創案され、それが日韓会談でも提起され、交渉の結果、一九六五年の財産請求権経済協力協定の核心である「経済協力」方式の枠組みが策定された過程を論じる。対象とする時期は、日韓両政府が「経済協力」方式に合意した一九六二年一一月の「大平・金合意」までである。

一　一九五〇年代の「相互放棄」方式──「経済協力」方式の前提

1　日本政府の植民地支配正当論

前稿「二つの講和条約と初期日韓交渉における植民地主義」で論じたように、日韓会談での財産請求権問題に対する日本政府の方針の決定にその植民地支配認識が大きな影響を与えていた。日本政府の植民地支配認識は、「当時としては国際法、国際慣例上普通と認められていた方式により取得され、世界各国とも久しく日本領として承認していた」という「植民地支配正当・適法」論、「各地域の経済的、社会的、文化的向上と近代化」に「貢献」したとする「施恵論」「近代化論」、および「朝鮮の独立は国際法上に謂う分離の場合である」という「領土分離」論からなっていた[5]。ひとことで言えば、植民地支配正当論と言うべきものである。

講和会議を目前に連合国側へ提出していた陳述書で日本政府は、過去の植民地の「取得、保有をもって国際的犯罪視し、懲罰的意図を背景として、これら地域の分離に関連する諸問題解決の指導原則とされることは、承服し得ない」ことを強調していた(6)。

植民地支配の責任は追及されるべきではないという日本政府の主張は、サンフランシスコ講和条約に植民地支配の責任を問う条項が設けられなかったことから、連合国側に受け入れられたといってよい。より正確には、アメリカ国務長官顧問として講和条約草案を主導していたジョン・F・ダレス（John Foster Dulles）が一九五〇年の著作『War or Peace（戦争か平和か）』で、「西欧の植民地主義（Western colonialism）」は、「最初から解放的性質を帯びるよう、人間の自由という基本的な考え方」を内包していたと述べたように(7)、連合国側の旧植民地帝国は、上記のような日本の植民地支配に対する考え方を共有していたと言える。したがって旧植民地帝国と日本は、日本の戦争責任を問うという点ではある程度敵対的であったが、植民地支配を正当化し、その責任を不問に付すという点では共犯関係にあったのである(8)。

2　サンフランシスコ講和条約第四条への日本政府の対策

韓国政府は当初、サンフランシスコ講和会議に参加し条約署名国として「対日賠償」を要求する予定だった。しかし、韓国は講和条約の署名国となれなかったため賠償要求ができなくなった。講和条約の草案作りを主導したアメリカは、その代替措置として講和条約第四条a項を設け、両国間の「財産」「請求権」の処理は両国間の「特別取極の主題」とする規定を策定した。この条項にもとづいて一九五二年から日韓財産請求権交渉が開始され、その結果、一九六五年の財産請求権経済協力協定で、日韓両国および国民の「財産」「請求権」が「平和条約第四条（a）に規定されたものを含めて、完全かつ最終的に解決されたこととなる」とされた(9)。それゆえ筆者は、講和条約第四条a項の「財産」「請求権」という枠組みがいかなるものか検討する必要があると考え、前稿で指摘したとおり、「財産」「請求権」は植民地支配正当論の上に築かれた、との結論を得た[10]。ここでは新しく公開された資料から、日本政府が植民地支配正当論にもとづいて、第四条ａ項の内容をも批判していたことを指摘し、前稿の結論を補完しておきたい。

まず日本政府は、講和条約第四条ａ項が策定される以前から「来るべき平和条約において日本の割譲地に関する経済的財政的事項を規定するにあたり、〔中略〕割譲地における日本の公私有財産の全面的放棄を規定させられるならば、右は割譲地に関する一切の対日クレームを償ってはるかに余りあるものであるから、右の外、更に各個の公私の債務（公債、社債、恩給、保険、私人間債務、通貨その他）につき日本側の分担を追求することは一切なさないことにされたい[11]」と韓国側の対日賠償請求を全面的に否認し、その旨をアメリカ側に伝えていた。

一九五一年四月には西村熊雄外務省条約局長はダレス特使の補佐官で講和条約の策定に向けて交渉を担当していたアメリカ外交官フィアリー（Robert Appleton Fearey）に対して、「公私の財産に対する請求権の放棄」について規定した講和条約英国案第八条について、「イタリア条約付属書のような詳細な規定を設けることは現在不可能であろうが、衡平の原則上、少なくとも日本の割譲地におけるライアビリチーについても日本に追及しないことを規定したい」と要請した[12]。つまり日本政府は、講和条約において朝鮮や台湾などの旧植民地に対する日本の責任を追及しない旨を規定されたいとアメリカ側に要求していたのである。

旧植民地における「日本の公私有財産」を全面的に放棄することになれば、それらは旧植民地側からの要求が予想される対日請求権を償って余りあるものなので、それ以外の対日請求を承認しないようにされたいと米側へ要請する方針は、やがてアメリカとの交渉の中で「相互放棄」という文言で表現されるようになる。この「相互放棄」という方針を支えていたのは、「植民地支配正当・適法」論、「施恵論」「近代化論」、および「領土分離」論にもとづく、植民地支配の責任を不問に付すという認識だった。

新しく公開された文書によると、一九五一年夏頃に日本政府は、「相互放棄」という表現を使って米側と交渉し、旧植民地と日本との間の「財産」「請求権」の処理は両国間の「特別取極の主題」とするとした第四条ａ項の内容を批判していた。例えば日本政府は講和条約草案作業を主導していたダレスに対して、第四条a項は「実施不可能だ」と訴えていた。「韓国政府が理不尽な要償を日本政府に提起するに違いないので、日韓の話合で、本問題が解決しうるとは思えない。相互放棄以外に途がないということを、度々、文書で申入れてある」、「実際問題として、わが方が指摘したとおりの事態が起りつつあるので、dullesには『それみたことか。われわれのいったとおりだ』といいたくなります」とダレスへの不満を日本側は記している。[13]

3　旧植民地処理としての「相互放棄」方式

日本政府は一九五一年夏頃、講和条約締結前夜に新しく挿入された第四条aを批判する中で、次のように「財産」「請求権」の「相互放棄」の方針を明確に掲げていた。「割譲地域（とくに朝鮮を頭において考えられたい）には、巨額の日本の公有及び私有財産があった」が、敗戦後の混乱の中で「無責任に処理され」、「終戦後の六年間に完全に破壊し去られ」たため、「事実関係が把握できない」。したがって、「割譲地域における財産や請求権の相続問題は、日本の場合は、一刀両断的に各地域内で終結して、相互に一切の請求をしないと規定する外、実際的な解決方法はあるまい。これは、いつに、終戦後における日本人の強制本土引揚及び割譲地域における終戦後の治安の混乱からくるやむを得ない不幸な結論である」。[14]

この資料では、敗戦後の混乱により「事実関係が把握できない」ことが「相互放棄」論の直接の根拠として強調されているが、より本質的にはその前で述べられている「割譲地域」に「巨額の日本の公有および私有財産があった」という認識が根底にあったからである。それは、元京城帝国大学教授の鈴木武雄がまとめた「朝鮮統治の性格と実績――反省と反批判」にもとづいて外務省当局が作成した文書「日韓基本関係調整交渉について留意すべき事項」で強調されたように、「他の外国のコローニアリズムとの比較」によっても「日本の朝鮮統治下における韓国人の経済生活、文化生活の向上」があったという、植民地支配正当論に下支えされたものだった。[15]

日本政府は一九五一年夏には、旧植民地の「財産や請求権の相続問題」は、「一刀両断的に各地域内で終結して、相互に一切の請求をしない」とする「相互放棄」によって処理する方針を固め、それを講和条約第四条に盛り込むようにアメリカ側に要請していた。

しかし結果的には、講和条約第四条a項が確定し、さらに韓国政府のアメリカ政府への働きかけによって、b項「〔前略〕合衆国軍政府により、又はその指令に従って行われた日本国及びその国民の財産の処理の効力を承認する」が追加された。すなわち、韓国に限定して考えれば、植民地からの解放後に韓国に残された「日本国及びその国民の財産」を米軍政が接収し、それらを韓国政府に移譲した措置を承認することを規定したものである。

これに対して日本政府は、第一次日韓会談から第三次会談にかけて対韓私有財産請求権を主張し、対日財産請求権を主張する韓国側と正面から対立することになる。これは一見、日本政府が「相互放棄」の方針を破棄し対韓私有財産請求権を主張して韓国側と対決する強行路線に変更したかに見える。だが、新しく公開された日本側内部文書によると、第一次会談から第三次会談にかけて次のような方針で臨んでいたことがわかる。

> 請求権に関するわが方の従来の態度は、桑港条約第四条B項は没収的効力を有せず、従って、私有財産権尊重の原則に基き、わが方は在韓財産について請求権を有するとの建前をとり、政府間に於て個人の権利が確認された上は、請求権者自ら、自己の負担において、これが請求乃至処分を行なうというにあった。〔中略〕以上の様に、請求権に関するわが方従来の方式は必ずしも問題の最終的解決とならないとすれば、次に考えられるのは相互放棄乃至相殺方式である。[16]（傍点は筆者）

つまり、第四条b項を「没収的効力を有せず」と解釈し、「私有財産権尊重の原則」にもとづき「在韓日本人私有財産請求権」を主張し続けたところ、韓国側の激しい反発を買い、日韓会談が決裂する主な原因となったが、「在韓日本人私有財産請求権」の主張はあくまでも「建前」で、その基本方針は請求権の「相互放棄乃至相殺方式」にあったというのである。

この「相互放棄乃至相殺方式」は、一九五二年から五三年に作成された日本側の内部文書に一貫して記されているもので、したがって日本政府は、一九五一年の夏に確定させた「相互放棄」の方針を一九五三年の第三次会談まで堅持していたと言うことができる。繰り返しになるが、「相互放棄」の方針は植民地支配正当論にもとづくものであることを押さえておく必要がある。

ただし、一九五三年に第二次会談が開始される前の三月に作成された日本側内部文書によると、財産請求権の「相互放棄」を基本方針としつつも、軍人・軍属の「給与、軍事郵便貯金及び戦傷病者、戦没者に対する補償」、「郵便貯金並びに契約された簡易生命保険及び郵便年金」、「恩給」は、「別に制定される日本国の法令に従ってこれを支払う」とする案を作成している[17]。ここで「相互放棄」を方針とする一方で、「給与」や「軍事郵便貯金」「年金」「恩給」などを「支払う」とはいかなることなのか。同様の内容が、第四次会談が始まる前年の一九五七年に作成された「関係省打合資料」においても次のように記述されている。

> （一）請求権の相互放棄を方針とするも、特定のものについては支払う用意ある旨提議し、韓国側の要求が適当ならざる場合は、平和条約第四条（b）項を再確認し、米軍政のヴェスティングデクリーの効力を承認する。／（二）前記特定のものとして、左記の個々の証憑書類確認の上支払う用意ありとして提案する。／1、引揚韓国人の税関預り金／2、軍人、軍属および政府関係徴用労務者に対する未払給与、／3、戦傷病、戦没軍人、軍属に対する弔慰金、年金／4、一般徴用労務者のうち負傷者、死者に対する弔慰金／5、未払恩給／6、閉鎖機関および在外会社の残余財産のうち、韓国人名義で供託され又将来供託されるもの〔後略〕[18]

この内部文書は注意深く読む必要がある。「請求権の相互放棄を方針」としつつも、上記の六つの「特定のもの」については「個々の証憑書類確認の上支払う用意ありとして提案する」という。「支払う」のではなく、「支払う用意があると提案する」という箇所が重要だ。後述するように、「個々の証憑書類確認」を条件とする「特定のもの」を「支払う用意があると提案する」ことは、「相互放棄の方針」を貫徹するための交渉の手段として認識されていたと考えられる。

4 「相互放棄」方式の「撤回」

第三次会談は日本側の「久保田発言」および「在韓日本人私有財産請求権」の主張が原因となって決裂した。その後、日韓会談は一九五八年の第四次会談まで中断するが、その間に日本側はその二つの主張の撤回を迫られることになる。

「久保田発言」の撤回の過程についてはすでに多くの先行研究で明らかにされているが、近年開示された日本政府の内部文書「日韓交渉に関する関係各省次官会議議事要旨」によると、外務省と大蔵省の高官の間で次のようなやりとりがあったことには注目してよい。大野勝巳外務省事務次官が、「久保田発言」は「法理論上」は「問題とするところのない発言」であったと述べ、それを受けて中川融外務省アジア局長は、「政府の公式の見解の表明でないから撤回することになっている」と付け加えた。それに対して正示啓次郎大蔵省理財局長が「それでは取消様のないものを取消したことにならないか」と質している[19]。この外務省と大蔵省の高官の短いやり取りには、「久保田発言」を撤回せざるをえなかった外交上の敗北感がにじみ出ているが、同時に「法理論上」は問題なかったという認識を共有していたことが確認できる。

後者の「在韓日本人私有財産請求権」については、一九五六年一月にアリソン（John Moore Allison）駐日アメリカ大使が日本政府に手交した「日韓請求権の解決に関する日本国との平和条約第四条の解釈についてのアメリカ合衆国の見解の表明（案）」で、「日本の在韓財産に対する請求権は第四条b項によって消滅したが、第四条a項に基く韓国の対日請求権を解決するための取極めを行うに当つて、右の事実が勘案せられるべきであるとの解釈」が示された[20]。

一九五七年一月末以降の第四次会談再開のための交渉において、双方の間で請求権問題については上記の「米国政府見解」を基礎に解決をはかるとの基本方針の下に折衝が進められた。そして一九五七年一二月三一日に「1．わが方は日韓請求権の解決に関する平和条約第四条の解釈についての米国政府の見解の表明を基礎として、在韓日本財産に対する請求権の主張を撤回し、2．韓国もまた、右米国政府の見解に同意する、3．ただし、右は請求権の相互放棄ではなく、全面会談においては、わが方は韓国の請求権を解決するため誠意をもつて討議する」という合意が成立した。(21) この合意にもとづいて一九五八年四月より日韓会談は第四次会談として再開されたのである。

以上から明らかなように、一九五七年一二月三一日の合意において日本政府は、「米国政府見解」を受け入れることによって、「在韓日本人私有財産請求権」主張の撤回だけでなく、「相互放棄」方式の不採用をも表明するに至ったのである。ただし、その合意の内容は日本政府の本意ではなかったことに留意する必要がある。同年一二月七日に作成された内部文書「韓国側対日請求権問題に関する件」によれば、日本側が「放棄」を表明する「在韓日本人私有財産請求権」を「『いかなる程度まで』相殺に用いるかによってゼロから韓国の有効な対日請求権の全額までの間」で考えるとしていた。つまり、韓国側の対日請求権を「ゼロ」にするという、事実上の「相互放棄」方針を貫徹する途を確保していたのである。

実際に日本政府内部では、「米国政府見解」を受けての対応方針を検討した中で、正示大蔵省理財局長が、韓国側の「請求権を零に値切ることもできないことはない。理論上は可能であろう」と述べ、外務省の大野次官も「実質的には相互放棄に近いものを主張することにする。その道は封ぜられてはいない。どこまで先方の要求を落とせるかが問題である」と述べている。(23) 韓国側の財産請求権を「零」に値切り実質的に「相互放棄」を実現する方法として、韓国側の財産請求権の「事実関係」および「法律関係」の明示を求める戦術が浮上してくる。第四次会談以後の日韓財産請求権交渉は、韓国側の対日請求権を「事実関係」および「法律関係」によってどれだけ承認するかを協議する場となったのである。

したがって、一九五七年一二月末には韓国側との「合意」上では「相互放棄ではなく」とされたが、実際には「相互放棄」の方針は維持されたのであり、一九六〇年代においても日本政府の財産請求権問題への対応方針をめぐる議論の底流を流れ続ける。例えば一九六〇年一〇月二一日に作成された日本政府の内部文書「大韓民国の請求権問題を処理する場合の問題点（未定稿）」では、財産請求権問題を処理するための方案のひとつとして「日韓相互に請求権を放棄する」場合が検討されていた。(24) 後述するように、一九五〇年代の「相互放棄」方式は一九六〇年代の「経済協力」方式の前提として継承されていくことになる。

5　一九五〇年代の「経済協力」論

これまで述べてきたように、財産請求権問題を処理するための一九五〇年代における日本政府の基本方針は「相互放棄」方式にあったが、そこにおいて韓国への「経済協力」に関する議論がまったくなされなかったわけではない。一九五二年の第一次会談が始まる直前の外務省内の打ち合わせ会議では「請求権問題については、交渉の次第によっては政治的に経済協力問題等に落すことも考えられるので、その場合の方針を定めて置く」必要があることが確認されていた。(25) 一九五三年の第二次会談の直前においても「実質的に相互に請求権を放棄し合うこととするも、場合によっては別途経済提携その他によって韓国の復興に協力する用意のあることを示す」案が出されていた。(26) 一九五六年に外務省アジア局第五課が作成した内部文書「朝鮮問題（対朝鮮政策）」の「対韓政策の大綱」という項目では、「わが国は米国側と十分に協議を遂げ、物心両面からする及ぶ限りの協力を行い、経済復興と生活水準の引上げを図り、もって韓国政府が共産主義勢力の浸潤を防ぐ基盤を作ることに努力する」、「韓国の復興及び民生のために必要な物資の供給に関しては、米国の了解と援助の下に商品借款の供与を約束する」ことが記されている。(27)

こうした文書に見られる「経済協力」論は、朝鮮戦争下においてアメリカとの協議、了解の下に「共産主義勢力の浸潤を防ぐ基盤を作る」という冷戦の論理にもとづくものだと言える。いずれも「経済協力」による処理の可能性に言及し、その後の検討課題として提起されたもので、実際に「経済協力」を実施するための方案が具体的に検討されたわけではなかった。次章に見るように「経済協力」についての本格的な議論は一九六〇年を待たねばならなかった。

二　一九六〇年代の「経済協力」方式――「革命的な考え方」

1　一九六〇年、「経済協力」方式の創案

一九六〇年代において日韓間の財産請求権問題が「経済協力」方式[28]によって処理されたことは、すでに多くの先行研究で検討されてきた。しかしながらそれらの先行研究では、「経済協力」方式とは何だったのか、「経済協力」方式なるものが、いつ、どのように、なぜ、日本政府の基本方針として確定されていったのか、十分に明らかにされているわけではない。ここでは、「経済協力」方式がいつ創案され、それがいかなる歴史的背景から出てきたのか、また世界史の展開といかに関連し、どのような位置づけが可能なのか、それらの諸点を明らかにした上で、一九六五年の財産請求権経済協力協定の再解釈を試みたい。

まず結論から言えば、二〇〇五年以降に新しく公開された日韓会談文書の検討の結果、日韓財産請求権問題を「経済協力」方式により処理する方案が日本政府内で本格的に議論され始めたのは一九六〇年の七月以降であることが明らかになった。とりわけ「経済協力」方式が最初に提起されたのは、外務省アジア局北東アジア課が一九六〇年七月に作成した内部文書「対韓経済技術協力に関する予算措置について」（昭三五、七、二二）においてであり、この文書こそが一九六五年の財産請求権経済協力協定の柱をなす「経済協力」方式の始点となるものだったと筆者は考えている。

この内部文書「対韓経済技術協力に関する予算措置について」の一部は、一九九二年に放送された「NHKスペシャル――調査報告、アジアからの訴え～問われる日本の戦後処理～」（八月一四日放送）と、そ

の番組のディレクターの新延明が書いた論文「条約締結に至る過程[29]」で紹介されたことがある。それは、一九九二年頃に外務省が所蔵していた「対韓経済技術協力に関する予算措置について（昭35・7・22）」の中の「1．対韓経済協力の趣旨」の一部をNHKが撮影し、新延が活字に起こしたもので、文書全体が公開されたわけではなかった。それゆえその文書自体はその後も外務省に所蔵されていたはずだが、NGO「日韓会談文書・全面公開を求める会」の運動によって二〇〇六年以降に開示された日韓会談文書からは、今のところ見つかっていない。現在も非公開の状態が続いているか、二〇〇一年の情報公開法施行以前に廃棄された可能性もある。

それはともかく、日韓条約締結後に、伊関佑二郎[30]（一九六〇年七月当時外務省アジア局長）、前田利一（同アジア局北東アジア課長）、柳谷謙介[31]（同アジア局北東アジア課事務官）の座談会がもたれた。私は九州大学付属図書館の『森田文庫』に所蔵されているその座談会の記録に添付された資料（タイプで打ち直されたもの）で「対韓経済技術協力に関する予算措置について」の全文を知ることができた[32]。また、日韓条約締結後に森田芳夫らがまとめた「日韓国交正常化交渉の記録　総説七」に筆写された文書が掲載されていることも確認できた[33]。

この内部文書「対韓経済技術協力に関する予算措置について」は、「1．対韓経済協力の趣旨」「2．対韓経済協力のための予算措置」「3．対韓経済協力事務費のための予算措置」「4．通常の経済協力および技術協力のための予算措置」で構成されているが、とくに「1．対韓経済協力の趣旨」の次の一節が重要である。これまでの研究でも紹介されているが、その重要性に鑑みあらためてここに引用しておく。

日韓会談を早急に妥結するためには、韓国側に対して何らかの経済協力ないし援助を行なうことが不可避であり、またわが国にとっても過去の償いということではなしに、韓国の将来の経済および社会福祉に寄与するという趣旨でならば、かかる経済協力ないし援助を行なう意義ありと認められる。

「対韓経済協力」は「韓国の将来の経済および社会福祉に寄与する」もので、「過去の償い」ではないことが明確に記されている。その点でこの文書は日韓会談文書のなかで最も重要な文書のひとつだと筆者は考えている。

上記の伊関、前田、柳谷の座談会により「対韓経済技術協力に関する予算措置について」が作成された当時の状況がわかる。柳谷は次のように語っている。

ここに三五年七月二二日付の「対韓経済技術協力に関する予算措置について」という文書がありますが、これは局長の指示で私が起案したものです。ここではじめて請求権を無償経済協力という形で処理する案ができ上がって省内の武内〔龍次事務〕次官、島〔重信〕外務審議官、牛場〔信彦〕経済局長などの幹部にも回覧され、〔中略〕やはり経済協力にすりかえるのでなければまとまらないという話はちょいちょい出ていた〔中略〕日韓会談をまとめるためには何かしなくてはならない。しかし補償金は困る。従って経済協力しかないという構想が段々に出てきていた〔中略〕それがここにペーパーとなって省内の次官、各局長にクリアーされた。〔後略〕(34)

伊関はその「対韓経済技術協力に関する予算措置について」を「非常に歴史的な文書」だと自賛し、前田は「経済協力」方式は「革命的な考え方」だったと振り返っている(35)。彼らの回顧を過大評価すべきではないが、少なくとも当該文書が財産請求権問題を「経済協力」によって処理する構想を打ち出した最初の文書だったことがわかる。

この「経済協力」方式については、同年一〇月の第五次会談に向けた準備会議としての各省代表打合会議の場でも議論されたが、他の省庁にすんなり受け入れられたわけではなかった。とくに西原直廉大蔵省理財局長は「経済協力や経済援助の話もあるようだが、大蔵省としては請求権問題のけりがつかないのにただ漠然と国交が樹立したから何か経済援助をするという考え方は全然問題にならない。経済援助は財源上も困難であり、他国との振り合いの問題も起る」と反対の意向を示していた[36]。

それに対して伊関アジア局長は「経済協力」方式で処理することを力説した。「最終的には政治的解決をすることになるにしても、初めから請求権の議論を全然しないわけにもいかないから、とにかく一応委員会を開いて議論し、「数字で話をきめるのは不可能だ」ということを先方に納得させる必要」がある。これに吉田信邦理財局次長は「一番無難なところで戦死者の数でも話合えば多少時間はつながる」と応じた[37]。西原理財局長が「経済協力」方式を批判したのに対して、吉田次長は賛意を示したのである。しかも、朝鮮人軍人・軍属などの戦死者数の話し合いは「請求権の議論」には「無難」であり、「時間」をつなぐものとして考えられていた。この一官僚の思考は、植民地支配・戦争下の被害者の人権や人道を重く見る立場とはおよそかけ離れたものだったのである。その後、西原局長の反対論がどのように退けられたのかは、資料から追うことができなかったが、「経済協力」方式による処理するという方案が伊関局長ら外務省アジア局の主導で進められることになる。

第五次、第六次会談では、韓国側が提示した対日請求権について各項目別にその「法的根拠」と「事実関係」について議論が展開されるが、そうした事務レベル交渉は韓国側に「数字で話を決めるのは不可能だ」ということを納得せしめ、最終的には「経済協力」方式で政治的決着を図るためのものだったと言える。

2 「経済協力」方式出現の背景

では「経済協力」方式はなぜ一九六〇年七月に創案されることになったのだろうか。「経済協力」方式がこの時期に提起された直接の原因とその背景について、次に考えてみたい。

まず「経済協力」方式が出現した直接の原因として、韓国と日本で経済開発を優先する政権が誕生したことが指摘できる。韓国では、一九六〇年の四月革命後に李承晩政権が崩壊し、その直後に臨時に樹立された許政過渡政権が対日宥和政策を表明した。さらに同年八月に成立した張勉政権は「経済建設第一主義」に立脚して「韓日経済協調」を打ち出し、日本との経済協力に積極的な姿勢を示した。[38] 日本では、六月の安保闘争で岸信介政権が倒れ、七月一九日に池田勇人政権が樹立された。先の外務省アジア局北東アジア課の内部文書「対韓経済技術協力に関する予算措置について」がその三日後の二二日に作成されたことはこの政権の発足と関連があったと考えられる。池田政権は同年一二月に「国民所得倍増計画」を閣議決定する。「経済協力」方式の立案の直接的な契機は一九六〇年における日韓での経済開発主義路線の登場にあったのである。

「経済協力」方式が出現した背景を探ることはその本質を考えるうえでより重要である。その背景として以下の三つを指摘しておきたい。第一は、アメリカ政府は、一九五〇年代後半にアメリカ政府の東北アジア冷戦戦略としての経済開発路線が台頭したことである。アメリカ政府は、第三世界の共産主義化を阻止するための冷戦戦略として、軍事援助よりも経済援助を重視する方向に傾斜しつつあった。いわゆる「ロストウ路線」と呼ばれる冷戦戦略である。一九六一年一月に誕生したケネディ（John F.Kennedy）政権はそれを本格的に実践し、韓国の経済援助を日本に分担させる日韓経済協力を推進した。日韓経済協力は、日本の対韓経済協力によって韓国の経済開発を促進し、東北アジアにおける資本主義の優位を示して共産主義に対抗する戦略の一環だった。池田政権もそれを受け入れ、一九六一年五月の軍事クーデターで成立した朴正煕政権も、そうした東北アジアの冷戦戦略の一環としての日韓経済協力に呼応していった。[39]

第二は、一九五〇年代半ばからの東南アジア諸国への「賠償」「経済協力」の経験である。先の外務省アジア局北東アジア課の内部文書「対韓経済技術協力に関する予算措置について」の「2. 対韓経済協力のための予算措置」では、日本が実施している「賠償及び経済協力」として「ビルマ、フィリピン、インドネシア、ヴィエトナムに対する賠償」と「ラオス、カンボディアに対する経済技術協力」があげられている。その上で韓国への「特別の経済協力は無償の建前なので〔中略〕ラオス、カンボディアに対する経済技術協力」に類似したものになると付言されている。金額や供与の年限など東南アジアへの「諸先例を参酌し、日韓間の特殊事情を考慮」して「経済協力」案が作成されていった。[40] 東南アジアへの「賠償」「経済協力」の経験から継承された最も重要な点は「経済協力」を「日本国の生産物及び日本人の役務」で行うことで、それは

「日本の経済発展にむしろプラスになる」ものとして考えられた[41]。このように東南アジア諸国への「賠償」「経済協力」の諸先例をを勘案しつつ韓国への「経済協力」が構想されたのである。

第三は、旧植民地帝国による植民地支配処理としての「独立+経済協力」を日本政府も共有していたことである。第二次世界大戦後のアジア・アフリカ諸国の独立時に、イギリスやフランスなどの欧米の旧植民地帝国の責任は問われることはなく、旧宗主国からの経済援助が事実上のその埋め合わせとされた[42]。例えば、一九六二年三月にはフランスとアルジェリアとの間に「エヴィアン合意」が交わされたが、それはフランスがアルジェリアの独立を承認し、「アルジェリアの社会・経済発展へのフランスの寄与」などを内容とする「経済協力」を行うものだった[43]。この「エヴィアン合意」は、植民地支配の責任を問うものではなかったことはもとより、アルジェリアの独立戦争における戦争責任さえ問うものではなかった。さらに「エヴィアン合意」における「独立+経済協力」という方式は、アルジェリアに限らずフランス領西アフリカ諸国にも適用された[44]。

ちょうどその半年後の一一月に東京で「大平・金合意」が成り、植民地支配正当論にもとづく財産請求権さえも、無償三億ドル、有償二億ドル、民間借款という「経済協力」として処理されることになった。日本側はこの「経済協力」を「独立を祝賀する」ものとして提供するものだと言ったが、それは単なるレトリック(修辞)ではなかった。このとき日本政府は「英仏等旧宗主国が新に独立せる国家に対してあたえている経済援助[45]」や「独立に対する祝い金として借款を与えた国際先例」、フランスのアルジェリアへの「無償供与[46]」を念頭においていたことが新資料から確認できる。「独立+経済協力」方式は、旧植民地帝国によって共有されていた植民地処理の方案のひとつだったのである。

3 「経済協力」方式へ

日本政府が財産請求権問題を「経済協力」方式によって処理する方案を韓国側に伝えたのは一九六一年五

月九日に持たれた伊関アジア局長と金溶植外務次官との会談の席においてだった。伊関局長は金次官に対して「経済協力」方式について次のような二つの提案を行っていた。

（ⅰ）はっきりした個人債務のようなものは請求権として解決し、いわゆる一般的請求権は無償経済援助とするか、もしくは（ⅱ）すべてを無償経済援助とするか、二つの解決方法があり、その他に一般の経済援助（その中には、政府借款と民間ベースのものとあり、民間ベースの中には、更に純民間ベースのもの、政府が輸銀の資金面で面倒をみるものとある）がある。[47]

（ⅰ）案は、「個人請求権」と「無償経済援助」を柱とするもので、例えば、韓国側が「請求権八項目」として要求するもののうち、事実関係を立証できる強制動員被害者の未払金のような個人請求権は請求権として解決し、その他の一般的請求権は「無償経済援助」として処理するという案だった。（ⅱ）案は、すべてを「無償経済援助」とするという、本節の冒頭の注二八で定義した「経済協力」方式そのものである。先述の外務省と大蔵省の省庁間会議での議論で見たように伊関アジア局長は、（ⅰ）案も形式的に議論しつつも、最終的には（ⅱ）案に追い込んでいく戦術を立てていたが、一九六一年五月の日韓の高位官僚レベルの交渉において、公式には初めて韓国側に「経済協力」方式を提示した。日本側の記録では、金次官は無償経済援助の金額および「経済協力」の内容について関心を示し、会談の内容を張勉総理にも報告したという。

一九六一年五月に韓国で起こった軍事クーデターにより日韓会談は中断したが、朴正熙軍事政権に日韓会談推進の意思があることが確認されると、第六次会談の準備が始められた。その一環として一九六一年九月初めに金裕澤経済企画院院長が訪日し、小坂善太郎外相、伊関アジア局長らとの会談が行われた。

九月一日の会談で伊関アジア局長は、①「恩給、軍人、軍属に対する弔慰金、徴用労務者の未払賃金、引揚韓国人の預託金等、法律上根拠のある」ものは支払うが、「極めて小さな額にしかならない」」、②在韓日本人財産と韓国側の対日請求権に関する「米国の解釈」は「韓国請求権と在韓日本資産との相殺思想に立った」

ものだという点を強調した[48]。

これに金裕澤院長は、日本側は朝鮮人軍人・軍属の戦死者を過小評価しているが、韓国側の調査では一〇万人に達し、「日本がインドネシアで戦争中被害を受けたオランダ人にper capita 100ドルを支払ったこと」を援用すれば、朝鮮人軍人・軍属が受け取るべきものだけでも相当な金額に及び、韓国側の対日請求権の金額は「極めて巨額である」と反論した[49]。

九月七日の会談で小坂外相は、「日本側として認めうるものは極めて小額にすぎない」と再度強調したうえで、「日本が韓国の経済5ヵ年計画に協力するという観点から物を考え、請求権とこのような経済協力（無償援助と通常の経済協力の双方を含む）との二本建てで問題を解決したい」と述べた[50]。

こうして第六次会談での事務レベル交渉は、「請求権」と「経済協力（無償援助と通常の経済協力の双方を含む）」との「二本建て」案に沿って、一九六二年三月の小坂外相と崔徳新外務部長官による政治折衝の直前まで続けられる。この「二本建て」案の「請求権」について日本政府は、韓国側に「法律関係」と「事実関係」の立証を求め、「米国解釈」を考慮に入れることにより、「法的根拠ありと認められる」金額は少額であることを納得させ、「経済協力」方式に持ち込む戦術をもって事務レベル交渉にのぞんだ[51]。植民地支配と戦争の加害者だった日本がその被害者であった韓国側に「法律関係」と「事実関係」の「立証責任は請求する側に存する」と主張することが可能だったのは、日本政府が「両国間の請求権問題は単なる領土分離の際の国の財産及び債務の継承関係として取り扱わるべきもの」という「分離論」の立場に立っていたからである。

たとえば第五、六次会談の事務レベル交渉では、引揚げ韓国人の預託金、恩給、強制動員された労働者や軍人・軍属の未払賃金、見舞金や弔慰金などの「補償金」など個人請求権についての議論がなされた[52]。日本側は、平和条約第四条に掲げられた「財産」と「請求権」については、「本質的には財産といい、請求権という以上、法律関係と事実関係とがともに十分に立証されなければならない」という原則を強調し、これらの立証責任は、請求する側、つまり韓国側に存するとしていた[53]。

ここで日本側がいう「法律関係」の「法律」は、植民地支配下の国家総動員体制のもとで制定された諸法令のことで、そもそもそうした「法律」を批判する立場から未払賃金や「補償金」などを要求していた韓国側には、「法律関係」の立証責任が韓国側にあるとすること自体が容認しがたいことだった。「事実関係」の「事実」とは、当該期の資料にもとづく事実のことで、植民地支配下の動員にかかわる大部分の資料を日本側が所有していることを認知しながら「事実関係」の立証責任が韓国側にあるとする論理も韓国側には納得しがたいことだった。そもそも植民地支配を行なった日本側がその歴史と責任に蓋をしたまま、植民地支配下の「法律関係」と「事実関係」の立証責任が植民地支配された韓国側に存するとする論理そのものが、韓国側には不条理このうえないものだったのである。

この議論の過程で日本政府は、引揚げ韓国人の預託金、強制動員された労働者や軍人・軍属の未払賃金などについては事実関係が明らかなものに限って支払うとしたが、恩給および負傷または死亡した労働者や軍人・軍属への見舞金や弔慰金などの補償金は法的根拠がないとして拒絶していた(54)。事務レベル交渉での議論は財産請求権という枠組みにおいてなされたものだったとはいえ、植民地支配下の戦争被害の真実究明や補償への可能性はわずかながらも内包されていた。しかしながら一九六二年三月の第一次政治折衝（小坂善太郎・崔徳新外相会談）が始まる前にはこうした議論も打ち切られてしまう。すなわち、少なくとも日韓交渉においては一九六二年二月の「被徴用者などに関する専門家会議」（一九六二年二月一三日～二七日）での議論を最後に、植民地支配・戦争被害の真実究明や被害補償への可能性は閉ざされてしまう。こうして第一次政治折衝以後は「経済協力」方式による処理をめぐる議論に限定されることになる。

4　「経済協力」方式の確定

先の伊関と柳谷の座談会の記録によると、一九六二年一月九日と一五日に池田首相と伊関アジア局長、中川融条約局長、大蔵省の石原周夫次官、宮川新一郎理財局長との間に日韓会談の進め方を協議する会議がもたれた。一五日の会議で外務省側は「経済協力の構想」も含めて「どの辺で肚を決め、どういう段階にどういう形で政治折衝をやるか」を説明した。外務省としては「無償経済協力でいくしかない」とし、池田首相と大蔵省側の説得に努めたという[55]。この会議で外務省の方針が承認されたものとみられる。

翌二月初めに外務省アジア局において「日韓請求権交渉の今後の進め方について」(一九六二年二月七日)という日本政府の方針を確定する文書が作成された[56]。まずこの文書の前半部分で「事実関係の確認が極めて困難であること」、「米国解釈」の適用など四つの理由から「十分に法的根拠のある請求として認めうるものは極めて少額に過ぎないことが判明するに至った」としたうえで二つの方針が提示されている。第一案は、以下の通りである。

第一案

(a) 韓国政府は、韓国政府または韓国国民が平和条約第4条a項及びb項の規定に基づいて日本国または日本国民に対して有しまたは有することあるべきすべての請求権を放棄する。

(b) 日本政府は、韓国政府による対日請求権放棄の事実を考慮し(かつ、日韓国交の正常化を祝し、韓国との友好関係増進を念願し、その民生安定と経済発展に寄与するため)、/(I) 無償の経済援助　1億ドル/(II) 長期低利の有償経済援助　2億ドル/を供与する。

まずこの第一案で合意できるよう韓国側を説得し、もし「韓国側が『対日請求権を放棄する』と明言することにどうしても応じない場合は」、次の第二案を考慮するとしている。

第二案

(a) 日本政府は、日韓国交の正常化を祝し、韓国との友好関係増進を念願し、その民生安定と経済発展に寄与するため、/(I) 無償の経済援助　1億ドル/(II) 長期低利の有償経済援助　2億ドル／を供与する。

（b）韓国政府は、日本政府による（a）の供与を受諾し、これにより、韓国政府または韓国国民が平和条約第4条a項及びb項の規定に基づいて日本国または日本国民に対して有しまたは有することあるべきすべての請求権は完全にかつ最終的に解決されることを確認する。

（(b）韓国政府は、日本政府による（a）の供与を受諾し、これにより、平和条約第4条a項及びb項に関して日韓間に存在する一切の問題が解決されることを確認する。）／（注）「無償の経済援助」の性格として、韓国の対日請求権の放棄または解決のはなむけとしての贈与という説明と、放棄または解決された請求権に一応見合う金額の支払いという説明が考えられる。

これら二つの方針案は、韓国側の対日請求権を事実上「放棄」させ、それが「完全にかつ最終的に解決されること」を前提としたうえで、「経済協力」を行うことを決定したものである。これは一九六〇年七月に外務省アジア局で起案された「経済協力」方式が日本政府の公式の方針として確定されたことを意味するものだと考えてよい。またこの文書において、一九六五年の財産請求権経済協力協定第二条第一項に記載され、同協定の核心的な文言である「完全かつ最終的に解決されることを確認する」が初めて登場したことにも注目しておきたい。

この方針にもとづいて三月に小坂外相と崔徳新外務部長官による政治折衝が行われたが、先行研究で明らかにされているように、韓国側がこの「経済協力」方式を受け入れなかったため決裂した。[57]この第一回目の政治折衝の失敗を受けて日米韓による調整が図られ、二回目の政治折衝に向けての準備作業が行われた。その過程であらためて外務省アジア局で作成されたのが「日韓請求権交渉の今後の進め方について」の改訂版「日韓会談における請求権問題交渉の今後の進め方について」（一九六二年七月二〇日）である。[58]

この文書は、財産請求権問題の「行き詰まりを打開する唯一の方法」は、「韓国側は『請求権』を『放棄』ないし『主張しない』こととし、日本側はこれに応じて一定額を『無償援助』として供与するという方式」

だと、より明確に「経済協力」方式による処理を定義している。
そして「経済協力」方式の具体案としてA案とB案の二つが提示されている。

〔A案〕
（1）韓国政府は、日韓両国の国交正常化にあたり、両国間の永久の友好親善を祈念して、韓国政府または韓国国民が平和条約第4条の規定に基づいて日本国または日本国民に対して有しまたは有することあるべきすべての請求権を放棄する。
（2）日本政府は、韓国政府による対日請求権放棄の事実を考慮し、かつ、日韓国交の正常化を祝し、両国間の永久の友好親善を祈念し、その民生安定と経済発展に寄与するため、下記のとおり経済協力を行なうこととする。／（i）無償の経済援助　〇億ドル／（ii）長期低利の有償経済援助　〇億ドル

〔B案〕
（1）日本政府は、日韓国交の正常化を祝し、両国間の友好親善を祈念し、その民生安定と経済発展に寄与するため、下記のとおり経済協力を行なうこととする。／（i）無償の経済援助　〇億ドル／（ii）長期低利の有償経済援助　〇億ドル
（2）韓国政府は、日本政府による（1）の供与を受諾するとともに、韓国政府または韓国国民が平和条約第4条の規定に基づいて日本国または日本国民に対して有しまたは有することあるべきすべての請求権を今後主張しないことを確認する。
（末段の表現としては、「すべての請求権は完全にかつ最終的に解決されることを確認する」または「日韓間に存在する一切の問題が解決されることを確認する」とすることも検討に値する。）

この〔A案〕と〔B案〕は、二月に作成された「日韓請求権交渉の今後の進め方について」の第一案と第二案とほぼ同じ内容である。結局、B案に沿って財産請求権経済協力協定案作りが進められていった。

上記の一九六二年二月と七月に作成された日本政府の方針決定文書のそれぞれ第一案とA案によると、韓国側が「すべての請求権を放棄する」という方針を日本側が維持していたことがわかる。これは日本政府が一九五〇年代に財産請求権処理の基本方針としていた「相互放棄」方式そのものである。ただし、「すべての請求権を放棄する」という案を韓国側が受け入れない場合は、それぞれ第二案とB案のように、「請求権を今後主張しない」「請求権は完全にかつ最終的に解決される」「日韓間に存在する一切の問題が解決される」の文言に妥協する案を用意していた。実際の交渉では後者に沿って議論され、協定文が成案されたが、こうした妥協案は、日本政府にとっては事実上の「相互放棄」方式として思料されていた。したがって「経済協力」方式は、「相互放棄」方式の否定のうえに成立したものではなく、「相互放棄」方式のうえに積み上げられた処理方案であったのである。

おわりに

一九六五年の財産請求権経済協力協定の第一条一項では、三億ドル分の「日本国の生産物及び日本人の役務」の無償供与と二億ドル分の「日本国の生産物及び日本人の役務」の貸付けを行い、第二条一項では、両締約国およびその国民の財産、請求権が「平和条約第四条（a）に規定されたものを含めて、完全かつ最終的に解決されたこととなることを確認する」と規定された。

第一条一項は一九六〇年七月に外務省アジア局で作成され一九六二年二月頃に日本政府の財産請求権処理の方針として確定された「経済協力」方式が、第二条一項は一九五〇年代に日本政府が財産請求権処理の基本方針としていた「相互放棄」方式が、それぞれ条文化されたものだと見ることができる。このように財産請求権経済協力協定は、「相互放棄」方式のうえに「経済協力」方式が積み上げられた二階建ての構造になっている。

本論で述べたように「相互放棄」方式は植民地支配正当論にもとづくもので、「経済協力」方式はその上に築かれた処理方案である。「経済協力」方式は、冷戦と経済開発主義にもとづいて策定された方案であったが、その土台には植民地支配正当論があった。したがって「経済協力」方式は、植民地支配正当論、冷戦、経済開発主義によって形成されたものだと言える。世界史との関連で言えば、一九五〇年代の日本の植民地支配認識に旧植民地帝国との共犯関係が見られたように、一九六〇年代の「経済協力」方式も旧植民地帝国の植民地処理の一環として共有されていたものであった。

一九六五年六月の財産請求権経済協力協定で条文化された「経済協力」方式においては、日本の植民地支配だけではなく、その下で引き起こされた戦争への動員による被害の責任さえも問われなかったのであり、その意味で「過去の克服」は覆い隠されてしまったのである。

（注）

（1）日本の外務省の所蔵資料については、日韓市民によるＮＧＯ「日韓会談文書・全面公開を求める会」の文書公開運動により約六万枚の日本側外交文書が開示された。それらの文書は「求める会」のホームページ（http://www.f8.wx301.smilestart.ne.jp/nihonkokai/nihon.html）で閲覧できる。以下、『日本外務省文書』とする。

（2）太田修「二つの講和条約と初期日韓交渉における植民地主義」、李鍾元・木宮正史・浅野豊美編『歴史としての日韓国交正常化Ⅱ　脱植民地化編』、法政大学出版局、二〇一一年。

（3）太田修「日韓財産請求権『経済協力』構想の再考」、『歴史学研究』第九三七号、二〇一五年一〇月。

（4）장박진〔張博珍〕『미완의 청산――한일회담 청구권 교섭의 세부 과정〔未完の清算――韓日会談請求権交渉の細部過程〕』、歴史空間（ソウル）、二〇一四年、吉澤文寿『日韓会談一九六五――戦後日韓関係の原点を検証する』、高文研、二〇一五年、金恩貞『日韓国交正常化交渉の政治史』、千倉書房、二〇一八年。

（5）太田「二つの講和条約と初期日韓交渉における植民地主義」、前掲書、二〇一一年、三〇～三六頁。

（6）太田「二つの講和条約と初期日韓交渉における植民地主義」、前掲書、二〇一一年、三一頁。
（7）太田「二つの講和条約と初期日韓交渉における植民地主義」、前掲書、二〇一一年、二八～二九頁。
（8）太田修「第1章『日韓財産請求権協定で解決済み』論を批判する」、吉澤文寿編『五〇年目の日韓つながり直し』、社会評論社、二〇一六年、三二頁。
（9）この経緯については、太田修『［新装新版］日韓交渉――請求権問題の研究』、クレイン、二〇一五年、を参照。
（10）太田「二つの講和条約と初期日韓交渉における植民地主義」、前掲書、二〇一一年、三〇～三六頁、太田「第1章『日韓財産請求権協定で解決済み』論を批判する」、前掲書、二〇一六年、二七～三二頁。
（11）「割譲地に関する経済的財政的事項の処理に関する陳述」（二十四、十二、三）、「割譲地の経済的財政的事項の処理に関する陳述」、外務省編『日本外交文書――サンフランシスコ平和条約準備対策』、二〇〇六年、四四三～四四五頁。
（12）文書番号（以下、省略）一八六一「英国案に対し口頭陳述したるわが見解／（四月二十一日西村条約局長、フィアリー会談「午前十時―午後三時三十分」）」、二～三頁、『日本外務省文書』、二〇一三年一一月開示変更分。
（13）一八六一「条約局長に対する依頼事項」（亜二）、一～二頁、『日本外務省文書』、二〇一三年一一月開示変更分。
（14）「第四条に関する日本政府の所見の説明」（二六、七、二四）、外務省編『日本外交文書――サンフランシスコ平和条約対米交渉』、二〇〇七年、五七六～五七七頁。
（15）太田「二つの講和条約と初期日韓交渉における植民地主義」、前掲書、二〇一一年、三五～三六頁。
（16）一三〇三「日韓国交調整特に請求権問題について」（外務省アジア局第二課）、九～一一頁、『日本外務省文書』。作成年月日「二七、一一、一〇」が二重線で消されているが、一九五二年秋頃に作成された文書だと推測される。
（17）一〇四九「日本国と大韓民国との間の財産及び請求権処理に関する特別取極（案）」（一九五三年三月二五日）、一一～一二頁、『日本外務省文書』、二〇一三年一一月全面開示。
（18）一五一八「関係省打合資料」（昭和三十二年三月十八日、アジア局）、七～八頁、二〇一三年一一月開示変更分。
（19）一五一九「日韓交渉に関する関係各省次官会議議事要旨」（一九五七年六月一五日）、四一～四二頁、『日本外務省文書』二〇一三年一一月開示変更分。
（20）一六〇〇「懸案対日請求権の経緯及び解決方針に関する参考資料」（昭和三十四年一月三十一日、アジア局総務参事官室）、七〇頁、『日本外務省文書』、二〇一三年一一月開示変更分。
（21）同前、七三頁。

(22) 一五九七「韓国側対日請求権問題に関する件」（一九五七年一二月七日）、二～三頁、『日本外務省文書』。

(23) 一五一九「日韓交渉に関する関係各省次官会議議事要旨」（一九五七年六月一五日）、二七～二九頁、『日本外務省文書』、二〇一三年一一月開示変更分。同じファイルにある「日韓交渉に関する関係各省次官会議議事要旨」（アジア一課、一九五七年七月一日）、六〇～六四頁でも同様の主張がなされている。

(24) 一六〇二「大韓民国の請求権問題を処理する場合の問題点（未定稿）」（一九六〇年一〇月二一日）、五頁、『日本外務省文書』、二〇一三年一一月開示変更分。

(25) 一六一三「日韓会談打合省内決定事項」（アジア二課、一九五二年二月）、三頁、『日本外務省文書』。

(26) 一〇四六「日韓会談再開の基本条件について」（一九五三年一月二三日）、三頁、『日本外務省文書』。

(27) 六七「朝鮮問題（対朝鮮政策）」（一九五六年二月二一日、亜五課）、一一、一四～一五頁、『日本外務省文書』。

(28) 本稿で「経済協力」方式とは、財産請求権問題を「無償経済援助」および「有償経済援助」、「民間経済借款」によって「完全かつ最終的に解決する」方案を狭義の「経済協力」方式と定義しておきたい。後述する外務省アジア局北東アジア課の伊関佑二郎らが一九六〇年七月に創案した「経済協力」方式はこれに該当する。ただし、「財産請求権」と「無償経済援助」「有償経済援助」「民間経済借款」を抱き合わせて処理する方案をも存在した。これは広義の「経済協力」方式としておく。たとえば大蔵省は請求権問題を処理した後に「無償経済援助」および「有償経済援助」、「民間経済借款」を行うという方案を考えていた。日韓会談の事務レベル交渉では、一九六二年三月までは後者の「経済協力」方式が議論されていたが、同年八月の「第二次政治会談予備折衝」からは前者の狭義の「経済協力」方式が議論されることになった。続いて同年一一月の「大平・金合意」で前者の「経済協力」方式で処理することが確定され、一九六五年の財産請求権経済協力協定の第一条と第二条に明記されることになった。

(29) 新延明「条約締結に至る過程」、『季刊青丘』一六、一九九三年五月。

(30) 一九〇九～一九九九年。東京帝国大学法学部卒業。外務省に入り、在南京大使館一等書記官、在青島領事を経て敗戦。戦後は賠償庁秘書課長兼総務課長、警察予備隊総隊副総監、外務省連絡局長・国際協力局長となった。その後、法務省入国管理局長、外務省アジア局長を経て、一九六二年駐オランダ大使、六六年駐インド大使を歴任（『二〇世紀日本人名事典』、二〇〇四年）。

(31) 一九二四～二〇一七年。東京大学法学部卒業。一九四八年に外務省に入省。アジア局参事官を経て、七三年駐中国公使、七八年アジア局長、八一年外務審議官、八五年外務事務次官などを歴任（『新訂現代日本人名録二〇〇二』日外アソシエーツ、二〇〇二年)。
(32)柳谷謙介、伊関佑二郎、前田利一座談会(実施日不明)の添付資料「対韓経済技術協力に関する予算措置について」(昭三五、七、二二、北東アジア課)、「貴重資料一九、封筒(外務省)」、『森田芳夫文庫』、九州大学付属図書館。これは、座談会の資料として原資料全文をタイプで打ち直したものだと推測される。この資料の閲覧に際して、当時の九州大学大学院人文科学研究院の浜田耕作氏にお世話になった。謝意を表したい。
(33)五〇五「日韓国交正常化交渉の記録　総説七」(五三～六二頁、『日本外務省文書』)には、筆写されたものが全文掲載されている。
(34)柳谷謙介、伊関佑二郎、前田利一座談会(実施日不明)「貴重資料一九、封筒(外務省)」、『森田芳夫文庫』、九州大学付属図書館。
(35)同前。
(36)一四〇八「第5次日韓会談に臨む日本側態度決定のための第3回各省代表打合会議概要」(三五、一〇、一四、北東アジア課)、八頁、『日本外務省文書』。
(37)同前、一一頁。
(38)太田修「제2공화국의 '한일경제협조론'과 청구권 문제」、International Journal of Korean History, Vol.1, Dec. 2000.
(39)太田「第1章『日韓財産請求権協定で解決済み』論を批判する」、前掲書、三五～三六頁。なお、以下の二つの背景についてもこの小論で叙述した。
(40)五〇五「日韓国交正常化交渉の記録　総説七」、五三～六二頁、『日本外務省文書』。
(41)元外務省条約局長中川融氏の回顧(新延明「条約締結に至る過程」、『季刊青丘』一六、一九九三年五月)。
(42)永原陽子「序『植民地責任』論とは何か」、永原陽子編『植民地責任』、青木書店、二〇〇九年、一二頁。
(43)渡辺司「アルジェリア戦争と脱植民地化――『エヴィアン交渉』を中心にして」、永原陽子編、同前、三二一～三二三頁。
(44)渡辺、同前、三二三頁。
(45)一三四〇「大平大臣渡米資料」(三七、一一、三〇)、二頁、『日本外務省文書』。
(46)池田勇人首相は金鍾泌中央情報部長に「独立に対する祝い金として借款を与えた国際先例はあるが、無償供与をした例はアルジェリア以外にはないと思う」と述べた(一八二五「池田総理・金鍾泌韓国中央情報部長会談要旨」

（三七、一〇、二三、アジア局）、一四、二三頁、『日本外務省文書』。
(47) 五一七「伊関局長・金溶植次官　会談要旨（五月九日）」（北東アジア課）、八頁、『日本外務省文書』。
(48) 三六〇「小坂大臣、金裕沢院長会談記録」（一九六一、九、一、北東アジア課）、一三～一四頁、『日本外務省文書』。
(49) 同前、一七～一八頁。
(50) 三六〇「小坂大臣、金裕澤経済企画院院長第2回会談要旨」（三六、九、七、北東アジア課）、一～二頁、『日本外務省文書』二〇一三年一一月開示変更分。
(51) 一七三六「韓国側対日請求額および同査定（案）」（昭和三七年一月九日、外務省アジア局）、三九頁、『日本外務省文書』。
(52) 太田前掲書『日韓交渉』、第三章、第四章を参照。
(53) 同前。
(54) 一七五七「日韓間の請求権問題に関する宮川代表発言要旨、昭和三七年三月一二日」、一〇～一一頁、『日本外務省文書』、「日韓交渉関係法律問題調書集、昭和三七年七月、外務省条約局法規課、六三頁、『日本外務省文書』でも同様に解釈、説明されている。
(55) 柳谷謙介、伊関佑二郎、前田利一座談会（実施日不明）、「貴重資料一九、封筒（外務省）」、『森田芳夫文庫』、九州大学付属図書館。
(56) 一七四六「日韓請求権交渉の今後の進め方について」（三七、二、七、アジア局）、『日本外務省文書』、二〇一三年一一月開示変更分。
(57) 吉澤文寿『［新装新版］戦後日韓関係――国交正常化交渉をめぐって』、クレイン、二〇一五年、一五九頁、太田『［新装新版］日韓交渉――請求権問題の研究』、一九七～一九八頁。
(58) 一七六〇「日韓会談における請求権問題交渉の今後の進め方について」（三七、七、二〇、アジア局）、『日本外務省文書』。

第四章　日韓国交正常化の原点

法的請求権と政治的請求権、そして異次元の経済協力との併存

浅野豊美

はじめに

日韓両国が国交を正常化した一九六五年から半世紀五〇年の節目を越え、新しい時代に入ったはずの日韓関係は、近年急速な冷え込みと破局に近い状態を迎えている。しかし、思い起こせば、正常化四〇周年を迎えた二〇〇五年は、日韓国交正常化交渉関連外交文書が、まず韓国で一月と八月の二度に分けて公開され(1)、さらに日本政府もその直後から数年にわたって外務省側の関連資料を公開したことで、両国の関係はより安定したものへと進化することさえ予感された年であった。

いかにして日韓関係は悪化していったのか。まず、請求権関連訴訟との関係からその現象面での軌跡をたどってみたい。そもそも韓国側の外交文書公開は、二〇〇二年一〇月、韓国人戦時強制動員被害者百名がソウル行政法廷に訴訟を起こしたことに始まる。(2)それは日本政府に対する請求権要求が消滅しているのかを否かを確認しようとしたことに端を発するもので、その結末にあたるのが、二〇一八年一〇月三〇日に韓国大法院が、第二次大戦中に強制労働をさせられたとする韓国人四人の原告が新日鉄住金株式会社（旧新日本製鉄）に損害賠償を求めた訴訟の差し戻し上告審の判決である。これにより、新日鉄住金の上告は退けられ、四人に請求全額の計四億ウォン（約四〇〇〇万円）の支払いを命じたソウル高裁判決が確定した。

その後、急速に両国関係は悪化するのだが、この判決に至るまで、韓国司法では、すでにいくつかの判決が出ていた。

第一に、二〇一一年八月末の韓国憲法裁判所における行政府に対する不作為違憲判決である[3]。これは韓国政府が、「『従軍慰安婦』犠牲者の基本的人権を直接的には侵害」しないものの、「日本による賠償の支払いと、使われた『請求権』を詳らかにしない儘に包括的な『全ての請求権』」を放棄するという言葉を使うことにより、『財産及び請求権に関する問題の解決並びに経済協力に関する日本と大韓民国との間の協定』に「署名して犠牲者の尊厳と価値の回復を途絶させた責任」があると認めるものであった。その上で、同協定第三条〔仲裁〕があるにもかかわらず、韓国人元従軍慰安婦・性暴力被害者である原告が日本政府を訴えた損害賠償請求訴訟において、「その請求権が同協定第二条第一項で消滅しているか否かの解釈をめぐって生じている紛争を解決しようとしない被告」としての韓国政府の不作為を、憲法違反とする論理に立つものであった。この韓国側国内司法判決に従って交渉を求めた韓国側に対して日本が応じなかったことが、翌二〇一二年八月当時の李明博大統領の竹島・独島訪問をうながした。

第二に、二〇一三年七月一〇日のソウル高等法院判決である。これは、韓国に進出した日本企業のなかで、かつて「朝鮮人強制連行」に関与したとされる企業に対して、韓国人被告が個人請求権に依拠して精神的慰謝料の支払いを求めて起こした訴訟に対して、前述した大法院判決が差し戻した判決である。それは、旧日本製鉄である新日鉄住金と韓国人被害者に対して、以下のような判決をしたものであった。

①請求権経済協力協定は、「日本の植民支配に対する賠償を請求するための交渉ではなくサンフランシスコ条約第四条に基づく、韓日両国間の財政的・民事的債権・債務関係を解決するためのもの」にすぎないため、軍隊などの日本国家権力が関与した慰安婦問題などの「反人道的不法行為」は請求権協定で解決されたと見ることができない。

②「反人道的不法行為」とは、戦時中の官斡旋による動員により単純労働に従事させられ、約束した「十分な食事と賃金の提供」を行わないまま「意思に反して自由を剥奪」されたことにある。「原告は成年に至

っていない幼い年齢に家族と離別し、生命と身体を危険にさらす可能性が非常に高い劣悪な環境で危険な労働に従事し、具体的な賃金額も分からないまま強制的に給与を貯金」され、「外出を制限されて常時監視にあって脱出が不可能だった」。また「脱出行為が発覚した場合、苛酷な殴打にあった」ことも指摘された。その上で、「このような旧日本製鉄の原告に対する行為は当時日本政府の韓半島に対する不法な植民支配および侵略戦争の遂行と直結した反人道的な不法行為に該当」する。

③今までの韓国裁判所での判決や日本の最高裁判決は「日本の韓半島と韓国人に対する植民地支配が合法的という規範的認識を前提とし、日本の国家総動員法と国民徴用令を朝鮮半島と原告に適用することが有効だとの評価」に基づいており、受け入れられない。それに代わって尊重されるべきは、三一運動に象徴される「偉大な独立精神」を基調とする「大韓民国憲法の核心的価値」、つまりは大韓民国の道徳的信念・公序良俗であるとされた。こうして公序良俗と日本裁判所の判決は抵触するとされ、日本の裁判所の判決効力に代わって「侵略戦争の遂行のための日帝強制占領期間の強制動員自体を不法」とする大韓民国の法律が適用されると見なされた。

以上の判決を要約すれば、それは、たとえ個人請求権は残ったとしても相手国の裁判結果を尊重して政府間では異議を唱えないという一九六五年の枠組みに対して、以下のような論理を駆使することで、それを覆したものということができる。その論理とは、第一に国内の公序良俗原則によりそれが外国判決よりも優先されるという論理、第二に国際的な人権観念に立脚した遡及的な「反人道的不法行為」の論理、第三に併合自体がそもそも無効であるとする論理、そして最後に全ての論理に共通する前提となる基本論理として、日韓間の請求権および経済協力協定という条約の下でも、韓国裁判所に裁判管轄権があるとの前提である。この前提の上に、第一と第三からなる韓国国内の法廷地法を、しかも、第二の論理に依拠することで時間を遡及して下した判決ということができる。

こうした動きはマスコミが大きく報じることで、大きな社会問題となり、それが現在の日韓関係を悪化させる大きな契機となったが、その起源はこうした論理を深い次元から支える新たな歴史解釈が、民主化の過程で登場し、そのことにより民主化自体が歴史解釈権を当時の政府から奪取する過程として展開したことにあると考えられる。そうした民主化の過程においては、民主的ではなかった時代の政治の被害者は、不正な「過去」を生きて代表する犠牲者として、体制変革の推進力となった。文字通りの歴史の被害者が回復されるべき正義の象徴となる、いわゆる移行期正義の現象や、その日韓関係に与えた独特の影響については、「和解学」に関する別稿にて考察することとしたいが、現在の日韓関係の悪化は、韓国で始まった民主化の延長にあることは疑い得ない。

そもそも「人道に反する不法行為」に対する司法を通じた被害者救済、マスコミを通じた世論喚起、そして新たな立法行為を促すという動きは、かつて国内においても展開された。原爆、東京大空襲、水俣病など、社会的な争点における立法の不備や現行法令の問題を、世論に向かって提起してきたのと同じパターンで運動は展開されたとも言える。被害者救済を掲げる社会運動の手段として、裁判を利用しマスコミの注目を集めてきたある種の伝統の延長に、人権規範の世界的普及という時代に合わせ、国際社会の支援体制とローカルな被害者を結合させることで、グローバル化時代の民主化は、歴史解釈権の市民による把握とトランスナショナルな運動によって進化していったということができる。

しかしながら、こうしたトランスナショナルな連携による被害者の救済が、結果としてネーション相互の国民的関係を悪化させていることも確かである。裁判自体は特定の被害者救済のものであるのに対して、その被害が発生した事案自体は、それぞれのネーションの運命を左右した重大事件と関わっている。ゆえに、その重大事件にともなって発生した様々な事件の処理をめぐる個々の記憶は、現代に浮かび上がった特定の被害者救済を中心とするものと、ネーション自体の統合を優先するものとの間で激しく衝突し、その記憶の現代的意味をめぐって強い感情的対立を喚起するからである。

現代にまで救済されずに残ってしまった被害者のみならず、すべての戦争被害を包括した、より大きな公共性を、国民を越えた次元で構想することが必要であると著者は考えるが、そもそも歴史的な戦争被害補償問題を過去の延長に現代の問題として考えるに際しては、それだけがなぜにして救済されない状態に置かれてきたのかという問題を、日韓交渉の側面、そして韓国国内政治の側面から繋いで論じることが必要である。

本論は、こうした作業が必要であることを自覚し、その作業の一環として日韓交渉の軌跡をたどりながら、請求権とは異なる経済協力の論理をもたどり、その論理によっていかに請求権問題は包摂され封印されていったのか、その軌跡をたどろうとするものである。[4]

一　経済協力論理の発展

日本側公開文書の中で、請求権、経済協力分野の資料は、大平・金会談を、ある意味で振り付けした水面下の官僚機構内部の動きを明らかとしている。[5]請求権と経済協力に関する基本枠組みは、一九六二年秋に大平〔正芳〕・金〔鍾泌〕会談が行われたことにより妥結されるが、その枠組み作りは、実は前年五月の軍事クーデター発生直後から開始されていた。そうした第三期における請求権・経済協力をめぐって展開された、日本官僚機構内部の重要な動きは、以下の四点にまとめられる。

第一は、請求権問題とは別に、経済協力を日本が国家全体の経済政策の一環として行っていくための動きが現れ、これが請求権問題と連動をはじめる点である。そもそも一九六一年年末は、海外経済協力体制の整備が本格化した時期で「対外経済協力審議会」設置が進められていた。[6]審議会設置にあたって自民党の政務調査会から提出された一九六一年一二月の文書では、以下のように述べられている。[7]

日本経済の発展にとり、対外的の面において先駆的重要性を有する対外技術協力の総合的促進と、日本輸出入銀行及び海外経済協力基金の機能発揮を積極化することが、世界経済の動向に対処して低開発国との友好を増進する等にもかんがみ、極めて緊要にして不可欠の課題である。よって政府、民間を通じその保持する実施能力を全面的に発揮して効果を一層向上せしめるため特に左の施策の実現を期する。

一、対外技術協力の総合促進施策
二、海外経済協力基金の改善強化
三、対外経済協力審議会の活発化

こうした提言の下で、海外経済協力のための体制整備問題は、一九六二年四月以後に、自民党レベルから政府へと移管され、やがては、一九六二年六月の海外技術協力事業団（ＯＴＣＡ）の設立となり、海外経済協力基金の拡充、そして「対外経済協力に関する基本的且つ総合的な政策並びに重要事項の審議調査」のための対外経済協力審議会の設置となる。

こうした計画は、高度成長のための所得倍増計画を前提にして、さらなる成長の基盤として、経済協力を位置づけようという動きの一貫であった。また、外務省担当官が経済協力審議会立案段階において念頭に置いたのは、西ドイツの経済協力が、商業利益の拡張を優先にしながら、商業部門では遂行できない農業等の技術協力と借款、そして国際機関を通じた多国間援助に重点を置いていたことであった。西ドイツをモデルに、一種の海外へ向けた公共事業を発動し、「経済協力資金の効果的運用」を行い「低開発諸国との関係緊密化」をはかることが、日本の経済協力の出発点に据えられていた(8)。これによって「重要原材料資源」と「輸出市場」の確保を行いながら日本国内への投資の要請とのバランスを取りつつ「資本進出条件」を整備せんとしたのである。

こうした海外経済協力基金拡充の延長に、対韓経済協力構想の動きがその後に本格化していく。それを後押しした直接の契機は、一九六一年六月の池田勇人首相とアメリカのケネディ大統領による直接会談の具体化であった。それまでの日本からの経済協力はまだまだ小規模なものであったが、一九六一年五月韓国で起こった朴正熙による軍事クーデターの動きに触発され、アメリカと日本の間では、経済協力による韓国の民生安定が、大きな議論の焦点となった。池田勇人首相訪米直前の同年六月六日、外務省は訪米向けの準備資料の中で、「韓国における今次クーデターの根本原因は、同国の経済情勢が悪く、民生が困難を極め、失業が大きいことである」[9]とみなしていた。その上で「軍部政権の動向の見透しが、より明らかとなる前に、わが国として日韓会談再開申し入れに応ずることは、慎重な考慮を要するであろうが、韓国政治不安定の根本原因である経済的行詰りを打開することは、一日もゆるがせにすべきではない」とし、総額で二年間に五〇〇〇万ドルを、政府間の直接借款方式で海外経済協力基金より支出する形で、償還期限三〇年（内据置五年）金利四％で実施することを計画していた。[10]

小規模な経済協力計画であっても、その実行に外務省は熱心に取り組もうとしていた。しかし、それには様々な内政上の障害があった。外務省は、二年間に五〇〇〇万ドル相当を念頭にした「右試案の線で対韓経済援助を、池田総理の六月訪米前に閣議決定にもちこむべく努力し、経済閣僚懇談会にまでもち上げた」。しかし「経済関係省は、いずれも原則的には対韓援助の必要は認めつつも、これが突破口となり、将来政治的借款が拡大され、輸出振興目的の諸施策が資金的に影響されること（特に海外経済協力基金が食いつぶされること――原文）の懸念」を示したという。そのために、援助の具体的方法及び金額についての意見は容易にまとまらず、渡米前の首相に対して、「対韓援助の総額および内容の基本方針についての総理裁断を仰いだ」ものの、「各省の意見がまとまらざる状況および韓国政府の対日交渉再開に関する態度に対する政治的考慮等よりと推測される」が、池田首相は「この段階における閣議決定等は、時機尚早なりとの判断を下」し、経済協力への閣議決定を見送ったまま渡米したのであった。[11]

実際に池田が渡米するにあたっては、在米の日本大使をすでに五年近く勤めてきた朝海浩一郎大使がその準備にあたっていた。すでにアメリカの国務省は朝海に対して、「米国は今後とも更に韓国に対する経済協力を行なう用意」があることを伝えながら、日米共同による経済協力を呼びかけていた。それによれば、米国は「最近対韓政策立案のためタスクフォースを設置し」、「その成案は既に大統領に提出済で、その承認を得た上で、約一週間後に赴任の駐韓国大使に携行せしめる予定」であったという。[12]また、朝海大使に対してケネディ大統領は、米国の経済協力がうまくいかないのは、日本自身の植民地支配に原因があること、日米合作の経済協力も検討すべきことを以下のように述べている。

「……日本側よりも韓国の実権者が何者で、また、いかなる考えを持っているか等についての評価を承りたいところである。韓国の状況は、戦後一六年全く不幸な目に会い続けたと言えるが、これというのも起因するところは、日本の統治時代の遺産として英国のやり方と異なり韓国人自身より成る強力な行政部員が残されていなかったことにあると率直に申し上げたい。いずれにせよ前述の若い中佐なるものも一つの要素であると考えるので、もし、先方が希望するならば行政的な援助も行い、穏健な合憲的民政が韓国に樹立されるよう努力したい。また、もし先方の希望に合致するならば日米協力して、経済的にもできるだけの援助を行なうことにつき、総理と話合いたい」とケネディ大統領は朝海に述べた。

実際、池田首相が訪米してケネディ大統領と会った際、池田首相は、「朝鮮の問題を真剣に考えていただきたい」こと、「韓国の事態は緊急処理を要すると認められ、放置しておく時は韓国人の気持ちが平静を保てなくなることを恐れる」とした。しかし、池田によれば、日本としては「国交も開かれていないため手も打ちようがなく、米国が親切に韓国を指導されることを期待するもので、日本もこれに協力して応分の寄与を行ないたい」旨を述べている。それに対して、ケネディ大統領は、米国経済協力政策の今までのあり方を反省し、「米国は、韓国に多額の金を使ったが残念ながら効果をあげていない。米国としては、日韓関係の緊密化が極めて望ましいと考えており、日韓双方にそれぞれの事情があるとは了解できるが、何とか両国関係の打開が行なわれ、日本が韓国を助けてやることを切望する」として、「もし、南鮮が崩壊して共産化した時には日本に大きな影響を及ぼすとお考えになるであろうか」と問いかけた。それに対して池田は、「日本の歴史の示す通り千年以上も前から日本にとって朝鮮は日本自身と同じようなものであり、もし、朝鮮が共産化した場合には、日本には致命的である。今回の革命は確かに違法ではあるが、しばらくはやむを得ないから、速やかに事態が改善されるよう指導していくことが肝要と考えられる」と述べ、それに対して、「大統領は全然同感である、フルブライト議員は援助無用論者であるから、そのことをよく話しておいてくれと述べた」という[13]。

こうした日米首脳会談による対韓経済援助強化の背景には、すでに、アメリカによる援助機関であるICAが行う「第三国訓練計画」の下に、「米国政府がその経費を負担し、第三国の研修生をして本邦において研修せしめる計画」が存在した。それに対し日本は「従来から研修上の施設および便宜を供与してきた」実績があった。すでに、一九六〇年三月に日米間で締結された協定に基づき、日本は米国ICA予算により日本で行われる「訓練に付帯する諸経費をすべて負担」して「名称を日米合同第三国訓練計画と改める」ことが合意されていた[14]。

二　協調的経済協力体制整備——海外経済協力基金拡充のためのガリオア債務問題解決

池田ケネディ会談によって日米の経済協力を合同して韓国へ向けるに際し、それを加速する切り札として用意されたのは、アメリカが日本占領期間中に日本の国民一般に向けて供与した食料や医薬品からなる「ガリオア債務」二〇億ドルを、大幅に減額することであった。これによって日本側は、対米債務の浮いた分、つまり日本国内の余剰資金を海外経済協力基金へと投入することで、その基金を「食いつぶす」ことなく、韓国に対する経済協力を実行していくことが可能となったのである。

日本がアメリカに対して負っていたガリオア債務を減額することで、日本の韓国への経済協力を増額させようとする構想は、そもそもサンフランシスコ講和条約一四条の賠償規定における二国間交渉に応じる義務に遡る。詳しくは別稿を参照いただきたいが[15]、一九五〇年代は、アメリカによってコントロールされた日本の経済復興が、いよいよ実現していく過程であり、かつ、その復興程度に応じた応分の経済協力がアメリカから要求され始める時期でもあった。一九五二年のアメリカ国務省の文書では、ガリオア返済義務を軽減する代わりとして、日本への米軍駐留経費の負担や、インドネシアやフィリピンへの賠償増額をアメリカが日本に要求してはどうかという構想がすでに示されている[16]。

アメリカからの圧力を受けて、日本政府内に海外経済協力審議会を設置したのは、一九五〇年代の末年であったが、確実となった日本経済をいかに「自由アジア」世界に貢献させるかは、国内外の課題であった。その最大の問題は、海外経済協力基金を中心とする組織整備であり、その資金拡充であった。海外経済協力基金は毎年、東南アジアを公式の対象としながら、五〇億円から七〇億円程度、一般会計から補充され基金が積み増されている状況にあった。

しかし、一九六一年一一月、朴正煕議長訪日時点の海外経済協力基金は、極めて脆弱な経済基盤しか有していなかったといえる。一九六一年一一月の時点では、一億五〇〇〇万ドル規模の経済協力（初年度五〇〇〇万ドル程度）を通じた、長期低利の借款供与を想定する[17]、「仮に年間五千万ドルずつ三年間に亘り、頭金一〇％、一〇年均等償還、利率六％の信用供与を行なった場合、頭金と元利返済の支払総額は第三年度には年間二千万ドル以上に達する[18]」とされ、かなり厳しい返済基準を要求せざるを得なかった。なぜなら、「基金の原資が現在約二千九百万ドルであり、明年度予算要求額（二百億円）が仮に全面的に認められた場合でも、その規模は八千五百万ドル程度に過ぎず、本件借款を行なうに充分ではないので、基金を大巾に増資するための予算措置が必要である[19]」からであった。海外経済協力基金の原資は、この当時まで、一般会計からの出資とその運用益からのみ構成されており、借入が法律上できない点も合わせて述べられている。

国会の記録では、一般会計からの小額の増資にしか言及がないが、公刊された海外経済協力基金史には、基金の設立と増資が、「剰余金」から行われたとする記述がある[20]。この剰余金がどこから出たのか、なぜそれは隠されているのかについては、対米債務としてのガリオア債務との関係、特に、占領期間中のガリオア援助物資を購入した際の代金が積み立てられた「見返資金特別会計」と、それが形を変えた「産業投資特別会計」から、「剰余金」が支出されたのではないかとの推測が前述のアメリカ側の資料からも可能である[21]。実際、この時の池田・ケネディ会談において、ガリオア債務の返還協定は、原則的な合意を見て、西ドイツ以上の大幅な債務軽減比率によって処理されることとなる。

また、経済協力方式の起源を、請求権問題との関連から考えるに際して重要な視点は、当時の日本国内における財政の根幹をなす、特別会計と一般会計を束ねる国会承認の問題であった。当時、「国会の承認を必要とせずに政府が対外的な借款供与のコミットメント」をすることができる範囲は、輸出入銀行と海外経済協力基金の「既にアヴェイラブルな資金の範囲内に止まる」とされ、「既にアヴェイラブルな資金に、次年度以降において毎年当然予算措置を期待しても差し支えないと考えられる額を加えたもの」以上は、国会の承認なくして支出できなかった。[22]つまり、国際協力を推進するために設けられていた当時の日本政府の制度上の制約のもとにあっては、一億五〇〇〇万ドル以上の借款を韓国に向けて行うことは、何らかの予算措置なくして不可能な状態にあった。韓国への借款供与を国会承認なく行うためには予算上の制約があり、他方で、この制約を突破して海外経済協力基金の既存の体制を守りつつ出資を大幅に増額するためには、国会からの承認を得なければならなかったのである。「反共国家」として見なされた韓国のみを念頭にした資金拡充は、政治的に困難であったといえよう。

もう一つ重要な点は、当時の海外経済協力基金による経済協力は、直接借款方式を認めてはいなかったことである。基金による借款供与において、原則として直接借款は行なわないとの文書による了解が、外務・大蔵・通産・経済企画庁の間の事務次官覚書として存在していた。[23]それまでの日本政府の外国への借款供与は、エカフェやコロンボプランなど、多国間の枠組みに則った間接借款のみに頼っており、賠償を目的とした経済援助をのぞけば、対韓経済借款は初めての二国間援助方式による借款となることが期待されていた。それは対韓無償経済協力が、「準賠償」として位置づけられていく所以ともいえる。[24]

こうして初めて二国間での直接借款を、しかも低利で実現するためには、他省庁を説得するに十分なように、借款の具体的内容と金利をはっきりしなければならないとされた。資本財なら低利でもよいが、消費財において直接借款をするためには、「先に金額、金利等をきめて後からプロジェクトをきめて行く」方式では不可能とされたのである。[25]

事務次官覚書による直接借款方式の否定に対して、外務省と通産省は、「この原則の撤廃が望ましい」という立場から、「少くとも本件は、この例外であることを確認する要」があり、この日韓国交正常化を「適当な機会」として「正式な関係省間の協議」を行なおうとする構想が浮上していった[26]。朴の訪日した一九六一年一一月当時、請求権資金は前述したように一億五〇〇〇万ドル程度のものではあったとはいえ、いかにそれを払うかについて、海外経済協力基金を通じた直接借款の形式で支払うための枠組みが模索されている途上にあったといえよう。一九六一年当時の大蔵省は、「なるべく基金を使わない方針なので、二本立てとすると結局、輸銀ばかりになってしまうおそれがあ」ったが[27]、それにもかかわらず外務省は、基金を増資することで、日韓の経済協力に活用する計画を進めていたといえる。

以上のような計画に従って、外務省は、産業投資特別会計の利用を以下のように検討していた。

一〇月二五日午前、本件につき後宮審議官が沢木経済協力局経済協力課長から聴取せるところ次のとおり。一、韓国に対し、一億ないし一億五〇〇〇万ドルを長期低利の借款として与える場合、海外経済協力基金を利用するとすれば、現在同基金は約〔約三字不開示――浅野〕円あるが、そのうち約〔約二字不開示〕はすでに使用先が確定しており、一般会計より産投会計に振込み、さらに同基金に出資するという予算措置が必要となる〔アラビア数字は漢数字に改めた――浅野、以下同〕。

「産投会計」とは正式名称を産業投資特別会計といい、占領期間中のガリオア援助物資に対して、国民が支払った対価を積み立てたところの、見返り資金特別会計が起源となっている。ガリオア援助とは、アメリカの一九四七年会計年度、即ち一九四六年七月一日から一九五二会計年度まで、戦後日本に実施された援助物資で、日本の民間人に対して米軍が供与した物資、食糧、医薬品等から構成されていた[28]。

一九六一年一月から三月にかけて、通産省が旧貿易庁資料、総司令部残置資料等を基礎とした占領期間中の帳票をもとに、援助物資総額を膨大な作業で算出した結果、受取ベースによるガリオア援助の総額は、一七億九五〇〇万ドルで、アメリカ側決算ベースでは、総額一九億五四〇〇万ドルと把握された。[29] 差額は、船底で品物が腐敗した等の要因による。つまり、占領が行われた七年間に渡って支払いを続けてきた終戦処理費総額五四億ドル余に対して、そのおよそ三分の一に匹敵する金額が、未払い状態のまま戦後日本の債務となっていた。

このガリオア債務返済問題は、安保条約改定交渉に至るまでの時期、防衛義務負担問題とともに、日本人の「国民感情」を刺激する問題として六〇年代初頭まで存在し続けた。その処理にまつわる問題は完全な密室での交渉に委ねられてきたが、一九六二年一〇月に外務省アメリカ局北米課がまとめた限定配付の極秘史料『ガリオア問題交渉史』によれば、ガリオア問題は「賠償問題と並んで戦後処理の最重要案件であり、平和条約発効の年昭和二七年以来実に一〇年間にわたる日米間の長期懸案で」あり、「政治的に最も機微である」とされていた。

ガリオア問題が「最も機微」な問題となった理由は、戦後日本の反米ナショナリズムに点火する可能性があるためであった。終戦処理費用は、日本政府の総予算の一割にも及ぶものであったが、ガリオア物資の供出について日本側は贈与と受け止め、国会の感謝決議まで行っていた。その返済については、その物資を国民が代金を支払って米軍から買い取ったにもかかわらず、税金を集めた政府の本予算から代金が支出されるとすれば、それは二重払いとなるとの批判が国会で行われていた。また、日本本土から米軍が南朝鮮占領のために持ち出した石炭や精製石油の代価は、ガリオア「債務」に対して「朝鮮債権」とよばれ約四七〇〇万ドル存在していたが、この問題が官僚の一部から野党議員にリークされ国会で取り上げられた際、国会は激しい混乱に見舞われている。さらに、植民地で失われたところの引揚者の在外私有財産に対する日本政府による補償義務も、このガリオア債務の実質的減額と無関係ではなかったことは後述する。

ガリオア債務をめぐる対米交渉が本格化した時期は、偶然にも韓国との国交正常化が大きく動き出そうとする時期であった。しかも、一九六〇年の日米安保条約改定を契機に首相となった池田勇人は、民主自由党・政務調査会長時代の一九五三年一〇月、吉田首相の特使として一か月間近くに亘ってワシントンに滞在し、ロバートソン国務次官補と会談して、ガリオア問題は「防衛力漸増等日本の他の財政負担と見合わせて考えるべきであり、ガリオア問題のみを切り離して早急に解決することはできない」と合意した人物であった。[30]また、日本外務省は、返済金を東南アジア開発援助に活用する構想をいだいてアメリカ側に働きかけたが、アメリカ側はアメリカ議会の承認を取付る必要があるとして乗り気とはならなかった。[31]

こうした傾向が変化してきたのが、一九六〇年の日米安保条約改定が無事に済み、日本経済の順調な発展が定着してきた時期であった。韓国への経済協力を話し合った一九六一年六月の池田・ケネディ会談においては、同時に、ガリオア債務返還協定、すなわち「日本国に対する戦後の経済援助の処理に関する日本国とアメリカ合衆国との間の協定」の原則的な合意を見たのである。これは、東欧から引揚げたドイツ人の私有財産分の減額が認められた西ドイツ並みの三分の一の返済率によって日本の対米債務をまず減額した上で、さらに額面分からではなく、その減額分から、さらに日本側がアメリカに有した対米債権としての、前述の「朝鮮債権」ならびに同種の「琉球債権」を控除し、また、日韓オープンアカウントによる貿易代金で焦げ付いた分まで差し引くことを認めたものであった。その結果、二〇億ドル近くあった対米債務は、最終的に四億九〇〇〇万ドルにまで減額され、年二分五厘の利子を付して一五年間にわたる半年賦により支払うこととなった。[32]これにより産業投資特別会計に対するガリオア債務返済負担は大幅に軽減されることで、前述のような産業投資特別会計を活用した海外経済協力基金の拡充構想が外務省から提出されてきたのだと考えられる。

一九五二年段階でのアメリカ国務省の交渉草案の中で、ガリオア債務を大幅に軽減するに当たっては、行政協定に定められた駐留経費の負担を継続し基地提供の便宜を日本側が図ること、および、アジアへの経済協力に対して大幅にコミットメントを拡大することが期待されていたことは前述したが、大幅な日本の対米債務軽減に対しては、アジアへの経済協力の増額に日本が応じることがアメリカから期待されていた。実際に、ガリオア債務軽減の政治状況を示す証拠としては、当時の経済状況も挙げられる。一九六一年は、すでに日本経済の復活が明らかであった一方で、ドル危機が叫ばれている状況であり、過度の減額は経済の論理から見れば必要ではない状況にあった。それにもかかわらず、ガリオア債務は従来予定されていた八億ドルから七億ドルの線ではなく、さらに二~三億ドル近く大幅に減額された。このことも、海外経済協力への全面的コミットメントを日本が行うことの実質的な見返りとして、アメリカがガリオア債務軽減の措置を取ったことを窺わせている。

実際、会談の直前の一九六一年四月、ケネディ政権は、日韓交渉を仲介するにあたってガリオア債務を減額することにより、それを日本の経済協力を大幅に増額させるための経済的テコに使おうとする構想を政策化していた。ケネディ政権の情報担当補佐官から経済のブレーンであったロストウに送られた一九六一年四月のメモでは、ガリオア債務の減額が経済協力と明確にリンクされている。アメリカはそれまで日本に対する対米債務二〇億ドルを六億五〇〇〇万ドルに減額して返済を求めていた。しかしケネディ政権は、日本が低開発国に二億ドルの援助をさらに行うのであれば、それを条件にさらに二億五〇〇〇万ドル減額して債務を四億ドルまで減額して良いという構想を示し始めていた[33]。ちょうどそれは、韓国における朴正熙のクーデター直前であった。朴の一九六一年一一月の訪日・訪米がそれに続くことになるが、アメリカの最高決定機関レベルの仲介は、韓国と日本との間の請求権と経済協力に関する枠組みを作る有力な背景となり、それは日韓米三国が絡んだ過程のなかで、一九六一年六月の同じ池田・ケネディ会談によって、日韓経済協力とガリオア債務問題の大枠に関する実質的同時決着という形で結実したのである。その後の、日韓の請求権問題は、一九六一年一一月の朴正熙議長の訪日・訪米、そして翌年一〇月の大平・金会談により、請求権と経済協力に関する金額や形式の面での大きな山を越えることになる。

こうした一九六一年から翌年にかけての時期は、海外経済協力基金の拡充と、技術協力関係機関が海外技術協力事業団として統合されていく時期にもあたった。こうした動きを統合しようとしていたのが、前述の「対外経済協力審議会」の設置による「対外技術協力の総合的促進」ならびに「日本輸出入銀行及び海外経済協力基金の機能発揮を積極化すること」であった。実際、一九六二年四月の国会で、小坂善太郎外務大臣は、日本の経済協力の基本的な考えを説明し、「農業生産技術、農業の生産性を上げる、ことに米作の技術を向上する」ことに主眼を置くこと、「それがその国の大部分を占むる農民の福祉となり、またその国の繁栄となって返ってくるものでございますので、農業並びに中小の規模の工業、そういうようなものに対するわが国の特異の技術を十分に生かして参りたい[34]」旨を答えている。こうした考えは韓国への経済協力にも通用するものであったと考えられる。

三　請求権問題の封印と経済協力との玉虫色的併存――「相殺」と経済協力への国際関与

対韓経済協力を実施するにあたっては、経済協力の効率向上や、対日不安を緩和することを目的として、ドイツとの共同借款団（コンソーシアム）方式も検討されていた。共同借款団といえば、第二次大戦前の東アジアにおける実例として、対支四か国借款団があることは有名であるが、第二次大戦後の共同借款団は、英語をカタカナ化した「コンソーシアム」と外務省内でも通称されるようになっていた。そのコンソーシアム方式を推進していたのは、第二次大戦後に普遍的な国際機関として設立された世界銀行で、外務省によれば「現に世銀は、中南米・中近東・アフリカの幾つかの国のためのコンソーシアム編成の動きを見せており、DACにおいても類似の動き[35]」があることが注目されていた。「アジア地域内の国については、適当と判断される場合には、積極的にコンソーシアムの提案を行ない、他の関心を有する諸国を動員して協同援助をはかることが得策」という認識の下、「西独は、さる六月来日した同国経済省フンベルト参事官が当省を訪れた際、経済協力課長に対し、アジア地域におけるコンソーシアム編成につき、日本側から働きかけあれば大いに歓迎する旨非公式に述べた経緯があり、参加の可能性が充分ある」とされていた。西ドイツを含めたコンソーシアムに対し「韓国はかかる方法による援助が可能であり、また、望ましいアジアにおける数少い国の一つ」とされていた[36]。

外務省がコンソーシアム方式にこだわったのは、援助に伴う力関係が韓国側の不満を増殖しかねないことへの懸念故であった。「韓国に借款を与える場合、その使途に発言権を確保することが必要であるが、個々の国が注文をつけると反発を招くおそれがある。また、各国のプロジェクトの間に調整を行なうことが必要」とされていた[37]。

また、西ドイツとの提携を望んでいたのは、西ドイツの経済協力が、商業利益の拡張を優先にしながら、商業部門では遂行できない農業等の技術協力と借款、そして国際機関を通じた多国間援助に重点を置いていたこと、および、同じ敗戦国として「自己の立場を十分自覚した経済協力」を行っていたためであった。一般にアメリカの経済協力には「自由主義」世界を支えるという目的があり、イギリスのそれにはコモンウェルス諸国の結束を図るという目的が志向されていると自覚されたが、西ドイツ同様に、日本は自覚的にイデオロギー的要素や戦前以来の関係性を経済協力と切断しようとしていたといえるであろう[38]。

以上のような韓国との国交正常化を契機としながら、経済協力枠組みがガリオア債務問題の解決をステップとして拡充されていこうとしていた中で、請求権問題はある時期まで別個の問題として併存していたものの、やがて経済協力の中へ包摂されていったと考えられる。

伊関アジア局長が一九六一年一一月時点で指向したのは、請求権とは切り離し経済協力問題のみを先に実現するという方針であった。伊関は、「国会の承認を求めるならば、通常国会中には間に合わないだろうから、臨時国会でも開かなければならない。もしそうしなければ、六カ月ほどの空白ができてしまう。また、請求権と一括して承認を求めるとすると、経済協力の時期が遅れてしまう」とし、同時に、他方で「五年間いくらという約束をして国会の承認を得ないで行なうのは問題が起るのではないか[39]」として、経済協力に対する国会承認のみを取り付けようとしていた。

さらに、一九六二年一月五日には、以下のようなやり取りが、約四〇分間池田勇人首相とライシャワーアメリカ駐日大使との間で、大平官房長官・伊関局長を同席したうえで行われている[40]。

ラ大使　本国政府からの訓令で、是非総理に直接お会いして伝えてくれということでお伺いした。ソウルでも、バーガー大使が朴議長と会談することになっている。日韓会談は、今が重要決定の行われるべき時期だと思う。もしこの時期を逸すれば、妥結の時期は相当延びると思う。日本にとって、このような重要決定を行なうことが困難な国内問題であることはよく承知しているが、アメリカとしては、日韓国交正常化は gravest importance の問題であると思っている。この問題は先に延びれば延びるほど解決が困難だと思う。朴議長は非常に真面目で、今すぐにもまとめる準備を整えて日本側が肚を決めるのを待っている。

総理　今やらねば相当先に延びるといわれる理由如何。

ラ大使　今韓国側は熱心であるが、先に延ばせばどうなるか分らない。

総理　どうなるか分らないという意味は、経済的にどうなるか分らないのか、それとも、軍事政権内部に問題が起るということか。

ラ大使　この点は訓令にはないが、自分達は、韓国は、日本との国交を正常化し、日本からの経済協力がなくてはやって行けないと考へる。ただ、遅くも何時までにというタイム・リミットまでは言えないが。

総理　今が重要決定を行なうべき時期だと言われることは分るが、他方、アメリカとしてはどうするつもりかも知らせて欲しい。アメリカは軍事的、経済的にこういう援助をするという具体的、積極的な計画を示され、日本もアメリカと一緒にこうしてほしいということなら、日本国内への説明もつき易い。韓国肥料入札に日本を閉め出すようでは困る。韓国側は岸前総理の来韓を希望しているようだが、自分としては、今は訪韓させる段階ではないと思う。国会の関係からすれば四月頃と考へるが。

経済協力の推進が朴議長による政権交替を永続化させる土台として急がれる状況下、経済協力の論理の中へ請求権を包摂したのは、戦前に由来する植民地責任も含めた一切の「請求権の相互放棄」という論理であった。相互放棄概念を現実化した契機は主に日本の国内事情であった。日本側は在韓日本人私有財産の旧所有者である日本人引揚者への国内補償問題を常に念頭に置いて交渉を行っており、[41]請求権という名目と金額を認めることで、韓国側の金額に対する不満が高まる以上に、日本人引揚者の在外私有財産への請求権要求が正当化されてしまうことを恐れていた。請求権の金額は韓国側に合わせ、名目を経済協力資金とすること、その上で無償経済協力については、韓国の国内法上において請求権資金こそそれであると見做すことを、日本側は容認するという枠組みが作られたのである。

他方で韓国側の請求権を算定するにあたっては、民間人の戦争動員について、日本人並みの補償としての未払い給与ではなく、差別待遇故の精神的な損害の補償も必要との論理が既に韓国側から提示され続けていた。在韓日本財産が搾取によって蓄積された「不当利得」か、それとも正当な私有財産かという問題が激しく論争されていたことは別稿で論じたが、この二つの問題は激しい国民感情の衝突を象徴するものであった。

相容れない正義の対決ともいうべき、国民感情を揺さぶる一連の問題をめぐる交渉が、サンフランシスコ講和条約第四条b項の解釈問題としてまず最初に展開されことも既に明らかになっている。[42]講和条約が全体として、戦争賠償を連合国が放棄する代わりに、日本が在外日本財産の連合国による自由処分を認めるという一四条の規定を骨子としたため、解放・分離国は連合国よりも強い権利を持つのかどうかがその焦点となった。

こうした複雑な論争を理解する上で重要なのは、相殺概念である。日本側が相殺概念を独自に提出したのは、国内における日本政府による元植民地からの引揚日本人への国内補償問題が正常化と密接に関連していたからであった。

一九五二年四月に第一次会談が破綻して以後の同年一一月、日本外務省は、韓国との請求権交渉に関して、「此の際、積極的に打開方策を考慮する必要がある」との認識のもとで、対米協調維持という文脈で韓国強化に貢献し「大局的見地から両国関係の正常化を図る」ため、「請求権問題の実際的解決案を考慮」し模索していた[43]。そのための方法こそ、「相互放棄乃至相殺方式」であった。それは、翌年一月二一日の文書によれば、私有財産の接収を政府が承認することを「違憲」とされ、その論理によって引揚者団体から国内補償を請求されないこと、しかも北朝鮮や中国に所在する日本財産をめぐる将来の交渉を不利にしないことが条件であった[44]。相殺が目的としたのは「両国国民感情の融和」であったため、未払い賃金等の同情に値する「コンパッショネート」事項のみを例外として、請求権をお互いに放棄する、もしくは、お互いが「相手国のとった措置を承認し合う」という請求権方式も想定され[45]、さらには相殺と別枠の経済協力という考えも項目として検討され始めていた。

その相殺論は、前述の講和条約第四条（b）の解釈変更を伴っていた。外務省内の内部で個人的な意見と断られた文書では、第一次交渉で日本側が採用した山下康雄説が「少しく牽強付会の感がある」と内部批判されていた[46]。論理の転換の背後には一九五二年一〇月以後、外務省条約局が日本の国際法学会の山田三良理事長等の主要メンバーと月一回の共同研究会を開催した際、有力な国際法学者であった横田喜三郎から山下説が批判され、既存国際法秩序を破るのが講和条約であるという横田の主張を中心に、私有財産没収の効力が史上初めて生まれたと見なすことも可能との議論が展開されたことも一因と考えられる[47]。研究会では山田三良が「四〇年間に適法に取得した財産」に基づき、東洋拓殖会社の所有権を日本側に留保することもできると発言して、山下説を支持したため、大きな波乱は起きなかったが、横田や入江啓四郎等の若い世代は講和条約による一般国際法の創設効果に賛同的であった。

第二に、接収された在朝鮮日本企業の価値を算定するにあたって、それまで日本の大蔵省側が採用してきた算定基準の技術的誤りが指摘され、日本側の法的論理の中心をなす「衡平」に依拠した「相殺」概念が、こうした計算の上で提示されていた。在外財産調査は、大蔵省、在外財産調査会、そしてＧＨＱの財産管理局（大蔵省と合同）によって行われ、講和条約締結過程で算定基準が不確実なものであることはすでに大蔵省自らが指摘していた[48]。その上で外務省は更に各会社が負っている担保や債務を消極財産として繰り入れずに、積極財産だけを会社資産として計算してきたこと、および、こうした民間の積極消極財産の相殺の上に成立するところの、資本金総額から負債総額を差し引いた額と、その裏付けとなる朝鮮事業公債や朝鮮銀行の発券準備金を考慮して在外財産総額を見積もることを主張していた。

詳細な経済学論理は不明な部分が多いが、国有企業や国有財産を無償譲渡するにしても国有企業が買い入れた朝鮮事業公債等の債務は韓国側が負担することで、在日韓国系資産から差し引き、また、朝鮮に投資された大蔵省預金部資金の財政投融資分の返還は求めるべき等[49]、マクロ金融システム論を踏まえた技術的な相殺論が検討されていたことは確かである[50]。

こうして日本側が検討を始めた「相殺」には、さらに二つのやり方が候補として検討されていた。ひとつは相互放棄という方式で、もうひとつは「日韓両国がそれぞれ相手国のとった措置を承認し合う」という方式であった。

前者は戦前に由来する財産・債権関係を、日韓間の領域をまたいで復活することを一切認めずに消滅させる方式で、講和条約一四条以上のものとして四条を位置づける方式を認めると同時に、日本にある韓国系資産にも同様の処置をとって日本で自由にそれを処分することを認める方式ということができる。

後者は逆に韓国所在の日本資産に対して米軍政や韓国政府が行った処分を一般国際法が許す範囲で認める代わりに、日本側も領土分離以後における韓国政府への総督府関係資産の移転や、関係資産の日本国内での効力を積極的に認める方式であった。

しかし、両者を比較すると、日本にある韓国系資産はソウルに本店を置く在外会社や閉鎖機関資産として、日本政府がGHQ／SCAP指令に基づいて管理していたのに対して、在韓日本資産は朝鮮戦争で破壊されたり債務者が行方不明になっている可能性が高いと推測されたため、各自の国内法措置を相互承認する場合には、日本に対する韓国側請求のみが行われることが懸念された。ゆえに、後者ではなく前者による相殺を第二次日韓会談に先立って日本側は準備していた。

相殺の準備・調整にあたったのが、外務省と大蔵省の検討会であった。最初の検討会はちょうど第一次会談の最中の一九五二年二月一四日であった。大蔵省が何よりも恐れたのは、在韓日本人私有財産を放棄した場合、日本人引揚者に対する日本政府の補償義務が発生することであった。上田理財局外債課長は、在韓日本人私有財産への「国家補償をせずに済まそうという主張もある由であるが、……在外財産をバーゲンに使っておいて、補償もしないということは出来ないだろう」と述べている(51)。

国内補償問題を理由に相殺に消極的な大蔵省に対して、外務省は請求権相殺の可能性を引揚者への国内補償を念頭に一九五三年一〇月一五日の「久保田発言」直前まで模索していた。同年一〇月八日の「請求権問題外務大蔵打合会」の第一回会合では、外務省の久保田貫一郎参与の部屋で開催され、竹内アジア局第二課長他の外務省要員と、大蔵省の坂田理財局長、吉田理財局総務課長、上田外債課長他が集合して、相殺問題についての議論を展開した。大蔵省からも相殺論は唱えられ、補償の国内措置は外交交渉とは別問題で、「補償問題決定以前にも放棄案は提出できる」との指摘もあったが、上田外債課長は講和条約の四条（b）項を没収処分として認め「解釈を変更することには反対である。従来の主張は主張として国内的には放棄の已むを得ざる理由を説得する方がよい。補償の憲法論等については別に有識者を集めた審議会で研究の上決定することにしたい」として、引揚者への国内補償問題を決着させないうちは相殺には反対という方針は崩れることがなかった。

しかし、大蔵省との折衝を終えた外務省の記録には、「本日の打合会において大蔵省側から相互放棄論が積極的に持出されたことは、従来の経緯に徴しても著しい前進であり、放棄論について大蔵省の意見を固めることも快よく協力方応諾した」とされている(52)。大蔵省との第二回打合会は、一〇月九日に同じメンバーで開催されたが、国際世論に配慮する必要から、「兎に角相互放棄論を一度ブッておく必要がある。また米国にも事情を通して置く必要がある」との発言が主流となった。この国内状況が久保田発言の六日前のことであったことは大いに注目に値しよう。相互放棄と国内補償問題に関する閣議了解手続きは、大きな問題であり続けていたが、「相互放棄論を一度ブッておく」ことを意識して、久保田代表は交渉の場に臨んだのである。

しかし、交渉の場では、在韓日本人私有財産、そのものが一体どうして蓄積されたものなのか、公共空間の大半を日本人がコントロールしている状況で蓄積された私有財産を私有財産と呼ぶことができるのかどうかという韓国側からの批判と、公共空間をのものを建設するための公共投資のコストを訴える日本側からの反論が正面から衝突し、両者の議論は財産の背後に存在した歴史をいかに認識するかという論争へと突入していった(53)。

こうして、請求権をいかに相殺するのかという問題は、国民感情のみならず国内の経済復興とも絡まる複雑な問題となっていた。この問題を単純な論理のダブルスタンダードによって解決したのが、経済協力論理への包摂であったということができる。交渉がまとまろうとする時期、一九六一年に入って、外務省の伊関佑二郎アジア太平洋州局長が大平・金会談を振り付けするに際して作成した関係史料には、請求権交渉の最後の段階で、相殺の論理がいかに作られたかを窺わせる資料がある。

先日、伊関局長を訪れた崔参事官は「請求権」「無償援助」「長期低利の経済協力」の三本立で解決してはどうかと語り、「長期低利の経済協力」にも興味を示すに至っている。韓国側の考えている「請求権」プラス「無償援助」の合計額が最終的にいくらであるかは不明であるが、何れにせよ、日本側が「請求権」そのものとして支拂いうる金額(いくら膨らませても一億ドル前後――原文)との間に相当な開きがあることは明らかであり、この開きをどう調整するかが問題解決の根本であると考えられる。

かりに日本側が韓国側の考えている上記三本立方式を容れた場合には「無償援助」は、経済協力の一方法というよりは「請求権」の変形ないし偽装であり、「請求権」としては支拂えないものを「無償援助」という概念を導入することにより支拂うのであるということが余りにも明瞭となり、国民の納得をうることは難しく、国会への説明も困難となると思われる。他方「請求権」一本では、前述の通りせいぜい一億ドル前後であり、これでは両国間の話し合いは永久にまとまらないであろう(54)。

つまり、金額は韓国側に合わせ、請求権を相殺した上で日本側がそれと関係なく一方的に経済協力を行うという、名目と形式は日本側に合わせるという枠が作られたことをこの資料は示している。

おわりに

しかし残念ながら、問題がどのように決着したのかは、充分な資料開示がないため不明であり、今後の課題とせざるを得ない。本論は、共存を前提としながら、お互いのナショナリズムをより良くコントロールし対話させていくための方法を考えるための基礎作業に留まっている。当時、韓国側はすでに差別に由来する精神的慰謝料をも請求権の中に含めて交渉をしており、それに対して日本の大蔵省は実務的な手法で請求権を数字のみで計算していたことが明らかとなった。その差を明示すること自体が、韓国人を怒らせるのみならず、日本人引揚者にも日本政府への請求権を与えてしまうという判断のもとに、請求権を相互放棄するという形式は、韓国側が希望した数字に近い金額を日本側が了承することによって実現したのである。さらに日本側の了解の背後には、ガリオア債務の大幅な減額が存在していた。こうした枠組みにより、「心」や精神面での償いの問題から切り離され、物質世界の復興は経済協力によって実現していったということができる。

外交の実務に携わるものから見れば、国民感情、安全保障、経済、様々なバランスの上に微妙な、ある種の芸術（Art）として、この当時の二国間関係の政治的な枠組みは作られたといえよう。しかし、普遍的な価値、あるいは民族的な価値の実現を掲げて運動してきた側から見れば、それは、ある種の不正な野合・妥協として見なされてしまう運命から逃れられない。このことは、冒頭で述べた歴史解釈権の移転を伴った民主化の歴史が物語っているということができる。

日韓・韓日という関係が、民主社会相互の関係になったがゆえに、かつて封印されたものが解き放たれ、しかし、新しい公共性を二国の地域的関係において再定義することが必要な時代に我々は直面しているということができないであろうか。その基礎となるものこそ、国民相互が和解を想像し得るための社会的なインフラであろう。和解は、永遠に続くプロセスそのものともいうことができる[55]。この論考が、そのための一助とならんことを期待してやまない。

以上が本論であるが、それを閉じる前に、個人的感想を述べさせていただくことをお許しいただきたい。本論で述べた、意図的にあいまい化・玉虫色化されたのは、解決の方法が外交的手法のみではなかったためである。しかし、歴史問題の真の意味での「解決」は、国益・パワー・戦略をキーワードとする外交的な手法によっては原理的に行い得ないものであることに、目を向ける必要性がある。慰安婦問題が政治問題化した一九九〇年代初期以後、日本外交当局のアプローチの基本は、外交と歴史問題を分離し隔離することにあったように見える。恐らく、そうした態度の背後には、一九九〇年代に取り組んだ慰安婦問題が、アジア女性基金によっても解決せずに、むしろ、より深刻な紛争を惹起してしまったという苦い教訓もあるのであろう。しかし、歴史問題を歴史家だけに任せようとして共同研究として切り離し、慰安婦問題についてはアジア女性基金を作ったものの、それ以後は放置し、それも解散させてしまったことにより、二国間関係は、益々悪化の道をたどってきてしまった。

戦争や植民地支配という国際政治にまつわる記憶が、今も国内政治の重要なモメントとなって政治指導者に正統性を供給し、あるいは奪っていることは明らかな事実である。であるがゆえにこそ、それは外交の問題である以上に、内政の問題であり、国内政治と国際政治が共振しあう領域なのである。

日韓関係がこうした国内政治の力学によって決定的な制約を受けている前提の上に立てば、歴史問題へのアプローチは、それを外交から分離するのではなしに、むしろ、積極的に日韓両政府が文化面での政策協調に、きちんとした土台を与えることではなかろうか。それによって、歴史はむしろ日韓の相互理解を深く促し得るものに転じ得る可能性を秘めていると思わざるを得ない。「慰安婦問題」の解決はそうした大きな文化面での政策協調の枠組みの中でこそ、真の解決がもたらされるであろう。しかし、その道は非常に困難で、一朝一夕に実現するものではあり得ないことは確かである。

国民国家がそれぞれの国内において、国民という匿名の共同体を再生産していくために不可欠な教育・文化政策を、何らかの形で協調させていく枠組みを作ること、それこそが長期的な課題である。東アジアの脱植民地化は、日本帝国が同化政策を行うことで国民の育成を、少なくとも主観的には行おうとした「国民帝国」であったということ、また、国民化と帝国化が重なって短期間に進行したという事実を踏まえれば、そのような国際的文化教育政策の樹立プロセスとともに進むしかなかったはずなのである。つまり、私見ではあるが、歴史問題への対処は歴史家に丸投げされるべき性格のものでは全くなく、むしろ、教育と文化という国民を生み出す内政について、お互いの国民感情を自制し得るような回路を作り出すことによって初めて可能となる。そうした回路を有する包括的な枠組みの中においては、何を基軸に歴史とされる事実を選び出すべきなのか、その基準自体を考察することこそが重要な課題となる。外交当局のみならず、文教部、文部科学省など、国内官庁、そして市民団体と国際関係機関も含めた「文化構造協議」によって熱くなった頭をお互いに冷やしていくことこそ、今求められているもののような気がしてやまない。

（注）

（1）その詳細は、浅野豊美・吉澤文寿・李東俊編『日韓国交正常化問題資料集第一期（一九四五―一九五三年）』、現代史料出版、二〇一〇年、第一巻資料解説を参照のこと。

（2）韓国外交文書の公開経緯と文書概要については、以下を参照。吉澤文寿「二〇〇五年に韓国で公開された日韓会談関連外交文書」、『Newletter』一八号近現代東北アジア地域史研究会、二〇〇六年一二月、五二～五九頁、同「公開された日韓会談関連外交文書について」、『戦争責任研究』四九号、二〇〇五年秋期号、一四～二一頁、同「韓国政府による日韓会談文書全面公開と日本の課題」、『インパクション』一四九号、二〇〇五年一〇月、三八～四三頁。公開外交文書のリストの紹介や部分的な解題として、李洋秀編・訳「資料紹介・韓国側文書に見る日韓国交正常化交渉（1）～（4）」、『戦争責任研究』五三号（二〇〇六年秋期号）～五七号（二〇〇七年秋期号）、福原裕二「資料・日韓会談文書目録」、『北東アジア研究』一〇号、二〇〇六年一月、一四一～一五四頁。

（3）二〇一一年八月三〇日、韓国憲法裁判所判決番号 KCCR23-2(A)KCCR366。以下のＨＰに掲示されてある（細谷清氏による日本文に大部分依拠しながら、適宜、言葉を補った）。http://sakura.a.la9.jp/japan/wp-content/uploads/2013/06/Challenge-against-Act-of-omission-involving-Article-3.pdf

（4）「法的請求権」、およびそれに対比される「政治的請求権」という概念が、交渉の中でいかに用いられていたのか、請求権の「相殺」、もしくは「相互放棄」概念がいかに用いられていたのか、という二つの問題については以下を参照されたい。浅野豊美「民主化の代償――『国民感情』の衝突・封印・解除の軌跡」、木宮正史編『日韓関係一九六五―二〇一五 Ⅰ 政治』、東京大学出版会、二〇一五年、三四九～三七〇頁。

（5）日韓米の公開資料を使った研究成果としては、『歴史としての日韓国交正常化Ⅰ 東アジア冷戦編』、および、『歴史としての日韓国交正常化Ⅱ 脱植民地化編』が法政大学出版局から、日米韓三国の研究者の合作として刊行されている。この中の編者が担当した部分、「帝国清算過程としての日韓交渉――アメリカ管理下のモノとヒトの交換」では、大陸や海洋から六四〇万人の日本人と二〇〇万人以上の朝鮮人を送還し引き揚げさせる一方、工場設備・宅地や金融資産からなる在外財産を留置させるという根本方針により、帝国の清算を主導したのがアメリカであったことに注目して、日韓交渉に対して行使されたアメリカの影響力がまとめられている。前掲『日韓国交正常化問題資料集』第三期にまとめられた資料は、こうした初期の日韓交渉の延長に、いかなる枠組みが作られていったのかを実証的に物語るものである。

（6）詳しくは、以下。特に、第六章末尾を参照。浅野豊美編『戦後日本の賠償問題と東アジア地域再編――請求権と歴史認識問題の起源』、慈学社、二〇一三年。

（7）自民党対外経済協力特別委員会（三六・一二・一六）「昭和三十七年度における対外経済協力の積極的推進方策について」、二〇一〇―〇四六〇、『対外経済協力審議会』二四七コマ、一九六二年、外交史料館。

（8）同前。

（9）「対韓緊急経済援助に関する件」（一九六一年六月六日）、日本外務省情報公開資料、文書番号一一七四―一三五四。

（10）「対韓緊急経済援助に関する件」（一九六一年六月六日）、日本外務省情報公開資料、文書番号一一七四―一三五四。

（11）「対韓緊急経済援助に関する件」（一九六一年八月一五日）、日本外務省情報公開資料、文書番号一一七四―

一三五四。

(12)「池田総理訪米に関する件（極秘）暗　六月一三日二三：四〇発、六月一四日一九：三一着　第一五四三号（至急）ワシントン朝海大使発、小坂大臣宛」（一九六一年六月一三日）、日本外務省情報公開資料、文書番号一一五四―一七九三。

(13)「総理訪米（韓国問題）の件、六月二〇日二一：〇〇発、六月二一日一一：一三着　第一六五六号（大至急・館長符号扱）朝海大使発、小沢大臣臨時代理宛」（一九六一年六月二〇日）、日本外務省情報公開資料、文書番号一一五四―一七九三。

(14)「わが国の技術協力一覧　6、日米合同第三国訓練計画」、日本外務省『外交青書　一九六一（昭和三六）年』。

(15)浅野豊美「東アジア工業化の国際環境と戦後日本」、堀和生・萩原充編『〝世界の工場〟への道――20世紀東アジアの経済発展』、京都大学出版会、二〇一九年、六九―九八頁。

(16) State department proposal on a GARIOA settlement with Japan, January 24, 1952, to Mr Hebbard, Mr. Hirschtrit. 米国国務省マイクロフィルムC〇〇一五二―リール二〇、六二三コマ。内容の原文は以下。The Japanese Government would be informed (a) of the decision to defer formal discussion (b) that the United States is prepared to be as generous to Japan as it has been to Germany but that this generosity will be tempered by the extent to which Japan is prepared to enter into reasonably generous reparations arrangements with Indonesia and the Philippines and is prepared to make reasonable arrangements regarding support of U.S. forces, and (c) that the U.S. perceives no reason for further postponement of negotiations on prewar debts.

(17)「対韓経済協力実施上の問題点について」（一九六一年一一月二七日）、日本外務省情報公開資料、文書番号一三六四。

(18)「韓国に対する経済協力について」（一九六一年九月五日）、日本外務省情報公開資料、文書番号一三五七。

(19)「韓国に対する経済協力について」（一九六一年九月五日）、日本外務省情報公開資料、文書番号一三五七。

(20)国際協力銀行編集・発行『日本輸出入銀行史』、二〇〇三年三月、四―五頁。

(21)浅野前掲『戦後日本の賠償問題と東アジア地域再編』。

(22)「韓国に対する経済協力について」（一九六一年九月五日）、日本外務省情報公開資料、文書番号一三五七。

(23)「対韓経済協力について」（一九六一年一二月七日）、日本外務省情報公開資料、文書番号一三七一。

(24)小牧輝夫『対韓無償資金協力　および技術協力に関する調査報告書』、独立行政法人　国際協力機構（ＪＩＣＡ）、二〇一三年四月、五頁。

(25)「対韓経済協力について」（一九六一年一二月七日）、日本外務省情報公開資料、文書番号一三七一。

(26)「韓国に対する経済協力について」（一九六一年九月五日）、文書番号一三五七。

(27)「対韓経済協力について」（一九六一年一二月七日）、日本外務省情報公開資料、文書番号一三七一。

(28) ガリオア予算成立以前にアメリカ陸軍省の一般予算から行なわれた所謂プレガリオア援助物資、軍払い下げ物資を含むものであった。物資供与の例としては、「一九四六年二一一日付覚書第七三〇号「二百万ポンドの小麦の引渡に関する件」及び同年四月三〇日付覚書第九一一号「日本に対する穀物（小麦二万四千六一二トン）の引渡に関する件」などがある。また、米軍払下物資については、一九四六年三月二二日付覚書第八三四号「米国政府が日本において保有する生活必需物資及びスクラップ類の売却に関する件」をもって同物資引渡に関する一般的指示が行なわれたが、その最初の協定で「支払方法は、日本の輸入計画の一部として、後日決定される」旨指示されていた。「第2章 援助処理に関する日米両国の立場」、『ガリオア問題交渉史』（13抜粋）、『日米ガリオア・エロア援助』（外務省情報公開資料、二〇一〇—〇七五八）。

(29)「第4章　最終処理交渉（昭和三六年）」、『ガリオア問題交渉史』（抜粋）、前掲『日米ガリオア・エロア援助』一八コマ。

(30)「第3章従来の日米交渉経緯、昭和二七年～三五年」、前掲『ガリオア問題交渉史』。

(31) 北米課「ガリオア問題に関する三省打合会開催の件」（外務省戦後外交記録、リール番号、B〇一一八、昭和三四年一二月二五日付）。

(32) 外務省『外交青書』第六号、外務省、一九六二年、一八～二二頁。http://www.mofa.go.jp/mofaj/gaiko/bluebook/1962/s37-3-2.htm#3

(33) National Security Files, Countries, Box123, Folder: Japan, General, 3/61-4/61, Papers of President Kennedy at Kennedy Presidential Library（hereafter cited as JFK）. 内容は以下である。Robert W. Komer Memo to Walt W. Rostow, 11 April 1961

Walt, I see we intend to begin negotiating for Japanese repayment of about $650 million of the $2 billion GARIOA aid we gave them. 伏字（非公開、5-6単語）this a political issue in Japan, and they hope to get off for less than half a billion. Why not make a deal with Japan? If they will add $200 million to their aid to LDCs, we'll settle for $400 million or so. /Jigger these figures as your like, but the idea would be both to help the Japs over this political hurdle and to gin up some more aid to LDCs, perhaps in lieu of our contribution in certain cases. What say?

他に、四頁分、非公開。

（34）第四〇回国会衆議院議事録、外務・商工委員会連合審査会、一号、昭和三七年四月二〇日。

（35）「韓国に対する経済協力について」（一九六一年九月五日）、日本外務省情報公開資料、文書番号一三五七。

（36）「韓国に対する経済協力について」（一九六一年九月五日）日本外務省情報公開資料、文書番号一三五七。

（37）「対韓経済協力について」（一九六一年一二月七日）日本外務省情報公開資料、文書番号一三七一。

（38）浅野前掲、『戦後日本の賠償問題』。

（39）「対韓経済協力について」（一九六一年一二月七日）、日本外務省情報公開資料、文書番号一一七四―一三七一。

（40）「池田総理・ライシャワー大使会談要旨」（一九六二年一月五日）、日本外務省情報公開資料、文書番号一一七二―一七九五。

（41）この点は以下を参照。『歴史としての日韓国交正常化Ⅱ　脱植民地化編』、法政大学出版局、二〇一一年。

（42）同前。

（43）外務省アジア局第二課「日韓国交調整特に請求権問題について」（一九五二年一一月一〇日）、日本外務省情報公開日韓会談文書、五―一〇四二―一三〇三、一―八コマ。

（44）「日韓間請求権特別取極の諸様式について」（一九五三年一月二一日）、日本外務省公開日韓会談文書、第五回公開、公開番号一〇四二、文書番号一三〇六（以下、五―一〇四二―一三〇六、のように記述する）一―二コマ。

（45）同前、八コマ。

（46）「請求権についての若干の法律問題」、日本外務省公開日韓会談文書、五―一〇四二―一二九八、九コマ。

（47）「二、山下教授の研究報告に対する質疑応答」、日本外務省公開日韓会談文書、五―一〇四二―一三二一。

（48）「参考資料4　在外財産調査資料　在外財産に関する計数について（昭和二六．七．一七大蔵省理財局）」、外務省、『日本外交文書　平和条約調書　第三刷』、八五一―八五九頁。

（49）朝鮮に民間から投下された資本金総額は結局のところ、朝鮮銀行の発券準備金と等しいという指摘も行われている。同前。

（50）「日韓請求権の計数的比較」、日本外務省公開日韓会談文書、五―一〇四二―一三〇八、一九―二〇コマ。最初に「一．日本側の主張（私有財産権尊重）による場合」（全面非開示）、「二．韓国側主張による場合」があげられた上で、外務省の考える「三　積算の基礎」が、四頁からの「別紙（一）日韓請求権の計数的比較における積算の基礎」、および一四頁以後の「法人財産の特殊性と在鮮財産の実体」としてまとめられている。「（2）の方法は『在外資産調査会』の採用した集計法であるが、この方法は一方に消極財産を落し乍ら（債務を計算から除外――浅野）、他方にそれに対応する債券等を他会社の積極財産として計上した点において更に不合理なものである」。「従来の大蔵省の計算において、これを個人資産と並べて在鮮日本資産に計上したことは重大な誤謬であったと言わねばならない」とされている。

（51）「請求権問題に関する大蔵省との打合せ会」（一九五二年二月一四日）、日本外務省公開日韓会談文書、六―一一〇六―五三八。

（52）「請求権問題外務大蔵打合会」（一九五三年一〇月八・九日）、日本外務省公開日韓会談文書、六―九二一―六五七。

（53）詳しくは以下の第六編を参照。浅野豊美『帝国日本の植民地法制』、名古屋大学出版会、二〇〇八年。

（54）「日韓会談の今後の進め方について」（一〇八九―一三三六、一九六二年四月二五日）。

（55）詳しくは、以下のウェブサイトを参照されたい。http://www.prj-wakai.com

第二部　日韓国交正常化以後の歴史認識問題

第五章　日韓国交正常化後の両国交渉と歴史認識の外交問題化

「解決済み」後の外交交渉「樺太残留韓国人・朝鮮大学校認可・対日世論」（一九六五〜一九七〇年）

長澤裕子

はじめに

1　なぜ国交正常化直後なのか

一九六五年、日本と大韓民国は日韓国交正常化で国交樹立に関する「日本国と大韓民国との間の基本関係に関する条約」（「日韓基本条約」）と関連の四協定、①請求権・経済協力協定②漁業協定③在日韓国人の法的地位協定④文化財・文化協力協定を締結した。その他に、日韓両政府間で合意に至らず政府間の協定として取り込めなかった内容は、「代表者間の往復書簡」や各国の主張を併記した「合意議事録」としてまとめられた(1)。一方、協定に取り込んだ内容でも、国交正常化後に日韓の両政府間で解釈の違いが露呈した部分もある。たとえば「請求権協定」では、第二条で「請求権に関する問題が完全かつ最終的に解決されたことの確認」や、「いかなる主張もできない」と規定した。しかし、植民統治による被害をめぐり、事実認定や賠償を求めている被害者もいる(2)。同協定による両国の経済協力の成果は大きい。しかし、この間、歴史学者による数多くの先行研究は、日韓国交正常化後もなお「解決済み」ではなく、積み残された課題が存在することを指摘し、問題解決を迫ってきた。現実的な日韓の外交政治もまた、二〇一八年一〇月三〇日の韓国大法院の徴用工裁判の判決をきっかけに、国交正常化交渉や請求権協定、そして植民統治の解釈をめぐり激しく揺れている。同協定はその目的を前文で「両国及び国民の」「財産と請求権に関する問題を解決することを希望」すると示したにも関わらず、本協定をめぐって対立しているのはアイロニーではないか。

こうした状況の中、本稿は国交正常化直後の両国代表の交渉を分析し、国交正常化直後、韓国政府からいわゆる歴史問題を含む事案が日本政府に主張されてきたことを考察する。結論から言うと、一次資料から分かるのは、正常化直後の両国間では日韓の歴史問題に加え、ソ連や朝鮮民主主義人民共和国（以下、北朝鮮と略す）といった、韓国と国交がない共産圏との外交政策や、韓国の国内世論をめぐる認識の乖離があったことである。本稿の目的は、あくまでも両国で新たに開示された外交資料から、国交正常化直後に「どのような問題が存在」し、それらを「どのように認識し」「どのように解決を主張したのか」を示すことである。

本稿は特に、一九六五年～一九七〇年を中心に検討する。この時期は①両政府の閣僚会議や大使、首脳レベルの会談が実施され、昨今その外交資料が開示されており、②政権批判を含めた言論空間が一時的に開かれた時期である。一九六六年、「日韓経済閣僚懇談会」がソウルで開催され、一九六七年からは経済以外にも議論の領域が拡大し、「日韓定期閣僚会議」として両国で多領域の外交が同時に展開された。また一九六〇年代後半は、世界的にも学生運動が新しい局面に入り、日韓共に新たな社会運動、学生運動が台頭した時期でもある(3)。一九六四年、学生運動を阻止しようと休校令が下され、翌一九六五年まで続いた。しかし、日韓国交正常化後の一九六五年から一九六八年に頂点に達する韓国社会の言論空間は、一九六七年の六・八選挙不正糾弾デモ、一九六九年の改憲反対デモの実施などで一時的に開かれ、一九七一年の衛戍令を前後にまた弾圧政策によって閉じられた(4)。日韓の社会では、一九六八年の革命とも呼ばれる反政府運動が拡大し、韓国では一九六九年に朴正煕の大統領三選改憲に反対する全国的な学生運動が起こり、その後は全国の大学で教練反対集会が続く。しかし一九七一年一月一五日、学園の秩序確立のためとして大統領令による初の衛戍令が公布されると、ソウル一帯の大学一〇校が休校に追い込まれた(5)。一九七二年一〇月一七日非常戒厳令布告後、改正憲法案が国民投票で採択され第四共和国の維新政権がスタートする(6)。したがって、国交正常化直後の一九六五年から一九七〇年までの間は、野党の声、市民の声が限定的なりにも相対的に社会や言論の動きを追跡できる時期にあたる。また同時期の南北関係は一九六八年一月、北朝鮮による韓国大統領府襲撃、プエブロ号拿捕事件などをきっかけに、南北が緊張関係に陥った。一九六九年には、沖縄返還を決めた「佐藤・ニクソン共同声明」のいわゆる「韓国条項」が「韓国の安全は日本の安全に緊要」と位置づけ、日米韓が北朝鮮の武力攻撃を警戒し、接近した時期にもあたる(7)。

2 先行研究と日韓の開示外交資料の特徴

国交正常化直後、具体的な歴史問題としては何があったのだろうか。先行研究によると、国交正常化後もなお、積み残された課題として在韓被爆者の問題があった。太田（오타 오사무、二〇〇五・太田修、二〇一五）や金（김승은、二〇一二）は、一九六六年、在韓被爆者が発起人となり「社団法人 韓国原爆被害者援護協会」を発足、一九六七年一〇月には、被爆者緊急救護対策に関する嘆願書を青瓦台に提出したことを明らかにした。国交正常化直後、韓国の被害者が韓国政府に被害救済を訴えたことが、翌年の一九六八年に韓国外交部が外交問題として取り上げるきっかけになった。同年五月には、韓国外務部は駐日韓国大使館を通じ、日本厚生省に在日韓国人被爆者の救護状態を照会し、日本政府が援護状態の調査に応じた(8)。開示資料によると、治療支援に向けた日本政府の動きがあったこともわかる。同年二月二九日、三谷参事官が中東北亜州課長ほかと面談し、「民間ベースの救護」を展開できると発言した(9)。四月一七日には、三谷参事官と申課長が在韓被爆者に対する医療協力について意見を交換した。三谷参事官は「非公式的な連絡」と前置きした上で、「外務省は医療協力形式なら考慮可能と通報してきた」と、「外務省の機密費で広島大学の専門家が六月には訪韓して被爆者の実情を調査するよう、上申中」と答えている。これに対し申課長は、被爆した韓国人は、韓国に帰国した者も徴用や徴兵等によって被害を受けたのであるから、在日韓国人と治療や保護を同様に対応するよう求めた(10)。しかし駐日大使館の報告によると、日本厚生省は治療は外国人登録をした日本居住者とし

ていた[11]。日韓政府が治療に向け協議中だった一〇月一日、広島で被爆し一九四五年九月に本国に帰国した韓国人女性の孫貴達が渡日した。孫は、原爆症の治療目的ではあったが、密入国を理由に逮捕された[12]。下関韓国領事館は、副領事らが孫の逮捕直後から山口県萩署で面会し、日本当局と日本での治療を交渉した。一〇月一九日、孫は広島原爆病院に治療入院した。一方で、領事館は、孫のために日本での治療を呼びかける原水爆禁止日本協議会や市民団体との面会を「共産系列との接触」と警戒し、孫と面談させないよう検事らに要求した[13]。在韓被爆者の問題は、一九七三年八月の原水爆禁止日本国民会議の「被爆二十八周年原水爆禁止世界大会」に至っても、「二万数千人といわれる韓国被爆者は、いまだに救済の手が差しのべられておらず、貧困の生活にあえいでいる」と未解決状態と指摘された[14]。同じ頃、日韓の政界でも植民統治に伴う戦後問題は協議対象となり、日韓議員懇親会は、一九七三年四月二〇日、日韓の経済協力に加え、樺太残留韓国人の送還問題、在日韓国人の地位向上を取り上げた[15]。こうした一連の動きはみな、国交正常化交渉の直後のできごとで韓国の民主化以前のことである[16]。だとすると、日韓国交正常化直後、在韓被爆者問題の他に、日韓の歴史問題にはどのような事案があったのだろうか。両国の政治家や韓国社会は、それをどのように認識し、対応したのか。韓国政府の対日要求は、「反日」的な国民世論への対策とされる傾向がある。国交正常化直後の朴正熙軍事政権の韓国政府もまた、一九八〇年代の反政府運動によって民主化に向かった政権と同様、世論の対日批判を盾に対日外交政策を展開したのだろうか。だとしたら対日批判の内容はどういったものだったのだろうか。それとも国交正常化直後の軍事政権は、日韓経済癒着という構造の中で国交正常化時と同様、対日批判の世論は押し込められたのだろうか。

　一九六〇年代前半、日韓国交正常化反対運動は、戒厳令宣布により弾圧された。一九六〇年代の『朝鮮日報』の対日歴史認識に関する記事はゼロに近いという研究もある。教科書問題についての議論は、一九八〇年代後半の民主化直前に表出する。韓国政府の対日歴史問題の提起は、民主化の前史として全斗煥政権の正当性を補うための方策や、一九八〇年代以降の韓国の民主化による言論空間の自由拡大化によると説明されてきた[17]。

二〇一〇年代に入り、日韓両政府の国交正常化直後の外交資料が開示された。国交正常化直後の新資料には、外務省職員による韓国出張報告や韓国国会議員のインタビュー資料がある。同じ時期に開催された「日韓／韓日定期閣僚会議」（以下、「定期閣僚会議」と略す）の議事録、韓国政府・韓国国民の対日主張や政策を中心とした一次資料も公開された。日韓それぞれがまとめた定期閣僚会議の一次資料は、経済協力・韓国の経済発展に関する内容が圧倒的に多い。会議の議題は、日韓国交正常化後の日韓経済協力や韓国の経済発展に焦点が集中している。こうした資料に基づいた研究成果も出ている。(18) しかし両国の開示資料は共に、経済協力に関する議論の中で、経済協力以外の歴史問題を含む事案に関して主張を繰り広げていることが、この資料のもうひとつの特徴である。

一　国交正常化直後の日韓定期閣僚会議と歴史問題の浮上

1　樺太残留韓国人問題

一次資料から見ると、定期閣僚会議は一九六八年から毎年一回、二〜三日間程度の短期で、日本と韓国の閣僚が集い開催されていた。一九六六年「日韓経済閣僚懇談会」（ソウル開催）は、経済閣僚一一名に外務大臣が参加という形式をとっていた。一九六七年には議題の領域が経済から拡大して名称が「日韓定期閣僚会議」に変更された。定期閣僚会議は一九六七年八月九日〜一一日、東京で第一回目が開催され、第二回会議は一九六八年八月二七日〜二九日にソウルで開催、日本からは関係閣僚六名が参加した。第三回については、東京で一九六九年八月二六日〜二八日に開催された。

定期閣僚会議の重要課題は、経済協力の実質的な取り決めを両国の大臣間で具体的に決めることだった。一九六七年定期閣僚会議の直前の五月には首脳会議が東京で実施され、韓国からは丁一権外務大臣も同席し、佐藤栄作首相、三木武夫外務大臣それぞれと会談するなど、極めて政治性の高い会談が定期的に行われた。一九六七年三月、国務総理を兼任する丁は佐藤首相と面談し、経済閣僚懇談会を定期閣僚会議に昇格することで合意した。韓国政府は会議を単なる懇談や意見交換に終わらせることなく、具体的な成果を収めるものにしたいと考えていた(19)。

この時期、韓国政府が日本政府に対して主張した問題に、樺太残留韓国人の引揚げ問題がある。サハリン史研究の中山によると、一九六〇年代の韓国人帰国者数は、ソ連政府側の集団帰国打ち切りや日本政府の受け入れ姿勢の消極化が原因で激減した(20)。ところが、日韓の外交資料によると、むしろこの時期、韓国政府が積極的かつ具体的に要求していたことがわかる。これはいったい何を意味するのだろうか。一次資料からは、韓国政府がソ連との交渉に行き詰まり、日本政府に繰り返し対応を迫る様子が見えてくる。

韓国政府は樺太について、李承晩政権下の一九五七年には、国連を通じてソ連に引揚げを要求すると発表し、これを日本の新聞が取り上げている(21)。日韓国交正常化交渉の第四次会談中で、四・一九革命直前の一九六〇年三月末、日韓両政府は、日本人船員一六七名との「相互送還」として、一九五八年の樺太引揚げ後から大村収容所で収容されていた一〇名の韓国送還を実施した(22)。李承晩ラインの発令により韓国で拿捕された日本人船員の帰国は、四次会談開催の直前の一九五七年一〇月二八日付けで、山口県知事などから李承晩大統領に要望書が提出され、「漁場を失い航行の自由をさえ失われ」「最愛の父や夫を抑留されている船員の留守家族は悲惨その極に達し」ていると、主張していた(23)。

樺太問題は、日韓国交正常化前年の一九六四年、邦人遺族の墓参実現を望む声が新聞の読者欄でも複数取り上げられ、日本社会でもイシューになっていた。「終戦時の混乱から数多くの悲惨な落命者を出し」「樺太墓参の実現を切望」する日本人遺族の問題としても残っていた(24)。国交正常化直前の一九六五年五月には、『読売新聞』が「読者の声欄」で、日本人と結婚した同伴家族として樺太に渡った韓国人帰還者の声を取り上げた。「韓国の同胞はおきざりにされ」「日本の戦争政策により」「徴用または募集（強制）者として、産業戦士の名のもとに渡航し」「戦争中は日本人に酷使され、戦後またもやソ連人に酷使された」と、「過去の責任からも日本政府のご協力をせつにお願いします」と日本政府の支援を切実に訴えていた[25]。

国交正常化翌年の一九六六年、韓国政府は樺太残留韓国人の引揚げについて、日本政府に協力を要請している。韓国政府は一九六六年一月二七日、樺太に住む朝鮮人が無国籍状態であるので、「人道的な立場で適切な協力を望む」と日本政府に要請したことを明らかにした。当日の『朝日新聞』は、戦時中、徴用などで樺太に渡り、約三万名の残留韓国人のうち二〇〇〇名が日本あるいは韓国への引揚げを希望していると伝えた。同じ記事では、日本政府が「この要請を具体的に了承」し、「引揚げ希望者の名簿などを具体的に検討し、人道的な立場ではからうと答えた」ことを報じている[26]。同年九月一五日には、ソウルで大韓弁護士協会が樺太残留韓国人の送還を促す要請書をまとめ、木村四郎七駐韓日本大使を通じて佐藤首相に提出された[27]。一九六八年一月五日から一一日まで、韓国国会の代表団が訪日し、駐日韓国大使館や樺太からの帰還者を通じ情報収集を行った。三木外相、大平正芳自民党政調会長、川西実三日本赤十字社長、木村俊夫内閣官房長官、石井光次郎衆議院議長、重宗雄三参議院議長ほかとの面談や井口貞夫元駐米大使を含む自民党議員二〇名ほどと懇談し、徴用と戦後共産国家ソ連による被害に関する調査を求めた[28]。

外務省では、一九六八年三月、杉村事務官が韓国に出張した時に韓国外務部と非公式に懇談し、樺太の残留韓国人に関する要求を聞かされていた。杉村事務官は崔東北亜州課長を訪問し、昼食を共にして非公式的な懇談に臨んだところ、樺太韓国人引揚げの問題が取り上げられた。崔課長は、樺太の韓国人の問題解決には日本もまた「mutually〔相互〕に義務」があり、「ソ連と国交なき韓国にとり日本以外に頼むところもない」と杉村事務官に窮状を吐露した。韓国外務部は、日韓国交正常化により、韓国側は日本の外交的な援助を受けられる関係になったと考えていた。韓国政府にとっては、「在樺太韓国人が本人の意思に関係なく樺太に残された」のは、「ソ連当局により引き揚げは許されなかったため」であり、「残留韓国人には何の責務もない」と考えていた。崔課長は、樺太の残留韓国人が「協定永住まで認められている在日韓国人と全く異なった取り扱いを受け、日本が積極的に何ら措置しようとしないのは誠に遺憾」と、在日韓国人との待遇の違いを指摘した。さらに崔は、樺太の韓国人について、日本政府への具体的な要求として、「まず彼らを日本に引き取り、本人の意志でそのための落ち着け先を決めさせるよう、ソ連と交渉してもらいたい」と、日本への受け入れに加え、対ソ交渉の前面に出るよう主張した。韓国と国交がないソ連との交渉は、韓国と国交を結んだ日本だからこそ可能なのだと、日本政府を外交的な盾として考えていた。同時に韓国側の責務については、「韓国としては韓国に帰りたい者は引き取る心算」と言及した。(29)

これに対し杉村次官は、「引き揚げ希望者の実態が把握できない」「実態の明瞭ではない引き揚げ集団を日本に入国させることは困難」「ソ連との交渉は従来ソ連が非公式に示してきた反応」で、それもわずかにすぎず「難問」と、次々と問題点を掲げた。杉村からの折衷案として「韓国赤十字社、国際赤十字等を通じて努力する」ことが提示された。ところが崔課長は、日本政府以外の第三の国際組織を仲介した案には反応しなかった。(30)実際のところ一九六八年一月一五日には、韓国国会外務委員会の使節団一行三名の車智澈、金堤澈、鄭一享元外務部長官が、ジュネーブの赤十字国際委員会本部を訪問し、赤十字調査団の派遣や人道的立場からの積極的な協力を要請し、赤十字社との交渉を開始していた。(31)赤十字本部訪問直前の同月四日から一一日まで、同使節団が日本赤十字社や日本政府首脳と協議したことも新聞で報じられた。(32)

同年四月、日本外務省は樺太韓国人の帰還問題を大使レベルの会談に引き上げて討議した。木村駐韓日本大使が韓国外務部次官との交渉にあたった。陳次官が「かねてから申し上げている通り、彼らは強制的に樺太に行かされた。在留は彼らの意思ではなく、人道的、道義的に日本がこれを引き取るべきで、韓国に帰るかはその後の問題」と迫った。陳次官は、「日本政府がもっと offensive〔攻撃的〕な手段、方法でソ連と折衝すべき」と、日本側に対ソ強硬路線を要求し、残留樺太韓国人の帰還を実現させてほしいと、従来からの主張に加え、対ソ強硬政策の実施を日本政府に要請した。(33)

韓国側は残留樺太韓国人の帰還問題について、さらに積極的に日本外務省との交渉を続けた。一九六八年七月二六日午後、駐日韓国公使が外務省アジア局長を訪問した。しかし、アジア局長は、来訪した安公使に、「韓国側が提案した、北送問題および在樺太僑胞問題などは議題から除く」と断言した。日本側は「外務大臣同士の会談で話し合うことは差し支えない」が、「両国の対立が明らかにせざるをえない問題を議題として挙げるのは適当ではない」と付言した(34)。外務省が「議題より除くが外務大臣同士の会談では話し合うことは差し支えない」としたのは、北送問題(35)と樺太残留韓国人の問題であった(36)。外務省としては、韓国に関係する外交事案であっても、ソ連や北朝鮮との外交問題は、日本が直接的な交渉当事国であるので、日韓両国の議題として政策を議論し決定することは好ましくないと考えていたのではないか。また、意見の対立を日韓の定期閣僚会議では埋められないと考えていたことも分かる(37)。

2　朝鮮大学校の認可問題、対北警察力の強化支援

同じ一九六八年、定期閣僚会議で韓国側から強く要求した案件に、日本における朝鮮大学校の認可問題がある。一九六六年、東京朝鮮学園から朝鮮大学校を各種学校とする認可申請書「朝鮮大学校の設置認可に関する請願」が東京都に提出された(38)。しかし請願は「日韓条約締結以来、政府自民党の朝鮮民主主義人民共和国に対する敵視政策のもとに、文部次官通達などで認可を阻止する不当な干渉が行なわれ、東〔龍太郎〕元知事もまた書類審査すら行なわずに放置し、そのまま任期を終わっていった」と都議会で認識していた(39)。同案件は一年余り「自民党東都政のもとで長らくたな上げ」とされたため、美濃部亮吉知事の下、都議会が「自民党を含む全議員によって満場一致認可すべきであるという請願書を採択」し、一九六七年九月一一日、都議会の手続きに従い、私立学校審議会に認可の申請を諮問した。「佐藤内閣の指示を受けた剱木〔亨弘〕文相は、行政権にかけても認可を阻止すると強調し、次官通達を出す」など認可に反対していた(40)。認可は「地元三多摩の各市議会、あるいは市長及び多くの住民の強い要望も寄せられている問題(41)」で、「学界や文化人はもとより、労働組合や民主団体から市町村議会に至るまでその認可の促進を要望し」ていた(42)。

都議会が朝鮮大学校の認可に積極的な立場を取っていたことは韓国で早くから報じられ、「革新派知事の独走」「ソウル東京間の新たな緊張」として警戒していた(43)。韓国外交部では内部資料『日本の対北傀《ママ》関係に対する我が基本立場』をまとめ、「公式的な接触はもちろん、いかなる事実上の接触も反対」と、「われわれ

は終始一貫反対し」「特に国交正常化後は、公式的、事実上の接触は基本条約精神に違背する行為」と抗議した。「韓国の国民感情」から考慮しても、日韓国交正常化の「条約精神に違背する以前の問題」だと、厳しく日本政府を批判した(44)。

一九六八年四月一七日、美濃部都知事が朝鮮大学校を各種学校として認可した(45)。四月二四日、佐藤首相と厳敏永駐日韓国大使が東京で会談を行った。朝鮮大学校の認可問題が取り上げられた。厳大使は、「都知事に認可権があるため、法制上やむを得ないと日本側では言われるが、日本政府及び与党がもっと積極的に対処すれば、認可を阻止できる」と絶対中止を強く主張した。大使は一九六七年の田中伊三次法務大臣が訪韓の際、大臣自身から、一九六六年五月一三日に閣議決定された「外国人学校制度法案」との関連において、朝鮮大学校の「認可は問題にならぬ」と、確たる発言をしたと抗議した。韓国側は日本側の方針転換とも見える消極性を指摘し、「日本政府、与党の善処を繰り返し要望する」と主張した(46)。

朝鮮大学校の設立問題は、朴正熙大統領自らが厳敏永駐日大使に指示を下していた案件だった。朴正熙は、日本政府による朝鮮大学校設置の「認可に韓国政府も国民も強いショックを受けた」と、韓国の世論を前面に押し出した。朴大統領自らが「日本の法制上、難しい点があることは分かるが、是正を強く日本に求めたい。佐藤総理に伝えるように」と厳大使に指示していた(47)。

韓国政府は、一九六六年から外務大臣が駐日大使に情報を要請し、「日本と北傀間《ママ》の大学、学術関係者の懇談会」を特に警戒していた。韓国政府は、日本における在日本朝鮮人総聯合会（以下、朝鮮総連と略す）を軸とした朝鮮大学校の認可に関する動きを注視していた。特に外務部長官は、朝鮮総連の動きを「意欲的」「時機をねらっている」「各地に派生する」ので「看過できない」と、強く警戒していた。

朝鮮総連は、日本の知識人層と積極的に朝鮮大学校の法的認可問題に取り組んでいた。一九六六年一一月二五日、東京大学本郷キャンパスの学士会館分館で、一八七名の学者、文化人による「朝鮮大学認可促進運動発起人」結成式が行われた。二日後の二七日には大阪ロイヤルホテルで朝鮮総連が主催し、近畿地区を始めとする各大学総長との懇談会が開催された。同懇談会の目的は、朝鮮総連が「日本政府の民族教育弾圧に対し」「外国人学校法制化を展開する」ことだった。韓徳銖朝鮮大学校総長、李珍珪副総長を始め、大河内一男東大総長ほか現職の大学総長が一六名、南原繁、谷川徹三ほか元総長が八名、江上不二夫ほか学術会議の会員一三名に、弁護士など七名と教育学術関係者のトップメンバーが集まった。五〇名近い参加者が、「学問と思想の自由を擁護するため」「朝鮮大学校の認可を促進すべき」という趣旨に賛同した。(48) 翌月一二月二〇日、東京都議会、朝鮮大学校の設置認可に関する請願は、「内容は十分委員各位もご承知のこと」として「説明は省略して簡易採決」となり、「異議なし」で採決された。(49)

一九六八年八月七日、厳大使は森外務審議官に対し、「北送問題、朝鮮大学校認可問題、法的地位の三件は、話合いをしないわけにはいかない」と強く主張した。同年一月、北朝鮮からの武装ゲリラ活動による大統領官邸襲撃事件や、米国海軍の情報収集艦プエブロ号が北朝鮮の領海を侵犯したとして、拿捕される事件が立て続けに起こっていた。韓国政府は北朝鮮との体制競争から、日本と北朝鮮との距離が縮まっていくことに敏感に反応した。厳大使は日朝関係について、「このような諸問題が閣僚会議で解決するとは思っていない」として、「より高いレベルで話し合う必要」のある重要案件と見ていた。(50)

一九六八年七月二三日、厳韓国大使が佐藤首相を訪問した。厳大使は、賀屋興宣議員一行が直前の訪韓時に携行した佐藤総理親書への大統領返簡を持参した。厳大使は、ソウルで開催される「日韓定期閣僚会議」のため、二日後の二五日に帰国の予定だとして、ソウルでの閣僚会議直前にわざわざ首相を訪問した目的を告げた。厳大使は、「今回の閣僚会議は韓国のマスコミも大きく取り上げる」として、韓国の世論を考慮するよう、佐藤首相に対日批判的な世論の可能性についてプレッシャーをかけた。厳大使は「日本側も良い雰囲気で双方の懸案を解決し、双方が成果を交換するところまで進めるよう事前折衝を進めたい」と述べて、両国が目に見える成果を出すためだとして、佐藤首相に政治的な配慮を求めた。大使は韓国の経済建設のためには今年が重要だと認識し、「日本の協力を得るためにも環境整備として租税条約、工業所有権問題の解決に努力する」ので、それに見合う成果が韓国にも及ぶよう佐藤首相に要求した。厳大使は、日本映画の韓国輸入についても、文化交流という線であれば打ち出すことができると主張し、日本側が計画していなかった法務・文部両大臣の懇談を設けることなど、打開策も提案した。これに対して佐藤首相は話を聞くにとどめ、農水産物に関する日本の指導について積極的に検討する余地があるか同席の木村俊夫官房長官に尋ねる程度で明言を避けた(51)。続けて、七月二六日午後、駐日韓国大使館の安公使が外務省アジア局長を訪問したが、アジア局長は、「三木大臣の指示で法務・文部両大臣の参加する会議は実施しない」と外務省の方針を伝えた(52)。両政府は、国交正常化後、関心のある分野が異なり、打開策として見いだすアプローチも異なっていた。法律や教育、文化など、日本政府側が希望した経済以外の具体的な政策は、実質的に話し合いそのものが立ち遅れていた。

二　韓国の対日世論をめぐる日本外務省の期待と現実

1　「対日貿易入超是正問題」と韓国の「対日国民感情」

一九六七年の「定期閣僚会議」の直前の五月、首脳会談が行われた。一〇日に三木外務大臣と、一一日に佐藤総理と行われた会談はその提案内容が非公式とされた。その席で韓国側は、国交正常化後の韓国の対日世論が、韓国の対日貿易輸入量を決定する上で大きく影響していると、日本側に報告した。韓国側は、対日貿易入超という状況を是正する必要性を指摘し、韓国の民間や野党側による批判的な世論を緩和したり説得する資料の必要性について言及した。世論を緩和できない場合は、日本から輸入量を減らすしかないと、佐藤首相に直談判していた。

同じ頃、外務省は国交正常化後の韓国社会の対日世論に関心を持っていた。外務省北東アジア課の職員は、一九六八年、一九六九年、一九七〇年と訪韓し、国会議員を中心にインタビューを行い、国交正常化直後の韓国情勢に注意を傾け報告書を毎年まとめた。一九六八年一〇月、外務省は「日本に対する悪口は増えている」「『北送』や対北朝鮮機械輸出問題についての韓国側の空気は厳しい」「非難は問題そのものというより、日本側の姿勢」といった韓国国会議員の意見に着目していた[53]。

一九六八年以降、日朝が急接近し、日朝貿易は日本の対北機械類輸出だけでなく、北朝鮮による対日貿易は黒字となっていた。日本の機械類の対北輸出は、一九六八年に総輸出量の三五・六パーセントを占め、翌一九六九年には四八・九パーセントまで増加した。対北朝鮮輸出の金額も一九六七年の六三七万ドルから一九六八年は二〇七五万ドルに達した[54]。一九六九年、佐藤首相、外務大臣との会談の席で、韓国側は「民間ベースの取引だとしても、究極的には北傀の経済力および軍事力を増強させる結果となり、韓国の安全と平和を脅かす要素になる」と、日本政府が日朝貿易を抑制し、展示会などが開催されないよう、適切な対応を求めた[55]。

対日不信は日韓貿易でも指摘された。一九六八年一二月、金正濂商工部長官は、対日不信増加、特に日韓間の貿易不均衡をめぐる韓国の世論について言及した。金商工部長官は「国交回復は学生デモ、野党の強硬な反対を克服し、戒厳令までしいて行われたが、その際、政府は日韓経済交流により国力の充実を期することができるという説明で切り抜けた」と、正常化に際して厳しい反対世論を抑えた経緯を述べた。続けて金商工部長官は、「経済協力面で借款などにより恩恵を受けているが、これは特定企業など、一部の階層に限られているというのが一般国民の見方」であり、「特に最近における対日貿易の不均衡の拡大は、政府不信、さらには対日不信を激化する材料になりかねない状況」と危機感を露わにした。「商工部は幾多の反対論をおさえて実行に移した」として正常化後の貿易不均衡状況を抑えることは、対日世論を改善するためにも必要だと訴えた。しかし、熊谷典文通産省次官は「成長盛りの韓国に長期的に見てもらいたい」と、韓国側の対日理解を要請し、両者は貿易不均衡の是正策について具体的に討議しなかった。韓国政府側が対日世論を盾に日本に輸入超過を迫っていることも承知していたのだろう。しかし、韓国の対日世論に対する外務省の判断は、楽観的だった。一九六九年三月、訪韓した外務省職員が三・一節に金山政英駐韓日本大使を派遣したことを報告している。植民統治のしこりが国交正常化直後に韓国社会に残存していることを認めつつも、日韓の経済協力が韓国の世界的な地位を押し上げていると、対日世論における経済の影響力を評価していた。

「一九一九年三月一日の独立万歳事件を記念する『三・一節式典』への金山大使の出席について、在ソウル日本大使館内でも、一部、尚早論があった。しかし、韓国側はマスコミを含めおおむね好反響を示した」。「いまなお韓国人の心の奥底深くには依然として古いしこりが残っている。…〔省略〕…日韓国交正常化の結果、韓国民の対日感情が好転したことは事実。しかしそれよりも、韓国民が世界における韓国の地位、韓国の実力を認識しはじめ、この現実認識が韓国民の対日感情に影響し、『好転』をもたらしているように思われる」(56)。

外務省北東アジア課の訪韓情勢報告からは、正常化直後、日本の世論が経済協力によって良くなっていると実感していたことがわかる。そうした判断は、韓国紙の報道が日本に対して肯定的な内容だったことの影響を受けている。外務省の情勢報告書の中にも、韓国社会における言論コントロールの影響が窺い知れる記述がある。同式典には、NHK交響楽団が参加し、日韓親善特別演奏会を行い、駐韓日本大使が参加した。N響演奏会のプログラム演奏に先立ち、韓国の愛国歌そして君が代が全員起立で演奏された。正常化後「公開の場所で『君が代』が演奏されたのはおそらくソウル、否、韓国では初めてのこと」だったが、「君が代演奏については、最大の野党系紙『東亜日報』がただ一行『異様の感じを覚えた』と寸評したのみ」だった。「他の新聞はいずれも、演奏の成功を報道」したと、日本批判は紙上に表出しなかった(57)。

朴政権が報道に影響力を発揮していたことは、外務省職員による韓国国会議員インタビューの結果からもわかる。崔致煥は李政権、朴政権下で国会議員だったが、一九六八年一〇月のインタビューで、崔議員は、「朴大統領に対する支持は日韓会談当時より高い」と誇った。日韓国交正常化交渉中の一九六四年夏、日韓会談に反対する学生に対する大統領特別声明を出した当時について、崔議員は「学生、インテリ層、新聞を一度に向こうに回して闘う自信がなかった」が、「今は違う」、「この三者を一度に向こうに回しても大丈夫との自信がある」と、反政権勢力をまったく警戒していない。朴政権は国交正常化の反対勢力に対し、朝鮮日報の相談役などでマスコミ界に影響力のあった崔致煥議員の提言で「インテリと新聞に対する批判の箇所を声明から削除し、学生のみを批判の対象」としていた。そうした経験から、崔議員は「民主共和党に対する国民の信頼度はまだまだ十分とは言えない」と世論を慎重に読みつつも、「野党が二〇％程度とすれば、民主共和党は四〇％くらい」と与党の強さを外務省に説明した。崔は「今後は三選方向への世論作りが必要、五億ウォンもあれば世論作りは十分できる」と、「新聞工作に重点を置き、二～三億ウォンをかける」と報道への影響力の自信も示した。朴正煕の大統領三選を可能とする改憲についても、「国民投票をやれば、七五％以上を獲得できる自信がある」[58]と、与党の世論工作と三選への絶対的な自信を外務省職員に披露した。

外務省が対日世論を楽観視していたのは、韓国社会における朴正煕の対日経済政策の評価にも影響を受けていた。韓国における朴正煕個人に対する評価は、日韓経済協力の評価と直結していた。外務省北東アジア課の韓国国会議員インタビュー資料によると、朴正煕をめぐる評価は、韓国の与党議員だけでなく、国交正常化に反対した野党議員や農村でも高く、経済成長がその大きな要因だった。「朴大統領の三選を前提にした憲法改正に対して、都市・インテリ層には多少の抵抗が見られる」が、「農村部ではほぼ全面的に賛成する空気」だと韓国の国会議員たちは語っていた。「国民は概念的には憲法の改正に反対」で「与党の民主共和党もそう」だが、経済成長については、「朴大統領でなければせっかく軌道に乗り始めた経済建設は駄目になるとの危惧」[59]が朴正煕の三選を絶対的なものにしていた。

韓国政党政治の研究成果においても、朴正煕への支持は経済発展の成果によると実証されている。第六代大統領選（一九六七年五月三日）で、尹潽善は朴正煕の五六八万余票（五一・四パーセント）に比べ、第五代大統領選（一九六三年一〇月一五日）の得票より三万余票も少ない四五二万余票（四〇・九パーセント）で大敗し、政界からの引退を宣言した。朴正煕の圧勝は、多様な選挙不正に加え、有権者の支持が全般的に前回の大統領選より上昇していたことによる。「経済発展を主導した国民」、特に出身地の慶尚道を中心とした嶺南地域における朴正煕の支持は圧倒的だった。[60]

朴政権が三選を楽観視していたのは、当時の韓国における野党の脆弱性による。[61] 一九六八年一一月、日本外務省は韓国国会議員へのインタビューで、「金鍾泌が七一年の大統領出馬を放棄した瞬間、朴大統領の三選は決定的。政局の急変が無い限り、一般国民からも白眼視されている無力な野党の大統領候補は惨敗する」という言葉に着目していた。韓国の国会議員の中でも軍による野党や反対勢力への弾圧は「たとえ金鍾泌派が国会内で野党と組み憲法改正に反対しても、六・三事態で学生のデモを軍隊が武力で鎮圧した以上の力を発揮するのは明白」と、さらに強化されると予想されていた。

外務省北東アジア課の職員は一九七〇年六月にも訪韓し、韓国の国会議員を中心に対日認識を調査した。前年の一九六九年は、憲法の大統領の三選禁止条項が改定され、翌年には大統領選を控えていた。同調査の目的は、日韓の協力分野を探ることだった。外務省が最も注目していたのは、閔丙岐、金圭煥といった与党議員の「日本の対韓軍事協力は日本の国内事情からも、また韓国の国民感情からも不可能」「日本が韓国に対してできるのは、経済協力以外にはない」という意見だった。特に「従来のようなかたちではかえって韓国民の反発を買う」という意見だった。[62]

外務省が特に注目したのが、反日運動のリーダーとしてみなしていた朴賢淑の意見だった。与党民主共和党の朴議員は、一九六五年日韓条約の締結に際し、国会議員でただ一人、起立賛成をしなかった。インタビュー当時は七二歳で、韓国政界の長老格の一人として朴正煕大統領の厚い信任を得た人物として位置づけられていた。朴議員はインタビューで、「今は恩讐を超えた心境で、昔のことは忘れようと懸命に努力している」「日韓の将来を思うと、過去の暗い思い出が心に浮かび、不安になる」と日韓の未来を肯定的には見ていなかった。彼女は「国交正常化で、両国の経済的距離は近くなったが、心の距離はまだまだ遠いことを切実に感じている」と述べ、経済関係と過去の歴史とのギャップに暗澹とした思いを抱えていた。[63]

上述の閔丙岐、金圭煥は、「一般国民、学生、特に若い世代は、日本に対し好感情は抱かないまでも、比較的公正な対日意識を持っている」として、対日感情が反日一辺倒ではないことを外務省職員に伝えていた。しかし彼らは、いわゆる「親韓派」を自任する日本の政治家の態度に対し、韓国の「一般国民は極めて批判的」と加えた。特に日韓協力委員会について、「人的構成を根本的に改編すべき」と批判した。日本の親韓派が韓国の知日派と結びつき、対日優遇策を取ることを韓国社会では警戒していると主張した。[64]与党の民主共和党は、一九六一年五・一六軍事クーデターから一九八〇年一〇月二七日の新軍部による党解体まで、朴正熙を推戴し執権与党であり続けた。その民主共和党議員が、日韓協力委員会のメンバー構成について強く批判したのは、それほど日韓の経済協力が一部に特定し集中していたことを裏付けている。

日韓協力委員会は、岸信介元首相と白斗鎮元総理が中心となり、一九六八年一一月のソウルでの会合で創立が決定し、一九六九年二月、両国の懸案問題を協議するために設立された。[65]二月一二日の第一回目の会合には、韓国側代表団五一名が羽田に到着した。[66]第二回総会は、翌一九七〇年四月二〇日からソウルで両国関係者が約一〇〇名参加し、二二日に閉会した。[67]

野党である新民党の金大中も当時、日韓協力委員会に批判的だった。「韓国側代表として、日韓協力委員会の第一回会議に参加したが、内情を知り、嫌気がさしたので、委員を辞退した」と、日韓の政界・経済界の協力の実情に失望を隠しきれずにいた。金大中は「全韓国民が日韓国交正常化の恩恵に浴すようにすべき」と、日韓の経済協力の発展が既得権益層に集中している構図を批判した。しかし金大中は、日韓両国間が「既存の条約および協定を十分遵守することはいうまでもない」と、日韓国交正常化による日韓条約と関連協定に沿うべきという立場を外務省側に述べた。金大中は、国交正常化後は「安全保障問題、経済協力問題などの各分野で将来両国間により良い協力関係をつくりたい」と答え、安保・経済も含めた日韓の幅広い協力関係を目指していた。対日歴史問題に関する強硬姿勢は外務省側には伝えていない。むしろ「韓国の学生の間には安全保障問題、経済協力問題などについての日本の対韓姿勢に対する批判の声が台頭」しているので、「学生、インテリ層を説得できるのは野党だけ」と、正常化後の対日警戒世論を抑えて日韓の多角的な協力関係を構築したいと、自らをアピールした。[68]

歴史問題は、当時の学生運動でも明示されていない。学生運動は、朴正熙の三選を可能にする憲法改正に対する批判や日本の経済的進出を強く警戒していた。一九六九年六月、朴正熙政権が本格的に改憲を推進すると、学生たちが積極的に抵抗した。一九六九年六月一二日、ソウル大学では学生会主幹で法科大学生五〇〇名が「憲政守護学生総会」を開催した。同月一七日には文理科大の学生二〇〇名が、一九日には工科大学生五〇〇名が、それぞれ三選に反対する総会を開催した(69)。

ソウル大、高麗大学生などの決議文を見ても、「日本経済の膨張主義、日本独占資本の韓国進出の新たな連中が国家の基幹産業である機械工業、石油化学工業などを掌握することに国家経済の隷属が画策されている」「現政権は親日事大主義勢力」「反民族的買弁勢力」と糾弾し、経済的な従属関係を警戒していた。特に、日韓の既成政治集団の非自主的、主体喪失を非難し、既得権益の与党勢力の対日従属姿勢を厳しく非難した。被爆者、徴用工など植民地や戦争被害者についての言及はない(70)。韓国社会では当時、不買運動が展開されるなど、日本との経済的な連携に韓国市民の警戒が強かった。朴正煕政権下で誕生した野党は、市場経済と自由民主主義を志向する、民族主義的で反共保守主義的な性格の政党だった。革新政党の野党が一部存在した第二共和国の時期とは異なり、第三・四共和国の野党は、理念的な差がなく政治的な反対組織として機能していたにすぎない(71)。野党も学生運動も、歴史問題としての被害者救済よりも、韓国が日本に対して経済的に従属することで日本経済が発展する流れを阻止すべきという考えが主流だった。

2　日韓の経済協力と警察装備協力

国交正常化後の日韓の経済協力が韓国の対日従属的な経済構造であることは、当時から他国でも報じられていた。一九六八年八月二八日、ロシア紙の『プラウダ』が「第二回日韓定期会談」（八月二七日〜二九日）を報じた。日本外務省がこれに注目し、抜粋して翻訳している。同紙は、日本が韓国について、資本を投ずる市場として、また原料をもらって日本の製品をさばく市場として関心を寄せている」と手厳しく批判した。国交正常化後、韓国は「日本の資本が浸透してゆく主な対象」として、「正常化直後の二年で、日本が韓国に与えたクレジット〔政府借款〕の総額は一〇億ドルを越え」たと、韓国の対日輸入量の多さを指摘した。

同時に、ベトナム戦争に参戦した韓国軍を「かいらい軍」と批判し、日本が韓国軍に軍事援助として軍服や弾薬、運輸手段を支援している」と報じ[72]、日米韓の経済安保協力体制を牽制した。

実際、ソウルで開催された「第二回日韓定期閣僚会議」の冒頭で日本の閣僚が強調したのは、「韓国の安全と繁栄が日本のそれと密接な関係がある」という点だった。日本側は、「韓国が安全保障と経済建設の両面に傾斜している努力に敬意」を表した。このような日本の表明について、韓国外交部東北アジア課は「去年の第一回日韓閣僚会議の際とは異なる日韓両国の基本認識における歩み寄り」と評価し、一年間で「両国の友好関係がいっそう緊密化した」と判断した[73]。

しかし、一九六八年八月三〇日『読売新聞』は、閣僚会議から帰国した三木外相の外務省で行った八月二九日の記者会見について、「韓国と安保で約束していない」との発言を報じた。三木外相は「韓国と日本の安全保障問題については、韓国の安全と繁栄は日本に重要な影響をもっており、極東の平和と安全にとっても大事だという点で両国の意見は一致した」が、「今度の会議で特に韓国側と政治的な問題や安全保障について具体的につっこんだ話し合いとか約束はしていない」と否定した[74]。当時、外務省は、この会見報道を閣僚会議の関連資料にファイリングし、日本の世論の動静を注視していた。韓国の世論は日本との安全保障協力に反対で第二回閣僚会議で韓国側は警察装備導入について言及しなかった[75]。

しかし、一九六八年四月の日本側の外交資料に遡ると、佐藤首相と厳駐日韓国大使が、対北朝鮮警察力の強化のために日韓の経済協力が可能か、具体的な討議をしている。厳大使が「韓国国内は現在、北鮮からのゲリラ活動（大統領官邸襲撃事件、プエブロ号捕獲事件など）がある」が、「経済の絶え間ない向上は必要」「日本からの援助を期待している」と切り出し、「警察力の強化に協力してほしい」「対韓国借款（無償）…〔省略〕…のうち一、〇〇〇万ドル分を警察用資材（輸送施設、快速艇など）に向けてほしい」と具体的な案を提示していた。厳大使は、「米国から五〇〇万ドル分の供与が行われる」という内情も佐藤首相に伝えた。すると佐藤首相は、日本国憲法の規定を懸念したのか「陸海軍の援助は難しい」と切り返した。しかし佐藤首相は、「警察用ならば可能。事務当局に検討させる」と代案も提案している。ただ、このやりとりについて佐藤首相は、「プレスには今日の会談内容は、主として経済協力問題に関するものだったとして発表しよう」と、対北警察力強化をめぐる日韓経済協力の交渉内容の非公表にすると伝えた[76]。

翌一九六九年四月二二日、日韓経済協力委員会のソウルでの総会終了後、朝鮮半島安保に対する日本の関心が、公言されるようになる。岸信介元首相は、自衛隊の実質的なコミットメントとして「日本の憲法改正は必要」「憲法前文と第九条の改正が必要」と、ソウルの日本大使館での記者会見で述べた。岸は「アジアの新情勢から、憲法を改正し、自衛隊を『公認』しなければならない」と持論を展開した[77]。既特権への富の集中だと、韓国の与野党から批判があった日韓経済協力委員会。こうした経済協力や、警察力強化、自衛隊の「公認」を目的とする改憲。いずれも対北体制競争が発想の基盤であり、日韓国交正常化の日韓経済協力方式に沿ったものである。一九六五年体制そのものに対する批判は見られない。

おわりに——外交問題としての成立可能性とその挫折

国交正常化直後、日韓では定期閣僚会議が開催されたが、国交正常化そのものをめぐる認識について、韓国と日本側の政府見解に大きな隔たりがあった。韓国側の閣僚は、「国交正常化がなされたからこそ、歴史認識に関する懸案問題を議題として掲げ、率直に話し合いをする関係の土台ができた」と主張した。韓国政府は、ソ連や北朝鮮に関する問題として、樺太残留韓国人、朝鮮大学校の認可問題などを取り上げ、日本政府に対応を迫った。反共体制として樹立した韓国は、国交がなく体制競争の相手であるソ連や北朝鮮との交渉は、問題が行き詰まるにつれ、日本政府に繰り返しねばり強く対応を求めた。

一方の日本外務省は、国交正常化後、韓国の対日認識を重視しつつも、楽観的な見方を示していた。日韓経済協力が、対日世論の緩和や韓国の対北体制優位をもたらし、日本の援助によって警察力も強化できると考えていた。外務省は、韓国の経済発展が韓国の対日世論を軟化させ、好意的になるだろうと韓国の対日世論の改善を期待していた。

外務省が経済協力に対して期待を抱いた背景には、経済成長に対する朴正煕の評価といった韓国の世論や国会議員の意見が影響していた。韓国の政党政治は、与党民主共和党が経済成長と世論工作の面から、圧倒的に優勢だった。野党の主張は、市場経済を優先し、経済発展の恩恵が広く公平に多領域に及ぶことだった。国交正常化直後から四~五年の短い間、言論の空間が一時的に広がるが、学生運動の主張も日韓の経済協力の構造的な問題を指摘しており、慰安婦や徴用工の問題は表面化していない。正常化直後、韓国の対日世論は、対北国防や経済侵略という点から日本の姿勢を批判した。韓国の国会議員の対日批判は与野党共に、日韓の既得権益への富の集中についてで、日韓国交正常化による条約や協定、経済協力方式そのものへの批判や見直しという視点は見られない。

朴正煕政権による韓国軍のベトナム派遣や経済協力方式による日韓国交正常化は、先行研究の指摘通り、慰安婦や徴用工といった被害者の救済を後回しにしたことは否めない。しかしそれ以上に、経済協力方式の国交正常化は、市場経済を重視した韓国の野党や世論を醸成し、経済政策からのみ日本を評価し批判する視点を作り出したと言える。日韓国交正常化の前後の期間で、選挙の不正や独裁といった韓国の国内政治体制の限界がいくらあったとしても、韓国の野党、新聞、国民世論は、なぜ経済構造からしか日本を語らなかったのだろうか。日韓経済協力委員会といった、既得権益層の中で決められた経済協力の枠組みが、「経済と日本」という視点をさらに強調したとは言えるが、既得権益層以外でも日韓の閣僚、与野党、被害者救済や民族教育の自由を主張する国民の層でさえも反共・対北朝鮮体制競争にまきこまれて、歴史問題を語り解決しようとする信頼関係の基盤を醸成できていなかったのではないか。日韓定期閣僚会議は、経済問題から議題の領域を広げた交渉の土台となり、定期的に交渉をする場として機能した。しかし、定期会議で韓国側から提起された北送問題や樺太在留韓国人の引揚げの問題は、日韓で意見の対立する案件として議題から除かれ日韓の外交問題としての設定に失敗した。そして意見の相違をめぐる日韓の外交交渉は公式会談で論じられる機会を失った。

周知の通り、両国の国交正常化交渉は、米国がその開始、交渉決裂後の再開や妥結といった会談のタイムスケジュールを管理するだけでなく、意見の異なる歴史問題を先送りにする経済協力方式を誘引した。国交正常化は、日韓両政府が二国だけで歴史問題を交渉によって解決する信頼関係の土台づくりを課題として残した。「主権」「請求権」「所有権」といった権利の問題は、対日講和会議と日韓国交正常化で争点となった。二〇一一年、韓国の憲法裁判所による韓国政府への違憲判決、二〇一五年の「日韓慰安婦合意」や徴用工の裁判、二〇一七年対馬の盗難仏像の裁判や竹島の領有権の国際司法裁判所への提起をめぐる意見の対立も続き、二〇一八年一〇月、韓国大法院では日本の植民統治を違法とする判決も出た。在韓被爆者、慰安婦、徴用工といったヒトの人権、島の領有権、朝鮮文化財というモノの所有権といった、権利の問題が司法的なレベルから提起されているといえる。一九五一年体制やそれに基づく一九六五年体制の見直しとも言える動きも噴き出している。こうした国民市民レベルからの法的手段への訴えは、植民統治や戦争の記憶や感情、愛国心やアイデンティティー、価値観や伝統文化の要素といった、法では制御できない国民感情が政策や世論を形成する過程で意図的に除かれたことと密接に関連している。国交正常化の反対デモは、韓国社会が合意内容を「社会正義」「通念的心理」としての民族主義にそむくと考えたため起きた[78]。上記の二条約や関連協定には、所有権や請求権など関連した権利を抑制する条項が「挿入」され、同時に略奪文化財の返還や原子力規制を規定する条項が「削除」されている。

正常化直後、閣僚や首脳会談で意見が対立する案件を交渉の議題から除き、韓国側が繰り返し提起した歴史問題や共産圏諸国の対日外交は、日韓外交の事案としてさえ設定されなかった。日本政府は経済協力政策の万能性を過信し、韓国社会の対日批判を軽視し続けた。対する韓国政府は経済成長を背に世論をコントロールし、野党や市民の視線を経済発展を優先するよう差し向けた。現在もマスコミや国民の世論そして市民運動や研究が、経済優先、対北朝鮮体制競争からの日韓協力の側面を強調し、与党の政策や日韓の政府あるいは運動を互いに他者として設定し批判する視点にとどまってきた。ここから脱しない限り、市民運動や研究によって明らかになった被害者の存在や問題そのものは、反日・反韓という民族主義的な対立や混乱の原因に転落し、政治利用の材料として疎外され、経済協力の成果さえ負の遺産になるのではないか。互いが同じ社会に共に属し、程度の差こそあれ双方向的な相互依存性の中に置かれ構造的な問題の中にいる。[79] 自己批判を含め、被害の構造・外交問題化の挫折を見つめ直し「共生」を目指す研究のスタンスに立ち戻る必要性を感じている。

（注）

（1）たとえば文化財返還問題の「合意議事録」「代表者間の往復書簡」については下記にまとめた。拙稿「（2）文化財協定（一九六五年）の締結過程で除かれたもの」、「日韓会談と韓国文化財の返還問題再考」、『歴史としての日韓国交正常化Ⅱ』、法政大学出版局、二〇一一年、二一三〜二一七頁。

（2）協定の法的解釈の日韓のすれ違い〔第一条と第二条の関係〕と一致〔領土分離による請求権の問題という解釈〕の詳細は、下記を参照。金昌禄「韓日請求権協定――解決されなかった『植民地支配責任』」、『歴史評論』第七八八号、歴史科学協議会編集、二〇一五年、六二〜六四頁。領土分離をめぐる解釈の日韓のすれ違い〔主権の解釈〕については、下記を参照。拙稿「戦後日本のポツダム宣言解釈と朝鮮の主権」、『歴史としての日韓国交正常化Ⅱ』、一二九〜一五六頁。潜在主権については、拙稿「전후 일본의 잔여주권과 한국의 독립승인—대일강화조약의 한일분리 논리를 중심으로〔戦後日本の残余主権と韓国の独立承認――対日講和条約の「日韓分離」論理を中心に〕（一九四五〜五二年）」、이동준・장박진 편〔李東俊・張博珍編〕『미완의 해방—한일관계의 기원과 전개〔未完の解放――韓日関係の起源と展開〕』、고려대학교아세아문제연구소출판부〔高麗大学校亜細亜問題研究所出版部〕、二〇一三年、二一〜三八頁。

（3）一九六〇年代後半の市民運動の特殊性に関する研究は、歴史学や社会学で進んだ。下記の研究が詳しい。마쓰이 다카시〔松井隆志〕「一九六〇년대 일본에서의 사회운동――학생운동을 중심으로」〔一九六〇年代日本における社会運動――学生運動を中心に〕」、『역사문제연구〔歴史問題研究〕』第二八号、역사문제연구소〔歴史問題研究所〕、二〇一二年、一三五〜一五九頁。松井はウォーラーステインの「一九六八年革命」という世界同時的な社会運動の高潮についての指摘ほか、① Kurkansky, Mark, 1968 THE YEAR THAT ROCKED THE WORLD, Random House, 2004〔来住道子訳『一九六八世界が揺れた年（上）』、ヴィレッジブックス、二〇〇八年〕、②小熊英二『一九六八――若者たちの叛乱とその背景（上）』、新曜社、二〇〇九年、③島泰三『安田講堂 一九六八〜一九六九』、中央公論新社、

二〇〇五年、などの先行研究もふまえ、日本の学生運動が植民地や沖縄への視点が欠如していたことを指摘している。同時期、社会での個人救済が始まった事例として、世界的なホスピス運動が始まる中、韓国で一九六五年にカトリックの女子修道会「マリアの小さな姉妹会」が江陵にカルバリ医院を設立した地域医療の例がある。株本千鶴「社会運動としてのホスピス運動――専門職の自己変革と戦略としての医療化」、『人文学報』第三一九号〔社会福祉学一七〕、東京都立大学人文学部、二〇〇一年、四三、四八頁。安保問題をめぐる日韓定期閣僚会議については、下記を参照。崔慶原『冷戦期日韓安全保障関係の形成』、慶應義塾大学出版会、二〇一四年。

（4）たとえば忠南大学校の場合、一九六五年六月五日には臨時休校令が出たが、八月まで「韓日協定反対運動」が続いた。一九六六年一月から学生運動や大学の各会議や学部設置などの教育活動が段階的に整備され展開された様子については、下記を参照。『충남대학교六〇년사一九五二～二〇一二〔忠南大学校六〇年史一九五二～二〇一二〕』、충남대학교 六〇년사 인터넷판 편찬위원회 편〔忠南大学校六〇年史インターネット版編纂委員会編〕、二〇一二年、六〇～六六頁。https://plus.cnu.ac.kr/html/kr/sub01/sub01_010103.html

（5）『忠南大学校六〇年史』、一〇七頁。

（6）この時期の政党政治については、下記を参照。지병근〔池昞根〕「민중당・신민당――박정희 체제하의 자유주의 야당〔民衆党・新民党――朴正煕体制下の自由主義野党〕」、전남대五・一八연구소편〔全南大五・一八研究所編〕『민주당 계승정당연구〔民主党継承政党研究〕』、전남대학교출판부〔全南大学校出版部〕、二〇一五年、九五頁。

（7）詳細は下記を参照。崔慶原前掲書、六五～九八頁。

（8）오타 오사무〔太田修〕「한일교섭 시기 식민지 지배 피해자의 '저항'〔韓日交渉時期植民地支配被害者の『抵抗』〕」、『역사문제연구〔歴史問題研究〕』제一四호〔第一四号〕、역사문제연구소〔歴史問題研究所〕、二〇〇五年、四七～七五頁。太田修「二重の被害をめぐる政治――日韓国交樹立と在韓被爆者」、『歴史評論』第七八八号、歴史科学協議会編、二〇一五年、三三三～三四七頁。김승은〔金丞垠〕「재한〔在韓〕원폭피해자 문제에 대한 한일 양국의 인식과 교섭 태도（1965～1980）〔在韓原爆被害者問題に対する韓日両国の認識と交渉態度（1965～1980）〕」、『아세아연구〔亜細亜研究〕』一四八号、고려대학교아세아문제연구소〔高麗大学校亜細亜問題研究所〕、二〇一二年、一〇四～一三五頁。

（9）東亜課「면담기록〔面談記録〕」、외무부아주국동북아주과〔外務部亜州局東北亜州課〕、『한국인 원폭피해자 구호〔韓国人原爆被害者救護〕一九六八―七一』、分類番号七二二・六JA、登録番号一七六五六、韓国国家記録院。作成日

なし（外務部内の供覧は三月八日）、フレーム番号三二一。

（10）東亜課「신 동북아과장과 주한 일본 대사관〝미다니〟참사관과의 면담요록（申東北亜課長と駐韓日本大使館三谷参事官との面談要録）」『同前』、作成日なし（供覧四月二四日）、フレーム番号六二～六三。

（11）東亜課「原爆被害者救援問題와〔と〕関連問題駐日大使館報告」、『同前』、作成日なし（供覧日一九六八年五月二〇日）、フレーム番号六五。

（12）タイトルなし「외무부장관에서 시모노세키 영사（外務部長官から下関領事）」、一九六八年一〇月三日付、『同前』、フレーム番号一五九。他に在韓被爆者の渡日治療までの過程については下記が詳しい。市場淳子「第二章　立ちあがった在韓被爆者（一九六七～一九七八年）」、『ヒロシマを持ちかえった人々――「韓国のヒロシマ」はなぜ生まれたのか』、凱風社、二〇〇〇年、四一～五八頁。

（13）タイトルなし「외무부장관에서 시모노세키 영사（外務部長官から下関領事）」、一九六八年一〇月四日付、タイトルなし「외무부장관에서 주일대사대리（外務部長官から駐日大使代理）」一九六八年一〇月五日付、フレーム番号一六一。タイトルなし「외무부장관에서 주일대사（外務部長官から駐日大使）」、一九六八年一〇月七日、フレーム番号一六五。共に『同前』。

（14）「被爆者問題など討議　原水爆広島大会二日目」、『読売新聞』一九七三年八月七日朝刊二頁。朝鮮人被爆者については、広島の原爆供養塔の犠牲者名の通名表記や身元未確認の問題も残されている。詳細は下記を参照。堀川惠子「第七章　二つの名前」、『原爆供養塔 忘れられた遺骨の七〇年』、文藝春秋、二〇一五年、二五九～二七九頁。

（15）「情報コーナー　来月四月に日韓議員懇親会」、『読売新聞』一九七四年四月二二日朝刊二頁。本稿では当時の日本外交文書の用語「樺太」「韓国人」を用いる。サハリン、樺太、韓人、高麗人ほか移住の時期による定義づけについては、下記が詳しい。中山大将「サハリン韓人の下からの共生の模索――樺太・サハリン・韓国を生きた樺太移住韓人第二世代を中心に」、『境界研究』五号、北海道大学スラブ・ユーラシア研究センター、二〇一五年、二～三頁。

（16）一九七〇年代、在韓被爆者の補償要求運動と訴訟化、在日韓国人への行政差別問題が訴訟や市民運動で表面化し、日立就職差別裁判の訴訟や韓国籍司法修習生の誕生などを経て、一九八〇年代には指紋押捺拒否闘争に拡大していった。民主化運動が広まる一九八〇年代半ばからは、靖国神社参拝や教科書問題、冷戦終結後の一九九〇年代には、従軍慰安婦の問題が韓国政府から日本政府に問題提起があり、国際的なイシューとして浮上した。

（17）木村幹『日韓歴史認識問題とは何か』、ミネルヴァ書房、二〇一四年、一八～二一、二七～二九頁。

(18)이현진〔李ヒョンジン〕「一九六〇년대 후반 정세변화와 한일경제협력의 논리――한일정기각료회의 논의과정을 중심으로〔一九六〇年代後半情勢変化と韓日経済協力の論理――韓日定期閣僚会議の論議過程を中心に〕」、『한국사상사학〔韓国思想史学〕』三八巻、한국사상사학회〔韓国思想史学会〕、二〇一一年、二八七~三二五頁。

(19)在韓国金山大使発三木外務大臣宛公電極秘第九一四号「日韓定期閣僚会議」、一九六七年八月二七日発、『日韓関係（第二回定期閣僚会議）』、二〇一〇―三九五一、日本外交史料館（以下、外史）。

(20)中山大将前掲論文、一六頁。

(21)「樺太抑留者の釈放　韓国、国連通じソ連へ」、『読売新聞』、一九五七年八月九日朝刊二頁。

(22)「樺太引き揚げ者十人を送還　日韓抑留者・相互送還」、『朝日新聞』、一九六〇年三月二一日夕刊一頁。

(23)山口県知事・福岡県知事・佐賀県知事・長崎県知事・熊本県知事「要望書（日韓問題早期解決）」、大韓民国大統領李承晩宛て、一九五七年一〇月二八日、山本文子文書五九、山口県立文書館所蔵。山本氏は山口県知事の通訳を担当していた。

(24)「気流　読者の欄　樺太墓参の実現を望む」、『読売新聞』、一九六四年三月二四日朝刊二頁。

(25)「樺太で帰国待つ韓国人」、『読売新聞』、一九六五年五月二五日朝刊三頁。一九五〇年代の残留韓国人の日本入国をめぐる日本政府の議論（偽装結婚、不法入国等）については、下記を参照。中山大将『サハリン残留日本人と戦後日本―樺太住民の境界地域史』、国際書院、二〇一九年、二〇五~二一一頁。

(26)「樺太の朝鮮人引揚げに協力要請　韓国政府」、『朝日新聞』、一九六六年一月二八日朝刊二頁。樺太移住韓人の総数（一九三九年以降の「強制連行」により樺太に連れてこられた人々）について、四万三〇〇〇人説が流布したが、サハリン史研究では、二万三〇〇〇人あるいは二万五〇〇〇人説が定着しつつあるという。中山大将前掲論文、九~一一頁。

(27)「樺太残留韓国人の送還要請 大韓弁護士協会」『読売新聞』、一九六六年九月一六日朝刊二頁。

(28)タイトルなし「주일대사에서 외무부장관 사할린교포 귀환문제〔駐日大使から外務部長官〕」、一九六八年一月一一日付、『사할린교포 귀환문제〔サハリン僑胞帰還問題〕一九六七―六八』、分類番号七九一．四四、登録番号二八七八、フレーム番号二一、韓国外交史料館（以下、韓外史）。

(29)亜北「中東元外務部東北亜州課長との懇談について」、一九六八年三月二五日、『日韓関係（第二回日韓定期閣僚会議）』、二〇一〇―三九四九、外史。

(30)同前。

(31) 외무부〔外務部〕「六八．一．一五제네바에서 화태교포구출 및 북송문제교섭대표단〔ジュネーブにおける樺太僑胞救出および北送問題 交渉代表団〕」、『同前』、フレーム番号四〇～四一、韓外史。

(32)「韓国、赤十字国際委に協力要請　樺太の朝鮮人帰国」、『読売新聞』、一九六八年一月一六日朝刊二頁。

(33)「陳外務次官の申入れ」、一九六八年四月一五日、『日韓関係（日韓要人会談）』二〇一〇―三九四七、外史。

(34) 三木外務大臣発在韓国金山大使宛公電、極秘第七四三号、亜北「日韓定期閣僚会議」、一九六八年七月二六日発、『日韓関係（第二回日韓定期閣僚会議）』、二〇一〇―三九四九、外史。

(35) 韓国政府は韓国人の北送に反対していた。詳細は稿を改めて述べたい。一九六七年一二月七日、木村日本大使を招致し北送に抗議した。東北亜州課「화태교포 구출 및 북송저지 교접에 관한 자료송부〔樺太僑胞救出および北送阻止交渉に関する資料送付〕」、『同前』、フレーム番号二五～二六、韓外史。

(36) 椎名臨時代理大使発在韓国釜山金山大使宛公電、秘第七五一号、亜北「日韓定期閣僚会議」、一九六八年七月三一日発、『日韓関係（第二回日韓定期閣僚会議）』、二〇一〇―三九四九、外史。

(37) 当時の新聞論調も閣僚会議は経済中心を望むものが見られる。詳細は別の稿とする。

(38)「昭和四一年第四回定例会（第二三号）」、一九六六年一二月一四日、「昭和四二年第二回定例会（第一一号）」一九六七年七月二〇日、『東京都議会 会議録検索』。http://www.metro.tokyo.dbsr.jp/index.php/543962?QueryType=New（以下、同じ）。

(39)「昭和四二年第四回定例会（第一六号）」、一九六七年一二月五日。

(40)「昭和四二年第三回定例会（第一三号）」、一九六七年一〇月二日。

(41)「第一三号」。

(42)「第一六号」。

(43)「서울 동경간의 새로운 긴장 조선대학교 인가시비〔ソウル東京間の新たな緊張　朝鮮大学校認可是非〕」、『조선일보〔朝鮮日報〕』、一九六七年九月三日朝刊三面。同じ記事が下記の外交文書ファイルにも収録されているが、日付等が判読できないため、朝鮮日報で直接確認した。『일본내 조선대학 인가문제〔日本内の朝鮮大学認可問題〕、一九六七』、管理番号七九一．五五ＪＡ、登録番号二四四九。

(44) 一九六七年九月四日、동북아一과〔東北亜一課〕「일본의 대북괴관계에 대한 우리기본입장〔日本の対北傀関係に対する我が基本立場〕」、一九六七年九月四日、『同前』、フレーム番号九五～九六、韓外史。

(45)「平成二四年文教委員会」、二〇一二年三月一九日、『東京都議会 会議録検索』。

(46) 北東アジア課極秘「佐藤総理大臣・厳韓国大使との会談の要旨」、一九六八年四月二六日、『日韓関係（日韓要人会談）』、二〇一〇―三九四七、外史。「外国人学校制度」は、日本政府が北朝鮮の教育施設を差別し弾圧することを意図しているという批判をかわすための案だった。一九六六年三月下旬、自民党政調会文教調査会外人教育小委員会が「外国人学校制度」の最終要綱をまとめ、文部省が「学校教育法の一部を改正する法律案」を作成、五月一三日の閣議で同法案の要綱を決定した。野党が強く反対し、国会への法案提出は見送られた。以後、文部省は「学校教育法の一部を改正する法律案」や「外国人学校法案」を成立させようとしたが、一九七二年に「外国人学校制度」創設法案は廃案になった。詳細は、下記が詳しい。マキー智子「『外国人学校制度』創設の試み――日韓会談期における在日朝鮮人対策の模索」、『北海道大学大学院教育学研究院紀要』一一八号、北海道大学大学院教育学研究院、二〇一三年、一一七～五七頁。

(47) 北東アジア課極秘「前掲」。

(48) 駐日大使館「日朝学術、文化交流懇談会の開催について」、『日本内の朝鮮大学認可問題』、フレーム番号一一～一七。

(49) 東京都議会「企画総務整備委員会速記録」、一九六六年一二月二〇日、第四十五号、一～二頁、『同前』、フレーム番号八五～八六。

(50) 三木外務大臣発在韓国釜山金山大使宛公電、極秘第七二六号「日韓定期閣僚会議」、一九六八年七月二三日、『日韓関係（第二回日韓定期閣僚会議）』、二〇一〇―三九四九、外史。

(51) 同前。

(52) 三木外務大臣発金山在韓国大使宛公電、極秘第七四三号、亜北「日韓定期閣僚会議」、一九六八年七月二六日、『日韓関係（第二回日韓定期閣僚会議）』、二〇一〇―三九四九、外史。

(53) 北東アジア課秘韓国調書第九〇〇〇三号「最近の韓国事情（北東アジア課三谷事務官出張報告）」、『韓国内政並びに国情関係』、Ａ四・一・二・二・、外史。

(54) 李燦雨「平成一三年度自主研究報告書日朝経済協力の方案」ERINA、二〇〇二年、一四～一五頁。

(55) 東北亜州課／経済協力課「한일정기각료회의、제三차동경、一九六九．八．二六―二九、제五권（Ｖ二・의제）（韓日定期閣僚会議、第三次東京、一九六九．八．二六―二九 第五巻（Ｖ二・議題））」、七二三・一ＪＡ、フレーム番号三〇一、韓外史。

(56) 北東アジア課秘韓国調書第九〇〇〇三号「最近の韓国情勢（三谷事務官出張報告）」、一九六九年三月二〇日、『日韓関係（第二回日韓定期閣僚会議）』、二〇一〇―三九五一、外史、五四～五五頁。

(57)「同前」、五四頁。

(58) 北東アジア課極秘韓国調書第九〇〇〇五号「最近の韓国事情（北東アジア課三谷事務官出張報告）」、一九六八年一〇月二四日、『同前』、七～九頁。

(59)「同前」、九頁。

(60) 池明根前掲論文、一一一頁、一三四頁の表「第三・四共和国時期の大選結果」中央選挙管理委員会歴代選挙情報。朴正熙の得票率は、五代：慶北五五・六、慶南六一・七。六代：慶北六四・〇、慶南六八・六。七代：慶北七五・六、慶南七三・四（いずれもパーセント）。

(61) 韓国の野党勢力の脆弱性については、一九六〇年に米国も察知していた。米国務省文書の「アイゼンハワー大統領の極東訪問」によると、当時、韓国の政党制は二党政党制の初期段階と見なされていた。韓国の与野党は共に保守的かつ親米であり、両政党は、政治・経済的な政策の違いではなく、パーソナリティーをアピールする傾向がある。遡る李承晩政権下についても同じで、与党自由党は李承晩大統領に組織化されコントロールされ、民族的で強硬な反日、反共、強い武力を保持していた。その反対派を中心に一九五五年に創立された野党民主党でさえも、強硬な反共と親米であると外交政策の違いがないと判断されていた。Drafted by FE:NA-Mr. Klemsine, Mr. Davenport, Cleared by NA-Mr. Bane, FE-Mr. Steeves, "President's Far Eastern Trip June 1960," Country Data-Korea, June 4, 1960, p.4, RG 59, Box 421, Folder 17, Visits Missions Tours29a, President Eisenhower's Visit to the Far East, 1960, Part Lot 2, National Archives at College Park.

(62) 北東アジア課秘韓国調書第九〇〇〇三号「前掲」、五六頁。

(63)「同前」六〇～六一頁。

(64)「同前」六二頁。

(65)「日韓協力委、来月創立」、『読売新聞』、一九六九年一月二九日朝刊二頁。

(66)「日韓協力委　きょう設立総会」、『読売新聞』、一九六九年二月一二日朝刊二頁。

(67)「日韓協力委閉会」、『読売新聞』、一九七〇年四月二三日朝刊二頁。

(68) 北東アジア課秘韓国調書第九〇〇一三号「最近の韓国情勢について」、一九七〇年一二月七日、『日韓関係（第二回日韓定期閣僚会議）』、二〇一〇―三九五〇、外史、四八～四九頁。

(69)「제三장 학생운동의 발자취〔第三章 学生運動の足跡〕」、『서울대학교 60년사〔ソウル大学校六〇年史〕』、서울대학교六〇년사편찬위원회편〔ソウル大学校六〇年史編纂委員会編〕、二〇〇六年、八五三頁。https://www.snu.ac.kr/about/snu60/pdfs/5_3.pdf

(70) 学生運動の宣言文はいくつかの資料がある。当時刊行されたものとしては次を参照。「各大学学生宣言文」、『사상계〔思想界〕』一九七号（一九六九年九月号）、思想界社、一九六九年、一三九～一五八頁。北東アジア課秘韓国調書第九〇〇〇三号「前掲」、三五、四九～五五頁。

(71) 池昞根前掲論文、九六頁。

(72)「プラウダ、第二回日韓定期会談報導」、『日韓関係（第二回日韓定期閣僚会議）』、二〇一〇—三九五〇、外史。

(73) 外務省情報文化局『国際週報』一〇〇六号、一九六八年九月一〇日、七七二頁。アジア局北東アジア課「一．第二回日韓定期閣僚会議について」、『日韓関係（第二回日韓定期閣僚会議）』、二〇一〇—三九五〇、外史。

(74)「韓国と安保で約束してない　三木外相帰国談」、『読売新聞』、一九六八年八月三〇日朝刊二頁。

(75) 崔慶原前掲書、四二、五〇～五一頁。

(76) 警察用物資についての支援云々については新聞発表では言及しないこととしたり議事録を訂正する一次史料が残っている。同年三月九日には牛場次官・梁企画官などが三木大臣と対北ゲリラ戦をめぐる警察の輸送力・機動力強化について朴大統領の意向ということで話し合い、一一日には会議録から日本側の発言を訂正したりしている。詳細は論稿を改める。

(77)「憲法改正は必要　ソウルで岸氏語る」、『読売新聞』、一九七〇年四月二三日朝刊二頁。

(78) 南載熙「學生運動과青年文化〔学生運動と青年文化〕」、『고대문화〔高大文化〕』一一号、고대문화편집위원회〔高大文化編集委員会〕、一九七〇年、三三五～三三六頁。

(79) 日韓の社会の問題点を指摘する批判の側が考慮すべき重要な点として、「共時性」「双方向性（相互依存性）」「同時代性」「共生」がある。詳細は下記を参照。服部民夫「〔書評〕同時代史学会編『朝鮮半島と日本の同時代史——東アジア地域共生を展望して』」、『歴史と経済』第一九九号、二〇〇八年四月、五六～五八頁。服部氏は、過去の歴史や関係性があって、現在の関係性が枠づけられていること、批判することは返す刀で自らの論理も掘り崩すということを覚悟すること、と述べている。

第六章　梶村秀樹の「日韓体制」批判

朝鮮史研究者としての同時代への関与

山本興正

はじめに

梶村秀樹（一九三五―八九、藤森一清、吉永長生、吉永秀雄のペンネームをもつ）は、朝鮮近現代史研究者として、また社会運動家として、「内在的発展」の視座から朝鮮民衆が主体となる朝鮮史を描き、近代日本の朝鮮侵略によって破壊された日本人と朝鮮人の関係性を真に人間的なものとして回復しようとした知識人である。一九七三年より神奈川大学で教鞭をとり、日本における朝鮮人差別撤廃のための運動や朝鮮語の普及において数多くの功績を残した。梶村は戦後日本思想史のなかで著名な存在ではないが、そのラディカルな問題意識と民衆という視座から他者認識を鍛え上げていったその対象把握のしなやかさ、そしてそこに国際情勢の厳密な把握が伴っているという点において、今日においても色あせない思想性をもっている。とりわけ、今日なお分断状況にあり、厳しい国際的力関係の磁場におかれている朝鮮半島の状況を、単に外交的次元ではなく民衆同士の関係性のあり方という視座からとらえることが要求されるが、そのさい梶村の思想的軌跡は私たちに多くの示唆を与えてくれる。

本稿は、一九六〇年代前半の日韓会談反対闘争（以下、日韓闘争）期[1]の認識、および日韓条約締結後の「日韓体制」期の認識を比較することで、現実の変化とともに梶村の認識・視座がどう変化・深化していったかを明らかにするものである。一九六五年の日韓基本条約および関係諸協定の締結は、戦後日本とアジアとりわけ朝鮮半島との関係性の転換点ともなった重要な出来事であった。冷戦の力学にからめとられる形で締結されたこの条約によって、日本政府・財界が「経済協力」の名目のもと大韓民国（韓国）[2]の政治・経済に介入する一方で、韓国政府は経済成長を優先して民衆の声を封じこめる、そうした体制が形成された。両国は国際的垂直分業構造を民衆の日常生活に貫徹させる関係を築いたのだが、「日韓体制」とは、条約が締結された一九六五年以降の日韓の関係構造を批判的に表現した言葉である。ここで「日韓体制」という用語についてより具体的に説明を加えるならば、この用語は「日韓条約体制」とほぼ同じ意味をもつものである。日韓条約締結後、「反共」を政治的共通項に日本の政府・財界は、韓国政府・財閥と政治経済的な結びつきを強めた。たとえば、日韓閣僚会議の定期化、政財界人を中心とした日韓協力委員会の結成（一九六九年）などの動きとともに、日本企業は韓国への資本進出を進めていき、とくに七〇年代に入っては直接投資も活発化する。韓国経済は原料・中間材・資本財のほとんどを日本に依存し、低賃金労働によってそれらを加工し輸出するという、日本経済に従属した輸出指向型工業化の選択をとった。そこでは、韓国政府が労働運動を強権的に抑圧して確保された韓国の低賃金労働力を日本企業が下請として利用するという分業にもとづいて、日韓の経済成長がなされた。こうした国際的垂直分業体制の矛盾を最も集中的に受けたのが、韓国の労働者・下層民衆であった。梶村が「日韓体制」という言葉で批判しようとしたのは、こうした状況・構造そのものと、それを構成・維持している諸主体であった。本稿では「日韓体制」という用語を、日韓条約締結以後のこうした関係構造をさす概念として使用する。

近年、梶村に関する共同研究の成果[3]によって、梶村の視座と認識の構造が詳細に分析されつつある。そのなかで洪宗郁は、梶村が「大衆意識に根指そうとする執拗な志向性」と「冷戦を相対化する視座」という特徴をもっていたと適切に指摘しており[4]、本稿もその認識を共有している。だがこれらの先行研究は、韓国資本主義、韓国民衆については詳論しているにもかかわらず、本来「日韓体制」論の重要な構成要素となる分断体制批判（つまり統一を阻害する体制に対する批判）の側面について、その内実に踏み込んで論じていない。梶村の目的は「日韓体制」分析を通して日本人のあり方、責任を問うことにあったが、そこにはこの点が不可欠の言及の対象として組み込まれており、彼の問題意識はその相互連関性を把握することではじめて理解されうる。梶村の「日韓体制」論の根底には分断体制への日本の関与に対する批判があること、また韓国民主化運動、民衆運動それ自体の課題のひとつが朝鮮統一であったこと、また梶村の方法的特徴が「構造的把握」と呼べるものであったことなどを考えれば、分断と統一という観点は梶村の思想をみるさいに不可欠である。本稿ではこうした問題意識にもとづき、諸概念をめぐる梶村の思索を検討する。それら諸概念自体、またそれらのリンケージの変化を検討することで、梶村の視座・認識の変化・深化を明らかにするというのがここでとる方法である。以下、日韓闘争期と日韓条約締結後つまり「日韓体制」期に分けて梶村の認識の特徴を比較、考察する。そこでは、梶村が韓国民衆のあり方を見つめるなかで、次第に第三世界民衆という価値基準を強調するようになったことが明らかにされるだろう。これもまた、先行研究では全く看過されてきた点である。

一　日韓闘争期の認識

一九六〇年代前半期、米国の東アジア政策を後ろ盾として日本が朝鮮分断状況に深く介入する状況が現実化しつつあった。日韓会談の進展である。一九五〇年代、米国経済の世界資本主義体制における相対的地位低下、各国への軍事援助などによるドルの流出の進展などによって、米国政府は五〇年代末期からドル防衛に政策転換し、その一環として韓国への無償援助も削減された。日韓会談は米国のこうした援助を日本が肩代わりするという目的をもって進展した。最優先されたのは、東アジアの反共体制・自由主義陣営の防衛であった。(5)

一九六二年にクーデターによって登場した朴正煕政権は、米国の援助に依存する第三次産業の肥大化を特徴とする韓国経済の構造的脆弱性に対処すべく、「朴正煕五・一六クーデター宣言文」の「革命公約」に反共態勢の再整備・強化、反共的国家統一を謳う条項とともに、第四項に「国家の自主経済再建に総力を傾注する」の文句を加えた[6]。当時、第一次五か年計画に必要な内・外資調達という条件を欠いていた朴正煕政権は、日本資本の導入によって活路を見出そうとし、日韓会談を積極的に進めていった。

一方、日本資本の事情もそこに合致した。政治的に不安定な韓国への資本進出を押し進めたのは「安くて良質な労働力」を利用することによる利益の追求だった。日韓条約締結前から日本政府・財界は韓国への経済的進出について計画を練りはじめ、視察団等も頻繁に訪韓を開始する。戦後復活した日本の独占資本は、国内の若年労働力の減少という状況に直面していた。そこで独占資本は体制合理化を図り、多くが低賃金労働によって成り立っていた労働集約産業が韓国の労働力を利用しようとするに至る。つまり韓国の「安くて良質な労働力」は、経済的に最もしわ寄せをうける存在として、日本資本主義体制に構造的に組み込まれようとしていたのである。

このような韓国の「安くて良質な労働力」を利用しようとする日本政府・資本にとって、他のアジア・アフリカ諸国とは異なって親日的な朴正煕政権が適合的だったことは明らかであった。矛盾の深化のなかで高まることが予想される韓国の労働者の要求を強権で押さえつける朴正煕政権は、労働者の低賃金を利用して利潤確保をめざす日本資本ときわめて親和的な関係にあった。こうして日韓会談は過去の植民地支配の未清算、韓国における矛盾の深化、そうした重大な問題を抱えたまま、政府・資本家の利益に沿って進められていったのである。

梶村はこうした日韓の垂直分業にもとづく反共的地域再編という現実に対し、日本朝鮮研究所、朝鮮史研究会、歴史学研究会などの場において積極的に介入を試みた。とりわけ日本朝鮮研究所における活動のなかでは、進行する日韓会談を批判すべく歴史と現状についての数多くの文章を書いた。以下、その議論の特徴を方法とナショナリズム論の点からみていきたい。

1　方法——構造的把握

梶村は一九七七年の段階で、つぎのように述べている。「われわれの構造的把握の方法論は、このような表面的現象を説明できないほどちゃちなものではなかったはずである」(7)。これは七〇年代に韓国の経済発展をうけて台頭した「朴正熙政権見直し論」への梶村のいらだちをあらわした言葉であるが、ここからは「構造的把握」という方法が日韓関係をみるにあたっての梶村の原則であったことが理解できる。では、それは六〇年代前半期という段階において、どのような形をとっていたのか。

梶村の分析の方法的特徴をみようとするさい、参考になるのが彼の書評である。それは、梶村が批判の対象としている方法をみることによって、かえって彼の方法的特徴が明確になるからである。

梶村がまず批判の対象としたのが、国際政治学者・田中直吉の著書『日本を動かす日韓関係』であった。梶村がここで問題視したのは、田中の「極めて現象的な事実の羅列乃至直接的な関係の指摘で全てを説明しようとしている点」であり、そのような「表面的、形式的な因果関係だけを重視する見方が現実を甚しく歪曲した結論に到着する場合がある」ことであった(8)。具体的には、田中の立論の問題性は「南朝鮮に政府機構に匹敵するＵＳＯＭ〔U.S. Operations Mission＝駐韓米国援助使節団——引用者注、以下同じ〕のような彪大な機構をもち、現に援助資金などに依拠して韓国政府の政策決定を支配しているアメリカの帝国主義的な支配政策を、このような状況〔農業の衰退〕の根本的な原因として認めない」(9)というような部分にみられるという。つまり梶村がここで指摘しているのは、米国の世界戦略という大状況＝構造およびその内部に置かれた韓国の位置が田中の現象論的分析によっては対象化されえないという点である。したがって「日韓親善」を要求する田中の結論は「状況の科学的分析の基礎なしに、いきなり心情の直接的な結びつきを提言」するその方法自体、つまり「帝国主義の論理と現実」を対象化しないことによって、真の友好とは正反対の客観的役割を果たすものに帰結してしまうというのである。そしてこの批判は、つぎのように西欧の「朝鮮通」に対しても向けられる。「アメリカの支配政策が問題にされないことは、論旨の展開のしかたが表面的で形式論理的であることとも関係している。〔……〕要するに現象記述だけがあって構造論が欠如しているのである。所が、そのような断片的記述のつみあげから、『朝鮮における西欧民主主義移植の試みの成否は、結局、長期的にみて経済的発展の状況如何にかかわっている』という一般論へ、媒介項なしのいきなりの飛躍が行なわれる[10]」。

このように、この時期の梶村の分析は、資本主義体制と社会主義体制との両体制間矛盾を主要矛盾としてとらえ、前者に批判の鉾先を向けるものであり、資本主義体制イデオロギーの枠内で展開される分析を「現象記述」と呼んで、そこに「構造論」を対置するものであった。この方法自体は梶村の専売特許ではなかったが、彼が対象を把握するさいの前提となる方法として認識しておきたい。本稿の目的が梶村の対象・概念把握の変遷をとおして認識の深化をとらえることにあることは先述したが、この「構造的把握」に関していえば、日韓闘争期から以後一貫して不変であり、梶村の方法の礎石である。こうしたアプローチは当時のマルクス主義的な方法・枠組みに依拠したものであるといえるが、梶村はそこに民衆の主体性という視座を結合させ、形式的・静態的な「構造」分析にとどまらない動態的分析を展開していく。後述するように、その民衆とよばれる対象の把握の仕方の変遷こそ、梶村の認識の深化のプロセスを示す指標であった。

2　韓国ナショナリズム論

つぎに、この方法的特徴を念頭におきながら、梶村による諸概念の位置づけについて論じたい。ここでは韓国のイデオロギー状況についての梶村の分析の特徴を、ナショナリズムの腑分けという点からみていく[11]。日本のイデオロギー状況と大衆の関係に関する梶村の分析については拙稿で論じているので、ここでは、帝国主義的侵出をおこなおうとしているという点で日本ナショナリズムが日本人民にとってもつ意味と朝鮮のナショナリズムが朝鮮人民にとってもつ意味は異なる、という前提に梶村が立っていた[12]ことのみを指摘しておきたい。日本の大衆に関する梶村の問題意識は、いかにして日本の大衆の体制内在化を防ぐことができるかを、体制・反体制イデオロギー双方との関係から考察するという点にあった。労働者をはじめとする大衆が体制内在化され、韓国への日本資本再侵出の主体となってしまう状況に知識人としていかに介入するか、それがこの時期梶村が日本社会を論じるさいのテーマであった。

ここでは日韓闘争期に書かれた梶村の最も重要な論考のひとつである「南朝鮮の支配構造といわゆる隷属資本」をとりあげる。他の多くの論者が韓国の政治・経済について論じるなかで梶村がユニークだったのは、韓国の諸主体の階級的性格とナショナリズムの関係を理論化しようとしたところにあった。特に韓国の民衆――この時期梶村は「人民大衆」「勤労大衆」などの呼称を用いている――におけるナショナリズムの問題への着目は、梶村がのちに認識のイデオロギー性を払拭することを可能にする起点となったのである。

梶村がこの論文で明らかにしようとしたのは、朴正熙政権が資本主義世界体制のなかで経済発展を追求する限り、その帰結は体制内における帝国主義先進国への従属であるほかない、ということであった。そのうえで論点となったのが、韓国における民族主義（ナショナリズム）の性格をいかに確定するかという問題である。梶村のねらいは、韓国の隷属資本の階級的性格に焦点を当てることによって「人民大衆」の要求との矛盾を明らかにすることにあったが、それは「人民大衆」のナショナリズムの性格を特定することにつながっていた。

梶村はまず「南朝鮮」の経済構造を、以下のように説明する。「南朝鮮」の経済構造は、かつての日本による植民地支配下の半封建地主制から、解放後、米国の財政・金融の管制高地のみを掌握する間接支配方式にもとづくものに移行した。そのさい、それを客観的条件として生長・育成されたのが隷属資本である。韓国の独占財閥は解放後、国家権力との結びつきを利用して「帰属財産」の払下げを優先的に安価で受け、外貨割当・銀行融資・財政資金の排他的利用の享受などさまざまな優遇措置によって、中小資本に対し圧倒的に有利な地位に立つに至った。だが五〇年代後半より韓国経済は慢性的不況に陥り、また米国のドル防衛による対韓援助の削減により、米韓独占間に利潤の分け前をめぐって一定の矛盾が生じることとなった――。

したがって、「南朝鮮」の独占財閥に「残された道は帝国主義国の資本を積極的にひきいれ、その下で漸次主導権をにぎっていこうという『外資導入』の方向しかないことになる。しかし今日の帝国主義国の『低開発援助』政策がそんな甘いものでないことを前提とすれば、彼らはそれなりの仕方で隷属体制に変更を加えようとする企図自体によって、一層深い隷属状態に陥っていくことになる」[13]。

そのうえで梶村は、国内的政治経済条件へと視線を転じ、朴正熙政権の性格規定をおこなう。梶村によれば、慢性不況のなか「南朝鮮」で多くの労働者・失業者の地位の悪化はいうまでもなく、中小企業家・農民も深刻な打撃を受けた。朴正熙政権はこうした没落しゆくプチブルの要求、独占財閥に対する反感を背景に登場したが、それは「『反共』をすべてに優先させ、いわゆる自由民主主義（資本主義）の枠内での問題解決という立場に立つ」ものであり「構造的根源を除去するもの」でなかったため、「初めから結びつきはなかったとしても、結局独占財閥と結びつきそのために奉仕する権力たらざるをえない必然性を負っていた」[14]。梶村の同時期の論文「『不正蓄財処理問題』と南朝鮮の隷属的独占資本」[15]は、発足直後「自立経済」を掲げた朴正熙政権が次第に不正蓄財者たる独占財閥と妥協していく過程を詳細に跡づけた実証研究である。

ここからわかるように、梶村はこの過程に、一定程度米国との矛盾から朴正熙政権が「民族主義」的であっても独占財閥との結びつきは必然的であり、「人民大衆」の要求と乖離せざるをえないという資本の力学をみる。つまり朴正熙政権の「民族主義」は、その階級的性格から「勤労大衆の要求する民族主義＝社会主義」とは明確に区別されるべきものとするのである[16]。資本の論理に関するこの梶村の予測は、その後の朴正熙政権の軌跡という点では、かなり的確なものだったといえる。この論文がのちに『朝鮮における資本主義の形成と展開』（龍渓書舎、一九七七年）に再録されるのも、梶村自身がこの予測が正しかったと認識したからであろう。

ここでは二つの点に注目したい。第一に、梶村が韓国における民族主義の性格を朴正熙政権の民族主義と「南朝鮮人民」の民族主義とに腑分けして、後者に肯定的な価値を読みとっている点が指摘できる。さらにこうした「南朝鮮人民」の民族主義は、朴正熙政権との結びつきを強めつつある日本政府・財界への批判と連結されることとなる。つまり「南朝鮮人民」の民族主義は、過去の「日帝」のみならず同時代の「日帝」・日本人のあり方を構造的に問う性格をもつに至るのである。

第二に、梶村の統一観の変化をみようとする問題意識から、ここではもうひとつ重要なことが指摘できる。それは、ここで梶村が「勤労大衆の要求する民族主義」を「社会主義」と等号で結んでいることである。おそらく梶村は日韓闘争期、朝鮮民主主義人民共和国の物質的・思想的優位性を前提として、それが「南朝鮮人民」の民族主義と結びつくことで統一が成立する、というヴィジョンをもっていたと思われる。それはたとえば梶村が、坂本義和や隅谷三喜男など著名な学者二一名が提唱した国連中心の援助案に対し、それが真の自立と矛盾すると批判しつつ、「帝国主義的援助にまつまでもなく、さしあたりの安定の条件は朝鮮民主主義人民共和国に準備されている」との現状認識を示したことにあらわれている(17)。ここでは国連などの外的介入は統一の阻害要因となるという「民族」の論理にもとづく原則的かつその後も一貫する認識が示されながらも、「南朝鮮人民」およびそのナショナリズムのとらえ方は、いささか図式的になっている。だがこうした認識枠組みは、梶村がその後直面する現実によって、変化・深化させられていくこととなる。

二　「日韓体制」成立以後の認識

一九六五年、日韓基本条約とともに「請求権および経済協力協定」が締結され、日本から韓国へ無償三億ドル、有償二億ドル、民間商業借款三億ドル以上の「経済協力」がなされることになった。日韓会談の過程において、日本政府は植民地支配の合法性を根拠に賠償を拒否、「経済協力方式」による請求権問題の妥結に固執し、朴正熙政権もそれを受け入れた。協定締結後、経済協力資金を呼び水とした日本資本の対韓再侵出が開始され、特に七〇年代に入ってからは日本の民間資本による直接投資のラッシュがはじまり、韓国経済は日本との構造的結びつきを強めていくこととなる。朴正熙政権がこうした国際的垂直分業体制（いわゆる新国際分業体制）にもとづく輸出指向工業化・高度成長をおしすすめ、その数値をのばしていく一方で、韓国経済は好況期には生産を拡張し続けるが不況局面では大規模な首切り・賃下げがなされるという日本の緩衝装置となり[18]、大衆生活は「失業者から直接に肉体をおかすほどの酷使を受ける低賃金労働者への境遇」へ、または「自給自足的な貧しさの中にともかくも落ち着いていた状態から、たえず明日の不安に脅かされながら、めまぐるしく走りまわっていなければ生きられない状態」へと変化した[19]。梶村はそうした状況にどのように介入したのか。

1　認識の変化の契機

第一節で述べたような梶村の認識は、以後変化をみせることとなる。その契機は、金嬉老事件（一九六八年）後の裁判闘争、日本朝鮮研究所での差別発言（一九六八年）に対して部落解放運動に取り組む人々から糾弾を受けたことなどによって、自身が差別を抽象的に考えて当事者性を失っていたことを自覚し、研究と現実の緊張関係についての認識を新たにしたことである[20]。つまり民衆観など梶村の認識の変化の最大の契機のひとつは、具体的な他者との出会いであった。同様に一九七〇年、輸出指向型工業化を進める当時の韓国でソウル平和市場の青年縫製労働者の全泰壹が焼身自殺という手段で過酷な労働現場における生存権の問題を世に訴えたことは、それが韓国の知識人・学生への衝撃であったと同じく、梶村に具体的な韓国民衆の姿を日本人として直視する必要性をつきつける出来事であった[21]。つまり、ちょうど七〇年を境とする時期に日本と韓国で偶然にも重なって起きた出来事が、梶村の視座に変化をもたらすこととなったのである。

先ほど、法的地位協定、在日朝鮮人の生身の人間存在そのものから発想する視角が日韓闘争のとき欠けていた、と言われました。私なども六五年には確かにそうだったと思います。客観主義的に帝国主義が復活する状況が、政治的にどうか、経済的にどうか、請求権の問題は日本の経済、独占資本との関係でどういう役割を果たすのか、といった分析を中軸において、いわば日韓条約の客観的解明を行なおうとしてきた。〔……〕南朝鮮に生きる「人間」を抽象的には考えたのですが、それが充分具体化していなかったのです。[22]

この「生身の人間存在そのものから発想する視角」は、梶村の「構造的把握」と有機的に結びつきながら、その認識の変化と深化を生み出すこととなる。以下、朝鮮統一と民衆の関係に関する梶村の認識に焦点を当てて、その様相を浮び上がらせてみたい。

2　せめぎあう民衆意識

韓国の民主化闘争の起点が一九六〇年の四月革命にあったことは、ほとんどの人が同意する事実である。しかしこの時点での運動は学生主体の運動であり、労働者や農民の生活とはのちの運動と比較して断絶があったこともまた事実であった。それが質的に転換する契機となったのが七〇年の全泰壹の抗議自殺であった。梶村は「六〇年段階の四月革命は、そのなかに様々な考え方が混然としていて、大まかにいうと抽象的なナショナリズムと民主化という観念に導かれて学生が立ちあがるというかたち」であったが、全泰壹の焼身自殺を契機にそれが変化し、学生と労働者・農民の合流の契機が生まれたとしている。[23]

ではそのような韓国民主化闘争の課題（生存権確保と祖国統一）を受けとめながら、梶村はどのように認識を変化させていったのだろうか。まず注目すべきは使用する用語とそこに付与された意味内容の変化である。梶村は六〇年代においては「人民」、「大衆」、「勤労大衆」等々の言葉を多く使用していたが、七〇年代に入ると日本か朝鮮かを問わず「民衆」という用語の使用頻度が圧倒的になる。梶村はそのことについて自らの言葉で説明していないが、おそらくこれには二つの契機・要因があると思われる。第一に、色川大吉らによって六〇年代後半から提起された民衆史の影響である。梶村は、六〇年代前半にアジア主義を再評価し

た竹内好を批判するなかで、アジア人民と日本人の「連帯」を歴史的に剔抉するという課題を受け止め、民衆の「未発の契機」を探る色川の方法――これは民衆史のなかで「地下水論」と呼ばれる(24)――を取り入れることとなる(25)。第二に、梶村が同時代の知識人として最も注目していた咸錫憲の影響が考えられる。「씨《シ》알《アル》（＝種）」たる民衆と共に歩みながらその精神的再生を使命とした咸錫憲への梶村の思い入れには並々ならぬものがあるが(26)、咸錫憲が用いる言葉は「民衆」である。この咸錫憲の民衆観と梶村のそれの類似性については、のちにふれる。

　両者において把握される民衆とは、刻薄な状況におかれながら、そうした状況からの脱出に一進一退のジグザグの試行錯誤を伴わざるをえないような存在である。つまりここで民衆とは、単に理想やイデオロギーを反映した直線的志向をもつ存在ではない。梶村は、日韓条約締結以後、日本民衆が朝鮮との関わりのなかでいかなる近代を経験してきたかを具体的に掘り下げると同時に、朴正熙政権の近代化主義にもとづく「民族主義」イデオロギーとのせめぎ合いのなかで統一と生存のための変革を志向する韓国民衆の民族主義の意味を、同時代の日本人のあり方を問うものとして考え続けることとなる。現実のなかで幾重にも屈折を強いられた民衆意識から、それでもなおかつ一貫する解放の希求を読みとるというのが梶村の民衆観である。

　いやおうなしに気づくことは、朴政権が描いてみせる軌跡が、近代日本百余年の軌跡と驚くほどよく似たものだということだ。〔……〕すべての犠牲はあらゆる意味で南朝鮮民衆に負課され、またその分だけ凄惨さを加えざるをえないのである。それでも朴政権は「歯を食いしばれ、一切を切捨てよ」と叱咤激励する。そしてこともあろうに、その到達目標が、現在の日本やアメリカであるとは！／大衆はこのヴィジョンをどう受けとっているだろうか。〔……〕「こともあろうに日本の後塵を拝するほかないとは！」という屈辱感と、「しかし、ひょっとすると、インテリ先生のいう民族的ほこりを捨てようとどうしようと、いくらかくらしやすい世の中になっていくのかもしれない」というペシミスティックな期待との間を、大きく振幅を取って民衆意識は揺れ動いている。〔……〕あまりにも不条理な日本人の嘲笑に激怒したかれらは、無我夢中のうちに全く異なる方向を探り当てていくことになるかもしれない[27]。

ここからは、梶村が、朴正煕政権の本質的志向性である「近代化主義」と、それとは「全く異なる方向」という相対立する価値体系がせめぎあうアリーナとして韓国民衆をとらえていることがわかる。つまり、朴正煕政権が「近代化主義」路線を邁進すればするほど軋轢が深刻化していくことこそ矛盾の深化過程であり、民衆はその矛盾の集約点としてとらえられている。換言すれば、物質的指標ですべてが測られる「おのれの特権的な『自由』と『民主主義』」か「民衆の実質的な『自由』と『人権』の保障を可能にする価値体系」か[28]、という志向のせめぎあいが民衆の生という次元からとらえられているのである。この民衆観は、六〇年代前半期に提示された直線的な志向性をもつものから大きく変化したものといえる。

3　韓国の反体制知識人の役割と民衆

このような権力の「近代化主義」イデオロギーとせめぎあう民衆意識は、梶村において朴正煕政権のみならず、反体制勢力との関連性のもとにとらえられることとなる。民衆を価値体系のせめぎあうアリーナとすれば、先にいう「全く異なる方向」を導く知識人の役割も同時に重視されるのである。ここでは、一九七一年刊の佐藤勝巳、桜井浩との共著『朝鮮統一への胎動』をとりあげ、韓国の統一運動における権力・知識人・民衆の関係についての梶村の認識の枠組みをみてみたい。

梶村は、朴正煕政権の「勝共統一」論と対比される「平和統一」論を論じるなかで三つの主体の役割に注目している[29]。第一は、議会内野党の役割である。梶村は、それは反共法体制下の活動の制約のなかで民衆の自由な論義の場をつくり受け入れようとする柔軟さをもっており、そこに相対的進歩性があるという。つまりそれは民衆自体が統一への道を進むための不可欠の条件をつくる存在である。

第二に、政治活動を担う中核としての「党」を組織することをめざす運動である。それらは議会内での戦線構築に課題を局限せずに、下からの大衆運動、あらゆる実力をもってする大衆的対立をつくり出す試みである。これらはその性格上、違法な活動たらざるをえないものだったが、そこに「南朝鮮民衆意識の躍動が十分に読みとれる」ことが重要であると梶村はいう。[30] それは「南朝鮮民衆意識」のひとつの発現形態であるととらえられている。

第三に、政治イデオロギーの領域とは次元を異にする領域である。梶村はその代表として「民衆の自己変革」のテーマを一貫して追求した無教会派キリスト者・咸錫憲をとりあげている。先の非合法運動の領域がある意味で「外から」働きかける形での民衆運動創出の企図であるのに対し、この領域は民衆の内部から主体的条件を構築していくことを企図するものであったといえる。梶村が最も注目するのはこの領域である。梶村と咸錫憲の交錯については姜元鳳が論じているが、[31] ここではそれとは異なる切り口から梶村の思想を抽出してみたい。

梶村が咸錫憲に注目するのは、咸錫憲が苦難を背負う民衆と共に歩む知識人たろうとしているという理由だけではない。梶村が注目するのは、咸錫憲が「屈折した民衆意識」をその深部から人間的に蘇生させる使命を負おうとしている点である。梶村がみるのは、かつて反体制の位置にあった多くの知識人が政権のテクノクラートとして近代化路線に入りこんでいくような状況のなかで、咸錫憲が民衆の「退廃と強権への屈服の危険」[32] を認めているがゆえに民衆とともに歩む知識人とはなにかという問いに答える人物である、という点である。梶村は咸錫憲の思想に「開かれたナショナリズム」をみたのだが、それは民衆の真の解放のためにはエリートの知識人・学生が語る抽象的な「民族」ではなく、「国際的な力、支配者の論理」がいったん内部に入りこんでしまった民衆意識をその刻薄な生活の現場から受け止め変革するためのナショナリズムであったからである。[33] このように梶村は咸錫憲の思想に民衆・民族という軸の交差する解放の論理をみていたといえる。先にみた梶村の民衆観と照らし合わせれば、咸錫憲の民衆観と梶村のそれとが共鳴する地点がここにみられるといえよう。

梶村のみる民主化運動の内実とは、この三つの主体が民衆との関係性のなかで、あるひとつの結集点をもつ運動であったといえる。それは梶村にとって、さまざまなイデオロギー的背景をもつ主体が交差しながらも、「民衆の実質的な『自由』と『人権』の保障を可能にする価値体系」の実現という結集点に向かう運動としてとらえられていたといえよう。そして民衆はそうした地点に位置づけられたのである。

4　第三世界民衆という視座

先に筆者は、梶村が「南朝鮮民衆の民族主義」を「社会主義」と等号で結んでいたことに触れた。興味深いのは、梶村が一九七七年の『朝鮮における資本主義の形成と展開』に同論文を収録するさい、この等号を消していることである。これは梶村が、韓国民衆の意識や解放願望、またそれと関連する民族主義（ナショナリズム）がイデオロギー的に固定化された枠組みではそのすべてをとらえきれないことを認識したことによっていた。たとえば、朴慶植の論争的な書『朝鮮三・一独立運動』の書評[34]で、梶村はこの書の主張を、「民族主義」をブルジョアジーに先導される「ブルジョア民族主義」として固定的にとらえる従来の「科学的社会主義像」に対する批判としてとらえ、つぎのように言っている。

今日の南朝鮮はたしかに、法廷でマルクス・レーニン主義者でないことを論証しなければ生命をすら奪われかねない、苛酷な権力支配が存在する。公然と社会主義を主張することはおろか、研究することすら思うにまかせない。民衆のなかでの歴史的経験の蓄積が死滅するものでないかぎり、そういうなかで「民族主義」としてのみあらわされる民衆の希求を、既存の「ブルジョア民族主義」という概念でとらえることができるだろうか？　実際今日の南朝鮮の民族主義は、通常の意味で社会主義ではないとしても、必ずしもすべてブルジョアジーに領導されているものとはいいがたい。／南朝鮮民衆の今日の民族主義は、既成の固定した「民族主義」像への批判であるとともに、既成の固定した「社会主義」像への批判である[35]。

このような問題意識から梶村は、解放後開花の可能性をみせながらも解放政局のなかで大国に潰され、イデオロギー的に両極化した分断体制への道を歩まされてしまった朝鮮における人民民主主義の存立根拠を、歴史的にさかのぼって発見することを試みる。それはのち八〇年代に「民衆的民族主義」と名づけられるに至る。これは社会主義の側からみれば「三〇年代土着社会主義」[36]と呼びうる概念である。民衆的民族主義もしくは土着社会主義とは、刻薄な植民地支配からの解放という左右のイデオロギーの基底にある民衆の共通の希求・理念を表現した概念であり、梶村がこの概念を見出したとき、そこには民衆が主体となる統一のヴィジョンを解放前の歴史との連続性において見定めようとするねらいがあった。

さらに梶村は、七〇年代の後半に入ると、朝鮮問題に徹底してこだわりつつ、東西冷戦の二項対立に組み込まれず独自の発展を模索する第三世界という文脈をその認識に組み込んでいくことになる。梶村は次第に、第一世界が圧倒的な覇権をもつ世界資本主義体制の秩序を止揚する第三世界のあり方と韓国民主化運動とをリンクさせてみるようになっていた。第三世界の試行錯誤の過程——そこには輝かしい理念とともに、世界資本主義経済とどう関係するかという現実の政治過程でおかした数々の陥穽も含まれよう——をみすえて、梶村は韓国の民主化運動のなかに、その理念を形にするひとつの可能性をみていた。

梶村は七〇年代の中頃より、サミール・アミンなどの従属理論の成果を摂取していきながら、韓国における経済発展を「従属発展」と性格づけ、世界資本主義体制に規定されたこの「従属発展」を止揚する「非西欧的発展」「非資本主義的発展」をいうようになるが、それはたとえば「非資本主義発展の道をたどる民族独立国家」[37]と名づけられるような民衆主体の統一国家像として結晶すると考えていたように思われる。その根拠を歴史的に見出そうとしたのが先の「民衆的民族主義」論と「三〇年代土着社会主義」論であり、梶村はその歴史のなかの民衆の営為に「社会主義的な民族主義」と「民族的な社会主義」が統一・止揚される萌芽をみようとしたのである。[38]これを梶村の「民衆を具体的な実態的な内容とする民族」「現在の問題の構造の中での第三世界側の理念としての民衆・民族・民主主義」[39]という言葉と合わせてみるとき、「民衆的民族主義」「三〇年代土着社会主義」の概念が、同時代の第三世界民衆のあり方を念頭に置きつつ韓国民衆の営為に接続されたものであることがわかる。
そうした梶村の認識および価値基準は、たとえば梶村が第三世界の民衆が直面する矛盾に対する問題意識の有無という点から、ウォーラーステインの世界システム論を批判しつつ、アミンの従属理論を評価したことにもあらわれている。つぎにあげるのは、一九八五年におこなわれた対談での梶村の発言である。

第三世界からでてきたアミンなんかとウォーラーステインとはどっか違うんですね。南北問題という歴然たる構図がある中で、世界規模で、外からのインパクト抜きに自らを説明しきれるものではない、戦略もたてられるものではない、という極めて当然な従属理論の側の判断を受けとめて、出てきたものであるわけで、確かに世界規模でのシステムを明らかにしなければいかん、一国的な構図を綿密にやっていくだけじゃだめだ、世界だ世界だ、世界的な環境の中で云々というふうにいうわけですが、結局はそこから先なんですよね。〔……〕実践的契機が暗に背景にあるのとは違って、実践的契機から離れて世界を鳥瞰図式に眺めるというふうになってしまっている。(40)

ただし梶村はアミンの理論についても、それが静態論的・類型学的で「周辺資本主義には独自の発展法則はありえないとする錯覚」をもっていると批判しつつ、周辺資本主義社会構成体の内部における独自の発展法則を見きわめることと「低開発の発展」すなわち非資本主義的発展の道への変革の不可避性という展望とは必ずしも矛盾しない、としている。なぜなら「『発展』とは、いつのばあいでも、矛盾の拡大・深化の過程にほかならない(41)」からである。ここでいう「矛盾」とは「世界資本主義の最底辺をなしてあらゆる矛盾を転嫁される周辺部民衆（小農民と労働者・雑業層）(42)」という言葉に鮮明に現われている。つまり梶村のねらいは、世界資本主義構造を止揚する変革主体のあり方を歴史的・動態的にとらえることにあったのである。ここには「構造的把握」に「生身の人間存在そのものから発想する視角」が有機的に結びつき、同時代の第三世界の「周辺部民衆」という主体による変革のダイナミズムを見定めようとする梶村の思想の深化がみられるといえる。ここでは、韓国民衆の要求がある与件と結びつくという六〇年代の認識は後退しており、矛盾を転嫁された「周辺部民衆」たる韓国民衆の営為が新たな価値観・社会を創造するという視座が前面に出ているのである。いいかえれば、梶村の民衆観は第三世界論の観点から新たに鋳直されたといえよう。

三　「日本人の責任」

ここで、梶村にとって最も重要であった「日本人の責任」の問題を考える。「日本人の責任」というとき、それに類するものとして六〇年代に玉城素(43)や鈴木道彦(44)などによって提唱された「民族的責任論」があげられるが、それは「民族」という被拘束性の内部から日本人の責任を追及することで新たな民族間連帯を追求する理論であった。玉城はそのイデオローグといえるが、彼は同時に金日成体制批判の急先鋒でもあった(45)。梶村はこの玉城の民族的責任論に注目しつつも、それが金日成体制評価と連関性を失っていることに疑問を呈する(46)。また先述の統一問題に関する座談会においても、日本人としてどうするかという問いについて、佐藤勝巳が朝鮮（共和国）の問題点を指摘することなく「在日朝鮮人・韓国人団体のお墨付きを振り回」す日本人の主体性の欠如という点を最大の問題として強調するのに対し、梶村は世界資本主義経済のなかでの日韓一体つまり「南へのコミットのマイナス面」にこそ最も注目すべきだと述べている(47)。これは歴史的・同時代的関係のなかで自己と他者相互の主体と責任をどうとらえるかというさいに生じる思想的断絶であり、玉城や佐藤などの人物ののちの思想的変節を考えるうえでも興味深いが、ここではそれを論じる用意はない。ともあれ、つぎの言葉は、梶村の「構造的把握」が「日本人の責任」を追及するという課題と不可分であることを示している。

日本の責任を追及しながら現在の朝鮮を論ずる場合に、〔……〕日本人という立場をぬきにした議論がされる。そういう両者の分断はおかしいと僕は思うということです。すぐ分るように、現在の北の体制を成り立たしめているのは、戦前の日本帝国主義の歴史と、更に戦後の南を成り立たせている体制、その一環としての日本帝国主義の再進出、といった状況であり、それを強いている責任をぬきにしては北の内部のさまざまな問題を論じえないはずです。〔……〕いいかえれば、北が変わるには、まず日本が変わらねばならない。そういう主体的問題意識をぬきにした客観主義的批判はおよそ無意味だと思うのです。[48]

これを別の側面からみれば、日本人は朝鮮統一を阻害している客観的構造のなかにあり、朝鮮の分断に関して「日本人の責任」が問われなければならないということになろう。とりわけ梶村によれば、統一を阻害する「日韓体制」の構造は日本人の日常生活の次元にまで浸透している。だから日本人は誰もが『関係ない』ではすまされない[49]」のである。したがって「日韓体制」を克服する道筋を示すことが梶村における統一への関与の仕方であり、「日本人の責任」のひとつのとり方であったといえる。

ではそれは具体的にどう提示されていたのか。梶村は興味深い例をあげて説明している。まず梶村は、日本独占資本が国内の中小企業と韓国の資本家を天秤にかけ両方を競争させているという客観的構造を確認し、そのうえで、スーパーで売られているランニングシャツという日常的事例を用いて説明する。日本製のものは二着八〇〇円で韓国製のものは二着三〇〇円、両者に品質の違いはほとんどない。あえて日本製の物を買い韓国製品の不買運動を起こしても、当面韓国の労働者を窮地に追い込むだけである。そこで韓国製品を買わざるをえないが、そうすれば五〇〇円分の韓国労働者の不払い労働のタダ取りという事実に突き当たる。即物的にこの不払い分を積み立てて韓国の労働者に返す、という道がある。だがそれは韓国政府や御用労組に回るだけで、労働者のほうに直接届く仕組みは保障されていない。さらに韓国の運動自体が「自立」を基本とする以上、外部からの金銭的支援はかえって朴正熙政権による悪宣伝に利用されかねない――。ではどうすればいいのか。梶村はそれに対し即物的な解決策を提示せず、大原則に戻っていく。つまり「日本帝国主義の韓国侵略という途方もない大きなものの総体」に日常生活のすみからすみまでがからめとられているとすれば、日本人の取り組む問題は「無限に多く、何もすることがないなどということは、誰にもありえない」。それは直接日韓関係をただす運動だけでなく、日常にある在日朝鮮人への圧迫と差別に対して闘うことでもある――。梶村は、「私たちのなすべきことは、〔……〕無限に多くの課題・当為の中から、自分の間尺に合う一つの領域を選んでそれに誠実にかかわっていくことにつきる」[50]のであり、そうした小さな闘いの積み重ねが韓国の労働者の要求する人間的な関係の全体的回復にリンクし、またそのように朝鮮人の主体的営みに沿う姿勢と関係を日本人の側からつくっていく努力をすることで自分も変わっていくことができるとする。[51]つまり梶村がここで提示しているのは、他者の抑圧を正当化する「帝国主義イデオロギー」によって感性すらもひからびさせられている[52]――「根なしぐさの『繁栄』、脆弱な浪費経済、せわしない精神的消耗」[53]――日本人が、他者との関係性を変革するひとつひとつの課題に持続的に取り組むことで、自らの感性・人間性を取り戻していくプロセスなのである。そしてそれは、同時代に梶村が取り組んでいた在日朝鮮人差別撤廃のための運動とリンクしていた。梶村は、日本帝国主義の植民地支配、戦後の日本における民族差別と闘ってきた在日朝鮮人という存在を理解し、彼・彼女らへの民族差別と闘うこと、そうした日常的な行動を積み重ねるプロセスのなかで、朝鮮民衆ひいては第三世界の民衆と結びつく回路がつくられていくと考えていた。これは松井やよりのいう「日本の中の『第三世界』」[54]という問題意識と重なっている。梶村にとって「連帯」とは、まずもって自己のあり方・感性の変革のプロセスのなかで、また日本社会の変革への意思を媒介にして、はじめて成り立つものであった。

このように、朝鮮に対する責任という問題を政治経済のあり方の変革とともに日本人の日常的な思想・感性の変革に結びつけたこと、それが梶村の特筆すべき点である。梶村が考えていたのは、真に民衆同士が出会える感性を育むことが政治・制度の変革に伴っていなければならないということだった。そうした他者に対する感性の次元も含めた日常的な社会変革のための取り組みを通して、梶村は日本において民衆的・民主的な文化をつくり上げようとしたのである。このように梶村は、「日本人の責任」という問題に関しても、「構造的把握」と「人間存在そのものから発想する視角」をともに貫く民衆像を提示していたといえよう。

おわりに

最後に、こうした梶村の軌跡から、われわれが今日どのような思想的遺産を取り出すことができるか考えてみたい。

これまで本稿でみてきた梶村の軌跡からわかることは、梶村が展望・要求していたのは、民衆が真に自由と平等そして社会正義を自らの手で実現していく世界であったということである。資本主義の人間破壊に対する梶村のラディカルな批判は、理論構築などの学問的関心や特定のイデオロギーからでなく、現実の人間存在に徹底して寄り添う視座から発せられていた。当初、いささか固定的な民衆・民族主義像を提示していた梶村は、のちに第三世界の民衆の苦闘を見据えて、既存の体制にかわる新たな価値・社会を生み出す創造的な存在として朝鮮民衆をとらえ、民族主義もその地点からとらえ直されることとなる。もちろん梶村が実際の第三世界の陥穽に無知であったり、それを無視したりしたわけではあるまい。本稿でみてきたように、梶村がみようとしていたのは歴史的根拠にもとづく変革の可能性であった。それは、下層民衆の解放願望が反映された「プロジェクト」としての第三世界であったといえる。粟飯原文子がいうように、それが「プロジェクト」（ファノン）であるならば、「決して消え去ってしまうことはないのである」[55]。

さらに梶村にとって、この第三世界民衆のあり方は「文明主義」「近代化主義」のなかで人間性・感性を喪失していく人々に向けた警鐘でもあった。梶村のつぎの言葉は、それをよくあらわしている。

文明のどまんなかにいる者は、自らを疑ったり意識したりする必要はなく、決して自らの文明を相対化しえない。そこに生まれるのは文明意識ではなく、強いて名づければ中華意識である。中華意識には価値の分裂と動揺はなく、安定感と独善がある。〔……〕／一方、周辺にいる者は、いやでも価値の基準としていわば物理的に措定された外なる文明を意識せざるをえず、自からの周辺性に対する懐疑の不安と価値の分裂にさいなまれつつ突破口を探し求める。そして、外なる文明に圧倒されて「追いつけ、追いこせ」となるか、周辺文明から脱して独立文明へと向うという夢想にひたるかという二通りの危険を回避しつつ剣の刃渡りをしなければならない。／〔……〕二通りの陥穽に落ちない第三の道は、周辺性の中に居直ることから開けてこよう。中心が安定して独善的であるならば、周辺は不安定ゆえに謙虚である。〔……〕この謙虚さに徹して世界史の矛盾をひきうける生きざまが、第三世界民衆の胎動を聞くことをも可能にし、やがて生まれるであろう世界文明の形成にそれなりに参与していくことを可能にする、唯一の主体的方法である。(56)

こうしてみると梶村の思想は、徹底して日本人のあり方を問うことを通して、人間の生き方そのものの問題につながっていることがわかる。梶村逝去後の梶村史学に対する評価に「贖罪の歴史学」というものがあるが、それは批判する者の価値観が反映された梶村の思想の矮小化である。真の人間解放のための社会は民衆自身が創り上げていくほかないとすれば、問われるのは、それが「いかなる社会か」というものである。そのような問いを受けたとき、民衆の精神的再生という視座に徹底してこだわった梶村の思想は、いまなお重要である。民主主義とは形式ではなくプロセスの伴った内実によってはかられるのであり、そうした認識にもとづいてはじめて、社会正義の理念を体現し維持する社会が成立するのである。とりわけ、今日の新自由主義世界のなかでますます拡大していく不平等、そしてポピュリズムをめぐる政治的闘争を考えるさい、この価値基準と視座は不動のままでなければならないだろう。

では、日本のあり方はどうだろうか。朝鮮史家・姜徳相によれば、「征韓論」以来の近代日本の曲がり角には朝鮮問題があるというのは「歴史的な一つの法則」であり、戦後日本は今日に至るまで「分断朝鮮を国策としている」(57)。朝鮮戦争による特需、「日韓体制」下の経済成長、「北朝鮮問題」を契機にした排外ナショナリズムの高まりなどは、その主張を裏づける事実である。梶村の「日韓体制」批判は主に、対韓経済進出を通して日本が南北統一の大きな阻害要因となっていることに向けられていたが、それは東北アジアの安保問題とも大きく関係していた。高一によれば、七三年八月一日におこなわれた日米首脳会談に同席したさい大平外相は「過去に日本は朝鮮に二個師団を置いたが、現在の状況は直接の軍事援助を除外しているため、日本は韓国での二個師団駐留のコストに相当する経済的援助をしたい」と述べたという。[58]つまり本稿でみてきた「日韓体制」下において日本は、朝鮮戦争停戦後の軍事的対峙の体制である「停戦協定体制」を存続させることに積極的に手を貸し、平和体制へ移行することを主体的に妨げてきたのである。今日の朝鮮半島の課題として、停戦協定体制の終結と平和体制の構築、さらにその先に南北統一があるとすれば、われわれに要求されているのは、戦後日本と分断朝鮮との負の関係を自らの手で終わらせることである。朝鮮史の主体は朝鮮民衆であるという梶村の視座を受け継ぎ、厳しい国際関係の磁場に置かれ続けてきた朝鮮半島における「民族」の論理についての歴史的認識を深めることは、このプロセスにおいて不可欠となろう。

そこには必ず思想変革と近現代日本の問い直しが伴うはずだ。現在の日本人はどのような歴史的位置に立っているのか、また他者に対してどのような責任を負っているのか、そのような問いは、レイシズムが日本社会に蔓延し、他者への感性を喪失している今日において、ますます鋭く執拗に突きつけられなければならないだろう。そのようにみるとき、梶村の思想はいまもなお、私たちの立脚点を歴史的広がりのなかで問うものであり続けているように思える。

＊本稿は『韓日民族問題研究』第三三号、二〇一七年に掲載された拙稿「『日韓体制』と梶村秀樹――その現実認識と超克のヴィジョン」を大幅に修正・加筆し、タイトルを変更して掲載したものである。転載を許可してくださった韓日民族問題学会の方々に、この場を借りてお礼を申し上げたい。

（注）

（1）吉澤文寿は、日本における日韓会談反対運動を、一九六〇年の安保闘争までの前史、六二年後半から六三年初期までの第一高揚期、六五年後半の第二高揚期に分類し（吉澤文寿『戦後日韓関係――国交正常化交渉をめぐって』、クレイン、二〇〇五年、二八四頁）、五八年四月の日韓会談再開がこの時期における植民地責任論が提起される契機であったとしている（同「日本の戦争責任論における植民地責任――朝鮮を事例として」、永原陽子編『「植民地責任」論――脱植民地化の比較史』、青木書店、二〇〇九年、一四〇頁）。本稿ではこれにならい、五八年から六五年後半までを日韓闘争期とする。

（2）ここで国の呼称について述べておきたい。本稿では南の大韓民国は韓国、北の朝鮮民主主義人民共和国は朝鮮（共和国）と略称する。南朝鮮という梶村の呼称にしたがう場合、直接の引用以外ではカギ括弧をつけて「南朝鮮」とする。冷戦によって東西が鋭く対立していた時期、日本の革新陣営では朝鮮（共和国）を唯一の正統な国家とみて、韓国を「韓国」とカギ括弧つきで記述する慣習があった。ここで確認しておきたいのは、梶村はそうした思考から相対的に距離をとっていたことである。韓国にカギ括弧をつけることが常識的であった六六年の段階で梶村と渡部学が編集した『日本に訴える――韓国の思想と行動』（太平出版社、一九六六年）という著書のサブタイトルにもみられるように、梶村は基本的に南北問わずその国名にカギ括弧を付けることをしていない。また「南朝鮮」「北朝鮮」という呼称についても「〔南北に分断国家が形成される〕四八年以後でも、やがて必ず統一される一つの朝鮮の構成部分となるであろう地域ないし民衆を呼ぶ言葉としては、『北朝鮮』『南朝鮮』は依然として使わざるを得ない言葉である」（内海愛子・梶村秀樹「『北鮮』『南鮮』ということば」、内海愛子ほか編『朝鮮人差別とことば』、明石書店、一九八六年、七七～七八頁）という認識に沿うものであったことは、確認しておくべきである。

（3）姜元鳳・戸邉秀明・三ツ井崇・趙寛子・車承棋・洪宗郁『가지무라 히데키의 내재적 발전론을 다시 읽는다（梶村秀樹の内在的発展論を読み直す）』、亜研出版部、二〇一四年。

（4）洪宗郁「가지무라 히데키의 한국 자본주의론――내재적 발전론으로서의 〝종속 발존〟 론（梶村秀樹の韓国資本主義論――内在的発展論としての「従属発展」論）」、前掲『가지무라 히데키의 내재적 발전론을 다시 읽는다』。

（5）日韓会談への米国の関与に関しては、李鐘元「日韓会談の政治決着と米国――『大平・金メモ』への道のり」、李鐘元・木宮正史・浅野豊美編『歴史としての日韓国交正常化Ⅰ　東アジア冷戦編』、法政大学出版局、二〇一一年を参照。なお李承晩政権期には、「安定」を至上命令とする米国の地域経済統合構想は、その日韓垂直分業的性格によって韓国の構想と援助政策などをめぐって対立したが（李鐘元『東アジア冷戦と韓米日関係』、東京大学出版会、一九九六年）、朴正熙政権の登場はこうした旧来の構想からの転換をもたらすものであったといえる。

（6）市川正明編『朝鮮半島近現代史年表・主要文書』、原書房、一九九六年、八八～八九頁。

（7）藤森一清「韓国・朴体制の光と影――朴政権『見直し』論の移ろい」、『破防法研究』第三二号、破防法研究会、一九七七年、三七頁。
（8）梶村秀樹「書評 田中直吉『日本を動かす日韓関係』」、『朝鮮史研究会会報』第七号、朝鮮史研究会、一九六三年、九頁。
（9）同論文、一〇頁。
（10）梶村秀樹「書評 W・D・リーヴ著『大韓民国、その政治経済的研究』」、『東洋文化』第三六号、東京大学東洋文化研究所、一九六四年、七七～七八頁。
（11）拙稿「梶村秀樹における民族的責任の位置――ナショナリズムをめぐる議論を中心に」、『コリアン・スタディーズ』第二号、国際高麗学会日本支部、二〇一四年。
（12）梶村秀樹「現在の『日本のナショナリズム』論について」、『歴史学研究』第三〇〇号、青木書店、一九六五年。
（13）梶村秀樹「南朝鮮の支配構造といわゆる隷属資本」、『朝鮮史研究会会報』第八号、一九六四年、三三～三六頁。
（14）同論文、三六頁。
（15）梶村秀樹「『不正蓄財処理問題』と南朝鮮の隷属的独占資本」、『朝鮮研究』第二六・二七号、日本朝鮮研究所、一九六四年。同「『不正蓄財処理問題』と南朝鮮の隷属的独占資本（二）」、『朝鮮研究』第三一号、一九六四年。
（16）梶村前掲「南朝鮮の支配構造といわゆる隷属資本」、三七頁。
（17）梶村秀樹「『世界』（岩波書店）4月号所蔵『共同研究・日韓交渉の基本的再検討』について――その経済的側面」、『朝鮮研究』第三〇号、一九六四年、七〇頁。
（18）藤森一清「日韓条約体制一〇年の帰結――日韓体制の軌跡と変革の視座」、『破防法研究』第二四号、一九七五年、一九頁。
（19）藤森一清「朴政権の価値体系と韓国の民衆」『情況』第七八号、情況出版、一九七五年、一一～一二頁。
（20）梶村秀樹「私の反省」、『朝鮮研究』第八九号、一九六九年。梶村秀樹ほか「本誌差別発言問題の経緯と私たちの反省」『朝鮮研究』第八七号、一九六九年。同「『先公よ、しっかりさらせ』を読んで」、『朝鮮研究』第九一号、一九七〇年。
（21）吉永長生「全泰壱氏の焼身自殺の意味は何か?」、『朝鮮研究』第一〇三号、一九七一年。梶村秀樹「韓国の労働運動と日本」、李丞玉編『韓国の労働運動――胎動する闘いとその思想』、社会評論社、一九七九年、三三七～三三八頁。
（22）梶村秀樹『排外主義克服のための朝鮮史』、平凡社、二〇一四年、七六～七七頁。
（23）吉永秀雄・樋口篤三「対談 日朝人民連帯――革命の歴史と今日」、『労働情報』二月一〇日号、一九八〇年、六六

〜六七頁。

(24) 安田常雄「思想史と現場のあいだ——戦後日本思想史研究の方法を通して」、『社会思想史研究』第二四号、二〇〇〇年、八頁。

(25) 梶村秀樹「朝鮮からみた明治維新」、『差別とたたかう文化』第八号、明治図書出版、一九八〇年。中野敏男「『戦後日本』に抗する戦後思想——その生成と挫折」、権赫泰・車承棋編著『〈戦後〉の誕生——戦後日本と「朝鮮」の境界』、中野宣子訳、新泉社、二〇一七年。前掲拙稿。

(26) 板垣雄三「韓国・中東・世界」、木畑洋一・車河淳編『日韓 歴史家の誕生』、東京大学出版会、二〇〇八年。姜元鳳「'일한체제' 하의 민중과 '의미로서의 역사'——가지무라 히데키의 한국 인식과 역사인식〔「日韓体制」下の民衆と「意味としての歴史」——梶村秀樹の韓国認識と歴史認識〕」、前掲『가지무라 히데키의 내재적 발전론을 다시 읽는다』。

(27) 藤森前掲「朴政権の価値体系と韓国の民衆」、一三頁。傍点引用者。

(28) 吉永長生「韓国の学生運動」、『朝鮮研究』第一三二号、一九七四年、一三〜一四頁。

(29) 佐藤勝巳・梶村秀樹・桜井浩『朝鮮統一への胎動』、三省堂、一九七一年、一九五頁。

(30) 同書、二九六〜二九八頁。

(31) 姜元鳳前掲論文。

(32) 佐藤・梶村・桜井前掲書、二九八〜三〇四頁。

(33) 梶村秀樹「朝鮮史研究の方法をめぐって」、『自主講座朝鮮論』第四号、神奈川大学自主講座朝鮮論、一九七四年。

(34) 梶村秀樹「民族主義と社会主義のはざま——朴慶植『朝鮮三・一独立運動』によせて」、『破防法研究』第三〇号、一九七七年。

(35) 同論文、八〇頁。

(36) 梶村秀樹「朝鮮民衆の一九三〇年代」、『世界』第四二一号、岩波書店、一九八〇年、二四〜二五頁。

(37) 本多健吉『資本主義と南北問題』、新評論、一九八六年、二四六頁。

(38) 梶村前掲「民族主義と社会主義のはざま」、八〇頁。

(39) 菅孝行・梶村秀樹「歴史の発展は幻想だろうか」、菅孝行編『モグラ叩き時代のマルキシズム』、現代企画室、一九八五年、一一五頁。

(40) 同書、一一一〜一一二頁。

(41)梶村秀樹「旧植民地社会構成体論」、冨岡倍雄・梶村秀樹編『発展途上経済の研究』、世界書院、一九八六年、九三頁。
(42)同論文、一〇四頁。
(43)玉城素『民族的責任の思想』、御茶の水書房、一九六七年。
(44)鈴木道彦「民族の責任」、同『アンガージュマンの思想』、晶文社、一九六九年。
(45)玉城素『金日成の思想と行動――アジアにおけるマルクス・レーニン主義』、コリア評論社、一九六八年。
(46)梶村秀樹「玉城素著『民族的責任の思想』」、『朝鮮史研究会会報』第二一号、一九六八年。
(47)佐藤勝巳・伊達俊太郎・吉永長生・桜井浩「朝鮮統一への胎動 その後」、『朝鮮研究』第一五九号、一九七六年、二一九〜二二一頁。
(48)梶村前掲『排外主義克服のための朝鮮史』、一八三頁。
(49)藤森一清「民族差別とはなにか――『関係ない』ではすまされないこと」、『新地平』第五四号、新地平社、一九七八年。
(50)梶村前掲「韓国の労働運動と日本」、三四四〜三四六。
(51)藤森前掲「民族差別とはなにか」、一三八頁。
(52)吉永・樋口前掲対談、六九頁。
(53)藤森前掲「韓国・朴体制の光と影」、四四頁。
(54)松井やより『市民と援助――いま何ができるか』、岩波書店、一九九〇年。
(55)粟飯原文子「第三世界をもういちど――訳者あとがきにかえて」、ヴィジャイ・プラシャド『褐色の世界史――第三世界とはなにか』、粟飯原文子訳、水声社、二〇一三年、四四四頁。
(56)梶村秀樹「〝やぶにらみ〟の周辺文明論」、『山本新研究』第七号、一九八五年、三頁。
(57)姜徳相・鈴木裕子・宮田節子・山田昭次「証言/日本の『韓国併合』一〇〇年を掘り起こす シリーズ第八回(下)」、『図書新聞』第二九九〇号、図書新聞、二〇一〇年、六頁。
(58)高一「朝鮮停戦協定体制の変容と東北アジア――一九七〇年代国連軍司令部解体をめぐる国際政治から考える」、『PRIME』第四一巻、明治学院大学国際平和研究所、二〇一八年、二九頁。高一はさらに「日本は国連軍司令部の急速な変化の可能性に敏感であり、それは、韓国防衛に関して、在日米軍基地使用と直接関係するからであった」(二九頁)としている。

第七章　一九八〇年代の日韓歴史認識問題

「藤尾発言」をめぐって

吉澤文寿

はじめに

本稿は近年日韓両国で開示された、いわゆる「藤尾発言」をめぐる外交文書[1]を検討することにより、一九八〇年代の日韓歴史認識問題に対する考察を深めようとするものである。「藤尾発言」とは、第三次中曽根康弘内閣の藤尾正行文部大臣が一九八六年の在任中および大臣罷免後に東京裁判批判や、「韓国併合は韓国側にも責任がある」など、自身の歴史認識を披瀝した一連の発言を指す。それらの発言は事実誤認が多いばかりでなく、とくに中華人民共和国や大韓民国などの近隣諸国からも強く批判されたことにより、外交問題にまで発展した。その結果、同年九月九日に藤尾は中曽根首相によって大臣職を罷免される。しかし、その後も藤尾は『文藝春秋』などを通して、自身の認識を繰り返し明らかにした。

高崎宗司『定本「妄言」の原形――日本人の朝鮮観』（木犀社、二〇一四年）の「妄言の系譜　資料と解説」に列挙されているように、朝鮮などの「植民地支配を正当化した日本の政治家らの主な妄言」は、日本による植民地支配終了後に限っても、断続的に繰り返されている。[2]ただし、藤尾の事例のように、閣僚就任後から何度も同様の発言を行った結果、大臣職の罷免に至るケースはない。とくに、歴史認識に関する発言について、その発言を撤回したり、釈明に止まる事例や、国務大臣自身が辞任したりする事例はある。しかし、同様の発言により罷免された国務大臣は藤尾のみである。このような興味深い事例であり、外交文書等が十分に開示されているにもかかわらず、藤尾罷免に至るまでの経緯についての研究はほとんどないといってよい(3)。

本稿は、藤尾発言が一九六五年の日韓国交正常化、そして一九七二年の日中国交正常化以後に生じた事態であることに注目する。ただし、筆者の力量により、本稿では日韓国交正常化からの文脈に限定したい。日韓国交正常化は、日韓両国の歴史認識をすり合わせたというより、それらを埋め込んだことによって実現したものである。その埋め込み作業は、一九七〇年代における韓国の朴正熙政権による、極めて不十分な民間請求権補償によって補完されてきた。しかし、一九八〇年代になると、歴史教科書、靖国神社公式参拝などをめぐり、いわゆる歴史認識問題が台頭することになった。一九八六年の藤尾発言がなされた文脈は、歴史認識問題が日本および近隣諸国間の政治問題として浮上する過程として理解される。

さらに、翌年の一九八七年には韓国で民主化が実現することで、いままで抑圧されてきた植民地支配被害者の声がようやく顕在化する。周知のとおり、一九九〇年代に至ると冷戦終結、そして日本でも五五年体制が崩壊し、非自民政権の成立、そして日本社会党の首相を擁する連立政権が成立する過程で、日本なりの過去清算への取組が行われる。韓国でも歴代政権が「過去事清算」という名の下に、李承晩政権以来の国家権力による民間人虐殺の真相究明が進み、その延長線上に日本の植民地支配の問題が位置付けられた。しかしながら、日韓両国におけるこれらの取組にもかかわらず、現在も日本軍「慰安婦」、「徴用工」らの朝鮮人強制動員被害者の問題が十分に解決されたとはいえない。

このような素描をふまえて、藤尾発言をめぐる状況を整理するにあたり、いくつか検討すべき論点がある。まず、藤尾罷免に至った事実関係を整理する必要がある。藤尾罷免の直接的な要因は、藤尾発言そのものが事実誤認であり、近隣諸国の国民感情を傷つけるものであったところに求められる。そのような発言だったからこそ、外交問題に発展したのである。だが、それだけでは、藤尾以前に多くの政治家や閣僚がその「妄言」によってほとんど懲罰を受けていない理由が説明できない。

この点を明らかにするために、藤尾罷免に至るまでの経緯を前述の歴史的文脈に位置付けるにあたり、とくにこの事例と類似する「妄言」への対応を取り上げて、比較する方法が有効である。本稿では、日韓国交正常化交渉における日本側首席代表であった久保田貫一郎外務省参与および高杉晋一三菱電機相談役の発言をめぐる状況を比較事例としてみたい。

そして、藤尾発言をめぐる状況は外交レベルで終始するものではなく、様々な局面に波及した。日本の朝鮮史に対する歴史認識を考察するうえで、藤尾発言で揺れる当時の国会の討議、そして日本の歴史認識をよりセンシティブな問題として理解し、その克服を目指した歴史研究者の動向などを通して、今日の私たちが抱える諸問題について根源から考えるヒントを得ることを目指したい。

一 「藤尾発言」の歴史的文脈
――日韓会談における「久保田発言」および「高杉発言」と植民地認識の基本線の確定

前述の通り、一九六五年の日韓国交正常化に至る交渉（以下、日韓会談）の過程は、日韓双方の交渉担当者の間に横たわる歴史認識の乖離をすり合わせることができないまま、それを埋め込むことで「解決」したと見なそうとするものであった。ごく簡単に整理すれば、日本の朝鮮植民地支配について、日本側が国際法的にも合法であり、正当な支配であったと考えたのに対し、韓国側はそれらが国際法的に不法であり、不当な支配であったと考えていた。とくに冷戦期の日本政府の歴史認識は、日本の保守派の思想が大きく作用したと思われる。吉田裕が指摘するように、アジア・太平洋戦争に対する責任については、対日講和条約第一一条で極東国際軍事裁判（以下「東京裁判」）の判決を受諾することで必要最小限認めつつも、国内においては責任を事実上否定する、あるいは不問に付すという「ダブル・スタンダード」が成立していた。(4)しかし、そのような二重基準は、初期の日韓会談には適用されなかった。

一九五一年一〇月からの予備会談を経て、一九五二年二月から本会談が始まった。しかし、会談は「植民地支配の清算」の根本である請求権をめぐる論議で紛糾した。すなわち、韓国側が植民地期に朝鮮から搬出された金銀や郵便貯金、日本銀行券、未払賃金などを請求すると、日本側は対日講和条約第四条bで米軍政府による南朝鮮における日本財産の処分及び譲渡を承認しているにもかかわらず、植民地朝鮮に残した日本人の私有財産の返還を要求した。このような経緯から、一九五三年一〇月一五日の請求権委員会の日本側首席代表、久保田貫一郎は「日本の三十六年間の統治は朝鮮にとって恩恵的であった」とか、「カイロ宣言に用いられている朝鮮人民の『奴隷状態』という語は、連合国が戦時の興奮状態にあったために用いられたものに過ぎない」などと発言した。[5] 韓国側がこの発言に激怒したため、交渉は四年半の中断を余儀なくされた。

この「久保田発言」は、一九五七年一二月三一日に日韓両国が会談を再開させるために発表した共同宣言によって、公式的に撤回された。しかし、先行研究で明らかにされているように、日本国内ではこの発言を問題視する議論はほとんどなく、もっぱら韓国側の態度が批判された。[6] この点を考慮すると、日本側による「久保田発言」撤回は韓国との国交正常化交渉を再開させるという目的以上のものではなく、発言そのものの誤りを認めたわけではなかったといえよう。

七次にわたる日韓会談は、一九六四年一二月から最後の会談が始まる。交渉も大詰めに差し掛かった一九六五年一月七日、日本側首席代表の高杉晋一は外務省記者クラブで「日本は朝鮮を支配したというが、わが国はいいことをしようとした。山には木が一本もないということだが、これは朝鮮が日本から離れてしまったからだ」とか、「創氏改名もよかった。朝鮮人を同化し、日本人と同じく扱うためにとられた措置であって、搾取とか圧迫とかいうものではない」[7] などと発言した。これがいわゆる「高杉発言」である。

この発言について、外務省は外交問題に発展することを恐れて、これをオフ・ザ・レコードにすることを各新聞社に要請した。しかし、一月一〇日付で日本共産党機関紙の『アカハタ』がこの発言を報道したことに端を発し、一月一六日付の朝鮮労働党機関紙の『労働新聞』、さらに一月一九日付の韓国の日刊紙『東亜日報』が報道した。この事態に対し、日韓両国の外務担当者は緊密に連絡して、対応を協議した。その結果、外務省が発言を否認、釈明する書面を準備し、それを高杉に読ませることが決まった。こうして、一月一八日に韓国からの特派員に対して、高杉は「そういうことをいったことはない」とし、「アカハタ報道は、韓日会談破壊のための共産党工作」であると語って釈明した。また、一月二〇日の第一次首席代表会談で、韓国側首席代表の金東祚駐日大使に対して、高杉は一九六五年が第二次日韓協約締結の一九〇五年と同じ干支の「乙巳の年」であることに触れ、「私は韓国民のこの気持ちをいかにして対日友好感にもっていくか、日夜腐心している次第であります。日本国民は誠意のある行動をもって、このわだかまりを解いていかねばなりません」という文書を朗読したのである[8]。

翌月の一九六五年二月に椎名悦三郎外相がソウルを訪問し、日韓基本条約に仮調印することが予定されていた状況で、「高杉発言」は日韓会談を決裂させるに十分な内容だっただけに、日韓両国の交渉担当者はそのもみ消しに躍起となった。『アカハタ』のみが報道していたことが注目され、日韓両国の政府は、「高杉発言」が共産勢力の工作であると発表するとともに、韓国側の歴史認識に配慮する高杉の姿勢を演出した。これに対し、『アカハタ』以外の日本の報道が相変わらず「高杉発言」のオフレコを守るとともに、韓国の与党もこの発言を非難しながらも、韓国外務部に同調した。しかしながら、韓国の野党および言論は引き続き高杉をはじめとする日本側の歴史認識を警戒した[9]。

このような経緯があって、椎名訪韓の際には植民地支配に対する「謝罪」の表現を含むランディング・ステートメントが求められた。そして、二月二〇日の日韓基本条約仮調印とともに発表された日韓共同声明には、椎名が表明した「反省」などの文言が次のように盛り込まれた。

李外務部長官は過去のある期間に両国民間に不幸な関係があったために生まれた、韓国民の対日感情について説明した。椎名外務大臣は李外務部長官の発言に留意し、このような過去の関係は遺憾であって、深く反省していると述べた[10]。

この声明に盛り込まれた「過去のある期間」に両国民間に「不幸な関係」があったことに対する「遺憾」および「反省」の表明は、以後の日韓関係の歴史認識の基本線になった。この基本線は、外務省が中心となり、「好ましからざる法的インプリケイション」、すなわち植民地支配の被害に対する賠償要求などの根拠を与えることを避けた「練りに練った文言」であった。すなわち、「反省」の主体が政府なのか、外務省なのか、外相個人なのか、あえて触れないところが要点であった。[11]

このように韓国との関係において、植民地支配に対する一定の「反省」を示した日本政府であったが、日本国内では旧態依然の認識を維持したといえる。一九六五年一〇月二八日の日韓諸条約批准のための衆議院特別委員会で、椎名は植民地支配で損害と苦痛を与えたことについて反省したのかと問われ、「反省するということばに、あなたがいまるると述べられたような意味が含まれるはずはない」と開き直った。また、一一月五日の同委員会で佐藤栄作首相は韓国併合条約について、「対等の立場で、また自由意思でこの条約が締結された、かように思っております」と発言した。[12]このように、冷戦期の政権を担当した日本の保守派による、国内外に対する説明を異にするような「ダブル・スタンダード」の植民地支配認識は、日韓国交正常化によって定まったといえよう。ただ、日韓会談反対運動を主導した日本の野党勢力の植民地支配認識も不十分だったことをふまえると、日本の保守派の歴史認識を批判する言論も弱かったことも付言しなければならない。

二　藤尾文相罷免の要因——外交交渉の詳細な検討より

1　第一次「藤尾発言」——『新編日本史』をめぐる発言から

「久保田発言」による中断、そして「高杉発言」のもみ消しなどを経て、一九六五年に日韓国交正常化が実現してからも、政財界の要人による様々な「妄言」が続いた。前出の『定本「妄言」の原形』にも掲載されているように、一九七四年一月二四日の衆議院本会議で、田中角栄首相が植民地期に日本人が朝鮮人にノリ栽培を教えた、義務教育制度を実施したなどと発言したことや、一九七九年三月二一日に経団連会長の桜田武が韓国経営者協会主催の国際セミナーで、韓国の目覚ましい経済発展が植民地期の「すばらしい教育のおかげ」であり、当時の教育制度、行政制度、行政組織、軍事制度を植え付けたことが日本の統治の功績などと発言した。[13]これらの発言は日本や韓国の論壇で問題発言として批判されたものの、それらによって外交関係を著しく損ねるような事態や発言者が何らかの責任を取るようなこともなかった。

また、日本の歴史教科書検定をめぐって、一九八二年七月二三日に松野幸泰国土庁長官が「韓国の歴史の教科書にも誤りがあるだろう。例えば、日韓併合でも、韓国では日本が侵略したことになっているようだが、韓国の当時の国内情勢などもあり、どちらが正しいかわからない」などと発言し、韓国や中国からの批判を浴びた。[14]李宣定によれば、この発言こそ日本の歴史教科書検定が外交問題に発展するきっかけとなった。この問題は、同年八月二六日に日本政府の統一見解として「『歴史教科書』に関する宮沢内閣官房長官談話」(以下、「宮沢談話」)が発表され、前述の日韓共同声明および一九七二年九月二九日の日中共同声明を再確認したうえで、「アジアの近隣諸国との友好、親善」推進のために、これらの国々からの批判に十分に耳を傾け、政府の責任において教科書記述を是正することが明らかにされた。そして、同年一一月二四日に教科書検定の基準が改められ、いわゆる「近隣諸国条項」が追加された。[15]その一方で、松野らの発言に対する何らかの処罰なり、責任追及などはなされなかった。

本論の主題である「藤尾発言」をめぐる状況の背景として、歴史教科書をめぐる問題をはじめ、靖国神社公式参拝など、「ダブル・スタンダード」を前提とする歴史認識問題への対応を続けてきた日本政府に一定の転換が求められるようになったといえる。この点をより具体的に明らかにするために、「藤尾発言」についての交渉を詳細に検討してみたい。

一九八六年七月二五日、文部大臣に就任して間もない藤尾は記者会見で、同年七月七日に検定に合格した

「日本を守る国民会議」が編集した高校日本史教科書『新編日本史』について質問された。藤尾は同書を受け取ったがまだ読んでいないので、感想はないとしつつも、「文句を言っているやつは世界史の中でそういうことをやっていることがないのかを、考えてごらんなさい。こっちも認めるのはいいが、相手も認めなきゃ」と発言した(16)。サンケイ新聞はこの発言が『新編日本史』を批判した中国や韓国に向けられたものだとして、二六日付朝刊で「教科書問題で中国など批判」と題して報道した。これを受けて、とりわけ韓国の新聞は日本の文相が教科書関連で「妄言」をしたとして、大々的に報道した。この動きは日本のメディアにも知られるところとなり、二七日付の朝刊で各社が韓国の記事などを中心に報道した。これがいわゆる第一次「藤尾発言」である。

発言の後で、日韓外務当局の接触が記録されているのは二八日の夕方に渋谷治彦北東アジア課長から韓国大使館の「ユー」書記官に伝えた内容である(17)。渋谷は藤尾発言について正確な記録がなく、事実関係が分からないと述べた。そのうえで、同日に藤尾が記者会見した内容を伝えた。その要点は、藤尾が特定の国を出しておらず、世界史を見ればアヘン戦争などの西洋のアジア侵略もあると説明したことと、「文句」云々については慎重に言わねばいけなかったと述べたことである。ただ、「東京裁判は日本だけが悪いように言っているが、そのまま通用すべきものではない」とも付言した。

渋谷は同日に後藤田正晴内閣官房長官が、藤尾が特定の国を批判するつもりで発言したのではないと述べたことを踏まえて、韓国側に次のように要請した。

(一) フジオ文部大臣、ゴトウダ官房長官共、二八日の記者会見において、二五日の発言は中国、韓国といった特定国を念頭に置いたものではない旨述べているので、韓国政府としても、これを額面通りにうけとってほしい。

(二) 事実、サンケイ新聞は中国・韓国批判の発言と受け取って報道したが、他の諸紙はそう受け取らなかったがために記事にはしなかったのではないかと思われる。

（二）何れにせよ、今回の検定は八二年の官房長官談話に沿って行われており、今後とも官房長官談話の趣旨に十分配慮しつつ対応していくというわが国政府の立場にはいささかの変更もない。[18]

このように、渋谷は「藤尾発言」なるものがサンケイ新聞による誤報であり、日本政府としては引き続き「宮沢談話」に即して教科書検定を実施すると釈明したのである。また、二九日に倉成正外務大臣は「宮沢談話」が日本政府の立場であることを改めて表明した。同日、中曽根首相は伊藤忠商事相談役の瀬島龍三首相顧問を韓国大使館に派遣するとともに、柳谷謙介外務次官に対しても李奎浩駐日大使に直接面会し、十分に説明するように指示した。両者の説明内容に大きな違いはない。瀬島は、藤尾が特定の国家を非難する意図をまったく持っておらず、中曽根首相としても本件によって両国関係に「不必要な雑音」が生じることを望んでいないとして、韓国側の理解を要請した。また、柳谷は李大使を飯倉公館に招致したうえで、藤尾が安倍派の大物政治家であり、普段から韓国および台湾との関係を重視してきた人物であることや、問題の発言が「藤尾という政治家の個人の考えを述べたものに過ぎない」などと説明した。このとき、李大使はこの内容を本国に報告するとともに、現地駐在の特派員団に対しても可能な限り協力を要請しておくと答えた。[19]

駐日韓国大使館はこの内容を本国外務部に伝え、その指示を待った。これに対し、李源京外務部長官は、二九日付の駐日大使に宛てた電信で、七月二五日の藤尾発言が世論を沸騰させ、野党の声明発表など、一九八二年の教科書問題を再現させているとして、日本政府に対して韓国国民に対する説明と遺憾表明、近隣諸国条項の再確認が必要だと指示した。[20] つまり、韓国政府としては「宮沢談話」を再確認するばかりでなく、藤尾発言によって韓国の対日感情を悪化させたことに対する日本政府としての遺憾表明を要求したのである。

この韓国側の対応方針に沿って、二九日に権丙鉉亜州局長と谷野作太郎駐韓日本公使との会談、[21] 三〇日に藤田公郎アジア局長と李祺周駐日公使との会談[22]が行われた。このどちらの会合でも、韓国側は中曽根首相からの正式な態度表明を要求した。これに対して、日本側は二九日午後四時からＴＢＳテレビで放映された「総理と語る」という番組で、中曽根が「フジオ文相の発言が誤解を与えあるいは不かい感を与えたとしたら遺かんである」[23]と述べたことを説明した。韓国側は国内向けではなく、正式な形式を整えることを要求したが、最終的には七月三一日の発表を通して、三〇日の藤田アジア局長からの説明をもって、日本政府からの正式な遺憾表明とした[24]。

第一次「藤尾発言」をめぐって、日本政府は正式な記録がないことを理由に、「藤尾発言」なるものが本人の真意ではなく、サンケイ新聞の誤報が広まったものに過ぎないと釈明するとともに、日韓関係を重視する政治家としての藤尾を極力擁護した。これに対して、韓国政府は、今回の「妄言」について、韓国世論に対する説明ができれば、日本政府の歴史教科書に対する姿勢を再確認することで、事態を収束させることを選択した。ただし、藤尾が東京裁判の判決に対する不満を表明していることは伝えられており、韓国側は引き続き藤尾の言動を注視することになった。

2 第二次「藤尾発言」――『文藝春秋』インタビューがもたらした波紋

第一次「藤尾発言」については、韓国ばかりでなく中国も不快感を示していたものの、日韓の政治家および官僚による交渉でいったん収束した。だが、その後も藤尾による「妄言」は続いた。外務省アジア局中国課がまとめた記録を見ても、「靖国神社を公式参拝することがあたかも悪いことであるかのような印象を与えている。大変な間違いである」（八月五日〔八月六日付読売〕宗教団体の集会での挨拶）、「（靖国問題に関し）戦争犯罪を思い出すとかいうのは余計な心配であって、そういうことをしなければ、対外的な私たちの姿勢を分かってもらえないというのは、外交というものがいかに拙劣であるかということ」（八月一二日日本記者クラブでの講演）、「（Ａ級戦犯と）誰が決めたのか。東京裁判が決めただけ。私は東京裁判を認めていない。日本国の責任ある者は誰も戦犯と決めていないのだから。そこに疑問がある」（八月一五日閣議後の記者会

見（報道）などという発言を繰り返した。(25)

そして、九月一〇日発行予定の『文藝春秋』一〇月号に「〝放言大臣〟大いに吠える」と題した藤尾のインタビュー記事が第二次「藤尾発言」と呼ばれる内容を含んでいた。この記事は東京紀尾井町の赤坂プリンスホテルで同誌編集長の堤尭が藤尾に対して行ったインタビューが元になっており、評論家の屋山太郎が立ち会っていた。(26)その発言の内容は「一政治家・藤尾正行の言」と前置きしながら、東京裁判、日清・日露戦争、韓国併合、南京大虐殺、広島・長崎への原爆投下、靖国神社参拝などの歴史認識に関わるものから、日本外交批判、日の丸・君が代、大学行政、政界再編など、多岐にわたっている。その中でも、事前に記事のゲラ刷りを入手した外務省官僚らが対応を迫られたのは、中国、朝鮮関連の歴史認識に関する発言であった。朝鮮関連でとくに問題とされたのが、朝鮮植民地化については当時の大韓帝国側にも責任があるとする、次のような発言であった。

いま韓国に対する侵略だと盛んに言われておる日韓の合邦にも、少なくともそれだけの歴史的背景があったわけでしょう。日韓の合邦というのは、当時の日本を代表していた伊藤博文と、韓国を代表していた高宗との談判、合意といったものに基づいて行なわれている。形式的にも事実の上でも、両国の合意の上に成立しているわけです。もちろん、高宗が真の代表者であったかどうかには疑問があるし、合意を認めさせるための日本側の圧力はあったかもしれない。しかし、少なくとも、伊藤博文の交渉相手が李朝の代表者、高宗であったことだけは事実なんですから、韓国側にもやはり幾らかの責任なり、考えるべき点はあると思うんです。(27)

この発言の前後では、朝鮮が「清国の属領」であったこと、日本が侵略しなければ「ロシアの属領」になっていたかもしれないとも発言している。このような歴史認識が事実として誤りであることは、当時の歴史研究者らが指摘している。この点については後述する。ここではおもに日韓間の外交関係でこの発言がどのように扱われたのかを考察したい。

日本側の記録によると、外務省が記事のゲラ刷りを入手したのは九月二日の夕刻であった。入手した経緯については明らかになっていない。翌三日の一一時ごろに外務省側が後藤田官房長官、安倍晋太郎総務会長を往訪し、同日の昼に全国知事会議の席上で後藤田が藤尾とこの件で会話したようである。その後、後藤田はまず文藝春秋社の堤編集長に電話し、「本件は外交上大変大きな問題に発展する惧れがある」として、藤尾の意見も聞き、何とか削除または一部修正が可能かと尋ねた。これに対し、堤は「社幹部も本件記事を読んでいるが、外交上の大問題になるとの意見はなかった」し、削除および修正も印刷、製本が進んでおり、時間的に間に合わないと答えた。さらに藤田アジア局長が文藝春秋社を訪れ、同様の依頼をしたが、時間的に無理だと応じられた。その後、後藤田と藤田は、せめて「文部大臣」という肩書を落とせないかと再度堤に電話で要請したが、いずれも時間的に無理であると断られた[28]。この時点で、後藤田や藤田は藤尾のインタビュー記事が掲載されることが確実であると判断したであろう。

九月四日にアジア局は柳谷外務次官の対総理ブリーフ用資料として、記事の内容を簡略に伝えたうえで、中国および韓国で予想される反応を整理した文書を作成した[29]。これによると、記事で展開されている藤尾の持論は「内容的に極めて問題があり、発売後中韓両国から厳しい批判・抗議が行われることは必至」と予想された。韓国で予想される反応としては、「韓国プレスによる大々的批判報道」「韓国政府による(i)抗議、(ii)総理訪韓中止要請、(iii)一〇日の外相会談の即刻中止、或いはその席上での抗議、(iv)在留邦人及びアジア大会参加日本選手団への各種いやがらせ、暴力行為等」が挙げられた。

また、発売前の事前通報によって、「本件記事のインパクトを緩らげる効果は余り期待出来ない。寧ろ政府による発売阻止等の措置を採るよう要求越すことが考えられる」としながらも、一〇日に予定された日韓定期外相会談への影響が憂慮された。そこで、アジア局は政府関係者よりも、瀬島首相顧問から通報してもらうのがよいと判断した。中曽根からも瀬島に一言かければ、事の重要性がよりよく認識されると考えられた。ただ、九月六日または八日を予定した瀬島からの面談記録は日韓双方の外交文書に含まれていない。おそらく、五日二二時に、時事通信社と共同通信社が「藤尾発言」について報道し、六日の日韓両国のマスコミが報道したことに加えて、六日にはすでに日韓の外務官僚による会合が始まっており、瀬島の出る幕がなくなってしまったのであろう。

さらに、この文書は中韓両国からの強い抗議などの「最悪の事態を防ぐためには、政府として抜本的措置をとり、これを中・韓両政府が国民慰撫に使えるようにしない限り効果あるまじ」と進言した。日本政府としては「藤尾発言」の内容と政府を切り離して対応せざるを得ないとしながら、「それだけで中国、韓国がおさまる可能性はない」と予想した。このように、外務省は今回の発言そのものの重大性に加え、一度収束させた事態を藤尾本人の発言によって覆したという事態に鑑み、柳谷外務次官を通して、中曽根首相に「抜本的措置」の必要性を訴えることにしたのである。

前述のように、日韓外交当局の接触は六日から始まる。東京で藤田アジア局長と李祺周公使、ソウルで権丙鉉亜州局長と谷野公使が会合したが[30]、どちらも韓国側から「藤尾発言」に対する事実関係を確認し、日本側に「イニシャルなインプレッション」を伝えるものであった。その伝えられた印象は、韓国側から藤尾による再度の「妄言」に対する強い怒りと驚愕を示すものだった。

東京では、李祺周公使は藤田局長に対し、今回の発言が「非常に重大な問題であり、確実に、韓国国民に火をつける、爆弾を投げつける」ものであり、「意図的にやったのではないかとの声がこれから確実に出てくるであろう」と述べるとともに、「先般の日本政府からの御説明も、日本政府が言われた通りではないということになる」と非難した。李公使はこの発言を放置すれば、「今後の両国関係の発展に非常に重大な障害をもたらすことは確実であろう。国交回復以降、一番重要な事件が起こった」と述べ、日本政府の態度を問いただした。この会合に同席した渋谷北東アジア課長は李公使に廊下に出てまで釈明し、前日の五日に総理官邸で藤尾辞任を勧告したが、藤尾に同調する議員グループが強力に反発したことなど説明した。この会談を報告した李奎浩駐日大使は「わが政府が強力に対応しなくては日本政府からわが国民が納得できる措置を得るのは難しいだろう[31]」と報告した。

ソウルでは、谷野公使が今回の「藤尾発言」について、「日本の立場を代表したものではなく、政治家藤尾として発言したものだと釈明すれば収拾できるか」と問うたのに対し、権丙鉉亜州局長が「藤尾が現職の大臣であり、直接この問題を担当しており、従来もこのようなかたちで発言しているので、政治家としての発言というのではわが国の国民が納得できず、むしろ国民感情を悪化させ、火に油を注ぐようなものだ」と返答した。権局長もまた、「この問題は両国政府間の関係のみならず、韓日関係全般に重大な影響を及ぼしうる問題」であり、日韓関係を維持するためには「日本側の速やかな対応が要求される」と述べた[32]。

このように、韓国側は日本側に対して、事態の重大さを伝えるとともに、日本側に速やかかつ韓国側が納得できる対応を要求した。権局長は谷野公使との会合で、韓国政府としても日本政府の対応如何によって必要な措置をとる予定であると伝えた。このころに作成されたとみられる韓国政府の対処方針の要点は、日本政府による真相究明と、「韓日関係に照らして藤尾文部相のこのような発言の再発防止に対する日本政府の即刻的な措置」を促すことであった。また、韓国国内への世論対策についても、「藤尾発言」に対する韓国政府の深い関心を報道させつつ、「韓日関係全般には損傷を加えないように対処」するとしている[33]。

一方、日本側は韓国側からの強い批判を予想しており、六日の倉成外相は記者会見で「藤尾発言」そのものに対する論評を控えつつも、「私としては深刻・重大に受け止めている」とし、「いずれにしても、韓国、中国をはじめ近りん諸国との友好関係維持・増進というわが国外交の基本には、いささかの変更もなく、この点につき何ら疑いももたれぬよう最大の努力を傾注したい[34]」と述べた。そして、八日の崔侊洙外務部長官との会談に臨む御巫清尚駐韓日本大使に対して、外務省は倉成外相のメッセージとして、上記の内容に加え、「貴国との友好・協力関係の維持・増進は、わが国外交の支柱のひとつであり、これまで両国首脳をはじめ関係者の並々ならぬ努力によって築き上げられてきた今日の両国の関係を、かかる事件によって傷つけてしまうことは全く我が方の本意とするところではなく、収拾のため最大限の努力を傾注する覚悟である」と書き送った。そして、韓国側から一〇日の定期外相会談の延期の申し入れがあった場合について、外務省は「総理を始めとして事態の早期収拾に努力している段階でかかる申し出があったことは残念である。問題がある時こそ、むしろ対話の機会を維持する必要があり、予定通り開催したい」というラインで応答する準備をしていた。[35] 外務省は「藤尾発言」による事態を早期に収拾し、外相会談などの外交日程を予定通り開催することを目指していた。同月に韓国で開催されるアジア大会に合わせて中曽根首相が訪韓し、全斗煥大統領と会談する予定であったことも作用したであろう。

八日の午前九時より崔外相と御巫大使との会談が行われた。崔外相から韓国政府からの要請として、(一)外交経路を通じた日本政府の公式釈明と謝罪、(二)韓日間の不幸な過去に対する反省の再表明、(日本の国内問題という前提のもとに)発言に対する納得できる措置を伝えた。そのうえで、崔は一〇日に予定されている日韓定期外相会談の延期を提案し、一日でも早い日本側の措置を望んだ。これに対し御巫は日本側でも深刻な問題と受け止め、対応を協議中であるとしつつ、外相会談は予定通り開きたいと述べるにとどまった。[36]

その後、崔外相は全斗煥大統領にこの件を報告したところ、全斗煥から李奎浩駐日大使に対して、安倍総務会長と福田赳夫日韓議連会長と至急面会し、安倍派に属する藤尾による発言に対する遺憾の意を伝えるとともに、両者が本件の解決と日韓関係の発展のために「格別に努力してくださることをお願いしたい」と伝えるよう命じた。[37] 管見の限り、李大使が安倍や福田に面会した記録は公文書からは確認できない。ただ、このような記録から、韓国政府としては藤尾罷免を含む、日本政府の強力な措置を要求していたことが窺える。いずれにせよ、李大使は崔外相に対し、御巫大使に対する立場表明が日本政府に藤尾問題の早期決着の必要性を強く認識させたと評価するとともに、安倍、藤尾、福田の安倍派三者会合や、藤尾が文相辞任を固辞すれば、中曽根による藤尾の罷免が不可避であるなど、自民党内の動向を詳しく伝えた。[38]

藤尾は安倍派の政治力に影響を及ぼすことを避けるために同派を離脱したものの、文部大臣を辞めようとしなかった。その結果、藤尾は八日の夜、中曽根によって大臣職を罷免された。日本政府は内閣官房長官談話によって、統一見解を発表した。この談話は、「自由民主国家においては、過去の歴史上の事件に関して様々な意見がありうる」としながら、「国政の責任を負う閣僚の地位にある者の発言は、たとえ個人的なものであっても、一私人のそれとは自ら異なる重みをもって受けとめられることは当然である」と述べた。そのうえで、「藤尾大臣の発言は、わが国が様々な機会に表明して来た過般の戦争への反省とその上に立った平和への決意はもとより、近隣諸国との友好的かつ良好な関係の維持強化を図るとのわが国外交の基本政策について、無用の疑惑を生ぜしめたものであって、甚だ遺憾である」と述べた。後藤田官房長官は、「このような見地に立って、藤尾大臣の真意をもただした上で、本日同大臣の罷免の措置がとられた」と述べた後で、「韓国、中国等に対しては、このような事態にたちいたったことにつき、深く遺憾の意を表する次第である」と、再度遺憾の意を表明した(39)。この談話で明らかにされた藤尾の文相罷免、「藤尾発言」についての遺憾の意、そして「過般の戦争への反省とその上に立った平和への決意」の表明は、おおむね韓国側の要求に沿うものであったといえよう。

同日、倉成外相は記者会見を開き、これらの日本側の措置を韓国および中国に伝えることを明らかにした。翌九日、崔侊洙外相は御巫大使と会談し、韓国政府の公式の立場として、次のように伝えた。(一)中曽根総理が取った措置を誠意ある適切なものとして評価する、(二)今後同様のことが繰り返されないよう切望する、(三)今回のことを日韓関係の今後のいっそうの増進のための転機とするように努力したい。また、崔外相は「外相定期協議について、これで今回の事態が解消したと考える立場から、予定通り開催することとしたい」と述べた(40)。こうして、「藤尾発言」をめぐる事態は急展開し、日韓間の外交的な信頼関係は修復したのである。

韓国側としては、日本側に強硬に要求する一方で、中曽根首相や安倍派要人らの「藤尾発言」に対する動きをある程度把握していた。そのため、李奎浩駐日大使は八日朝の段階で、藤尾が罷免される見通しであることを踏まえ、予定通り外相会談を開くことを前提に必要な準備を整えるのがよいと本国に報告していた(41)。そして、内閣官房長官談話が発表されると、韓国政府は日韓定期外相会談の延期という提案を急遽取り下げ、予定通りの開催を決定したのである。

なお、藤尾罷免が発表される前に、日本側では韓国側をさらに説得するための特使派遣を検討していた。

特使の候補として瀬島龍三が改めて浮上していたが、特使として真っ当な肩書がないという弱点があり、実行に踏み切れなかったようだ[42]。当初、崔侊洙外相は日韓の報道を通して日本からの特使派遣の動きがあることを知り、「全く個人的な考えであるが、この点につき日本政府の御配慮をいただけないだろうか」と期待を寄せていた[43]。しかし、九日の会合で、崔外相から御巫大使に、中曽根首相が「非常に明かいな措置をとっていただいた」と評価したため、特使派遣をこれ以上要請しないと伝えたのであった[44]。

三 「藤尾発言」に対する日本国内外の反応

次に、「藤尾発言」に対する言論などの反応について整理したい。まず、日本の言論について言えば、「久保田発言」や「高杉発言」のときと異なり、総じて「藤尾発言」を批判する記事がほとんどであった。

韓国併合について「韓国側にも責任がある」と述べた部分について、日本の各紙は厳しく糾弾した。朝日新聞は「過去の植民地支配への反省に立ち、互恵の日韓関係を目指してきたわが国のさまざまな関係者、未来の平和のためにとこれに応じてきた韓国の人びとの努力に水をかける、心ない言葉だ」と述べ、「韓国を統合して人びとに日本語の使用や改名まで強制した植民地支配や、わが国が中国大陸やアジア各地に派兵し、その結果として生まれた戦争の惨禍を直視する目を、われわれは持たねばならない[45]」と訴えた。毎日新聞は「これでは、もう一歩進めれば、韓国は自分の意志で合併したのであって、日本はたまたまそこに居合わせたということになりかねない」と述べるとともに、「私たちは、敗戦というつらい体験を経て、国際社会に復帰するさい、自らを反省し、世界に対し、そして自分自身に対し、戦前の行為を再び繰り返さないこと、再び加害者とはならないことを、国として人間として誓ったのではないだろうか[46]」とした。この再び繰り返さない「戦前の行為」に韓国併合が含まれることは言うまでもない。

読売新聞も「これは当時の事情を無視した〝強者の論理〟といわざるを得ない[47]」と述べ、韓国併合に至るまでの日韓諸協約が「日本により一方的に押しつけられたことは明らかである。韓国にどのような責任があったのだろうか」と述べた。この社説では、「ロシアが韓国をうかがっていたのは事実だが、韓国にすれば、日本の勝手な論理で、どの国と手を結ぼうが、韓国の自由なのである」とも述べている。日本経済新聞も「被害者にはお気毒だが、そうなった責任の一部は外交的に無力だった貴国にもあるのですよと、居直っているようなものである」[48]と突き放した。このように、各紙は韓国併合における韓国側の責任を問う議論を正面から否定した。

また、中曽根首相による藤尾文相更迭についても、各紙は総じて当然であると述べた。「藤尾発言」が日韓関係に与えた影響についてみれば、朝日新聞は「責任はわが国にある。政府は韓国に対して責任を認めるとともに、日韓関係の歴史をどう認識しているか、そこまで立ち返って姿勢を明確にすべきである」[49]と述べた。毎日新聞は、「このさい必要なのは、藤尾発言の背景と、それに対する周辺諸国民の心情を、ひとりひとりがもっと冷静に理解するよう努めることでなかろうか」[50]として、三五年間の朝鮮植民地支配を経験した人々を記憶せよと訴えた。読売新聞は宮沢談話を再確認し、「原点に立って、とりわけぎくしゃくした韓国との関係の修復を急ぐべき」であり、「藤尾発言は日本政府の立場でもないし、日本国民多数が容認するところでもない」[51]と述べた。日本経済新聞は「今回の不幸な事態は、外交担当でない閣僚の不用意な、思慮の足りない発言によって引き起こされた。まことに遺憾なことであった」[52]として、揺るぎない日韓関係の構築を目指すべきだと述べた。このように、問題発言をした藤尾を擁護する言論は皆無であったといえよう。

いわゆる有識者からの反応もまた、「藤尾発言」に厳しかった。読売新聞に掲載された談話を見ても、「日韓併合については文献もある。自分で調べないで、誤った先入観に立っている」（宮崎繁樹、国際法）、「罷免は当然だ」「総理は、二度とこのような人物を文相に任命しないでほしい」（有田一寿、臨時教育審議会〔臨教審〕第三部会長）、「日韓併合について韓国にも責任、と言うのなら、日本国憲法を押しつけ、とは言えないはず。論理矛盾です」（樋口恵子、評論家）と、発言を批判し、文相罷免を当然とするものが多かった。[53]

中曽根政権下で日中二一世紀委員会や臨教審の委員であった香山健一はサンケイ新聞に寄稿し、藤尾の発言を「暴言」と糾弾した。この記事は藤尾の臨教審批判に対する正面からの反論であると同時に、「外交や国際関係の面から見れば、藤尾暴言は戦後四〇年間、戦争と侵略の歴史から深く教訓を学び、二度と再び過ちを繰り返さないという固い決意のもとに、平和国家、自由民主主義国家、文化国家としての再生と再建の道を懸命に歩み続けてきた我が国の苦悩にみちた努力の全成果に対する許すことのできない冒涜であり、挑戦である」[54]と指弾するものであった。

朝鮮史研究者の梶村秀樹は朝日新聞に寄稿し、「藤尾発言」にみられる事実誤認を指摘しつつ、日本の侵略に対する大韓帝国側の抵抗の歴史を明らかにした。そのうえで、梶村は、朝鮮社会内部の社会経済的変動や、清およびロシアいずれも「一時的に強圧的であっても内部により大きな弱点をかかえていたため強力な侵略の継続は困難だった」ことなどを指摘して、清およびロシアによる朝鮮侵略の可能性を否定した。「侵略の歴史を直視することは、もともと私たち自身の未来のためにぜひ必要なこと」だとする梶村の結論は、日本の朝鮮史学者の多くが共有できるものであった[55]。

その一方で、日本政府の対応を批判したり、藤尾を擁護したりする発言も少なからず現れた。文藝春秋は九月九日付で代表取締役社長上林吾郎の名で、中曽根首相と後藤田官房長官宛てに抗議文を送付した。藤田アジア局長を通して記事の内容の削除、訂正を求めたことについて、「これは憲法二一条に保障された言論・出版の自由、検閲の禁止に違反する」として、以後このようなことがないように反省を求めた[56]。また、文藝春秋は「抗議に至る背景説明」という文書で、「あまつさえ変更が拒否されるや、そのコピーを流布し、発言内容が広く世に問われる以前に発言者を封じ込めて、その地位の異動を策するがごときは許されることではない」[57]と訴えた。これに対して後藤田官房長官は翌一〇日の記者会見で、「事実関係においても、また我が方の意志、検閲などという意思も、検閲などという事実も有りません」と一蹴するとともに、発言者の封じ込めなどの指摘も「事実に反する」と述べた[58]。サンケイ新聞は社説で「許されぬ政府の言論介入」と題して、政府に反省を求めた[59]。

また、第一次「藤尾発言」事態が収束した七月三一日に、「国家の自主独立を守るため、外交からの不当な干渉を排すべき」だとして、安倍派の亀井静香を座長とする自民党の若手を中心とする衆参両院議員一八人が「国家基本問題同志会」（同志会）を結成した。[60]同志会結成の契機は中曽根首相の靖国参拝見送りに対する反発であったが、中国や韓国からの対日批判を「内政干渉」であると主張した。同志会は藤尾文相罷免についても、「外国の批判があれば罷免するのは国家主権の放棄であり、言論の自由の封殺だ」[61]として、中曽根首相の責任を追及した。このほか、九日の参議院決算委員会で玉置和郎総務庁長官、加藤六月農林水産大臣らから「信念を貫いた」などとして、藤尾の言動を評価した。[62]一一日のNHK番組「党首インタビュー」で、民社党の塚本三郎委員長も、罷免は致し方ないとしながらも、「藤尾前文相はスカッとした一面があるから堂々たる勇気ある発言をした」と評価した。[63]前出の樋口恵子は、このような藤尾を評価する声が少なくないことについて、「藤尾さんの発言に拍手をする向きもあることを強く感じる。閣僚という立場であの言葉が吐け、しかも最後まで、自分の政治的信念として突っ張りきったということは、それを支える勢力が自民党の内外にかなりあるということだと思う。戦争中に戻るようで、嫌な感じです」[64]と述べている。

次に、日本の外務省や韓国の外務部が収集した海外の報道記事を整理したい。まず、韓国では与野党を問わず二度に及ぶ「藤尾発言」を批判し、言論も同様であった。このような報道ぶりについて、日本の外務省は次のように分析した。

かかる当国言論の対日批判のはい景には、当国言論自体指摘しているように、フジオ発言そのものの深刻性はもとより、フジオ発言は一政治家個人の発言ではなく、従来からの日本人の心そこにある対韓国ゆう越感、最近のわが国の「皇国史観復活」「新国家主義」「軍国主義化」といったより根の深い所に起因するものであるとの認識が強まっていることがあげられる。かかる観点から、フジオ文相ひ免、官房長官の遺かん声明措置がとられた後においても、「今回の事件がこれで終わったわけではない」「韓国国民の心のしこりはまだ残っている」「日本の対韓意識が変わらない限り、第二、第三のフジオ発言が出て来ないとも限らない」等対日警かい心をゆるめない論調が続いている。[65]

このように韓国の言論は、「藤尾発言」が藤尾個人の思想ではなく、日本人の韓国に対する優越感や戦前日本の美化などのナショナリズムに起因するものであると論じたのである。さらに、今回の論調のもう一つの特徴として、「韓国政府（特に外務部）、韓国政治家の対日低し勢が、かかる『もう言』を生み出す原因ともなっている」という全斗煥政権批判であった。外務省では、「韓国の国力向上に伴う自信が高まっていることが、フジオ発言に対する反発をより大きくし、対日批判論を厳しくさせた一面があることも否定できない」としている。[66] 前述のように、日本では与野党から「藤尾発言」を支持、評価する声も少なからず上がっており、それらは韓国の言論も知るところであった。日本の言論の厳しい藤尾批判にもかかわらず、韓国側は日本のナショナリズムへの懐疑を深めたのである。

中国では、「南京事件の真相」は分かっていないなどとする「藤尾発言」について、政府による正式な抗議や藤尾の処罰などをめぐる外交交渉はなかった。ただ、外務省は中国側にこの問題の動向を報告していた。[67] 一方、新華社通信や人民日報などのメディアは「藤尾発言」関連の動向を報道し、「侵略戦争美化」「軍国主義賛美」を許さないなどとして、その発言内容を厳しく批判した。そのなかで、九月一〇日付の人民日報は、「日本の国民と世論、それに多くの有識者も藤尾氏の誤った言動に厳しい批判的態度をとっている」と報じながらも、「藤尾氏はいまや解職されたが、藤尾氏がかたくなに堅持しているいくつかの誤った言動は決して孤立した偶然の現象ではない。それはある種の考えを代表しており、それは時代の流れと中日友好に背くものである。それはこれからかなりの間、見えつ隠れつしながら、さまざまなかたちで引き続き表面化してくる可能性がある。それは大勢にはならないが、これには冷めた認識と必要な警戒心を持たなくてはならない」[68] と論評した。中国メディアは、「藤尾発言」支持が少数派であるとしながらも、その政治的影響力の行方を引き続き注視すべきであると論じたのである。

広島・長崎への原爆投下が南京大虐殺より大きな罪悪として比喩し、東京裁判の正当性を疑う「藤尾発言」に対する米国の反応は注目された。ただ、駐日米国大使館のカイザー（Keyser）一等書記官が李奎浩駐日韓国大使に話したところでは、米国は問題の発言を不愉快と考えるが、政府次元で公式的な立場表明をしたことがなく、そのような計画もなかった。[69] 米国の言論も淡々と政治状況を報道するのみであった。また、台湾の言論も事実関係を報じたものが多かったが、「藤尾大臣は台湾の親日家達の言ういわゆる親台湾派であるが、このような親台湾姿勢はまっぴらごめんをこうむりたい」[70]とする記事や、中曽根が「自分に代って軍国主義を散布する者が必要であり、藤尾はそのための理想的な人選であった」と評する記事もあった。[71]

結論

日韓会談における「久保田発言」や「高杉発言」と比較すると、一連の「藤尾発言」は日本国内での支持も多数であったとはいえず、日本政府による積極的な批判が行われるなどの特徴がある。ただ、第一次「藤尾発言」については、サンケイ新聞の記事を誤報として扱うことによって、「高杉発言」のように、告発を無力化することに「成功」したといえる。しかし、第二次「藤尾発言」はその「成功」を覆すことになったために、中曽根による藤尾文相罷免という措置をとることになった。日本政府は宮沢談話とともに、一九六五年の日韓共同宣言を確認しており、「過去のある期間」に両国民間に「不幸な関係」があったことが「遺憾」であり、「反省」することを再確認した。ただし、国内においては、藤尾に対する一定の支持があることも表面化したのであり、その意味で、サンフランシスコ体制の下位構造としての日韓「六五年体制」における「ダブル・スタンダード」は継続しているといえよう。

ここでもう一度、日本政府の認識を確認したい。すなわち、国内における「内政干渉」批判をにらみつつ、対外的に示す「国際的な歴史認識」はどのようなものであるのか。一九八六年九月六日に外務省アジア局が作成した〔外務〕大臣記者懇談用資料には、「日韓併合条約（一九一〇年）は、対等の立場で両国の合意に基づき締結されたものか」という問いに対して、次のような回答が用意されていた。

ご指摘の条約については、種々の経緯があって締結に至ったものであり、右経緯につき色々な見方ないし意見があることは承知しているが、同条約の評価については、一九六五年の日韓基本関係条約により既に日韓間の問題としては決着しており、これ以上コメントすることは差し控えたい(72)。

この答えからさらに「同条約は合法的に成立した条約ではないのか等追求《ママ》ある場合」には、「同条約は当時の大日本帝国と大韓帝国との間で締結され、実施されたものであるが、いずれにせよ、同条約は一九六五年の日韓基本関係条約第二条により、もはや無効（注）であることが確認されていることは右に述べたとおりである」という回答が用意されていた。しかも、上記（注）に関連した説明として、「併合条約が終了したのは、サンフランシスコ平和条約の規定により朝鮮の独立を承認したことの効果として一九四八年の大韓民国成立の事実が容認され、併合条約の存立の根拠が失われたとき、すなわち一九四八年八月一五日と解するのが妥当」とある(73)。

「藤尾発言」後の政府側の国会答弁はこの線で行われた。一九八六年一一月四日の衆議院予算委員会で、日本社会党の川崎寛治議員から、一九六五年一一月五日の日韓特別委員会で当時の佐藤栄作首相が韓国併合条約について「対等の立場で、また自由意思でこの条約が締結された」と答弁したことについて、政府の見解をただした。これに対して中曽根は「条約として成立しているという合意は行われておる、これは事実であります。しかし、その合意が行われる背景というものを見るとやはりそのときのいろいろな歴史的事情がある、それは否定できない」と答弁し、外務省の小和田恒条約局長がこれに補足し、「ここで言っております『対等の立場で、また自由意思でこの条約が締結された』ということの内容は、先ほどから総理大臣がお答えになりましたように、法的な問題として、法的には有効に締結され実施された条約であったという事実を述べたものでございまして、その問題と、その当時の政治的その他の背景とは別な問題であるということでございます」と述べた。中曽根は、「日本がやったことがみんな正しいとは私は思っておりません。間違いもあったし非な点もあった」と続けると、川崎は「そうしましたら、今のあなたのお答えは、これは藤尾さんと同じ答え」であると切り返した(74)。

つまり、韓国併合条約は国際法的に有効であり、一九一〇年八月二九日に施行され、一九四八年八月一五日に無効となったとするものである。当然ながら、この立場は韓国併合条約が当初から無効とする韓国政府の立場とは異なる。ただ、中曽根の答弁は、対等かつ自由意志で締結したという佐藤栄作の答弁を韓国併合条約の合法性を述べたものであると再解釈しつつも、朝鮮植民地化の責任は韓国側にあるのではないと付言したものである。このことを一言でいえば、韓国併合(およびその後の植民地支配)が合法であったが不当であったとする説明といえよう。このような日本政府の説明は、一九六五年の日韓共同声明で日本側が示したとおり、「反省」の主体を曖昧にして、法的責任の認定を回避する立場を維持したものであった。このような意味で、日本政府の「ダブル・スタンダード」はより巧妙になったといえるだろう。

もう一つの「スタンダード」である国内の歴史認識についてはどうだろうか。「藤尾発言」に危機感を持った朝鮮史研究者が編集した旗田巍編『朝鮮の近代史と日本』(大和書房、一九八七年)には、宮田節子が早稲田大学のサークルの主催で、「前文相、早稲田で吠える」と題した藤尾の講演会が大隈講堂で行われた様子を伝えている。それによると、会場は超満員で、「明治政府は韓国の方々にも教育普及や民生の安定のため善意の施政をほどこした」などの「妄言」に対し、ごく一部の学生が反発するが、大部分からは「笑い」が起こったという。それは漫才でも演じられているかのような「笑い」であり、爆笑と言った方がよいものであった。宮田の近代史の講義を熱心に理解する学生がいる一方で、「藤尾人気」が当時の学生にあったことがわかる(75)。

この「藤尾人気」と関連して、同書に収録された旗田、宮田、馬淵貞利による座談会で、馬淵が次のような発言をしていて、注目されてよかろう。宮田もここで示されるような、朝鮮史教育の現場の難しさに共感した。

ちょうど告発の時期というのは、日本の戦後の高度成長期の時期に当たっているんですよ。大胆な言い方をしますとね。つまり日本社会がバラ色というか、未来像が明るく描かれるときに告発が行なわれているんです。ところが今みたいに先が暗くなるこんな時期に何が告発だと、いい加減によしてくれという。つまり一般的な考え方からすると、自分達の先がバラ色に描けなくなってきている時に、更にまた暗い話というのは拒絶するという、そういう感覚が多分に働いていると思うんです。もっと一般的に言えば、だれでも暗いより明るい方がいいんですね。(76)

文相罷免後に藤尾は再び文芸春秋社のインタビューで発言した。その記事で藤尾は「私が一番許せないのは、過去の罪を全部、明治の先覚者たちに押し付けてしまうことなんだ。今日の日本の基礎をつくった明治の大勲たちがやったことを、すべては血塗られた侵略であり、悪逆非道な帝国主義だったとして、中曽根はじめ、昭和の政治家が口をぬぐって涼しい顔をしている。そんなことが許されるのか、ということですよ」(77)と発言した。

このような「明治の先覚者」を顕彰し、明治維新からの日本の歩みを肯定しようとする感覚は、日本で連綿と受けつがれてきたと言えるだろうし、アジア・太平洋戦争から七〇年以上過ぎた現在において、このようなイデオロギーはさらに強化されているように思える。「藤尾発言」そのものは外交的に決着したが、「歴史認識」に関わる問題はより複雑なテーマとしてわれわれに示されていると言えるだろう。

（注）

（1）本稿でおもに使用する外交文書は、「藤尾文部大臣の対中国、韓国関係言及発言問題」（管理番号二〇一七―〇三六一、日本外交史料館所蔵）および「후지오（藤尾）일본 문부상 한국역사 왜곡 발언、一九八六（藤尾日本文部相韓国歴史歪曲発言、一九八六）」（登録番号　二一五六七、韓国外交史料館所蔵）である。注記では、それぞれ前者を「藤尾」日本文書、後者を「藤尾」韓国文書と略述する。なお、日本文書は外交史料館で公開されているものの、未刊行史料なので、頁数を付していない。

（2）高崎宗司『定本「妄言」の原形――日本人の朝鮮観』、木犀社、二〇一四年、二八五～三一七頁。
（3）本稿に関する先行研究は次のとおりである。池井優「失言、放言外交の研究――藤尾発言と中曽根発言を中心として」、『法学研究：法律・政治・社会』（慶應義塾大学法学研究会）第六八巻第一一号、一九九五年一一月、川野徳幸「閣僚失言の政治学」、『国際協力研究誌』（広島大学大学院国際協力研究科）第七巻第一号、二〇〇一年、川野徳幸「閣僚失言の政治的帰結とその実証に関する試論――国政選挙における得票率と当選者数の変化から」、『国際協力研究誌』（同前）第八巻第一号、二〇〇一年、木村幹『日韓歴史認識問題とは何か――歴史教科書・「慰安婦」・ポピュリズム』、ミネルヴァ書房、二〇一四年、前掲『定本「妄言」の原形――日本人の朝鮮観』、服部龍二『外交ドキュメント 歴史認識』、岩波書店、二〇一五年、森浩二「侵略戦争発言にみる政治的失言」、『帝塚山短期大学紀要 人文・社会科学編・自然科学編』第三二号、一九九五年、吉田裕『日本人の戦争観――戦後史のなかの変容』、岩波書店、一九九五年、和田春樹「韓国情勢と私たち――なぜ、注視しなければならないか」、『世界』第四九九号、一九八七年三月。
（4）前掲『日本人の戦争観』、八二頁。
（5）「再開日韓交渉第三回本会議議事要録」、アジア局第二課、一九五三年一〇月二〇日付、日本政府公開文書、文書番号一七〇、九～一〇頁。この外交文書は「日韓会談文書・全面公開を求める会」の情報開示請求によって、外務省が同団体に開示したものである。この経緯で開示された文書の情報はこれに倣って表記する。
（6）高崎宗司『検証 日韓会談』、岩波書店、一九九六年、五八～六一頁。
（7）「三六年間の朝鮮統治を謝罪することはできない 高杉発言の詳報」、『アカハタ』一九六五年一月二一日付。
（8）「高杉・金日韓会談首席代表第一回会合」、北東アジア課、一九六五年一月二〇日付、文書番号一四二九、一～一六頁。この高杉の発言が外務省によって準備されたものであった（金東祚『回想三〇年、韓日会談』、中央日報社（ソウル）、一九八六年、二六八～二七五頁）。
（9）「『高杉発言』問題の概要」、北東アジア課、一九六五年一月二五日付、「『タカスギ発言』問題に関する新聞報道について」、ソウル森田事務官、外務大臣宛、一九六五年一月二一日付など、文書番号一四二二。
（10）データベース「世界と日本」ホームページ http://worldjpn.grips.ac.jp/。『外交青書』第九号、二六～二七頁。
（11）藤田義郎『記録 椎名悦三郎（下巻）』、椎名悦三郎追悼録刊行会、一九八二年、五二頁。
（12）『第五〇国会衆議院日本国と大韓民国との間の条約および協定等に関する特別委員会会議録』、一九六五年一〇月二八日付および同年一一月五日付。

(13)前掲『定本「妄言」の原形』、二九八〜三〇一頁。
(14)同前、三〇一頁。
(15)李宣定「一九八二年の教科書問題に関する政治史的考察――宮沢談話と近隣諸国条項を中心に」、『日韓相互認識』第四号、二〇一一年三月。
(16)前掲『定本「妄言」の原形』、三〇二頁。「후지오 문부상 발언〈藤尾文部相発言〉」、JAW―三七一八、一九八六年七月二七日付、駐日大使から長官宛て、「藤尾」韓国文書、五頁。
(17)以下の渋谷北東アジア課長の発言は、「二八日夕刻、渋谷亜北長より在京韓国大ユー書記官に伝えた内容」、「藤尾」韓国文書、一七頁。
(18)同前、一八頁。
(19)「후지오 문부상 발언〈藤尾文部相発言〉」、JAW―三七五五、一九八六年七月二九日付、駐日大使から長官宛て、「藤尾」韓国文書二八〜二九頁。本文中の日付は二七日であるが、内容を読み、二九日であろうと推定した。
(20)「문부상 발언〈文部相発言〉」、WJA―二七〇六、一九八六年七月二九日付、長官から駐日大使宛て、「藤尾」韓国文書、二五頁。
(21)「면담요록〈面談要録〉」、Ⅲ級秘密、一九八六年七月二九日付、「藤尾」韓国文書、三一―三七頁。
(22)「후지오 문부상 발언〈藤尾文部相発言〉」、Ⅲ級秘密、JAW―三八〇五、一九八六年七月 三〇日付、駐日大使から長官宛て、「藤尾」韓国文書、四三―四五頁。
(23)「藤尾」韓国文書、二〇頁。
(24)「보도자료 후지오 일본 문부상 발언〈報道資料 藤尾日本文部相発言〉」、外務部、一九八六年七月三一日付、「藤尾」韓国文書、四八―四九頁。
(25)「藤尾大臣発言」、中国課、一九八六年九月六日付、「藤尾」日本文書。
(26)『サンケイ新聞』、一九八六年九月九日付、「藤尾」日本文書。
(27)「〝放言大臣〟大いに吠える」、『文藝春秋』一九八六年一〇月号、一二五〜一二六頁。
(28)「文藝春秋社とのやりとりの経緯」、秘、作成者および作成年月日不明、「藤尾」日本文書。
(29)「『文芸春秋』誌 藤尾文部大臣発言問題」、極秘、アジア局、一九八六年九月四日付、「藤尾」日本文書。
(30)「藤尾発言(文芸春秋インタヴュー)」、極秘、在韓国大使宛て外務大臣発、一九八六年九月六日、および「藤尾発言（文芸春秋インタヴュー）（ソウルより電話連絡越した内容）」、秘、北東アジア課、一九八六年九月六日付、「藤尾」日本文書、など。
(31)「후지오 발언（藤尾発言）」、Ⅲ級秘密、JAW―四六三一、一九八六年九月六日付、駐日大使から長官宛て、「藤尾」韓国文書、七六〜七七頁。
(32)「면담요록（面談要録）」、Ⅲ級秘密、一九八六年九月六日付、「藤尾」韓国文書、六六〜六七頁。
(33)「(특별보고) 한・일합방과 관련한 후지오 망언에 대한 보고（特別報告）韓日合邦と関連した藤尾妄言に対する報告）」、外務部、一九八六年九月、「藤尾」韓国文書、七〇〜七三頁。
(34)『政策ガイドライン』第一四三号、大臣官房報道課、一九八六年九月八日、二頁、「藤尾」日本文書。
(35)「藤尾発言（文芸春秋インタヴュー）」、極秘、在韓国大使宛て外務大臣発、一九八六年九月七日付、「藤尾」日本文書。
(36)「후지오 문부상 발언（藤尾文部相発言）」、Ⅲ級秘密、AM―〇一〇一、全在外公館長宛て長官発、一九八六年九月八日付、「藤尾」韓国文書、九七〜九八頁。
(37)「후지오 발언（藤尾発言）」、Ⅱ級秘密、WJA―一三三八、駐日大使宛長官発、一九八六年九月八日付、「藤尾」韓国文書、一〇九頁。
(38)「후지오 거취 문제（藤尾去就問題）」、Ⅲ級秘密、JAW―四七〇〇、長官宛て駐日大使発、一九八六年九月八日付、「藤尾」韓国文書、一一二頁。
(39)「内閣官房長官談話」、「藤尾」日本文書。
(40)「フジオ文部相の『文芸春秋』誌とのインタヴュー記事（記者ブリーフ）」、外務大臣宛みかなぎ大使発、一九八六年九月九日付、「藤尾」日本文書。
(41)「후지오 발언（藤尾発言）」、Ⅲ級秘密、JAW―四六六六、長官宛て駐日大使発、一九八六年九月八日付、「藤尾」韓国文書、一〇〇頁。
(42)「후지오 망언（藤尾妄言）」、Ⅲ級秘密、JAW―四六六七、長官宛て駐日大使発、一九八六年九月八日付、「藤尾」韓国文書、一〇一頁。
(43)「フジオ発言（文芸春秋インタヴュー・対韓説明）」、極秘、第二四四二号、外務大臣宛みかなぎ大使発、一九八六年九月八日付、「藤尾」日本文書。

(44)「フジオ発言（韓国側立場）」、秘、第二四五一号、外務大臣宛みかなぎ大使発、一九八六年九月九日付、「藤尾」日本文書。
(45)「社説　藤尾発言は見過ごせない」、朝日新聞、一九八六年九月七日付。
(46)「社説　藤尾文相の罷免は妥当だ」、毎日新聞、一九八六年九月九日付。
(47)「社説　閣僚の資質が問われる藤尾発言」、読売新聞、一九八六年九月七日付。
(48)「社説　外交センスのない政治は国を亡ぼす」、日本経済新聞、一九八六年九月七日付。
(49)「社説　歴史に学ぶ姿勢こそ」、朝日新聞、一九八六年九月九日付。
(50)「社説　外交にもっと歴史の重みを」、毎日新聞、一九八六年九月一〇日付。
(51)「社説　原点に立ち日韓修復を急げ」、読売新聞、一九八六年九月一〇日付。
(52)「社説　日韓関係を揺るぎないものにせよ」、日本経済新聞、一九八六年九月九日付。
(53)「歴史的認識足りない　政権揺さぶり？　罷免は〝大歓迎〟／文相罷免識者の声」、読売新聞、一九八六年九月九日付。
(54)香山健一「藤尾文部大臣を罷免すべし――歪み切った歴史観と愛国心」、サンケイ新聞「正論」原稿、一九八六年九月九日付、「藤尾」日本文書、一七九頁。
(55)梶村秀樹「歴史をねじまげてはいけない　『日韓合邦』の真相」、朝日新聞、一九八六年九月一〇日付夕刊。
(56)上林吾郎「抗議」、一九八六年九月九日付、「藤尾」日本文書。
(57)「抗議に至る背景説明」、「藤尾」日本文書。
(58)報道室「官房長官記者会見記録」、一九八六年九月一〇日付、「藤尾」日本文書、五一～五四頁。
(59)「主張　許されぬ政府の言論介入」、サンケイ新聞、一九八六年九月一一日付。
(60)「『内政干渉』と反発　教科書など対日批判　自民若手が会結成」、朝日新聞、一九八六年八月一日付。
(61)「藤尾氏罷免　自民タカ派が反発」、朝日新聞、一九八六年九月九日付夕刊。
(62)「信念貫いた　藤尾発言　農水省らが評価」、同前。
(63)「『配慮欠けたが勇気ある発言』　藤尾発言で民社委員長」、朝日新聞、一九八六年九月一二日付。
(64)前掲「歴史的認識足りない　政権揺さぶり？　罷免は〝大歓迎〟／文相罷免識者の声」。
(65)「フジオ発言（当国言論とりまとめ）」、秘、第二五一九号、外務大臣宛みかなぎ大使発、一九八六年九月一三日付、

「藤尾」日本文書。

(66) 同前。

(67) 「藤尾大臣発言（中国関係）クロノロジー」、中国課、一九八六年一〇月三日付、「藤尾」日本文書。

(68) 「日本関係〝孤立した現象ではない藤尾発言〟人民日報短評」、「藤尾文相発言（中国の報道ぶり）」、別紙公館長宛外務大臣発、一九八六年九月一一日付、「藤尾」日本文書。中国発外務大臣宛第二七四五号（総番号R一二二二一一三）転電。

(69) 「후지오 발언에 관한 미측입장（藤尾発言に関する米側立場）」、JAW―四六八三、長官宛て駐日大使発、一九八六年九月八日付、「藤尾」韓国文書、一〇四頁。

(70) 「藤尾文相の発言に対する台湾の報道ぶり」、第三七二号、理事長宛台北事務所長発、一九八六年七月三〇日付、「藤尾」日本文書。当該記事は「中国時報」、一九八六年七月三〇日付。

(71) 「藤尾前文相発言に対する当地の反応ぶり」、総第九七七号、理事長宛台北事務所長発、一九八六年九月一六日付、「藤尾」日本文書。当該記事は「中国時報」一九八六年九月九日付。

(72) 「（大臣記者懇談用資料）藤尾大臣発言（文芸春秋インタヴュー）」、取扱注意、アジア局、一九八六年九月六日付、「藤尾」日本文書。

(73) 同前、「藤尾」日本文書。

(74) 「第一〇七回国会衆議院予算委員会会議録」第三号、一九八六年一一月四日付、一七〜一八頁。

(75) 宮田節子「当世学生の朝鮮観――『藤尾発言に思う』早稲田大学の場合」、旗田巍編『朝鮮の近代史と日本』大和書房、一九八六年。

(76) 旗田巍、宮田節子、馬淵貞利「座談会　朝鮮の近代史を見る眼」、前掲『朝鮮の近代史と日本』、二八五頁。

(77) 「〝放言大臣〟再び吠える」、『文藝春秋』一九八六年一一月号、一一七頁。

第三部　「六五年体制」の歴史的空間

第八章　名称の国際政治

戦争と平和条約そして日韓関係㈠

金崇培

はじめに

政治学の定義に関しては多くの見解があるが、分析対象の権力構造を明らかにすることは、政治学の重要な領域の一つでもある。政治学の応用分野である国際政治学は、本格的に二〇世紀に体系化されたものであり、これは主に「戦争と平和」を命題としている。また政治学は国内の政治勢力間の関係または国家間関係だけでなく、経済・社会・文化など多様な領域との学際的研究の必要性も提唱されている。

本稿は、ある政治現象に対し、人間が使用する名称に注目するものである。人間の生活領域だけでなく、高度に抽象的な多くの事象・事物には名称があり、政治現象の名称もやはり人間の観念を通じて、形成され命名される。よって、名称に内在されている権力構造を政治学的な観点から検証し、名称を取り巻く国際環境を歴史的考察が伴う国際政治学によって証左する。特に、本稿は「戦争と平和」という普遍的な問題だけでなく、日韓関係における「植民地」問題の視点を含んでいる。そのため、第二次世界大戦の一部でもあったアジア太平洋戦争を公式的に終了させたサンフランシスコ平和条約に着目する。一九五一年九月に署名され、翌年四月に発効されたこの平和条約によって、日本と韓国は公式的に国交正常化交渉を始めたのであり、その結果、一九六五年に国交正常化を果たした。サンフランシスコ平和条約は、後史の日韓交渉に多大な影響を及ぼしたが、前史という位置付けだけでなく、連動したものとして捉える必要がる。具体的に、サンフランシスコ平和条約と日韓関係における名称を取り上げ、それらを事例として分析する理由は以下の通りである。

第一に、アジア太平洋戦争の敗戦国となった日本と四八か国の連合国が署名したサンフランシスコ平和条約の正式名称は「日本国との平和条約（Treaty of Peace with Japan）」である。この平和条約はサンフランシスコにて締結されたため、一般的にサンフランシスコ平和条約またはサンフランシスコ講和条約とされる。ここで「サンフランシスコ」という地域名称に付随する国際政治の構造を考察することで、この平和条約の含意を明らかにする。

第二に、日韓間での名称の相違である。例えば日本での呼称である「朝鮮半島」、つまり韓国での「韓半島」は一九〇四年または一九一〇年から日本による統治体系に編入され、日本の植民理論の発展により、一九四五年まで植民地として支配された。同じ実体を意味しながらも、今現在においても日韓両国では「朝鮮半島」と「韓半島」のように名称が異なっている。他にも、韓国で「六・二五戦争」または「韓国戦争」と呼ばれる一九五〇年六月二五日に勃発した戦争が、日本では「朝鮮戦争」といわれる。当時日本では「朝鮮動乱」、「朝鮮事変」、「朝鮮戦乱」とも言われたが、これらに共通するのは「朝鮮」である。異なる言語を持つ国家において、ある特定の事象・事物に対する名称の相違があることは当然だ。しかし、これらの名称は単なる言語的相違性ではなく、日韓関係に内在する政治力学を有している。

第三に、アジア太平洋戦争とサンフランシスコ平和条約が、国際政治学の「戦争と平和」を命題とするならば、日韓関係の事例は「植民地」に対する問いでもある。ここで、「戦争と平和、そして植民地」という命題を設定する必要がある。戦争を公式的に終了させたサンフランシスコ平和条約には「朝鮮」という名称が規定されている。サンフランシスコ平和条約と日韓関係間における名称を考察することは、個別事例として名称の意味を確認することと同時に、これらの事例が連携したものであり、まさに日韓関係の複雑性を表象しているためである。

一　サンフランシスコ平和条約の名称

ある特定の戦争名称の定着は、多くの名称の中から、より多数の人間による認識によって採択され、保存される。(2) 物理的な暴力行使による戦争には名称や勃発年度が存在する一方で、平和には名称や持続期間があるとは言えない。「平和条約」は、抽象的な「平和」の概念に含まれる多くの要件を完全に充足できないが、戦争を公式的に終わらせ、戦争がない状態だけでなく、条文化によって戦後秩序の規範を創出する。平和条約に対する省察は、戦争の意味を再確認する観点をもたらす。

歴史的に全ての戦争は、平和条約の締結によって終了したわけではないが、二〇世紀前半までを振り返ると、多くの戦争が平和条約によって公式的に終結されている。クインシー・ライト（Quincy Wright）の戦争に関する統計を参考にすると、名称がある平和条約の存在を確認することができる。戦争の回数と平和条約の関係性を年代別にみると、一四八〇～一六〇〇年までに勃発した六三の戦争に対し一三の平和条約、一六〇〇～一七〇〇年における七七の戦争に対し、三三の平和条約、一八〇〇～一九〇〇年における九七の戦争に対し五八の平和条約、そして一九〇〇～四一年においては二九の戦争に対し二三の平和条約が締結された。(3)

平和条約の歴史では、言語も大きな意味を成している。スペイン継承戦争の平和条約であった一七一四年のラシュタット平和条約以降、ヨーロッパの平和条約の文書はフランス語を公式言語とする慣行があったが、一九一九年に締結されたヴェルサイユ平和条約はフランス語と英語を公式言語とした。それは、第一次世界大戦とヴェルサイユ平和条約における米国の台頭を意味した。ヴェルサイユ平和条約のフランス語名称は、Traité de paix entre les Alliés et les Puissances associées et l'Allemagne であり、英語表記では、Treaty of Peace between the Allied and Associated Powers and German である。(4) ヴェルサイユ平和条約の正式名称は戦争当事国の名称を並列しているが、他の平和条約と同様に、一般的には都市名が表象的に使用されている。戦争の名称に比べると、平和条約の名称を取り巻く政治学的論争は、ほぼ皆無である。ただし戦争当事国を明記している正式名称があるにもかかわらず、地域または都市名をもって呼称することは、どのような戦争を終わらせた平和条約なのか、戦争と平和の関係性が希薄になる可能性もある。

ここで、平和条約の名称として使用される地域や都市名の意味を考える必要がある。第一次世界大戦で連合国はドイツとの戦争を終結させるため、一九一九年一月一八日からパリ講和会議を開催した。この会議は主にフランス外務省にて行われ、時には米国代表団の宿舎であったホテル（Hotel de Crillon）で論議されたが、平和条約は六月二八日にヴェルサイユ宮殿にて締結された。これは普仏戦争（一八七〇～七一年）の結果に起因したものであった。フランスを圧倒した戦勝国プロイセンの皇帝ヴィルヘルム一世はヴェルサイユ宮殿で戴冠式を行い、ドイツ帝国の成立を宣言した。一八七一年二月ヴェルサイユでの仮条約を経て、五月にフランクフルト平和条約が締結された。この平和条約によってドイツはフランスに五〇億フランの賠償金を要求し、アルザス＝ロレーヌ地域を獲得した。これによりフランスではドイツに対する「報復主義（Revanchism）」が高揚した(5)。一九一九年ヴェルサイユ宮殿におけるヴェルサイユ平和条約の署名は、過去に対するフランスの記憶と経験が作用した。一八七一年当時、フランスの下院議員であったクレマンソー（Georges Clemenceau）は一九一九年にフランス首相として他の連合国のリーダーよりも、ドイツに対し厳しい処置を望んでいた。ヴェルサイユ平和条約はドイツに対し過酷で懲罰的であるという評価が一般的であるが、これは「ヴェルサイユ」という名称自体がすでに「報復」の意味を含んでいた。そのヴェルサイユ平和条約は、第一章に国際連盟規約を規定することで、国際連盟の法的根拠ともなった。

ヴェルサイユ平和条約が国際連盟規約を包摂したならば、一九五一年に署名されたサンフランシスコ平和条約は、一九四五年六月二六日に採択された国際連合憲章ならびに一〇月二四日から活動を始めた国際連合を前提とした(6)。サンフランシスコ平和条約の前文には「日本国としては、国際連合への加盟を申請し且つあらゆる場合に国際連合憲章の原則を遵守」することが規定された(7)。それだけでなく、前文には国連憲章第五五条および五六条に対する日本の意思を確認した。したがって、サンフランシスコ平和条約誕生の決定的瞬間は一九五一年ではあるが、第二次世界大戦の渦中に採択された国連憲章がサンフランシスコ平和条約に投影され、日本の国際主義の志向性を規定したのだ。国連憲章は一九四五年四月二五日から六月二六日まで、五〇か国の連合国が結集したサンフランシスコ会議にて採択された。この会議の正式名称は「United Nations Conference on International Organization」である。国連憲章ならびに国連の創立は第二次世界大戦期における大西洋憲章（一九四一年）、連合国共同宣言（一九四二年）、モスクワ宣言（一九四三年）、テヘラン宣言（一九四三年）、ダンバートン・オークス会議（一九四四年）、ヤルタ会談（一九四五年）などの内容と宣言文により、段階的に立案されていき、最終的にサンフランシスコ会議にて採択された。(8)

このような一連の趨勢がサンフランシスコにて決定されたことについては、米国務長官であったエドワード・ステティニアス（Edward Stettinius Jr.）の提言を参考にすることができる。米国が主導した国連憲章は、米国内にて採択することが決定されてはいたが、その候補地としてアトランティックシティ、ニューヨーク、フィラデルフィア、シカゴ、マイアミなどが挙げられていた。ステティニアスは施設や保安、そして南米各国、フィリピン、中国、ニュージーランドやオーストラリアなどが集結できる交通の問題を総合的に判断し、サンフランシスコを選択した。そしてマーシャル（George Marshall）と相談した後、ルーズベルト（Franklin D. Roosevelt）に進言した。ドイツの降伏を予見していたステティニアスは、日本との戦争のためにも、サンフランシスコから世界に明確なメッセージを伝えることを試みた。(9) 大西洋でなく、太平洋を臨むサンフランシスコは「アジア太平洋戦争」という戦争の名称があるように、「アジア」を構成している諸国には、地政学的アプローチが比較的容易でもあった。そしてステティニアスがドイツと日本を念頭に置いたのと同様に、国連憲章には「敵国条項」が規定された。(10) サンフランシスコにて採択された国連憲章は、戦争を終結させる平和条約ではなかったが、第二次世界大戦の間に連合国と戦争を遂行していた枢軸国の存在を意識し、同時に戦後秩序を設計した国際条約であった。四月一二日ルーズベルトが急死したが、米大統領に就任したトルーマンも、サンフランシスコ会議が予定通り行われ、国連に対する米国の支持に変化がないことを表明した。そして六月二六日に国連憲章はサンフランシスコにある戦争記念館（War Memorial Opera House）にて署名された。六年後にサンフランシスコ平和条約が署名された同じ場所であった。

一九五一年初、対日講和条約を締結する候補地として、当時のメディアではホノルル、ワシントンやバギオ、キャンベラなどが挙げられたが、東京が最も有力であった。しかし、米国では、東京での署名が敗戦国である日本国民を刺激するという慎重論があった(11)。最終的に対日講和条約の署名をサンフランシスコで行うことを決定したのは、一九五〇年四月に米国務省顧問に就任したジョン・フォスター・ダレス(John Foster Dulles)であった。一九世紀末、各国の大使や国務長官を歴任した外祖父ジョン・ワトソン・フォスター(John Watson Foster)の名を継承したダレスは、米国が戦後占領した国家の首都である東京や、日本が攻撃した真珠湾を連想させるハワイでの平和条約署名が、「和解の条約」として適切でないとした。ダレスは、米国の伝統的外交精神でもあるキリスト教主義者であり、冷戦期においては強力な反共主義者として登場していた(12)。ダレスは中国大陸の共産化によって日本を重視し始め、対日講和が「和解の講和(peace of reconciliation)」でなければならないという認識を有していた(13)。一九一九年ヴェルサイユ平和条約の作成に関与し、一九四五年のサンフランシスコ会議に参加、そして国連憲章作成にも携わったダレスは、国連が米国の「外交政策の礎石」と成り、またそうでなければならないとした(14)。サンフランシスコは日本人移民の歴史があり、国連憲章が採択された場所であること、そして多くの諸外国を招請することができる交通網を擁していた。

サンフランシスコ平和会議の開催は、日本の主権回復と平和を宣言するものであったが、朝鮮戦争の最中でもあったという時間軸は、東アジアにおける戦争と平和の重層性を表すものであった。朝鮮半島での戦争が、第三次世界大戦として発展することを憂慮した連合国最高司令官リッジウェイ(Mathew Bunker Ridgway)は、ソ連が北海道を奇襲する可能性を排除してはいなかった。朝鮮戦争の拡大が日本に及ぶことを念頭に置いていたリッジウェイは、平和会議に出席する吉田茂の滞在が短期でなければならず、万一の場合に備え、吉田が即時に帰国できるようサンフランシスコに特別機を配置するよう米政府に伝えていた(15)。

戦争の様相を把握するために、戦争がいつ、どこで始まったのか、戦争の名称に対する考察は必要不可欠である。[16] 一方で、戦争を正式に終結させる平和条約が署名された地域または都市の名称は、平和条約に内在している権力構造を再確認させるものである。一九五一年九月四日から八日まで開催されたサンフランシスコ平和会議の初日、米国務長官アチソン（Dean Gooderham Acheson）は会議の開催を宣言した後、平和祈願のための黙祷を行った。アチソンに続きサンフランシスコ市長であるロビンソン（Elmer Robinson）は、六年前に行われた「当市」の「この建物」で誕生した「国際連合の発祥地」において、「主権国家の社会へ日本を復活させるために会同」していることを述べた。そしてサンフランシスコとは、「各国民、各種族の男女によって建設された社会」であり「友愛的理解及び相互的尊敬の精神」を有した「社会」であるとした。つまり、ロビンソンは「米国の伝統的門戸である」サンフランシスコの権威を高めた。[17] トルーマンも国連憲章とサンフランシスコ平和条約を関連付け、日本国民が国際連合の加盟国の基本的義務である不侵略と紛争を平和的に解決し、平和を維持しようとする国連の努力を説明した。[18]

ヴェルサイユ平和条約が敗戦国ドイツに「過酷」であり、サンフランシスコ平和条約が日本に対し「寛大」であったという主張には妥当性がある。ただし、過酷と寛大という対義的観念とは別に、ヴェルサイユの名称には「報復」があり、サンフランシスコの名称には「和解」が含まれている。九月五日、ダレスはサンフランシスコ平和条約が「戦争―勝利―平和―戦争という悪循環を破壊する第一歩」であり、「復讐の講和」でなく、「正義の講和」を成し遂げるものであるとした。戦勝国による和解の言及は、敗戦国も評価できるものであった。七日に行われた吉田による平和条約の受諾演説は次のような言及から始まった。

> ここに提示された平和条約は、懲罰的な条項や報復的な条項を含まず、わが国民に恒久的な制限を課することもなく、日本に完全な主権と平等と自由とを回復し、日本を自由且つ平等の一員として国際社会へ迎えるものであります。この平和条約は、復讐の条約ではなく、「和解」と「信頼」の文書であります。日本全権はこの公平寛大なる平和条約を欣然受諾致します。[19]

サンフランシスコ平和条約により主権を回復した日本の外交方針は、国連の一員となることであった。吉田は新生日本の登場を宣言し、同時に国連憲章とサンフランシスコ平和条約の関係性を次のように述べた。

日本は一八五四年アメリカ合衆国と和親条約を結び国際社会に導入されました。その後一世紀を経て、その間二回にわたる世界戦争があつて、極東の様相は一変しました。六年前に桑港に誕生した国際連合憲章の下に数多のアジアの新しき国家は相互依存して平和と繁栄を相ともに享受しようと努力しています。私は国民とともに対日平和条約の成立がこの努力の結実のひとつであることを信じ、且つ、あらゆる困難が除去されて日本もその輝しい国際連合の一員として、諸国によつて迎えられる日の一日も速からんことを祈つてやみません。何となれば、まさに憲章そのものの言葉の中に新日本の理想と決意の結晶が発見されるからであります。[20]

吉田はこの受諾演説において、ソ連が千島列島を占領していることに不満を表し、一九世紀の旧ロシア帝国が南下していったことと同様に、今日も「同じ方向」から来る「共産主義の脅威」としてのソ連を批判した。また、インドやビルマの平和会議への不参加、そして統一中国の代表がこの会議に参加できなかったことを惜しみながらも、「共産主義的の圧迫と専制を伴う陰険な勢力が極東において不安と混乱」を拡大しているとし、朝鮮戦争を暗黙裡に表現した。しかし、吉田の演説に「朝鮮」に関する明示的語句は言及されなかった。

二　大韓帝国、大韓民国臨時政府、大韓民国の名称

「大韓民国」という名称は、日本の存在と無関係ではない。一八九七年、高宗は自ら皇帝となり、「朝鮮」

の国号に代え、「大韓帝国」という国号を宣言した。「大韓」とは古代の「馬韓」、「辰韓」、「弁韓」を統合する「三韓」であり、これを治める「大きな韓」を意味した。(21) しかし、大韓帝国は、一九〇四年から一九一〇年まで、日本との垂直的ないくつかの条約によって、主権を喪失するに至った。それだけでなく、大韓帝国は条約締結の当事国でなかったとしても、日本と西洋諸国の条約や協定によって、主権に対する封鎖的な影響を受けた。大韓帝国の「主権力」は、他者による「周辺権力」によっても包囲・縮小された。(22) 韓国併合条約には大韓帝国を「韓国」として明記しているが、「朝鮮」という名称はない。しかし、この条約と同日に発効された「韓国ノ国号ヲ改メ朝鮮ト称スルノ件」という日本の勅令が、「大韓帝国」を「朝鮮」とした。

韓国併合条約の法的有効・無効性に関しては、現在においても論争がある。(23) しかしいずれにしても、一九一〇年から一九四五年まで、日本の学界では朝鮮半島／韓半島を地域として「朝鮮」と表記する。一方、韓国の学界では「韓国」、時には「朝鮮」と表記することもあり、日本による統治期間という時間に焦点を合わせたものとしては「日帝強占期」を使用している。法的問題にかかわらず、大韓帝国に対する事実上の日本の直接統治が始まったのであり、これが植民地として帰結した。日本の大韓帝国に対する「併合」は「廃滅」を意味した。(24) ただし、重要な点として朝鮮（一三九二〜一八九七）とは異なる朝鮮（一九一〇〜四五）が登場したということだ。一九〇〇年八月八日付の『皇城新聞』には「韓半島」という名称が記載されている。(25) 同時代の日本でも「韓半島」は、使用されていた。一九〇九年、外相の小村寿太郎が首相である桂太郎に提出した文書は、外務省政務局長である倉知鉄吉が作成したものである。その文書には、当時日本で使用されていなかった「併合」という用語が考案されたものであり、「韓半島」という地域呼称が使用されていた。

韓半島ニ於ケル我カ実力ヲ確立シ併セテ韓国ト諸外国トノ条約関係ヲ消滅セシムル為メ適当ノ時機ニ於テ韓国ノ併合ヲ断行スヘキコトハ曩ニ廟議ニ於テ決定セラレタル所ナリ(26)

一九一〇年の文書である「日韓条約締結ノ一件」において、「大韓帝国」という名称よりは、その略称である「韓国」が最も使用されており、時には「朝鮮」もまた混用されていた。そして「半島」、「韓半島」という名称は記載されているが、「朝鮮半島」という名称は見受けられない。[27]

ただし、大韓帝国が主権を喪失した一九一〇年以降、「韓国」という名称を使用した独立運動家（光復運動家）がいた一方で、「朝鮮」を使用した者もいた。相対的に短期間であった大韓帝国の歴史に比べ、五〇〇年続いた「朝鮮」という名称は、すでに親和性と浸透性が蓄積されていた。しかし「大韓」や「韓国」という名称が消滅したわけではなかった。一九一四年、第一次世界大戦[28]が勃発した直後、申圭植は『韓國魂』を脱稿した。後日、大韓民国臨時政府の法務総長、国務総理兼外務総長を歴任することになる申圭植は、臨時政府と中国との持続的な関係性を築いた人物でもある。[29]「大韓」を強調する申圭植は、国を立ち上げるために重要なものが、国の大きさではなく、「精神」であるし、自身の著作である『韓國魂』の題名を次のように説明した。

たとえ我らの心が未だ死んではいないなら、たとえ地図がその色を異なるものとしても、歴史がその称号を変え、大韓が滅んだとしても、我らの心の奥にはひとつの大韓があり、我らの心がまさに大韓の魂である。[30]

一九一九年一月、パリ平和会議が開催され、新しい国際秩序の形成期でもある四月に誕生した大韓民国臨時政府は、高宗が命名した「大韓」を継承した。専制君主制であった大韓帝国に対し、大韓民国臨時憲章第一条は「大韓民国は民主共和制」であることを明記したように、君主制を拒否した。[31]当時、「大韓民国」という名称は申錫雨の「動議」と李漢根の「提請」によって可決された。[32]ただし、「大韓民国」という国号の実質的な主唱者は、趙素昂であった。[33]また、大韓民国臨時憲章の作成においては、「大韓帝国」の「大韓」が日本によって「奪われた国号」であるため、日本から「再び取り返す」ことで、「独立したという意義を活かすべき」という議論が交わされた[34]。一九一九年大韓民国臨時憲章は、その基本精神と条文の規定された運用法理もまた、後に公布された一九四八年の大韓民国憲法に影響を与えた[35]。

一九四八年七月十七日、憲法起草委員会にて国家名称に関する評決が行われた結果、「大韓民国」が一七票、「高麗共和国」が七票、「韓国」が一票により、「大韓民国」が国号として決定された[36]。憲法起草委員会にて「大韓民国」の国号を進言する理由の中には、「大韓帝国」が日本によって主権を喪失したため、過去との連続性、つまり「大韓」を継承することで、「日本に賠償を請求」することが有利になるという論理があった[37]。その後の制憲国会でも、国号を取り巻く論争はあったが、曺國鉉議員は「大韓」を国号に含む理由を、「光複」とは「異民族」から「主権」を取り戻すことであり、「大韓」がそれを証明するものであるとした[38]。これに伴い、一九四八年七月一七日、大韓民国憲法（制憲憲法）が制定された。

一九八七年に改憲された韓国の現行憲法の前文には、「大韓民国臨時政府の法統」を大韓民国が継承するという文言があるが、一九四八年の憲法前文では、「大韓國民は己未三一運動にて大韓民國を建立」とされた。一九四八年憲法の作成に大きく関与した兪鎮午が、憲法起草委員会に提出した試案は、いくつかの論議によって、政府形態などが変更されたりはしたが、その試案内容の多くが一九四八年憲法の前文に反映された[39]。後日、兪鎮午は自身の著作で、一九四八憲法の前文に関する説明を行っている。それによると、憲法を制定し樹立した大韓民国政府は「己未年」、つまり一九一九年に樹立した「大韓民国臨時政府を継承し再建すること」を宣言したものであるとした[40]。たしかに兪鎮午は、試案において、国号を「朝鮮」としたり、国民を「人民」とする用語を使用していた[41]。しかし、一九四九年に発表した『憲法解義』において明確に、臨時政府と大韓民国政府との連続性を強調した[42]。

一九四八年五月一〇日、国連の監視下において単独選挙を行い、八月一五日に大韓民国の樹立が宣言された。そして対外的には、一九四八年一二月一二日、パリのシャイヨ宮（Palais de Chaillot）での国連総会において、賛成四八票、反対六票（ソ連の三票、チェコスロバキア、ポーランド、ユーゴスラビア）、棄権一票（スウェーデン）の結果、決議一九五号（Ⅲ）によって国際的承認を得た。大韓民国の名称において、特に「大韓」とは、一九一九年の「大韓民国臨時政府」だけでなく、その根幹は「大韓帝国」にあった。「大韓帝国」と「日本」から派生した「日韓関係」の力学は、「大韓民国」として帰着した。「大韓民国」という名称には、韓国の主権認識の歴史が内在している。

三　コリア、朝鮮、韓半島の名称と実体

戦争を公式に終わらせる平和条約の目的は、戦争が起きた原因の解決、将来における当事国が再び武力行為に依存しない条件を規定すること、そして戦争の勝敗を明確にし、法制化を規定することである。[43]また、平和条約の辞書的な意味合いは「戦争の終了、平和の解決を宣言することと同時に、講和の条件、つまり領土の割譲や賠償金を支払いなどが規定され、その履行を確保する担保手段を決定」する。[44]

サンフランシスコ平和条約は、日本によるアジア太平洋戦争を公式的に終了させ、連合国と日本間の「平和」を宣言した。この平和条約第一条（ａ）項にあるように「日本国と各連合国との間の戦争状態」はこの平和条約が「批准」されることで「終了」し、（ｂ）項にて、「連合国は、日本国及びその領水に対する日本国民の完全な主権を承認する」とした。しかしサンフランシスコ平和条約は、日本の主権だけでなく、「大韓民国」の主権との関連性を想起させるものである。英語、フランス語、スペイン語、そして日本語を正文とする平和条約の第二条（ａ）項は次の通りである。

日本国は、朝鮮の独立を承認して、済州島、巨文島及び鬱陵島を含む朝鮮に対するすべての権利、権原及び請求権を放棄する。（傍線は筆者）

日本語での「朝鮮」とは、英語で「コリア（Korea）」と規定された。一九五二年四月、サンフランシスコ

平和条約の発効まで、日本が「コリア」または「朝鮮」に対し、領土的な主権認識を有していたという論理がある。つまり、日本は一九四五年八月にポツダム宣言を受諾したが、この時日本が有していた外地に対する主権がすぐさま喪失したという法的効力が発生したのではなく、平和条約発効によって法的影響が生じたという解釈だ。米国務省でも、一九四五年直後「コリア」に対し「日本の既存主権（former sovereignty）」があるとし、公式的な条約によって規定することによって移譲が可能だとした。一八九八年の米西戦争の結果、戦勝国米国はスペインが保有していた植民地に対する主権が、平和条約を結ぶことで移譲されるという原則をとった[45]。日本は一九五二年のサンフランシスコ平和条約発効まで、「朝鮮」に対する主権変更に否定的であったこと、つまり「朝鮮」に対する統治権ではない「領土主権」としての「残余主権（residual sovereignty）」を有していたということだ[46]。

ほかにも米国が主導したこの平和条約第二条を「日本は韓国の独立を承認し、韓国に対して国際法上、有効的に主権を獲得したことを前提とした」とする論理がある[47]。一方で、平和条約を通じて、韓国は日本から分離し、独立したという論調を批判しながらも、それは一九四八年には既に韓国が主権国家となったためという見解がある[48]。これは、サンフランシスコ平和条約が韓国の主権に与える影響を否定しているが、平和条約を通じて韓国が日本から分離・独立したという説を前提としている。

ここで、一九四八年における大韓民国の誕生とサンフランシスコ平和条約との関係性を再考察する必要がある。一九五一年四月二三日、吉田茂はダレスとの会談において、米国側に「韓国政府の平和条約署名に関して」という文書を渡した。この文書は日本政府が作成したものであり、文書に「和文原案」という表記があるように、日本語による文書を優先しなければならない。この文書では次のような内容が記されている。

韓國は、「解放民族」（一九四八年六月二一日ＳＣＡＰ覚書は、Special Status Nations とする）であって、日本に対しては、平和條約によって始めて独立國となるものである。日本と戰爭狀態にも交戰狀態にもなく、從つて、連合國と認められるべきでない。韓國が條約署名國となれば、在日朝鮮人が連合國人として、平和條約の規定によつて、その財產の囘復、補償等について、權利を取得し、これを主張してくる。現在でも百万近く、終戰当時には百五十万に垂んなんとした朝鮮人がかような權利を主張してくるとすれば、日本政府としては、殆んど耐えることのできない負担を負うこととなるであろう。しかも、これら朝鮮人の大部分が、遺憾ながら、共產系統である事實も、また、考慮にいれなければならない。

日本政府としては、平和條約には朝鮮に対する一切の權利、權原及び請求權を放棄すること（米案第三章領域、第三）の外、韓國の独立を承認する文言を挿入し、かくして、日本に対する關係において法的に独立國家となつたことを規定しておき、しかして、朝鮮動乱が解決し、半島における事態が安定した後に、日韓間の關係を平和條約の諸原則の則つて解決するため別に協定することが最も現實的であると考える。[49]（傍線は筆者）

先行研究では、この文書が平和条約の署名国から韓国が除外された要因の一つとして捉える傾向がある。[50]日本政府は「韓国」が平和条約の署名国になれば、日本国内にいる「在日朝鮮人」が「連合国人」になることを憂慮した。当時の在日朝鮮人の多くが「共産系統」であるという日本政府の認識である。[51]この内容と見解に関して、ダレスは日本に明確な回答を行っていない。[52]

しかし、ここで指摘されるべき点は、韓国に対する日本の主権認識である。米国の平和条約草案と同様に、日本は「朝鮮」に対する全ての権利の放棄に同意した。問題は日本の主張が「朝鮮」でなく、「韓国の独立」にあることである。これは「日本に対する関係」と限定されているため、「日本は韓国の独立を平和条約を通じて認める」と解釈できる。日本は平和条約の発効により、韓国が独立国家となることを認める内容を規定することによって、日韓関係を成立させようとした。

韓国の独立と平和条約に対する日本政府の見解は、複雑な様相を帯びている。一九五一年一〇月、国会で平和条約に関する審議が行われた。吉田内閣の外務政府次官である草葉隆圓は、平和条約に規定された「朝鮮の独立を承認する」という文言が、南北朝鮮のどちらを明確に指し示すものでないとした。しかし、民主的な選挙を通じて樹立した大韓民国は国連の承認を得たため、「朝鮮の政権」に対する日本の方針は大韓民国とする論理を示した(53)。

サンフランシスコ平和条約誕生の多大な貢献者であったダレスを筆頭とする米国案には、「コリア」が表記されていた。この「コリア」は基本的に国連総会において承認された「大韓民国」と捉えることもできるが、一九五一年一月当時、ダレスには「コリア」が共産化されるという認識もあった(54)。朝鮮戦争の情勢が不透明な中で作成された平和条約は、結果的に「コリア」が「大韓民国」と北朝鮮のどちらの独立を意味したのか、確定されなかった(55)。つまり依然として、「コリア」が国家名称なのか、または地域名称なのか明確ではなかった(56)。

「コリア」を取り巻く名称と実体の把握には、難しさが伴う。ただし平和条約を含め、条文の解釈は「あるがままの解釈」が最も優先されるべきであり、また、特定の用語が意味するところを捉える必要がある(57)。一九五一年九月五日、平和会議において、ダレスは平和条約の意味の説明を行った。ダレスは、「コリア」という名称を使用しながらも、別途に「大韓民国（Republic of Korea）」を述べることによって、二つを切り離した。ダレスは、戦争で多くの「コリアン（Korean）」が日本と戦ったが、「コリア」は承認された政府でなく、現在の「コリア」は「半自由（half free）」、「半独立（half independence）」であると述べた。また、ダレスは「コリアにある日本の財産の相当部分は、大韓民国（Republic of Korea）に帰属させること」とした(58)。これらの言及から、ダレスが使用する「コリア」とは「朝鮮半島／韓半島」と捉えることができる。朝鮮戦争の開戦直前に出版されたダレスの『戦争か平和か（War or Peace）』でも、「コリア」において南朝鮮（「South Korea」）が「合法政府であり唯一の政府」と強調していた(59)。ダレスは、一九四八年一二月一二日、大韓民国の国際的な承認が採択されたパリでの国連総会に出席しており、その時に、大韓民国の承認を妨げる共産主義国家を批判していた。よって、ダレスにおいて「コリア」と「大韓民国」は異なる名称と実体であった。「コリア」が地域名称、つまり「朝鮮半島／韓半島」であるならば、その地域で合法政府として国連から認められた大韓民国は、サンフランシスコ平和条約に規定された「コリア／朝鮮」に存在した主権国家であった。

以上の議論から、次のことがいえよう。日本は平和条約に、「コリア」または「朝鮮」でない「韓国（大韓民国）」の独立を規定しようとした。しかし平和条約第二条の「コリア／朝鮮」が意味するところは主権国家大韓民国でなく、地域名称である「朝鮮半島」であった。そして米国をはじめとする連合国が「コリア（朝鮮半島）」の独立を認めるのではなく、「コリア（朝鮮半島）」の独立を「日本が公式的に承認」しなければならない。つまりこれは、一九四八年に主権国家となった韓国ではなく、植民地を経験した地域名称である「コリア／朝鮮」が、日本から分離・独立することを日本が公式に承認することを平和条約を通じて行ったということだ。韓国はすでに一九四八年八月に対内的主権を宣言し、一二月に対外的主権が認められた。よって、サンフランシスコ平和条約が主権国家である大韓民国の独立を認定したのではなかった。時系列からみても、アジア太平洋戦争の敗戦国となった日本の主権は、一九四五年から一九五二年の平和条約の発効までは「停止状態」であった。

一九五二年に発効した平和条約と日韓間の関係とは、平和条約によって「コリア／朝鮮」の独立が国際的に承認されたのではなく、むしろ平和条約によって主権を回復した日本が、一九四五年から一九五二年までに独立した国家を承認できる権利を有することになった。その点から、日本は一九五二年四月の時点において、一九四八年に独立した主権国家である韓国を認定できる通常国家となった。平和条約の発効日、外務省は日韓交渉の予備会談を行っていた駐日韓国代表団に「口上書（note verbale）」を通達した。その内容は、平和条約の発効によって、日本が大韓民国と同様の地位と特権を有するようになったという「相互認定」であった。韓国代表団も、これを受諾するとした[60]。既に主権国家であった韓国の問題でなく、平和条約によって主権を回復した日本が、韓国と同等の主権国家となったとした。

一九六五年、日韓基本条約によって日本と韓国は国交正常化を果たした。これを「一九六五年体制」ともいう。ただし、この政治学的概念名称が成立するならば、必要条件として「一九四八年体制」と「一九五一年体制」を指摘する必要がある。日韓基本条約前文には「千九百四十八年十二月十二日に国際連合総会で採択された決議第百九十五号（Ⅲ）」と「千九百五十一年九月八日にサン・フランシスコ市で署名された日本国との平和条約の関係規定」とあるためである。この国際条約は、正文を日本語、韓国語、英語としており、「解釈に相違がある場合には、英語の本文による」とされている。第三条の英文は次の通りである。

It is confirmed that the Government of the Republic of Korea is the only lawful Government in Korea as specified in the Resolution 195 (III) of the United Nations General Assembly.（傍線は筆者）

「コリア」と規定された部分は、日本語では朝鮮半島ではなく「朝鮮」であり、韓国語では「韓半島」であった。

おわりに

多くの事象や事物の名称は、人間によって決定され成立する。時に、名称は時間の経過によって変化することもある。たとえば、日本が掲げた「大東亜戦争」という大日本帝国のイデオロギーが表出していた戦争の名称は、戦後米国が提唱する「太平洋戦争（Pacific War）」として一般化された。しかし、この戦争は太平洋を挟んで行われた日本と米国の戦争だけでなく、すでにアジア大陸においても戦争が行われていたという事実が、日本の研究者による「アジア太平洋戦争」という名称の使用へと繋がった。既に定着している名称を、現代的視点から修正すべき、ということではない。ただし、最小限の政治学的考察は、名称に内在している権力構造、そして思想や歴史を明らかにするところにある。本稿は、サンフランシスコ平和条約や朝鮮半島など、日韓関係に関する名称の意味を考察した。

まず、戦争の名称とは異なり、平和条約には正式名称が存在しているにもかかわらず、地域名称が使われる。そのような名称もやはり人間の意図や国際政治の力学が働いていた。一九四五年の国連憲章と一九五一年の平和条約は、ともにサンフランシスコで採択されたものであり連動している。憲章は枢軸国と対立していた連合国による国際条約であり、新しい国際主義をサンフランシスコにて標榜した。そしておよそ六年後に署名されたサンフランシスコでの平和条約は、連合国と日本との「和解」を創出した。

次に、大韓帝国から派生した名称の中で、特に「大韓」は、一九一〇年以降の日本と無関係ではなかった。韓国併合条約により、完全に大韓帝国が主権を喪失し、そして名称は「朝鮮」という地域名称となった。しかし、一九一九年大韓民国臨時政府の樹立、一九四八年大韓民国の樹立においても、過去の大韓帝国と日本との関連性が取り上げられた。国家の名称は、その国のアイデンティティを共有している複数の人間により決定される。しかし、少なくとも大韓民国という名称において、日本の存在は小さくない。

最後に、アジア太平洋戦争の参戦国として認められなかった大韓民国は、サンフランシスコ平和条約の署名国となることができなかった。しかし、それにもかかわらず戦争当事国間の和解を可能にしたこの平和条約に「コリア／朝鮮」が規定されたのは、日本に対する戦後処理の一環からであり、「植民地」の民族自決を優先したものではなかった。「コリア／朝鮮」に関して先行研究では、地域名称や国家名称、または日本の主権との関連性から、多くの見解が提示されたが、「コリア／朝鮮」という名称は、韓国の観点からは「韓半島」を意味していた

日韓関係の国際政治学において、「日韓」とは大韓民国が誕生した一九四八年以降の日本と韓国の関係を意味するが、同時に「大韓帝国」の時期まで遡及せざるを得ない両国の歴史は、現在日韓関係を研究するにあたり考慮すべき「名称の国際政治」の問題でもあり、究極的には「主権」の変遷を意味している。

（注）

（1）本章は、『한국정치학회보（韓国政治学会報）』第五一集二号、二〇一七年で公表したものを一部改訂したものである。

（2）김명섭〔金明燮〕「전쟁명명의 정치학――아시아・태평양전쟁과 6・25전쟁〔戦争命名の政治学――アジア・太平洋戦争と六・二五戦争〕」、『한국정치외교사 논총〔韓国政治外交史論叢〕』第三〇集第二号、二〇〇九年。

（3）Quincy Wright, *A Study of War* vol. 1, Chicago 1942.

（4）一九二〇年に日本で命名されたヴェルサイユ平和条約は「同盟及連合國ト獨逸國トノ平和條約」である。

（5）John Lowe, *The Great Powers, Imperialism and the German Problem, 1865-1925*, London; New York 1994, 60-63.

（6）日本からすれば「国際連合」という名称にも意味がある。国際連合（United Nations）という名称はルーズベルトが命名した。これは枢軸国と戦闘を行っていた連合国の総称でもあった。Cordell Hull, *The Memoirs of Cordell Hull* vol. 2, New York 1948, 1225. United Nationsをそのまま翻訳する場合、「連合国」であり、中国では「联合国」と表記している。しかし日本の場合、一九二〇年に創立した「League of Nations」を「国際連盟」としたため、その延長線上から一九四五年の国際機構を「国際連合」とした。また連合国が「United Nations」を主導したため、これらと戦争関係にあった日本の立場からは、この名称を受け入れがたいところもあった。『朝日新聞』二〇一三年六月一九日付。「国際連合」という名称は韓国でも通じる。韓国外交部のウェブサイトには「国際連合」と「UN」の両表記があるが、外交部から刊行された条約集には「国際連合」という名称が使用されている。

（7）国連憲章第五五条には、「人民の同権及び自決の原則の尊重に基礎をおく諸国間の平和的且つ友好的関係に必要な安定及び福祉の条件を創造する」とあり、五六条は「すべての加盟国は、第五五条に掲げる目的を達成するために、この機構と協力して、共同及び個別の行動をとることを誓約する」となっている。この時点では、日本は国連加盟国ではなかったが、すでに国連の原則に沿うようになっている。

（8）国連憲章に関する詳細な研究としては、Ruth B. Russell, assisted by Jeannete E. Muther, *A History of the United Nations Character: The Role of the United Nations, 1940-1945*, Washington, D.C. 1958.

（9）Edward R. Stettinius, Jr.; edited by Walter Johnson, *Roosevelt and the Russians: The Yalta Conference*, Garden City, N.Y. 1949, 204-207.

（10）国連憲章第五三条、一〇七条および第七七条の一部。

（11）細谷千博『サンフランシスコ講和への道』、中央公論社、一九八四年、二五八頁。

（12）김숭배〔金崇培〕「존 포스터 덜레스（John Foster Dulles）의 신념과 한・일관계의 양가성〔ジョン・フォスター・ダレスの信念と日韓関係の両価性〕」、『국제정치 논총〔国際政治論叢〕』第五七集第二号、二〇一七年。

（13）John Robinson Beal, *John Foster Dulles: A Biography*, New York 1957, 118. この著作はダレスに対するインタビューの内容を含んでいる。

（14）John Foster Dulles, *War or Peace*, New York 1950, 41.

（15）三浦陽一『サンフランシスコ講和』下巻、大月書店、一九九六年、二一二頁。

（16）庄司潤一郎「日本における戦争呼称に関する問題の一考察」、『防衛研究所紀要』第一三巻第三号、二〇一一年。

（17）外務省訳『サン・フランシスコ会議議事録』、外務省、一九五一年、二頁。

（18）Harry S. Truman, Library & Museum, https://trumanlibrary.org/publicpapers/index.php?pid=432&st=&st1

（19）外務省『日本外交文書　サンフランシスコ平和条約　調印・発効』、外務省、二〇〇九年、一三六頁。

（20）同書、一四〇〜一四一頁。

（21）이선민〔李先敏〕『‘대한민국’ 국호의 탄생〔大韓民国国号の誕生〕』、나남〔ナナム〕、二〇一三年、九六〜一〇八頁。

（22）朝鮮または大韓帝国は、条約締結の当事国でなくとも、次のような他の諸外国による条約や協定文に規定されていた。天津条約（一八八五年）、下関条約（一八九五年）、小村・ウェーバー協定（一八九六年）、露清密約（一八九六年）、山縣・ロバノフ協定（一八九六年）、西・ローゼン協定（一八九八年）、第一次日英同盟（一九〇二年）、第二次日英同盟（一九〇五年）、桂・タフト協定（一九〇五年）、ポーツマス条約（一九〇五年）、日清協約（一九〇九年）。協定文に明記はされなかったが、暗黙的に大韓帝国に対する日本の勢力圏を認めたものとして、日仏条約（一九〇七年）、第一次日露協約（一九〇七年）、高平・ルート協定（一九〇八年）などがある。

（23）一九六五年に締結された日韓基本条約第二条には「千九百十年八月二十二日以前に大日本帝国と大韓帝国との間で締結されたすべての条約及び協定は、もはや無効であることが確認される」とある。ただし、「もはや無効（already null and void）」が一九一〇年当時の条約が無効なのか、または韓国併合条約は合法であり日韓基本条約はそれを無効と確認したものなのかという点について、日韓両政府には見解の相違がある。

（24）君島和彦「韓国廃滅か韓国併合か」、『日本近代史の虚像と実像2　韓国併合〜昭和の恐慌』、大月書店、一九九〇年、三一頁。海野福寿『韓国併合史の研究』、岩波書店、二〇〇〇年、三五〇頁。

（25）한국언론진흥재단〔韓国言論振興財団〕、https://www.kpf.or.kr/site/kpf/main.do

（26）外務省編『小村外交史』、原書房、一九六六年、四八一頁。

(27) 外務省『日本外交文書　第43巻第1冊』、外務省、一九六一年、六五九～七二八頁。

(28) 第二次世界大戦が勃発する以前において、第一次世界大戦は「世界大戦（World War）」、「大戦（Great War）」、「諸国民の戦争（War of the Nations）」、「欧州戦争（War in Europe）」という名称が使用されていた。特に一次大戦初期にウェルズ（Herbert George Wells）が主唱した「戦争を終わらせるための戦争（the war to end war）」は広く普及した。

(29) 申圭植は臨時政府と孫文の広東政府間における相互承認に努めた。

(30) 申圭植著・閔弼鎬編『韓國魂』、博英社、一九七四年、九頁。

(31) ただし、臨時憲章第八条では「大韓民国は旧皇室を優待する」とした。

(32) 국사편찬위원회〔国史編纂委員会〕『대한민국임시정부자료집2：임시의정원Ⅰ〔大韓民国臨時政府資料集二――臨時議政院Ⅰ〕』、국사편찬위원회、二〇〇五年、一七頁。

(33) 『매일경제〔毎日経済〕』、二〇一二年八月一日付。

(34) 呂運弘『夢陽 呂運亨』青廈閣、一九六七年、四一頁。「民国」の由来は「中華民国」からの影響とする説がある。신우철〔申宇澈〕『비교헌법사――대한민국입헌주의의 연원〔比較憲法史――大韓民国立憲主義の淵源〕』、법문사、二〇〇八年、二九九頁。一方で「民国」には「民主共和国」や「民主国家」を縮めた用語とする説もある。이완범〔李完範〕「국호〝대한민국〟의 명명〔国号「大韓民国」の命名〕」、『황해문화〔黄海文化〕』第六〇号、二〇〇八年、六四頁。他には「民国」の起源が一八世紀の英祖と正祖の時代に使用された「民」と「国」が合致したものを意味する説もある。황태연〔ファン・テヨン〕「〝대한민국〟국호의 기원과 의미〔「大韓民国」国号の起源と意味〕」、『정치사상연구〔政治思想研究〕』第二一集第一号、二〇一三年、四九～五四頁。

(35) 一九一九年、上海での大韓民国臨時政府以降の憲政史と歴史的経験は、一九四八年に成立した制憲憲法における混合的権力構造の形成に影響を与えた。진영재〔陳英宰〕・최선〔崔善〕「〝한국적 권력구조〟의 기원적 형태――대한민국 임시정부（1919년～1945년）의 헌법 개정과 권력구조 변천사 분석〔「韓国的権力構造」の起源的形態――大韓民国臨時政府（一九一九年～一九四五年）の憲法改定と権力構造の変遷史分析〕」、『한국정치학회보〔韓国政治学会報〕』第四二集第二号、二〇〇八年。

(36) 김수용〔金壽用〕『건국과 헌법――헌법논의를 통해 본 대한민국건국사〔建国と憲法――憲法論議を通して見た大韓民国建国史〕』경인문화사、二〇〇八年、二七三頁。

(37) 이영록〔李映録〕『우리 헌법의 탄생――헌법으로 본 대한민국 건국사〔私たちの憲法の誕生――憲法で見た大韓

民国建国史〕』、서해문집、二〇〇六年、一三八頁。

(38) 第一代国会第一国会第二〇回国会本会議（一九四八年六月二九日）。

(39) 이영록〔李映録〕『유진오――헌법사상의 형성과 전개〔兪鎮午――憲法思想の形成と展開〕』、한국학술정보、二〇〇六年、一三二頁。

(40) 兪鎮午『憲法解義』一潮閣、一九四九年、一五～一六頁。

(41) 고려대학교박물관〔高麗大学校博物館〕『현민 유진오 제헌헌법관계자료집〔玄民兪鎮午制憲憲法関係資料集〕』、고려대학교출판부、二〇〇九年。

(42) ところで、一九五三年の兪鎮午の『憲法解義』では、制憲憲法前文にある「全ての社会的弊習を打破し民主主義諸制度を樹立」とする文言を、「旧来の封建的、非民主主義的または植民地的一切の弊習を打破することが先行条件」であると説明が追加された。これは、一九五二年に韓国代表団の一員として日韓交渉に参加した兪鎮午の日本に対する認識が投影された結果かもしれない。

(43) K. J. Holsti, *Peace and War: Armed Conflicts and International Order, 1648-1989*, Cambridge 1990, 21-24.

(44) 정치학대사전편찬위원회엮음〔政治学大辞典編纂委員会編〕『（21세기）정치학대사전（상）〔（二一世紀）政治学大辞典（上）〕』、아카데미아리서치、二〇〇二年、三四頁。

(45) 나가사와 유코〔長澤裕子〕「일본 패전 후의 한반도 잔여주권（残余主権）과 한일 ‘분리’――신탁통치안 및 대일강화조약의 ‘한국포기’ 조항을 중심으로（1945～1952）〔日本敗戦後の韓半島の残余主権と日韓「分離」――信託統治案ならびに対日講和条約の「韓国放棄」条項を中心に（一九四五～一九五二）〕」、『아세아연구』〔亜細亜研究〕第五五巻四号、二〇一二年、六五頁。

(46) 同論文、六七～六八頁。基本的に「残余主権」という概念は、「米軍施政下の沖縄に対する日本の権限をあらわす」ものである。ダレスはサンフランシスコ平和条約第三条における南西諸島関連問題に関し、「沖縄の位置に対し、日本には残余主権があるとしたことに由来する」。정치학대사전편찬위원회엮음〔政治学大辞典編纂委員会編〕『（21세기）정치학대사전（하）〔（二一世紀）政治学大辞典（下）〕』、아카데미아리서치〔アカデミアリサーチ〕、二〇〇二年、一九九三頁。しかし、ダレスは「コリア」に、ある国の残余主権があるとは述べていない。

(47) 이근관〔李根寛〕「1948년 이후 남북한 국가승계의 법적 검토〔一九四八年以降の南北朝鮮国家承継の法的検討〕」、『제헌과 건국〔制憲と建国〕』、나남、二〇一〇年、一七五頁。

(48) 김영호〔金暎浩〕「대한민국 정부 승인과 외교 기반 구축〔大韓民国政府の承認と外交基盤の構築〕」、『대한민국 정부수립과 국가체제 구축〔大韓民国政府樹立と国家体制の構築〕』、대한민국역사박물관〔大韓民国歴史博物館〕、二〇一四年、三一四頁。

(49) 外務省『日本外交文書　サンフランシスコ平和条約　対米交渉』、外務省、二〇〇七年、四一三～四一五頁。

(50) 김태기〔金太基〕「1950년대초 미국의 대한(對韓)외교정책——대일강화조약에서의 한국 배제 및 제1차 한일회담에 대한 미국의 정치적 입장을 중심으로〔一九五〇年初の米国の対韓外交政策——対日講和条約での韓国排除ならびに第一次日韓会談に対する米国の政治的立場を中心に〕」、『한국정치학회보〔韓国政治学会報〕』第三三集一号、一九九九年、三六三～三六五頁。박진희〔朴鎮希〕「한국의 대일강화회담 참가와 대일평화조약 서명 자격 논쟁〔韓国の対日講和会談参加と対日平和条約の署名資格論争〕」、『한국 근・현대 정치와 일본Ⅱ：해방 후〔韓国近・現代政治と日本Ⅱ：解放後〕』、선인〔先人〕、二〇一〇年、一三六～一三七頁。

(51) ただし、四月二三日、日本政府は米外交官であるフィアリー（Robert Appleton Fearey）に、「在日朝鮮人が平和條約によって日本國内において連合國人の地位を取得しないことを明白にされるならば、韓國政府が署名することには、異議を固執しない」とした。外務省前掲書、四二二～四二三頁。

(52) 西村熊雄『日本外交史27　サンフランシスコ平和条約』、鹿島研究所出版会、一九七一年、一一四頁。

(53) 第十二回衆議院参議院各「平和条約及び日米安全保障条約特別委員会」（一九五一年一〇月一一日―一一月三〇日）、高野雄一『日本の領土』、東京大学出版会、一九六二年、三五〇～三五五頁。

(54) 原貴美恵『サンフランシスコ平和条約の盲点——アジア太平洋地域の冷戦と「戦後未解決の諸問題」』、溪水社、二〇一一年、五七頁。

(55) 波多野澄雄「サンフランシスコ講和体制——その遺産と負債」、『日本の外交　第2巻　外交史戦後編』、岩波書店、二〇一三年、三六頁。

(56) 原によれば、ダレスがこの問題を意図的に規定しなかったと推測している。原前掲書、二〇一一年、四二～四三頁。ダレスは日本国内に米軍基地などを配置するために、米国に対する日本のナショナリズムの高揚を警戒した。よって、米国以外の国と日本の間に葛藤の要因を残すことで、日本の米国に対する視線を回避するという戦略を立てた。これは日本とソ連間における領土問題においても同様である。Tsuyoshi Hasegawa, *The Northern Territories Dispute and Russo-Japanese Relations. v. 1. Between War and Peace, 1697-1985*, Berkeley, CA 1998, 93-94 and 105.

(57) 一九六九年に採択され、八〇年に発効した「条約法に関するウィーン条約」は国際慣習法を成文化した条約である。第三一条一項は「条約は、文脈によりかつその趣旨及び目的に照らして与えられる用語の通常の意味に従い、誠実に解釈する」とし、四項にて、「用語は、当事国がこれに特別の意味を与えることを意図していたと認められる場合には、当該特別の意味を有する」と規定されている。

(58) "The World an Japan" Database Project Database of Japanese Politics and International Relations Insitute of Oriental Culture, University of Tokyo, http://www.ioc.u-tokyo.ac.jp/~worldjpn/documents/texts/JPUS/19510905.S1E.html

(59) John Foster Dulles, *War or Peace*, Macmillan 1950, pp. 47-48.

(60) 국민대학교 일본학연구소・동북아역사재단편〔国民大学校日本学研究所・東北亜歴史財団編〕『한일회담 일본외교문서 12〔日韓会談 日本外交文書 一二〕』、선인〔先人〕、二〇一〇年、三四五~三四八頁。

第九章　日韓関係と琉球代表ＡＰＡＣＬ参加問題

成田千尋

はじめに

本稿の目的は、韓国政府及び中華民国政府（以下国府）が民間反共機構として一九五四年に設立した、アジア民族反共連盟（Asian Peoples' Anti-Communist League: ＡＰＡＣＬ）に琉球代表が参加していたことに焦点を当て、琉球代表が参加するに至った経緯や、それを取り巻く各国の思惑を明らかにすることである。

ＡＰＡＣＬは、設立後、アジアの反共連盟という当初の意図を超えて、アジアのみならずアフリカ、ヨーロッパなどの多様な国家・地域から反共的な人士の参加を得、一九六六年には世界反共連盟（現在は世界自由民主連盟）へと発展を遂げた組織である。ただし、表向きは「民間反共機構」をうたっていたものの、両国政府が深く関与していたため、ＡＰＡＣＬに関する研究においては、その結成過程に焦点を当てた研究が多くみられる[1]。一方で、その後の発展の過程や、琉球代表がＡＰＡＣＬの創設当時から参加していたことは、検討の対象とはなっていない。また、両国がＡＰＡＣＬに琉球代表を参加させようとした経緯や意図については、近年増加している沖縄返還交渉への韓国及び中華民国の関与を個別に扱った研究の中でも部分的に取り上げられるのみである[2]。

次に、ＡＰＡＣＬの琉球代表となった人物に関して若干の説明を加えておく。設立当時からＡＰＡＣＬ代表を務めたのは、沖縄の居住者ではなく、台湾に住む琉球人（以下琉僑）の蔡璋[3]であった。蔡は一九一〇年代に那覇市で生まれたが、小学校卒業後は父親の仕事のために東南アジア等を転々とし、日中戦争勃発後に南京の戦線に送られ、そこで中国紙に投稿した「反日・反帝」と題する文書が蒋介石の目に留まったことにより中華民国で活動するに至った[4]。蔡の主な活動の場が中華民国であったため、蔡に関する先行研究や文章には中華民国所蔵文献が多く利用されており、蔡が国府の支援を受けつつ会長を務めた、琉球革命同志会の活動に焦点を当てたものが多い[5]。しかし、当時沖縄を統治していた琉球列島米国民政府（United States Civil Administration of the Ryukyu Islands: USCAR）や、反共の立場から国府と緊密な関係にあった韓国政府が蔡の活動をどのように捉えていたかについては、詳しい検討はなされていない[6]。また、蔡は沖縄においてもAPACLの支部を結成するために活動を行ったが、当時の沖縄現地の人々や日米両政府がこれをどのように捉えていたかについても、研究は不足している。

以上のような問題意識から、本稿ではAPACLへの琉球代表参加問題に焦点を当てつつ、日韓関係の変遷が同問題に与えた影響や、沖縄の帰属問題に対する各国の認識の変化について検討する。APACLの結成は、韓国政府及び国府が戦後繰り返し提起してきた、アジアにおける集団防衛体制設立の試みの一環であったため、その初期段階において両政府が琉球代表をそこに参加させようとしていた意図や、それに対する沖縄現地・日米両政府の反応を確認することは重要だと考えられる。また、一九五〇年代は植民地支配をめぐる認識の違いのために、日韓関係が極度に悪化していた時期であった。本稿では、このような状況の中で、韓国政府が沖縄の帰属問題にいかなる意図を持って関与しようとしていたのかにも注目する。

史料としては、沖縄の帰属問題やAPACLに関する米国務省及びUSCARが作成した文書、韓国・中華民国の外交文書、各国の新聞などを使用する。なお、沖縄の呼称については、通常の場合は「沖縄」を使用するが、中華民国では一貫して「琉球」の呼称が使われており、韓国、米国の史料においても「沖縄」及び「琉球」の表記が混在しているため、史資料の中で「琉球」が使われている場合など、必要に応じて琉球と表記する。また、中華民国と台湾の表記については、地理的な位置を示す場合や史資料中で「台湾」が使われている場合は台湾と表記し、その他の場合は中華民国と表記する。

一　沖縄の帰属問題とアジア民族反共連盟（ＡＰＡＣＬ）結成

1　沖縄の帰属問題と国共内戦

本節では、韓国政府及び国府がＡＰＡＣＬを結成した意図や経緯について概観した後、ＡＰＡＣＬへの琉球代表参加をめぐる日米両政府及び沖縄現地の反応について検討する。まずはその前提として、第二次世界大戦後に再開された国共内戦が、沖縄の帰属問題や中華民国の地位に与えた影響について確認する。

戦後長く中華民国総統を務めた蔣介石は、台湾及び琉球は日清戦争後に失われた領域であるという認識を、一九三〇年代には講演や著作等において示していた(7)。ただし、一九四三年一一月にカイロ会談が開催され、ルーズベルト（Franklin D. Roosevelt）米大統領が沖縄の帰属に対する蔣の考え方を確認した際は、蔣は中国への返還は望んでいないとし、沖縄を米中共同の信託統治下に置くことを提案した(8)。また、会議後に発表されたカイロ宣言には沖縄に関する明確な記述は挿入されず、「第一次世界大戦中に日本が奪取または占領した太平洋における一切の島嶼を剥奪し、日本国が清国人より盗取した一切の地域を中華民国に返還するとともに、日本が暴力及び貪欲により略取した一切の地域から駆逐される」べきだという表現が使用された。一九四五年七月に発表されたポツダム宣言の第八条においても、カイロ宣言を前提として、日本の主権は「本州、北海道、九州、四国及び連合国が決定する諸小島に局限」されるべきだとされたのみであった。蔣自身は直接ポツダム会談には参加していないが、内容には同意しており、後にこれらの条項を沖縄の地位が未決定だと主張する根拠とみなすようになる(9)。

一方で、米軍が凄惨な地上戦の末に沖縄を占領した後、一九四五年八月に日本がポツダム宣言を受諾すると、米国政府内では沖縄の帰属問題に対する議論が本格化した。しかし、沖縄を国際連合の戦略信託統治下に置くことを主張する軍部と、非軍事化した上で日本に返還することを主張する国務省が鋭く対立したため、ルーズベルトに次いで大統領となったトルーマン（Harry S. Truman）は、一九四六年一一月の段階でこの問題の解決を棚上げにした。ただし、沖縄現地においてはその間も、占領米軍が戦後に立てた暫定的な基地開発計画に基づき、飛行場や弾薬庫などの軍事施設が建設されていった[10]。

このような状況の中で、国共内戦で国府が劣勢となり、一九四九年一二月に遷台したことが、米国政府が対沖縄政策を決定する要因の一つとなった。マッカーサー（Douglas MacArthur）連合国軍最高司令官は、国府の劣勢化により中国共産党軍の力が拡大したことを理由に、西太平洋における陸海空全ての米軍資源の拡大を主張したのである。これは米陸海軍の同意及び統合参謀本部（Joint Chiefs of Staff: ＪＣＳ）の承認を得、新たな基地開発計画に基づき、一九五〇年春から沖縄において本格的な基地開発が開始された[11]。李承晩韓国大統領及び蔣介石総統は、共産党優位の国共内戦の状況への危機感や、同盟締結により国内の政治的安定と米国からの軍事援助を獲得したいという意図などから、同時期にフィリピン政府が提唱した「太平洋同盟」案に積極的に賛同し、その実現を目指した。しかし、この構想は、米国や諸外国の冷淡な姿勢やそれを受けたフィリピンの不参加の表明などにより、挫折するに至った[12]。

このような経緯を経て、一九五〇年一一月に国務省が「日本が合衆国を施政権者とする琉球諸島等の国際連合による信託統治に同意する」という内容を含む「対日講和七原則」を公表すると、沖縄では日本復帰論議が優勢となり、講和会議前に実施された復帰を求める署名では、署名者数が沖縄本島の全有権者の約七〇％に達した。これはサンフランシスコ講和会議に臨む吉田茂首相と、米国のダレス（John F. Dulles）特使に送付された[13]。

しかし、日本復帰を望む沖縄住民の声にもかかわらず、その後も米国政府内では沖縄を日本から分離して統治する方向で検討が進んだ。米軍部は一九四九年一〇月の中華人民共和国の成立をはじめとする極東情勢の悪化を背景に、沖縄の戦略的支配の必要性を強硬に主張した。ただし、沖縄が日本から分離されることに対する日本本土の強い反発を考慮し、日本に「潜在主権」を認めつつ、国連が米国の信託統治の申請を承認するまで、米国が北緯二九度以南の南西諸島に対して「行政、立法及び司法上の権力の全部及び一部を行使する権利」を有することを規定するという方式が、ダレスによって考案された[14]。これは、サンフランシスコ平和条約（以下対日平和条約）第三条として成文化され、吉田首相は一九五一年九月に同条約に調印した。一九五二年四月に奄美諸島を含む琉球諸島を統括する中央政府として琉球政府が発足したが、一九五〇年一二月に設置されたUSCARが、引き続き絶対的な権力者として沖縄を統治することになった。台湾海峡を挟む両岸の対立、朝鮮半島の南北の分断という冷戦構造が形成される中、沖縄や日本で沖縄の日本帰属を求める声が強かったにもかかわらず、沖縄は引き続き米軍の排他的統治下に置かれ続けることになったのである。

2　琉球革命同志会と中華民国政府

それでは、一時期沖縄の米中共同信託統治を主張していた国府は、米国による沖縄の排他的統治が決定される状況をどのように見ていたのだろうか。対日平和条約締結当時、国府は国共内戦に敗れ台湾に撤退しており、米国の支持を必要としていたため、米国の沖縄政策を黙認する立場をとった。しかし、遷台以前から、蔡璋を会長とする琉球革命同志会への支援を秘密裏に開始していた。

蔡は、一九四七年に琉球革命同志会の代表の名で国府に送った書簡において琉球の中国復帰を主張し、国府が「対日講和条約で琉球を議題に入れるよう」要請した[15]。蔣介石もまた、中華民国で一九四七年頃から官民ともに沖縄返還要求が盛り上がっていたことから、蔡の活動に積極的な支持を与えた。一九四八年八月には蔡自身が南京で蔣と面会する機会を得たが、この時に蔣は琉球革命同志会を秘密裏に支援し、「琉球」を住民投票によって独立させ、「祖国」復帰をさせる方針を決定したとされる。ただし、外交部は琉球問題の解決は、正式な外交ルートで行うべきだと反対意見を表明しており、国府内部で意見が完全に一致していたわけではなかった[16]。蔣の支持を得たことを受け、蔡は国府の遷台後も、沖縄在住の独立論提唱者に協力を呼び掛けたり、台湾で中琉一体の実現を主張する書籍を発行したりするなど、活発に活動を続けたが[17]、当時日本復帰論が支持を集めていた沖縄では、この試みにより支持を広げることはできなかった。

一方、国府は一九五二年四月に別途日本と平和条約を締結したが、ここでは沖縄の帰属問題は提起しなかった。ただし、翌年米軍統治下にあった奄美群島の日本返還が具体化すると、台湾でも再び沖縄の帰属問題をめぐる議論が高まっていった。国府立法院外交委員会は一九五三年一一月に奄美復帰に対する反対決議を採択し、沖縄の現状に変更が加わる場合は、ポツダム宣言に関与した米英中の承認を得る必要があると主張した[18]。しかし、一二月二五日に奄美群島の日本返還が実施されたため、国府は日本が沖縄に対し影響力を強めることと懸念し、改めて琉球革命同志会に対する支援を強化していくことになった[19]。

3　APACLの設立と琉球代表の参加

国府が連合国の一員として沖縄の帰属問題に関与し、遷台後も関与を続けようとしていた一方で、日本の植民地支配から解放された直後の朝鮮半島においては、米ソによる分割占領に伴う混乱のため、沖縄の帰属問題は重要な関心事にはならなかった。大韓民国成立後の韓国紙には、わずかに日本の沖縄返還要求を批判する記事などがみられる程度である[20]。ただし、一九五〇年六月に朝鮮戦争が始まると、沖縄基地がB二九爆撃機隊の出撃基地となったことにより、沖縄から出撃した爆撃機が戦果を挙げたという報道が増え、沖縄の地理的優位性なども報道されるようになった[21]。また、一九五三年七月に朝鮮戦争の休戦協定が成立すると、韓米両政府は一〇月に相互防衛条約を締結した。このことにより、当時米国の統治下に置かれていた沖縄は、韓米相互防衛条約の適用区域ともなった。このような中で、韓国の安全にとって沖縄基地は重要だという認識が徐々に形成されていったと考えられる。

その後、一九五三年にアイゼンハワー（Dwight D. Eisenhower）政権がニュールック戦略を公表し、ソ連と中国周辺の地域防衛体制を構築することなどを決定したため、一九五三年一一月に訪台した李承晩大統領は、蒋介石総統とともに太平洋同盟構想を再推進することを明らかにし、東南アジア各国及び米国への参加呼びかけを開始した。これに対し、一九五四年二月に李大統領と会談した米国のハル（John E. Hull）極東軍総司令官は、米国は日本が含まれない極東地域の反共機構は支持しないとして、韓国が日本との国交正常化に努力するよう要請した。[22] 米国は、自らの地域統合政策の一環として日韓の国交正常化を早期に実現させることを意図していたが、一九五一年の予備会談開始以降、両国の立場の違いは容易に埋まることはなく、一九五三年一〇月に再開された第三次日韓会談は、「日本の植民地統治は朝鮮にとって有益であった」という趣旨の「久保田発言」により決裂し、関係は決定的に悪化していた。李政権はこの時期特に米国の「日本重視政策」に不信や不満を募らせており、仲裁活動への批判を強めていた。[23] ハルとの会談の際、李は反共機構に日本を参加させる条件として、在朝日本人財産に対する日本政府の請求権の撤回など、日韓間で懸案となっている問題についての韓国側の主張を米国が日本側に承諾させることを求めたが、[24] これは米国が容易に応じられる内容ではなかった。

米国の支持を得られる見込みがない中、韓国政府は当初の同盟構想案を変更して民間反共機構を結成する方向に舵を切り、四月下旬に韓国の鎮海で第一回会議が開催されることが予定された。この中で、韓国側から「琉球人士」の参加が提起されることになる。一九五四年三月、金弘一駐華韓国大使が葉公超中華民国外交部長と第一回会議（以下鎮海会議）について協議した際のことであった。ただし、金は琉球側に直接接触するのは過去の関係から問題があるとし、葉に連絡を取るよう要請した。葉は中華民国も琉球とは外交関係がないとして、韓国側からUSCARに接触するよう勧めたが、金が断ったことから、琉僑である蔡璋に直接連絡を取ることを勧めた。[25]

その後、金は蔡に対し、鎮海会議への琉球人の出席について打診した。その結果、「琉球にも会議に参加するのに適当な人民団体が存在しているが、会期が近いため琉球側に人選を頼むには間に合わず、また、琉球人士が国際活動をすることにはUSCARが同意しないとみられる」ということを理由に、蔡自身が琉球代表として会議に参加することになった。[26] 葉部長が米国に伝えた情報によれば、国府側は蔡が沖縄現地の団体を代表してはいないために出国を妨げようとしたが、駐中華民国韓国大使が蔡を会議に出席させるよう国府側に働きかけ、蔡の出席が可能になったとされる。[27] その後、開催時期をめぐって多少の混乱があったが、初の会議は中華民国、韓国に加え、フィリピン、ベトナム国、マカオ・香港、タイ、そして琉球の五か国三地域の民間代表の参加を得て、六月に鎮海で開催され、機構の名称は「アジア民族反共連盟」と決定された。[28] また、連盟の中央連絡所は韓国に置き、同年一〇月末までに台北で第二回会議を開催することも予定された。[29] 大会の際に蔡は「我々は、琉球から全ての親日、親共産主義の要素を一掃しようと全力を尽くしてきた」として、琉球独立への協力を求めたとされる。[30]

一方、鎮海会議への蔡の参加に関する情報を得た駐日米国大使館などは、「沖縄人が会議に出席することは対日平和条約の理論と琉球に対するJCSの指示に相反する」として、蔡の出席に反対する意向を示した。彼らがその理由としたのは、日本が返還を求めている沖縄の出身者が（韓国が主導する）会議に参加することが良好でない日韓関係を際立たせ、日米関係や琉米関係に対する有害な介入となり、会議の目的を損なう恐れがある、ということであった。[31] 対日平和条約第三条においては、「米国が沖縄住民に対して施政権の全部及び一部を行使する権利を有する」とされている。それにもかかわらず、蔡が琉球代表として参加し、琉球独立を訴えることは、沖縄の地位についても国際的に誤解を招きかねないと考えたとみられる。

以上のような経緯から、駐日米国大使館は、万一蔡の参加を阻止できない場合は、それができるだけ知られないようにするようUSCARに求めた。[32] これに対し、フライマス（Edward O. Freimath）USCAR渉外局局長は、四月に蔡から「琉球の人々に共産主義の真の性格を認識させ」るために沖縄の人々を会議に招待するという手紙が届いたが、USCARが直接それを受け取り、公表されるのを防ごうとしたと返答している。[33] USCAR自体も、蔡が台湾で活動していることなどから、蔡の活動を警戒していたと考えられる。

4　「琉球代表」に対する沖縄現地の警戒

それでは、同時期の沖縄現地の状況はどのようなものだったのか。沖縄ではＡＰＡＣＬ結成の前年である一九五三年一月に「沖縄諸島祖国復帰期成会」が結成され、「旧沖縄県の祖国への即時完全復帰の実現」を目的として、活動を開始していた[34]。同会は同年一一月に二三団体で再発足し、翌月沖縄の早期復帰を吉田首相に陳情した。

それにもかかわらず、一九五四年一月に、アイゼンハワー大統領が一般教書において沖縄基地の無期限保有を宣言したため、住民の間には動揺が広がった。また、ＵＳＣＡＲは前年から米軍統治政策への抵抗を共産主義と結びつけて弾圧を強め、同様に日本復帰を主張していた瀬長亀次郎人民党議員らを検挙するなどの挙に出ていた。このような状況の中、復帰期成会会長を兼任していた屋良朝苗教職員会会長は、基地には反対せず、復帰運動は「あくまで米国政府の善意と理解を基礎として米国民政府の諸種の施策には十分協力しつゝ、推進する」ことを示しつつ、二月にオグデン（David A. D. Ogden）民政副長官に対して復帰を陳情する書簡を送った。そこでは、「復帰運動は、われわれが、日本人であるから日本国憲法の下に、日本人として生活したいという極めて自然且つ本質的な理念から出て」いるということが強調された[35]。しかし、ＵＳＣＡＲは「沖縄において貴殿が復帰を扇動しつづけることは琉球人にただ混乱のみを引き起こし、ひいては共産主義者達を喜ばすことに」なるとして[36]、復帰運動に協力しない姿勢を明確にした。この結果、ＵＳＣＡＲと近い関係にある琉球政府及び与党民主党も復帰運動の抑制に回ったが、「日本復帰か復興か」を争点として三月に行われた立法院選挙では復帰を主張する野党連合が過半数を占め、民主党は主導権を失うことになった[37]。これに危機感を強めたＵＳＣＡＲは、従来敵視していた人民党のみならず、屋良を含む教職員会関係者などの日本渡航を不許可とし、五月に教職員会に対し、「屋良が会長に就いている限り、いかなる陳情にも関心を払わない」と発表した。このために、屋良は五月末に教職員会と祖国復帰期成会の両会長を辞任することを表明し、復帰期成会は活動停止に追い込まれた[38]。APACLが結成されたのは、このように沖縄でUSCARが住民に対する弾圧を強めつつあった時期であった。

蔡璋は鎮海会議の後、七月にジョンソン（Walter M. Johnson）民政長官に手紙を送付し、沖縄を再訪する機会があれば「沖縄反共連盟」を結成するつもりだとして協力を訴えた[39]。しかし、手紙を受け取ったUSCAR渉外局は、以前蔡が送付した手紙や鎮海会議での蔡の言動を分析した結果などから、蔡を国府の諜報員だとみなし、警戒を強めた[40]。駐中華民国大使館（以下駐華米国大使館）が蔡の訪問についてUSCARに報告した際、USCARは対外的に琉球人の代表となるのは米国だという認識を示すとともに、蔡の立場は国府の立場と酷似しているとし、蔡が過去に国府から資金提供を受けていたという報告があると示唆した。また、沖縄における強力な反共的指導者の存在は大きな利益となるが、蔡が国府に忠実であると思われることは米国にとって障害となり、最も望ましくないとした[41]。

その後、蔡は一〇月に駐華米国大使館を訪問し、APACLの支部を設立することを目的に沖縄を訪問すると伝えた[42]。しかし、大使館から報告を受けたUSCAR渉外局は、以前沖縄人のAPACL会議への参加を阻止したため、政策の一貫性を保つためには支部の設立にも反対した方が良いのではないかとし、ジョンソン民政長官に助言を求めた。これに対し、ジョンソンは再度、「沖縄においては蔡が琉球人や彼らの利益を代表しているというどんな認識を与える行動も避けることが望ましい」という見方を示した[43]。ただし、蔡の来沖までは阻止せず、USCARと琉球政府が蔡から距離を置くことにより、蔡が自然に反共連盟の結成をあきらめるように仕向けようとした[44]。

蔡はAPACLの加盟員を募るために一〇月から一一月にかけて沖縄を訪問し、琉球政府及びUSCARに対しても、直接支部結成及び琉球代表の会議への派遣に対する協力を求めた。フライマス渉外局長と面会した際、蔡は李承晩大統領が琉球に対して関心を持っていたことを引き合いに出し、琉球代表が会議に参加できなければ、「彼はもちろん他のアジアの人々も失望するだろう」と強調した。しかし、USCARは琉球政府に対しても、蔡の活動を支援しないよう助言した[45]。その後、蔡は沖縄で活発な言論活動を行い、一一月六日の時点で「沖縄反共連盟準備委員会」を開いたが、沖縄では関心は広がらず、出席者は仲宗根源和など、以前からの独立論者を含む約三〇人にとどまった[46]。蔡は同月一六日に反共連盟の結成大会を開催することを予定したが、琉球新報は当日「反共連盟への苦言」と題した社説を掲げ、連盟の結成にあたっては「琉球住民全体の立場からみて十分しん重〔原文ママ〕なる態度で臨まねばならない」と強調した。ここで問題視されたのは、中心人物である蔡が、琉球系ではあるが「外国からひょっくり訪れてきた個人」でしかないこと、APACL会議への琉球代表の参加は、「琉球が一国としての資格を自ら是認」することになりかねず、復帰問題にも影響を与える可能性があること、琉球の外交権は民政長官あるいは米本国を通して行われねばならないため、USCARが許可しない可能性があることなどであった[47]。また、USCAR自体も、同日以下のような声明を発表した。

すべての米国政府代表機関並びに琉球政府代表機関は完全に反共であるが、沖縄における共産主義の脅威は（中略。既存の機関によって）十分に防止されると思われる。副長官又は琉球政府は外国の問題や会議に参加することはできないし、又かかる会議で琉球を代表することもできない。これは全く米国政府の権限である。

それ故に現在計画されているような連盟の結成に対しては副長官も民政府も、これを支持することはできないし又認可することもできない[48]。

ただし、このUSCARの声明は結成集会の直前に発表されたため、これについて把握していない者も多く、集会には約二〇〇人が参加し、戦前に衆議院議員を務めた著名人である伊礼肇が会長に選出された。伊礼は蔡の来沖前から沖縄の反共組織に参加しており、善意で蔡の活動に協力していた。しかし、声明の内容を知った伊礼は、一八日に民政長官と面会した際に、蔡の滞在中にこれ以上会議を開催することはせず、蔡の影響を絶つためにあらゆる努力をすると約束した[49]。このため、蔡はそれ以上の組織の発展を見ることなく、台湾に引き上げざるをえなかった。USCARはAPACL琉球支部設立のための蔡の努力を妨げることに概ね成功したのである。

以上のように、東アジアに冷戦構造が形成される中、国府は連合国の一員として沖縄の帰属問題に関わったという立場から、韓国政府は安全保障上の観点からそれぞれ沖縄に対して関心を抱き、アジアの集団防衛体制を構築することを目指して結成したAPACLに琉球代表を参加させることを望んだ。この結果、台湾に拠点を置く琉球革命同志会会長の蔡が、琉球代表としてAPACLに参加することとなった。しかし、USCARは蔡を国府の諜報員とみなすとともに、対外的に沖縄を代表できるのは米国であるという考えに基づき、蔡が沖縄において反共連盟を結成することを未然に防ごうとした。沖縄では日本への復帰を望む声が強かったこともあり、蔡の最初の試みは不成功に終わった。

二　APACLへの日本代表参加問題

1　韓国・中華民国間の意見対立

次に、同時期に韓国・中華民国間（以下韓台間）で起きていたAPACLへの日本代表の参加をめぐる対立について検討する。この対立は、その後のAPACLの進展にも大きな影響を与えたためである。

前述のように、鎮海会議の際、同年一〇月に第二回APACL会議を台北で開催することが決定された。ホスト国となった中華民国の兪鴻鈞行政院長は、鎮海会議後の米国紙記者とのインタビューで、李承晩大統領の見解とは異なることに触れつつ、「歴史的、地理的、戦略的に日本は不可欠」であり、「日本が存在しなければ連盟は十分に効果的にならない」と公言した。(50) 中華民国側は当初から日本に対して好意的であり、鎮海会議開催前にはベトナム代表とともに、李大統領が厳しい対日姿勢を変更するよう働きかけることを計画していた。[51] この背景には、日本を反共陣営に引き込むことにより、自国の安全保障を確保したいという意図があった。[52] また、米国も中華民国が日韓関係改善のために影響力を行使することを望んでおり、この発言の効果に注目した。[53] これに対し、韓国側は中華民国以外の国々は極東における日本の新たな力の拡大を恐れているということなどを理由に、この構想に批判的な立場を取り続けた。[54]

一方駐韓米国大使館は、鎮海会議の開催を受け、同時期に米国が推進していた東南アジアでの集団防衛体制の構築の試みとこれを結び付ける必要があると国務省に伝えた。そして、この文脈から、再度日韓関係の改善のための調停を行うことを提案した。[55] これを受けて米国側が李大統領の訪米を招請すると、李は訪米に際して何か北進統一を望む人々をも納得させるような成果を得られれば、訪米する意思があることを伝えた。[56]

李大統領は七月二六日から訪米し、数度にわたり米国政府要人と会談を行った。しかし、冒頭からアジア及び朝鮮半島における軍事的「巻き返し」を主張する李と、「平和統一」を強調する米国側とが激しく対立し、二九日に日韓関係が議題となった際、会談は事実上決裂した。その後、米国側は李に対日交渉の意志が全くみられないこと、米国による対韓圧力の継続は効果がないのみならず、韓国が日韓会談を韓米間の他の懸案をめぐるカードとして用いる余地を与えることなどを理由に、日韓関係改善のための一切の仲裁努力を当分の間中止する方針を決定した。[57]

その後も、日本のＡＰＡＣＬへの参加をめぐる韓台間の主張が真っ向から対立したため、一〇月に予定されていた会議は延期することを余儀なくされた。中華民国側は日本を参加させるという主張を譲らず、一一月に日本招請に対する中華民国の要望を韓国側が検討することなどに韓国側が合意したため、翌五五年二月に台北で会議を開催することが予定された。[58] しかし、李大統領が会議に日本を参加させないことに固執していたことなどから、会議はさらに延期された。ＡＰＡＣＬの中華民国支部は、米国がオブザーバーとして参加することが日本に対する韓国の立場を変化させることに効果的だと考え、支援を求めたが、米国側は自らが参加することが非友好的な国家に誤ったメッセージを与えかねないことなどを理由に、参加には消極的な姿勢を見せた[59]。一九五五年四月に入り、ようやく五月二三日に第二回会議（以下台北会議）が開催される見込みとなった。

2　台北会議の開催中止

この間、ＡＰＡＣＬをめぐり、日米間でもやりとりが行われていた。蔡璋がＵＳＣＡＲに加え、駐華米国大使館などに対しても沖縄での反共連盟結成への協力を呼びかけており、国府外交部も、ＵＳＣＡＲが沖縄人の出域に難色を示していたことから、琉球代表のＡＰＡＣＬへの出席について便宜を図るよう、駐華米国大使館などに働きかけていた[60]。このため、米国側は引き続き蔡の活動について注視していたのである。また日本政府も、ＡＰＡＣＬへの日本代表参加をめぐる韓台間の対立や、琉球代表としての蔡の参加について認識しており、その後の展開に関心を払っていた。日本政府自体はＡＰＡＣＬへの参加には肯定的であり、「本当の沖縄出身者」がＡＰＡＣＬ会議に参加することにも好意的であったが、反日的で、中国への復帰を主唱している蔡が代表となることには反対であった[61]。一九五五年二月に開催されたジョンソン民政長官と日本政府南方渉外局の会議において、日本側は以前公表されたＵＳＣＡＲの立場では、外交関係においては国務省が沖縄を代表していたと忠告し、「琉球代表」がＡＰＡＣＬに参加することに懸念を示した[62]。日本側の意向を受けたジョンソンは、蔡が国府の利益を代弁しているためにＡＰＡＣＬに参加するのは望ましくないという見方を強め、再度ＵＳＣＡＲに蔡の活動を支援しないよう伝達した[63]。

台北会議が五月に開催される見込みとなると、国府外交部は再び駐華米国大使館を通して、ＵＳＣＡＲが琉球代表派遣のために便宜を図るよう求めた[64]。情報を得た駐日米国大使館は、「日本代表が不在の中で琉球代表のみが出席することは、ＡＰＡＣＬへの日本の参加に反対する韓国の立場を米国が支持しているように受け取られかねず、日本を不必要に苛立たせる原因となりかねない。また、琉球代表の参加はＡＰＡＣＬの強化につながらないばかりでなく、国府が自らの主張を強化するための材料となりかねない」などとして、琉球代表が会議に出席しないことが望ましいという見方を国務省に伝えた(65)。駐華大使館は駐日大使館の見方に同意したものの、「現在は国府が琉球代表を自身の沖縄問題に対する主張のために利用する可能性はそれほど高くない」とし、琉球がAPACLの創設メンバーに含まれていることも念頭に置く必要があると主張した(66)。結果的に、国務省は蔡が台湾にいるために、彼の出席を妨げる有効な理由がないことから、在沖米国総領事館及びUSCARに問題の処理を任せた。また、駐華大使館が国府側に対し、米国が蔡をどのような重要な琉球人の団体を代表してもおらず、彼の活動が有益だと考えてもいないことを非公式に伝えるよう指示した(67)。

国務省の判断を受け、USCARは琉球人の出域を認めなかったが、蔡がこれをAPACLの韓国支部に訴えたことから、韓国の代表が駐韓米国大使館に援助を求めるという事態が発生した。韓国側は、蔡が琉球の全ての人々を代表してはいないことを理解しつつも、全ての創設メンバーの参加を重視していた。このため、駐韓大使館は、「韓米関係の観点からは琉球代表の参加が望ましい」と国務省に伝えた(68)。これに対し、駐日大使館は蔡の影響が効果的に阻止されない限り、琉球人が会議に出席することは望ましくないという見方を再度提示した(69)。これらの意見を踏まえ、国務省は国防省とともに再度琉球代表の処遇について検討し、蔡ではなく「本当の琉球代表」が会議に出席することは有益だとみなし、出入域許可を出すという方針を取るとともに、米国はAPACLにおいて琉球の地位問題が議論されることを望んでいないことを駐華、駐韓大使館が駐在国に伝えるよう指示した(70)。

ところが、韓国外相が突然APACLに代表を派遣しない方針を発表したことから、第二回会議はまたも延期されることとなった。李大統領が、直前に得たいくつかの情報から、日本参加などをめぐる中華民国側の意図に疑念を抱き、韓国代表のパスポートを取り上げたことが原因とされた。APACL中華民国支部は、突然会議が取り消されたことによって感情を害したが、表面的には韓国と中華民国の調和的な関係は維持されるという見解を示した。しかし、日本が参加しない限り会議を開催しないという態度は変えず、会議を開催するためには日韓関係の改善が不可欠だという見方を駐華米国大使館に伝えた(71)。

また、APACL中華民国支部の谷正綱理事長は、会議が中止されたにもかかわらず、渡辺銕蔵元衆議院議員らを台湾に招待し、国賓並みの待遇を行った。五月二九日には蔣介石総統自らが日本の訪問団を総統官邸に招待し、「今後は日本と協力しつつ韓国と提携し、共同の反共目的に到達することを希望している」とし、訪問団が帰国後に各方面に呼びかけ、中華民国に「援助と協力を与える」ことを求めた[72]。八月に大野伴睦自由党総務会長らが訪台した際も、蔣介石が反共という目的のために日台が協力することの重要性を訴えたことなどから、九月に日本でも「自由アジア協会」が発足することとなった[73]。

その後、一九五五年七月から、フィリピンが仲介役となって二度にわたって予備会談が開催され、再び新加盟国の決定方法について韓台間で対立がみられたが、ようやく出席者を鎮海会議の出席者に限定したかたちで第二回会議が一九五六年三月にマニラで開催されることとなった。このため、蔡はこの会議にも、琉球代表として出席した[74]。一方で、第二回会議でも新加盟国の決定方法に関して韓台間の対立が繰り返され、多数決の結果三対二で中華民国側の修正案に賛成する側が勝ったが、韓国側が会議の中途退場も辞さない強硬な反対姿勢を示したため、日本の参加問題は解決されないままとなった[75]。会議後、李大統領は崔徳新駐ベトナム韓国大使に、台北を訪問し蔣介石総統に以下のような日本の参加に対する韓国側の見方を伝えるよう指示した。

① もし日本が（他のアジアの自由陣営の国家から）取り残されれば、日本政府は遅かれ早かれ我々の側につくだろう。なぜならば、我々の政策は全ての自由国家によって支持されているためだ。

② 中華民国は、この時点で日本の参加問題を持ち出すべきではない。日本政府が完全な反共の立場を取るまで待つ必要がある[76]。

李大統領は同文書において、日本が朝鮮戦争の特需によって復興を遂げたこと、米国がアジアの中で日本を重要視していることを批判し、日本の軍事的・経済的レベルが他のアジアの国家を超えれば、アジアにもアメリカにも脅威になるという認識を示した(77)。李の日本に対する不信感は容易に払拭されるものではなかったのである。

3　島ぐるみ闘争の勃発

一方、第二回APACL会議と同年の一九五六年六月に、沖縄で軍用地をめぐって起きた大規模な反対運動である「島ぐるみ闘争」は、韓国政府及び国府に危機感を与え、沖縄返還に反対する両者の結束を促す結果をもたらした。これは、沖縄現地で一九五三年から始まった「銃剣とブルドーザー」と呼ばれる強権的な軍用地の収容により、住民とUSCARの対立が激化したことが招いた事態であった(78)。両国政府は、一九五六年一月に王東原駐韓中華民国大使が李承晩大統領に面会した際や、同年二月に王大使が韓国の外務部長官代理と面会した際、「中華民国と韓国は沖縄の自治を支えるべきだ」という点で認識を一致させていることを確認していた(79)。

沖縄住民の反発の高まりに対し、USCARは比嘉秀平主席をはじめとした保守層を懐柔する一方、八月には基地依存地区への米兵の立ち入り禁止を発表するなど、住民に対する弾圧を強め、住民闘争は後退を余儀なくされた。しかし、比嘉主席が急死し、新たに当間重剛那覇市長が主席に任命されると、当間の後任者をめぐって同年一二月に行われた那覇市長選挙で、島ぐるみ闘争の中心的な存在であった人民党の瀬長亀次郎が当選するという思わぬ展開が生まれた。USCARは布令の改正などの高圧的な手段をとり、翌年一一月に瀬長を失職させたが、このことは沖縄世論を強く刺激し、再選挙においても瀬長支持派の候補が当選することとなった。このような事態を受け、日米両政府は沖縄に関する新たな政策を検討することになった。

沖縄及び日本で土地問題をきっかけに沖縄の現状変更への要求が高まったことに、国府及び韓国政府は危機感を強めた。両国政府が反共の要とみなしていた沖縄の中心地である那覇市において、共産党の友党である人民党の党員が当選したことも、両国にとっては衝撃となったと考えられる。島ぐるみ闘争を機に日本政府が沖縄への関与を強めようとしたことを受け、国府外交部は一九五六年末に日米両政府に対し覚書を送付し、①国府が一九五一年に沖縄の信託統治を認めたのは、沖縄への領有権の放棄を意味しているにすぎず、日本も沖縄についてどんな権利も主張すべきではない、②沖縄が東アジアの安全保障に果たしている重要な役割を考慮すれば、米国は沖縄を統治する責任を放棄すべきではない、③沖縄の地位は多数国の参加によって決定されねばならない、④沖縄の未来は沖縄の人々によって決定されるべきだ。東アジアの国際共産主義の脅威が減少すれば、沖縄の自治は最も望ましいものになる、という立場を表明した(80)。さらに、国府は沖縄との経済的結びつきを強めようと試み、一九五八年三月に中琉文化経済協会を設立した他、蔡璋を渉外部長とした琉球国民党の結成にも関与するなど、沖縄への影響力を強めるための努力を続けた。

また、韓国政府も一九五七年一月に、「琉球の植民地化を排撃する」との談話を発表した。ここでは、琉球列島が韓国と同じＡＰＡＣＬの一員であることを指摘し、第一回会議で蔡が「日本が琉球列島の諸島嶼に対し侵略的野望を抱いている」と警告したことに触れ、「日本はソ連及び中共の指示下に琉球列島を彼らの植民地として復旧させようと固執している」と主張した。また、米国に対し、「米国が積極的な行動をとり、日本帝国主義者の凶計を粉砕し、琉球住民の自由と独立を保障することを要求する」と強調した(81)。李承晩大統領は、一九五六年一〇月に日本がソ連と国交回復を行い、さらに一二月に国連加盟を行ったことから、一層日本に対する警戒を強めていた(82)。李は、一九五七年二月及び五八年四月に崔徳新駐ベトナム韓国大使を沖縄に派遣し、沖縄への共産主義者の浸透及び日本人の活動状況などについて状況を探らせた。崔は、五八年四月の訪沖前には台北に立ち寄り、国府及び駐華米国大使館関係者と沖縄の状況について協議した。崔がドラムライト（Everett F. Drumright）駐華米国大使を表敬訪問した席で述べた内容によれば、崔は沈昌煥国府外交部次長と協議し、沖縄への共産主義者の浸透を非常に恐れているのと同時に、日本が再び沖縄を支配することを非常に嫌がっているという点で、沖縄に対する韓国と中華民国の立場が類似していることを確認したとされる(83)。

その後崔は沖縄を訪問し、ムーア（James E. Moore）高等弁務官(84)、当間重剛主席などと会談する中で、沖縄で日本復帰の主張が高まっていることに危機感を強めた。[85] 崔は最終的に韓国政府に、沖縄の将来の地位を決定するための韓米台日の四か国共同委員会の結成及び、（朝鮮半島の）南北統一と中国その他共産主義の脅威が除去されるまでの沖縄の現状維持を建議した。ただし、当時韓国政府が具体的な措置を取ることはなかった。[86]

以上のように、発足後のＡＰＡＣＬは、日本の参加をめぐる韓台間の対立により、機能不全に陥ることとなった。しかし、両者が反共の要とみなしていた沖縄で起きた島ぐるみ闘争が両者の危機感をあおり、協力を促すきっかけとなった。また、日本政府は、ＡＰＡＣＬに対して好意的であり、「本当の沖縄出身者」が会議に参加することには賛成であったが、琉球独立を唱え、反日的な傾向を持つ蔡が琉球代表として参加することには不快感を抱いていた。米国政府も、対外的に沖縄を代表できるのは米国政府であるという立場に加え、日本政府の意向及び韓台両国への配慮から、蔡の活動に対しては協力しないが黙認するという立場を維持した。

三　ＡＰＡＣＬの発展と日韓関係の改善

1　ＡＰＡＣＬの組織拡大

一九五六年以降、ＡＰＡＣＬは一九五七年は南ベトナムのサイゴン、五八年はタイのバンコクを開催地として大会を開催し、順調に加盟者を増やしていた。沖縄現地ではその後日本への復帰運動が高まっていくが、蔡璋はＡＰＡＣＬ会議において相変わらず琉球代表として出席し、琉球独立論を主張していた。

一方で、韓国側はやはり日本人の参加を認めず、この問題をめぐる韓台間の対立は継続したままであった。[87] 一九五七年九月に台北で開催されたＡＰＡＣＬの理事会の際には、会議後に葉公超外交部長のもとを谷正綱理事長、APACL韓国支部の孔鎮恒議長及びグレン（William A. Glenn）顧問が訪問し、日本代表参加問題について協議した。この時に、グレンは谷が「APACLの会議において日本参加問題を再び提起する場合は、事前に韓国の代表と協議する」と約束したことを葉外交部長に伝え、葉がこれを保証できるかどうかを確認しようとした。グレンは、APACLの中華民国代表が日本代表の参加に固執していることを、李承晩大統領が「中華民国が韓国との関係を軽視している姿勢の表れ」と誤解しているのではないかと考えており、李の誤解を解くための言質を必要としていた。葉は、APACLは民間組織であり、国府は中華民国代表に対して指示を出したことはないが、彼自身は日本の参加は害にはならないと考えているとしつつ、中華民国は韓国を反共の盟友として極めて重視しており、関係を強化することを望んでいると伝えた[88]。

しかし、対日関係が原因となった韓台間の感情的な摩擦は解消されたわけではなかった。一九五八年頃から、国府は韓国との関係強化に再度乗り出し、友好条約などの締結に対しても積極的になったが、韓国側は中華民国が日本との関係強化にも積極的であることを理由に消極的な姿勢を見せた。一一月初めに日米安全保障条約の改定に関連して、日米間で沖縄問題についても協議されていることが報道されると、両国は「日本の反共態度が曖昧である」ということを理由に、「沖縄を自主独立させる以外の沖縄の主権の変更には反対する」という立場を確認しあった[89]。それにもかかわらず、蒋介石総統が米国記者のインタビューに対し、「日本も含む反共同盟の結成を支持する」と答えたと報道された際には、李大統領は中華民国との断交も辞さないという強硬姿勢を示した[90]。後でこれは不正確な記事であったことが判明するが、このような姿勢は李の反日感情の強さを中華民国側に再び印象付けることとなった[91]。一方、李大統領は翌五九年二月に王東原駐韓中華民国大使と会談した際に、改めて日本問題に言及し、「アジアは安全と自由のための組織を持つべきだが、参加国は反共・反植民地主義の原則を持ち、絶対的な平等を享受しなければなら」ないため、「日本はそこから除外しなければならない」とした。また、琉球問題についても「独立を堅持し、日本に返還してはならない」という立場を示し、中華民国もこれに賛同することを求めた。これに対し、王大使は「琉球の独立を助けることが一貫した国策である」と応えた[92]。

一九五九年の第五回APACL会議は、六月に再び韓国で開催された。これは韓国政府樹立後開催された最大の国際会議となり、国民的な熱狂を呼んだ[93]。また、日本代表は招待されなかったが、イランなどの中近東などの出身者も含むオブザーバー参加者が増え、参加者数も過去最大規模となった[94]。この会議では、APACLを世界反共連盟に拡張していくことも提案された。

APACLの組織が拡大していく中、米国側は蔡が琉球代表としてAPACLの会議に参加することによって、沖縄についての誤ったイメージが流布されることを一層懸念するようになった。USCAR渉外局がまとめた文書によれば、USCARは琉球代表がAPACL会議に参加することに反対する理由として、①APACLは李承晩大統領の継続的な反対により、日本を参加者として認めておらず、李が琉球を日本に対するプレーオフ（play-off）として利用しうる懸念があること、②国府の統制下にある自称琉球代表（蔡）が琉球代表として参加すれば、日本政府は自由世界の反共陣営から好意的に扱われなくなりうることなどを挙げた。また、日本政府が蔡を反日的で中国（Chinese）による琉球併合の主唱者とみなし、非常に嫌っていることにも触れた[95]。

APACL会議後、USCARは駐韓米国大使館に、APACLに出席した琉球代表に関する情報の提供を求めた。駐韓米国大使館は、出席者は蔡であり、彼は極東における共産主義の脅威がなくなれば、琉球は政治的な独立を与えられるべきであり、日本によって再び占領される可能性がある全ての口実をなくすために、日本の「潜在主権」を除去すべきだと主張した。また、蔡が琉球人は日本による支配に反対しており、日本によるどのような侵略も共産主義者による占領と「同じ」であると断言したことが、会議に参加した多くの韓国人の共感を得たようだと伝えた[96]。韓国での彼の発言が米国の政策に反しており、日米関係に悪影響を与えることを懸念した在沖米国総領事館は、蔡がAPACLの琉球代表であることを何の権威もなく自称しているのは明らかだとし、駐華米国大使館に対し、沖縄の米国機関が知る限りでは、蔡はどのような地位も持っておらず、高等弁務官も彼が琉球代表であるとは認めていないと伝えることを民政官に提案した[97]。民政官もこれに賛成しているため、蔡に関する情報は駐華米国大使館にも伝えられたと考えられる[98]。一方、沖縄の帰属問題をめぐる韓台間の認識はその後も変わらず、同年一一月二六日に李大統領が「日本が琉球を再帰属させようとする帝国主義的野心を防ぎ、琉球を独立させなければならない」という韓国政府の考え方を蒋総統に伝えたのに対し、蒋も再度沖縄の帰属問題に対し、積極的に協力していきたいという意思を表明した。[99]

2　APACLの変容

沖縄に対する韓台両国の立場が一致していることが確認された直後、一九六〇年四月に起きた四月革命により李承晩大統領が退陣したことは、APACLにとっても沖縄をめぐる両者の協力関係の上でも、大きな転機となった。これまでAPACLの重要な構成員であった韓国支部は、李政権の統制下にある一方で政府から支援を受けていたが、その建物は四月革命の時に圧政の象徴とみなされて破壊され、新政府から十分な援助が得られるかは不確定な状態となった。[100]しかし、第六回会議に参加する韓国代表として新たに選定されたメンバーは、APACLをより柔軟で積極的な組織にしていく必要があるとして、六月一五日に予定された会議を前に、日本代表の参加を歓迎すると発表した。また、韓国の主要四紙も、四月革命後に「APACLをより積極的な組織とし、将来的には日本も招待すべきだ」という内容の社説を掲げた。駐韓米国大使館は、このような動きは韓国がAPACLを本当の国際反共組織とするとともに、日韓関係の改善を望むことを示すものだとして、駐華大使館にこの機会を有効に活用し代表団と議論することを提案した。[101]この結果、台北で開催された第六回会議には日本代表もオブザーバーとして参加し、日本は正式な加盟国として承認されることとなった。

このような経過を経て、一九六二年の第八回大会は、韓国・中華民国の求めに応じて東京で開催されることとなった。[102]「反共」という言葉に対する拒否感が強い日本世論を考慮し、会議の名称は「アジア人民自由擁護大会」とされたが、会長となった岸信介をはじめ、吉田茂元首相などの著名な政治家も多数参加した。

これは、著名な日本の政治家は表立って反共組織に参加しないという、これまでの不文律を破る行動であった。また、日本国内では分断国家による反共団体というイメージが強いＡＰＡＣＬの印象を弱めるため、日本側が米国にオブザーバー参加を求めたことから、今まで参加を拒んできた米国側も協力姿勢を見せ、ロバート・マーフィー（Robert D. Murphy）元駐日大使を派遣するに至った。ただし、日本では表立った反対がみられなかった代わり、積極的な関心もみられなかった。[103]

一方、日本代表がＡＰＡＣＬに正式に加盟したことは、ＡＰＡＣＬにおける蔡の立場にも影響を及ぼした。一九六〇年四月に蔡がＡＰＡＣＬへの参加者を募るために沖縄を訪れた際、ＵＳＣＡＲの報告を受けた国務省は「琉球人（蔡）のＡＰＡＣＬ会議への参加を妨げるべきだ」という立場は変わらないとして、再び琉球人のＡＰＡＣＬへの参加について駐日・駐華米国大使館に意見を求めた。[104] この際に、駐華大使館は、国務省の意見に同調しつつも、やはり「中華民国側に誤解を与えないようにするため、積極的に蔡の活動を妨げることはしない方が良い」と述べた。[105] これに対し、国務省は、「中華民国と韓国は沖縄の日本返還に反対する立場から琉球人のＡＰＡＣＬへの参加に関心を持っている」と理解しているとし、「琉球独立運動を促進する目的で代表やグループがＡＰＡＣＬ会議に参加することは米国の国益にはならない」として、現行の方針は変更しないという立場を示した。[106] このため、ＵＳＣＡＲは再度蔡に対し、国際関係において琉球を代表するのは米国であるため、ＡＰＡＣＬへの琉球人の参加を支持することはできないとの立場を伝えた。[107] 米国のこのような態度を受け、蔡は次の会議においては米国の政策を批判していると誤解されるような発言はしないと保証するに至った。[108] 台北での第六回会議には、蔡以外の琉球代表として初めて比嘉秀伝が参加し、蔡は最終的な沖縄の独立について演説を行ったが、そのトーンは以前よりも弱いものとなった。[109] 一九六二年に東京で第八回大会が開催された際は、沖縄に対する潜在主権を主張する日本側により、琉球代表であった蔡は出席を拒否された。[110] 一九六五年一一月に開催されたＡＰＡＣＬの第一二回総会では、会員の増加と多様化から、ＡＰＡＣＬを発展解消して世界反共連盟を創設することが決議された。ここでは英国など欧州の国家の出身者を加盟員とすることも決議され、ＡＰＡＣＬは当初韓台両国が目指したアジアの集団防衛体制とは大きく様相を異にするに至った(111)。また、蒋介石総統も同年一二月に改めて琉球政策を検討した際、以前のように琉球革命同志会や他の組織に頼るのではなく、商会、同郷会などの民間団体の設立による僑務、商務の推進や留学生数の増加による文化交流関係の促進によって中華民国・琉球間の関係を強化することを指示した(112)。一九六五年六月には日韓基本条約が調印され、日韓関係も新たな展開を迎えた。このような中、蔡は一九六七年二月に沖縄で職員同士の対立により起きた傷害事件に関わっていると国府から疑われ、台湾側の拠点を失い、国際的な影響力をさらに低下させることとなった(113)。

おわりに

本稿では、ＡＰＡＣＬへの琉球代表参加に対する関係各国の思惑に焦点を当てつつ、沖縄の帰属問題をめぐる当時の関係各国の認識の変化について検討してきた。国府は、連合国の一員として日本の戦後処理に関与したという立場から沖縄の帰属に一貫して関心を持っており、琉球の中国帰属あるいは独立を主張する蔡璋の活動を支援した。また、韓国政府も、朝鮮戦争後に安全保障上の観点や日本に対する警戒や不信感から、沖縄の日本帰属を望まない立場を取り、国府とともに結成したＡＰＡＣＬに琉球代表を参加させることで、反共・独立を主張する沖縄という、自らが望む沖縄の姿を蔡に託そうとした。これに対し、日米両政府は琉球独立が対日平和条約の論理に反していることや、韓国政府が日本との対立関係において蔡の行動が利用される可能性、蔡が国府の支援を受けている可能性などを勘案し、蔡の行動を警戒した。実際に、琉球革命同志会は沖縄においてほとんど影響力を持っておらず、ＵＳＣＡＲ及び沖縄住民の支持を得ることもできなかったが、ＡＰＡＣＬという国際会議の場に琉球独立を主張する「琉球代表」が参加することは、韓国及び中華民国政府にとっては琉球問題に対する自らの主張を強化する上で、ある程度のメリットとなっていたのである。また、対日関係をめぐって感情的な対立が絶えなかった両者にとって、沖縄問題に対する共通の認識を確認できたことは、連携を強める上でも意味があった。

しかし、一九六〇年代に入って李承晩政権が崩壊し、ＡＰＡＣＬ韓国支部が日本の参加に柔軟な姿勢を見せるようになる中、蔡の立場は弱まっていった。日本及び米国は、ＡＰＡＣＬに蔡が参加することは望ましくないという姿勢を変えず、さらに沖縄現地で日本復帰運動が高まり、日本がＡＰＡＣＬの一員となることによって、蔡がＡＰＡＣＬで琉球独立を訴えることは、ほとんど意味を持たなくなった。そして、ＡＰＡＣＬ自体の変容や日韓関係の改善の中で、蔡の支援者であった国府も他の方法によって琉球との関係を強化する方針に転換し、蔡は最終的に台湾の拠点も失うこととなった。

このような経緯からみれば、蔡が一九五〇年代にＡＰＡＣＬの琉球代表としての地位を維持することができた背景には、米国が沖縄における蔡の影響力の希薄さに加え、「琉球代表」をＡＰＡＣＬの創立メンバーとして重視する韓国・中華民国への一定の配慮から、蔡の活動を黙認していたという事情があったとみることができる。ただし、蔡自身の沖縄の帰属問題に対する主張や意図は、十分に明らかにできたとは言い難い。この点については、今後の検討課題としたい。

（注）

（1）松田春香「東アジア『前哨国家』による集団安全保障体制構想とアメリカの対応——『太平洋同盟』と『アジア民族反共連盟』を中心に」、『アメリカ太平洋研究』第五号、二〇〇五年三月、최영호〔崔栄鎬〕「이승만 정부의 태평양동맹 구상과 아시아민족반공연맹 결성〔李承晩政府の太平洋同盟構想とアジア民族反共連盟結成〕」、『國際政治論叢』第三九巻三号、一九九九年一二月、노기영〔盧琦霙〕「이승만정권의 태평양동맹 추진과 지역안보구상〔李承晩政権の太平洋同盟推進と地域安保構想〕」、『지역과 역사〔地域と歴史〕』第一一号、二〇〇二年一二月、왕엔메이〔王恩美〕「아시아민족반공연맹의 주도권을 둘러싼 한국과 중화민국의 갈등과 대립（一九五三～一九五六）〔アジア民族反共連盟の主導権をめぐる韓国と中華民国の葛藤と対立（一九五三～一九五六）〕」、『아세아연구〔亜細亜研究〕』第一五三号、二〇一三年九月などを参照。

(2) 沖縄返還をめぐる韓国の動向に着目した先行研究は、管見の限り一九六〇年代に関するものが大部分である。APACLに触れているのは、임경화〔林慶花〕「‘분단’ 과 ‘분단’ 을 잇다――미군정기 오키나와의 국제연대운동과 한반도〔『分断』と『分断』を結ぶ――米軍政期沖縄の国際連帯運動と朝鮮半島〕」、『상허학보〔尙虛学報〕』第四四号、二〇一五年など。中華民国に関しては、一九四〇～五〇年代に関する研究が多い。許育銘（鬼頭今日子訳）「一九四〇～五〇年代 国民政府の琉球政策――戦後処理と地政学の枠組みの中で」、『中華民国の制度変容と東アジア地域秩序』、汲古書院、二〇〇八年、石井明「中国の琉球・沖縄政策――琉球・沖縄の帰属問題を中心に」、『境界研究』第一号、二〇一〇年、任天豪「中華民国対琉球帰属問題的態度及其意義（一九四八～一九五二）――以《外交部档案》為中心的探討〔琉球帰属問題に対する中華民国の態度及びその意義（一九四八～一九五二）――「外交部档案」を中心とした検討〕」、『興大歴史学報』第二二期、二〇一〇年、赤嶺守「戦後台湾における対琉球政策――一九四五年～一九七二年の琉球帰属問題を中心に」、『日本東洋文化論集――琉球大学法文学部紀要』第一九号、二〇一三年、楊子震「戰後東亞國際秩序與中華民國對琉球群島政策――以在臺琉僑的政治運動為中心〔戦後の東アジア国際秩序と中華民国の対琉球諸島政策――台湾在住琉僑の政治運動を中心に〕」、『國際秩序與中國外交的形塑〔国際秩序と中国外交の形成〕』、政大出版社、二〇一四年など。また、本稿と一部重複した部分があるが、一九四〇年代から五〇年代にかけての沖縄の帰属問題に対する韓国及び中華民国の動向を扱った論文として、나리타 치히로〔成田千尋〕「오키나와 귀속문제를 둘러싼 한국과 중화민국 정부의 동향――一九四〇～五〇년대를 중심으로〔沖縄の帰属問題をめぐる韓国・中華民国政府の動向――一九四〇～五〇年代を中心に〕」、『인문논총〔人文論叢〕』第七六巻二号、二〇一九年五月がある。

(3) 本名は喜友名嗣正だが、国際的には蔡璋という名で活動していたため、本稿では蔡璋と表記する。

(4) Summary of TS'AI, CHANG (Covering Reports Dated 29 July 1950 through 24 July 1958) [U81100223B], 沖縄県公文書館（[ ]内は沖縄県公文書館の資料コード。以下同様に表記する。この文書は、約八年にわたる中華民国及び沖縄における蔡の活動を記録したものである）、冨永悠介「喜友名嗣正が見た『日本』――琉球独立運動と『台湾省琉球人民協会』の活動から」、『大阪大学日本学報』第三一号、二〇一二年三月、八八～八九頁。

(5) 仲田清喜「『アメリカ世』時代の沖縄（七）沖縄独立論の諸相」、『財界九州』第四三巻一二号、二〇〇二年一二月、比嘉康文『「沖縄独立」の系譜』、琉球新報社、二〇〇四年、何義麟「戦後在台琉球人之居留与認同〔戦後在台琉球人の居留とアイデンティティ〕」、『国史館学術集刊』第一八期、二〇〇八年など。

(6) USCAR文書を使用した研究としては前掲の仲田による論文があるが、どの文書を使用したのかは明らかでない。また、八尾祥平「中華民国にとっての『琉球』――日華断交までの対『琉球』工作を中心に」、『琉球・沖縄研究』第三号、二〇一〇年においてもUSCAR文書が参照されているが、APACLをめぐる蔡の活動については詳しい検討は行われていない。

(7) 許育銘前掲論文、二六二～二六四頁。

(8) Chinese Summary Record, November 23, 1943, Foreign Relations of the United States（以下 *FRUS*）: Diplomatic Papers, the Conference at Cairo and Teheran, 1943, 323-325.

(9)「琉球地位問題概述」（一九六四年六月）、『琉球地位問題概述』、一一―NAA―〇五五〇七、中央研究院近代史研究所档案館。

(10) 平良好利『戦後沖縄と米軍基地――「受容」と「拒絶」のはざまで 一九四五～一九七二』、法政大学出版局、二〇一二年、二一～二三頁。

(11) 同書、三五～四〇頁。

(12) 松田前掲論文、一三六～一四〇頁。

(13) 沖縄県祖国復帰闘争史編纂委員会編『沖縄県祖国復帰闘争史　資料編』、時事出版、一九八二年、四七頁。

(14)「潜在主権」については、ロバート・D・エルドリッヂ『沖縄問題の起源――戦後日米関係における沖縄 一九四五～一九五二』、名古屋大学出版会、二〇〇三年を参照。

(15) 齋藤道彦「蔡璋と琉球革命同志会・一九四一～一九四八年」、『中央大学経済研究所年報』第四六号、二〇一五年九月、五五二一～五五三頁。

(16) 八尾前掲論文、六七頁。

(17) 前掲、Summary of TS'AI, CHANG; 蔡璋『琉球亡国史譚』、正中書局、一九五一年。

(18)『朝日新聞』、一九五三年一一月二三日付、朝刊二頁。

(19) 石井前掲論文、八五頁。

(20)『경향신문〔京郷新聞〕』、一九四九年一一月二八日付、夕刊一頁、『동아일보〔東亜日報〕』、一九五〇年五月二九日付、朝刊一頁など。

(21)『동아일보〔東亜日報〕』、一九五二年三月二九日付、朝刊一頁、『경향신문〔京郷新聞〕』、一九五二年五月二〇日付、

夕刊一頁など。

(22)『동아일보（東亜日報）』、一九五四年二月八日付、朝刊一頁。

(23) 日韓会談に対する米国の関与については李鍾元「韓日会談とアメリカ――『不介入政策』の成立を中心に」、『国際政治』第一〇五号、一九九四年を参照。

(24)『동아일보（東亜日報）』、一九五四年二月八日付、夕刊一頁。

(25)「外交部葉部長與大韓民國駐華大使金弘一談話紀錄〔外交部葉部長と大韓民国駐華大使金弘一の談話記録〕」、一九五四年三月二〇日、『亞盟』一一―I N O―〇六一八二、中央研究院近代史研究所档案館。

(26)「報告」一九五四年（日付不明）、『亞盟』一一―I N O―〇六一八二、中央研究院近代史研究所档案館。

(27) U.S. Embassy in Taipei（以下 Taipei. 他の大使館も同様）to the Department of State（以下 DOS）, June 11, 1954, 790.00/6-1154, Box 4126, Central Decimal File（以下 CDF）, 1950-54, Record Group (以下 RG)59, National Archives II in Maryland（以下 NA）.

(28) 以上の経緯については、盧琦霙前掲論文、二〇四～二〇八頁参照。中華民国では「アジア人民反共連盟」と訳される。

(29)『동아일보（東亜日報）』、一九五四年六月一九日付、夕刊一頁。

(30) 前掲、Summary of TS'AI, CHANG.

(31) Tokyo to DOS, Routine 1818, June 3, 1954, [U81100523B]、沖縄県公文書館。

(32) Ibid.

(33) Deputy Governor to Commander in Chief, Far East, June 7, 1954, [U81100523B]、沖縄県公文書館。

(34) 沖縄県祖国復帰闘争史編纂委員会編『沖縄県祖国復帰闘争史　資料編』、二四～二七頁。この会は教職員会、市町村長協議会、青年連合会などの六団体から構成されていた。

(35) 同書、三五～三六頁。

(36) 同書、三八頁。

(37) 鳥山淳『沖縄／基地社会の起源と相克　一九四五～一九五六』、勁草書房、二〇一三年、二一三～二一五頁。

(38) 同書、二一七～二一九頁。

(39) Tsai Chang to Civil Administrator Johnson, July 9, 1954, [U81100523B] 沖縄県公文書館。

(40) Disposition Form from Liaison Office to Civil Administrator, RCCA-LO 201.22, Subject: Letter from TS`AI CHANG-Okinawa Residents Assn, July 19, 1954,［U81100523B］、沖縄県公文書館。

(41) Philip M. Dale, Jr to Walter M. Johnson, August 5, 1954,［U81100523B］沖縄県公文書館、Walter M. Johnson to Philip M. Dale, Jr, August 18, 1954, in the same folder.

(42) Taipei to DOS, Subject: Proposed Trip TS`AI Chang to Okinawa, October 13, 1954, 790.00/10-1354, Box 4126, CDF, 1950-54, RG59, NA.

(43) Walter M. Johnson to Philip M. Dale, Jr, October 14, 1954,［U81100523B］、、沖縄県公文書館。

(44) American Consular Unit, Naha（以下 Naha）, Okinawa to DOS, Subject: Activities of TS`AI Chang on Okinawa, November 19, 1954, 794c.00/11-1954,［U90006078B］、沖縄県公文書館。

(45) Naha to DOS, Subject: Visit of TS`AI CHANG in Okinawa, October 29, 1954, 790.00/10-2954, Box 4126, CDF, 1950-54, RG59, NA.

(46)『琉球新報』、一九五四年一一月七日付、朝刊二頁。

(47)『琉球新報』、一九五四年一一月一六日付、朝刊一頁。

(48)『琉球新報』、一九五四年一一月一七日付、朝刊二頁。

(49) Naha to DOS, Subject: Activities of TS`AI Chang on Okinawa, November 19, 1954, 794c.00/11-1954,［U90006078B］、沖縄県公文書館。

(50) Taipei to DOS, Subject: Official Chinese View on Japanese Inclusion in Asian Anti-Communist Alliance, June 22, 1954, 790.00/6-2254, Box 4126, CDF, 1950-54, RG59, NA.

(51) Taipei to DOS, June 11, 1954, 790.00/6-1154, Box 4126, CDF, 1950-54, RG59, NA.

(52) 王恩美前掲論文、一九一頁。

(53) DOS to Taipei, June 4, 1954, 790.00/6-354, Box 4126, CDF, 1950-54, RG59, NA.

(54) Seoul to DOS, Subject: The Asian Peoples' Anti-Communist Conference., June 28, 1954, 790.00/6-2854, Box 4126, CDF, 1950-54, RG59, NA.

(55) The Ambassador in Korea (Briggs) to DOS, Seoul 1358, June 18, 1954, *FRUS,* 1952-1954, Korea, vol.15, Part 2, 1808-1811.

(56) The President of the Republic of Korea (Rhee) to the Secretary of State, July 2, 1954, ibid., 1818-1819.

（57）U.S. Summary Minutes of the Third Meeting of United States Republic of Korea Talks, Washington, July 29, 1954, 2:30 p.m., July 29, 1954, *FRUS*, 1952–1954, China and Japan, vol.14, Part 2, 1687-1689; 李鍾元 前掲論文、一七四～一七五頁。

（58）Tokyo to DOS, Subject: ROK-Chinese Plans for Second Asian Anti-Communist Conference, November 19, 1954, 790.00/11-1954, Box 4126, CDF, 1950-1954, RG59, NA.

（59）Taipei to DOS, Subject: Second Session of Asian Peoples Anti-Communist League, January 18, 1955, 790.00/1-1855, Box 3827, 1955-1959 CDF, RG59, NA.

（60）Tsai Chang to General John E. Hull, Far East Commander of U.S. Army, February 3, 1955, [U81100523B] 沖縄県公文書館；「受信：美国駐華大使館、発信：外交部美洲司」、一九五四年一一月四日、『亞盟』、一一―ＩＮＯ―〇六一八二、中央研究院近代史研究所档案館。

（61）Incoming Classified Message from Tokyo to DOS, May 1, 1955, [U81100523B]、沖縄県公文書館。

（62）W. M. Johnson to American Consular Unit, February 18, 1955, [U81100523B]、沖縄県公文書館。

（63）Headquarters Far East Command to Deputy Governor of the Ryukyu Islands, Subject: Ryukyuan Residents Association in Taiwan, February 12, 1955, [U81100523B]、沖縄県公文書館。

（64）Taipei to DOS, April 23, 1955, 790.00/4-2355, Box 3827, 1955-1959 CDF, RG59, NA.

（65）Tokyo to DOS, April 25, 1955, 790.00/4-2555, Box 3827, 1955-1959 CDF, RG59, NA.

（66）Taipei to DOS, April 26, 1955, 790.00/4-2655, Box 3827, 1955-1959 CDF, RG59, NA.

（67）DOS to Naha, May 2, 1955, 790.00/4-2655, Box 3827, 1955-1959 CDF, RG59, NA.

（68）Seoul to DOS, May 4, 1955, 790.00/5-455, Box 3827, 1955-1959 CDF, RG59, NA.

（69）Tokyo to DOS, May 12, 1955, 790.00/5-1255, Box 3827, 1955-1959 CDF, RG59, NA.

（70）DOS to Seoul, May 13, 1955, 790.00/5-1355, Box 3827, 1955-1959 CDF, RG59, NA.

（71）Memorandum of Conversation, Subject: Future of Asian Peoples' Anti-Communist League., June 8, 1955, June 22, 1955, 790.00/6-2255, Box 3827, 1955-1959 CDF, RG59, NA.

（72）渡辺銕蔵『反戦反共四十年』、自由アジア社、一九五六年、四一八頁、「總統招待亞盟會議日本觀察員團渡邊鐵藏等茶會談話紀錄〔総統が亜盟会議日本オブザーバー団渡辺鉄蔵らを招待した茶話会での談話記録〕」、一九五五年五月二九日、『外交――蔣中正接見日方代表談話紀錄（一）〔外交――蒋介石が日本代表を応接した際の談話記録（一）〕』、

〇〇五―〇一〇二〇五―〇〇一一一―〇〇二、國史館。

（73）「總統接見日本國會議員親善訪華團團長大野伴睦並宴請全體團員談話紀錄〔総統が日本国会議員親善訪華団団長大野伴睦を応接し、団員全員を宴会に招待した際の談話記録〕」、一九五五年八月二六日、『對日本外交（二）〔対日本外交（二）〕』、〇〇二―〇八〇一〇六―〇〇〇六五―〇二一、國史館、「中國國民黨第七屆中央委員會常務委員會第二二四次會議紀錄〔中国国民党第七回中央委員会常務委員会第二二四次会議記録〕」、一九五五年一〇月一七日、『中國國民黨第七屆中央委員會常務委員會會議紀錄（四）〔中国国民党第七回中央委員会常務委員会会議記録（四）〕』、〇〇八―〇一一〇〇二―〇〇〇〇九―〇一一、國史館。「反共」の名称が使われなかったのは、日本の特殊事情によるものとされている。

（74）『동아일보〔東亜日報〕』、一九五六年三月一一日付、夕刊一頁。

（75）王恩美前掲論文、一八六～一八七頁。

（76）His Excellency, President Syngman Rhee to Choi Dok Shin, Minister to the Republic of Korea, Subject: President's Instructions concerning APACL, April 18, 1956,『ＡＰＡＣＬ（아시아민족반공연맹〔アジア民族反共連盟〕）』（分類番号七三六.三一、登録番号二一一一）、韓国外交史料館。

（77）Ibid.

（78）土地問題の経緯については、櫻澤誠『沖縄の保守勢力と「島ぐるみ」の系譜——政治結合・基地認識・経済構想』、有志舎、二〇一六年、第三章、平良『戦後沖縄と米軍基地』第三章を参照。

（79）前掲、Summary of TS'AI, CHANG.

（80）Eto Shinkichi, "Attitude of Peking and Taiwan Governments on Okinawa Issue"[U90006066B] 沖縄県公文書館。この資料は、一九六九年一月に沖縄基地問題研究会が開催した「沖縄およびアジアに関する日米京都会議」で、衛藤瀋吉東京大学教授が発表した英語の論文である。

（81）『경향신문〔京郷新聞〕』、一九五七年一月一四日付、夕刊一頁。

（82）林慶花前掲論文、二五五頁。

（83）Memorandum of Conversation, Subject: Ambassador Choi's Visit to Okinawa., April 23, 1958, [U90006098B] 沖縄県公文書館。

（84）一九五七年に民政長官・副長官制が廃止され、高等弁務官がＵＳＣＡＲの最高責任者となった。

(85) Memorandum of Conversation, Subject: Conditions in the Ryukyus, April 29, 1958, [U90006098B] 沖縄県公文書館。
(86)「琉球（沖縄）問題——問題点과 政府立場（琉球（沖縄）問題——問題点と政府立場）」、『미국・일본간 오끼나와（沖縄）반환문제、전二권（米国・日本間沖縄返還問題、全二巻）』V.1、一九六九年一月～六月（分類番号七二二．一二 JA／US、登録番号二九五八）、韓国外交史料館。
(87)『경향신문（京郷新聞）』、一九五七年三月二九日付、夕刊一頁。
(88)「外交部葉部長接見韓國出席亜盟理事會議代表談話簡要紀錄（外交部葉部長が亜盟理事会に出席した代表を応接した際の談話の要約の記録）」（作成年月日不明）、『中韓關係（台韓関係）』、一一一—EAP—〇五六三二、中央研究院近代史研究所档案館。
(89)「AC—〇六五、発信：주중대사（駐華韓国大使）、受信：대통령（大統領）」、一九五八年一一月一五日、『주중대사관 정무보고（駐華大使館政務報告）』（分類番号七七三．一、登録番号三五九）、韓国外交史料館、「AC—〇六七、発信：주중대사（駐華韓国大使）、受信：대통령（大統領）」一九五八年一一月二一日、同前文書綴。
(90)「駐韓王大使四十七年十一月廿日第五六一號來電（駐韓王大使一九五八年一一月二〇日第五六一号来電）」、一九五八年一一月二〇日、『中韓關係（台韓関係）』、一一一—EAP—〇五六三二、中央研究院近代史研究所档案館。
(91)「我國對韓政策之檢討（我が国の対韓政策の検討）」、一九五八年一一月二四日、『中韓關係（台韓関係）』、一一一—EAP—〇五六三二、中央研究院近代史研究所档案館。
(92)「王大使與李大統領談話紀錄（王大使と李大統領の談話記録）」、一九五九年二月一二日、『中韓關係（台韓関係）』一一一—EAP—〇五六三二、中央研究院近代史研究所档案館。
(93)『동아일보（東亜日報）』、一九五九年六月一日付、夕刊一頁。
(94)『동아일보（東亜日報）』、一九五九年五月一七日付、朝刊一頁。
(95) Memorandum for the Executive Officer, Subject: Asian Peoples' Anti-Communist League（APACL）, June 5, 1959, [U81100523B]、沖縄県公文書館。
(96) William G. Jones to Ronald A. Gaiduk, July 6, 1959, [U81100523B]、沖縄県公文書館。
(97) Operations Memorandum from Taipei to DOS, Subject: Protection of Ryukyuans, July 6, 1959, [U81100523B]、沖縄県公文書館、Memorandum to Brigadier General John Ondrick from Cleott H. Dsuing, Subject: Mr. TSAI Chang, Chairman of the Ryukyuan Residents Association in Taipei, July 20, 1959, [U81100523B]、沖縄県公文書館。

(98) Memorandum to Mr. Ronald A. Gaiduk from John G. Ondrick, Subject: Mr. TSAI Chang, Chairman of the Ryukyuan Residents Association in Taipei, July 29, 1959,〔U81100523B〕、沖縄県公文書館。

(99)「MC一一二九、発信：주중대사〔駐華韓国大使〕、受信：대통령〔大統領〕」一九五九年一一月三〇日、『주중대사관 정무보고〔駐華大使館政務報告〕』。

(100) Seoul to DOS, June 10, 1960, 790.00/9-560, Box 2098, CDF, 1960-1963, RG59, NA.

(101) Seoul to DOS, June 10, 1960, 790.00/6-1060, Box 2098, CDF, 1960-1963, RG59, NA.

(102) Tokyo to DOS, June 26, 1962, 790.00/6-2662, Box 2099, CDF, 1960-1963, RG59, NA.

(103) Tokyo to DOS, October 24, 1962, 790.00/10-2462, Box 2099, CDF, 1960-1963, RG59, NA.

(104) DOS to Tokyo, April 14, 1960, 790.00/4-1460, Box 2098, CDF, 1960-1963, RG59, NA.

(105) Taipei to DOS, April 20, 1960, 790.00/4-2060, Box 2098, CDF, 1960-1963, RG59, NA.

(106) DOS to Taipei, April 25, 1960, 790.00/4-2060, Box 2098, CDF, 1960-1963, RG59, NA.

(107) High Commissioner of the Ryukyu Islands to DOS, April 28, 1960,〔U81100523B〕、沖縄県公文書館。

(108) Taipei to DOS, April 27, 1960, 790.00/4-2760, Box 2098, CDF, 1960-1963, RG59, NA.

(109) Taipei to DOS, July 5, 1960, 790.00/7-560, Box 2098, CDF, 1960-1963, RG59, NA.

(110) 赤嶺前掲論文、四〇頁。

(111)『동아일보〔東亜日報〕』、一九六六年一一月八日付、夕刊一頁。

(112) 石井前掲論文、八八頁。

(113) 八尾祥平「一九五〇年代から一九七〇年代にかけての琉球華僑組織の設立過程——国府からの影響を中心に」、『華僑華人研究』第八号、二〇一一年、一一二～一一五頁。

(付記) 本稿は、JSPS科研費（課題番号一八J〇〇六九三）による成果の一部である。

第一〇章　在日朝鮮人学生の「祖国」認識に関する小考

法政大学朝鮮文化研究会機関紙『学之光』を手がかりに

金鉉洙

はじめに

一九六五年に日韓両国の間で結ばれた「日本国に居住する大韓民国国民の法的地位及び待遇に関する日本国と大韓民国との間の協定」（以下、法的地位協定）は、在日朝鮮人に「祖国」の分断状況を改めて自覚させるものとなった。この法的地位協定によって在日朝鮮人が協定永住権を申請するためには韓国籍の取得がその前提条件とされたからである。そのため在日朝鮮人は韓国籍で外国人登録をするように強要され、自身が支持する「祖国」から引き裂かれることになった。

第二次世界大戦後の在日朝鮮人の「祖国」認識については小林知子(1)や趙景達(2)の研究が参考になるが、それによると、小林は、「植民地体験を通して体得してきた反帝国主義的意識」を共有する在日朝鮮人の多くは北朝鮮を「祖国」として認識するようになったという。また趙は、「朝連知識人・幹部や新活動家などは民衆に対し侮蔑的に臨み、民衆の反発を買いはしたが、民衆に根を下ろしていた旧活動家が介在することによって、朝鮮民主主義人民共和国を祖国とするナショナリズムの内面化が、弾力的に浸透し得た」と指摘している。こうして、在日朝鮮人の多くは朝鮮半島南部の出身者であったにもかかわらず、北朝鮮を「祖国」と認識するようになったのである。つまり、在日朝鮮人の多くは、植民地下でいわゆる「自治論」へ傾斜していった民族主義者や「親日派」たちとは異なり、最後まで日本の支配に抵抗し、朝鮮の独立運動を展開していた活動家たちに親近感を感じ、そうした人びとが築いた国家＝朝鮮民主主義人民共和国（以下、北朝鮮）を自分たちの「祖国」と認識する傾向が強かったのである。

本稿は、日韓会談が行われた一九六〇年を前後する時期に発行された在日朝鮮人学生グループの機関紙を通じて、彼らの「祖国」認識を確認することを目的にしている。同じように一九六〇年代の在日朝鮮人学生グループの機関紙を分析した研究としては鄭雅英[3]の研究があるが、そこで鄭は民団系学生たちの集まる場であった早稲田大学韓国文化研究会の会報『高麗』の分析を通じて一九六〇年代の在日社会について論じている。これに対して、本稿で扱う『学之光』は、総連系学生たちの集まる場であった法政大学朝鮮文化研究会（以下、朝文研）の機関紙である。したがって、ここでは総連系学生たちの「祖国」認識が主な分析対象になるが、その際、民団系学生の認識にも留意したいと思う。

鄭によると、「母組織と一体的に活動を続けていた総連系学生青年団体（在日朝鮮留学生同盟、朝鮮青年同盟）にたいし、民団内では韓国学生運動の影響もあり学生青年団体（在日韓国学生同盟、韓国青年同盟）がより独自的な活動を組織する傾向にあった[4]」という。本稿で特に注目する点は、鄭のいう「母組織と一体的に活動を続けていた」総連系の学生たちが、本当に「母組織と一体的」であったのか、母組織との間に認識のズレがなかったのか、ということである。

本稿ではまず、戦後の在日朝鮮人学生運動団体の結成と分裂過程を概観し、政治・経済的な側面からの「祖国」に対する認識を確認していきたい。なお、ここで取り扱う法政大学朝文研の『学之光』はほぼ日韓会談期と重なって発行されている。日韓会談反対運動に限って言えば、鄭の指摘するとおり、法政大学朝文研も「母組織と一体的」な活動をしているが、ここで問題にしたいのは彼らの「祖国」認識である。

一　戦後の在日朝鮮人学生運動団体の結成と分裂

多くの在日朝鮮人にとって、一九四五年八月一五日の「祖国」解放後のひと時は、朝鮮半島に居住する同胞と同様に、「歓喜」に満ちた時間であった。しかし、関東大震災時の朝鮮人虐殺を経験した彼らにとっては、異なる文脈で「恐怖」を感じる時間でもあった。彼らの間には、戦争に負けた日本人の恨みが再び自分たちに向けられるのではないかという恐怖感があったのである。つまり、戦前から日本内地で暮らしてきた在日朝鮮人にとって、「祖国」の解放は「歓喜」と「恐怖」がない交ぜになった複雑な時空間であったのである。さらに言えば、植民地期に日本内地で生まれ、皇民化教育を受けて成長してきた在日朝鮮人の若い世代（概ねこういう世代が戦後の在日朝鮮人運動の担い手になっている）の人びとはなおさら複雑な心境の下に置かれていた。

しかし、在日朝鮮人たちは、解放とともに日本の各地で三〇〇近い大小の民族団体を結成した。そして、一九四五年一〇月には早くも全国組織としての在日本朝鮮人連盟（以下、朝連）を結成したが、この間に左右の思想的な対立も激しくなっていった。そして、左派系の人びとが次第に朝連結成の主導権を掌握すると、それに反発した右派系の青年たちは同年一一月一六日に朝鮮建国促進青年同盟（以下、建青）を結成した。さらに、翌一九四六年一月二〇日には朝連から離脱した右派系の人びとを中心に新朝鮮建設同盟（以下、建同）が結成され、同年一〇月三日には建青と建同をはじめとする右派系の二〇余団体が統合して、在日本朝鮮居留民団（以下、民団）を結成した。

その後、朝連は一九四九年九月八日に米軍政下の日本政府によって強制解散させられたが、朝鮮戦争勃発後の一九五一年には在日朝鮮統一民主戦線（以下、民戦）が結成された。この頃、朝連や民戦に集う左派系の在日朝鮮人たちは日本の民主革命こそが朝鮮革命の道であると考えていた[5]。つまり、日本と朝鮮半島を結びつけた政治変革の道を構想していたのである。しかし、一九五五年に在日朝鮮人運動の路線転換が打ち出されて民戦が解体され、新たに在日本朝鮮人総聯合会（以下、総連）が結成されると、上記のような考え方は一変した。総連は、北朝鮮政府の指導の下で、日本の内政不干渉、合法性の堅持、階級解放闘争から民族解放闘争へという三つの路線を強調した。「祖国」＝北朝鮮との関係がより重視され、民族的観点が強調されるようになったのである。一方、民団は一九四八年の大韓民国政府樹立後に韓国政府から正式公認団体として認められて「在日本大韓民国居留民団」と改称し、一九九四年にはさらに「在日本大韓民国民団」と改称して今日に至っている。

ところで、解放直後の在日朝鮮人学生の間では、「学生の生活不安と動揺の防止、帰国と残留などの問題を解決し、さらにはすすんで朝鮮の完全独立に寄与するために、各方面で学生の団結がはかられ[6]」、一九四五年九月一五日には在日朝鮮学生同盟（以下、学同）が結成された。学同はそれまで朝鮮半島からの留学生を管理監督していた朝鮮総督府学務局に属する朝鮮奨学会に中央本部を、関東（東京）、関西（大阪）、東北（仙台）に地方本部を置いた[7]。そして、その綱領で、「われら学生は、その本分を堅持して真理の探究に邁進する。／われら学生は、その本分を自覚して朝鮮文化の建設に努力する。／われら学生は、その本分を発揮して、世界的文化の発展に貢献する」という三つの課題を掲げた[8]。結成当時の学同の政治的色彩はそれほど強くはなかったと言われているが[9]、「本国状勢や、朝連と民団の抗争を反映して[10]」、学同内部でも左右両派の対立が激しくなり、やがて一九五一年五月に分裂した。そして、日韓会談が行われた一九五〇〜六〇年代当時には左派系の在日本朝鮮留学生同盟（以下、留学同）と右派系の在日韓国学生同盟（以下、韓学同）が存在したが、日本の主要大学ではそれぞれの支部組織として朝鮮文化研究会や韓国文化研究会（以下、韓文研）が活動していた。

右派系学生たちは、一九五〇年一一月一二日、明治大学で学同臨時第七回総会を開催し、ここで組織名を「在日韓国学生同盟」と改称した。その綱領は、「一、われらは自由な思想と創造的精神で学術を練磨し真理を探求する。一、われらは祖国統一と自主独立を確立し、民主国家と均等社会建設に努力する。一、われらは相互親睦をはかり、高尚な人格と進歩的精神で世界の文化向上に貢献する」というものであった[11]。

一方、左派系学生たちは、一九五一年五月に専修大学講堂で学同第七回大会を開催し、学同の正統をつぐとした綱領の中で、「一、日本の再武装と軍事基地反対。一、原子兵器の製造使用反対。一、弱小民族の弾圧政策反対」を掲げている[12]。この左派系学生グループは一九五一年九月に民戦が呼びかけた「平和救国月間闘争」や「強制追放反対闘争」などに積極的に参加しており、一九五二年一二月に明治大学講堂で「朝鮮留学生同盟再建大会」を開催して、正式に民戦の加盟団体となっている[13]。前述したように、当時の左派系民族団体であった朝連や民戦は日本で民主革命を行うことを主な活動目標としており、左派系の学生運動もその路線に沿った活動を展開していたのである。

しかし、一九五五年、総連結成後に開催された留学同の第四回臨時全国大会（一九五五年六月一八～一九日、明治大学講堂、約三〇〇人参加）では綱領と規約が改正され、留学同が総連加盟団体であることが明確にされた。その大会宣言文では、「われわれは栄光にかがやく朝鮮民主主義人民共和国の留学生であり、現在有利な情勢と祖国のあたたかい配慮によって、従来の誤った政治路線を是正し、共和国の周囲に固く団結して、祖国の平和的統一独立を完遂するために努力する。また、正しい路線に結集した朝鮮総連に広く団結し、民族権利の確保と祖国の対外政策に一致した方向に前進する[14]」と述べている。この「従来の誤った政治路線を是正し、共和国の周囲に固く団結」するという文言は、総連結成を主導した韓徳銖をはじめとするいわゆる「先覚者」たちの認識を反映したものであった。韓徳銖は「民戦が全的に日本革命に奉仕する方針をとったため、在日朝鮮人運動が根本的誤りをおかしたとし、総連への路線転換は情勢の変化による転換ではなく、誤った路線からの転換」であると主張し、韓徳銖を中心とする総連指導部は民戦とくに民対活動家に対して「清算主義的、打撃主義的方法」で自己批判や総括を要求したとされている[15]。そのため、この路線転換に納得がいかず、自己批判に応じなかった人たちは次第に総連組織から離れていったといわれている[16]。

二　在日朝鮮人学生の「祖国」認識――法政大学朝文研機関誌『学之光』を手がかりに

在日朝鮮人学生運動は、左右を問わず、在日朝鮮人運動の前衛部隊的な性格が強かった。とくに左派系の在日朝鮮人学生運動は「祖国」＝北朝鮮や左派系民族団体の路線に忠実な活動を展開していたとされる。したがって、右派系の在日朝鮮人学生運動が日韓会談期に韓国政府や民団の路線と対立し、積極的かつ組織的に自己主張したのとは対照的に、左派系の在日朝鮮人学生運動はそれほど目立った対立や異なる自己主張を展開したことはないとされている。

ここでは法政大学朝文研機関誌の『学之光』を手がかりにして、左派系在日朝鮮人学生運動の「祖国」認識を探り、その点について検証することにする。

朝文研機関誌の『学之光』は一九五七年に創刊されているが、現在、筆者が確認しているのは創刊号（一九五七年）から一九六六年に発行された第一一号までである。不定期的に刊行された『学之光』の紙面は、大きく分けて学術論文、短篇小説、詩、随筆、「祖国」情勢紹介などで構成されており、その執筆者は主に法政大学の在学生や卒業生たちであったが、時には著名な作家金達寿らの寄稿も見受けられる(17)。

ところで、一般に知られている『学之光』は、植民地期の朝鮮人留学生たちが結成した在日本朝鮮留学生学友会の機関誌で、一九一四年に創刊され一九三〇年までに刊行されたものである。これに寄稿した人たちの中には後に文壇で活動した人も多く、その紙面は論文、小説、詩、随筆、記事、紀行、漢詩など多様であった。

ここで扱う法政大学朝文研機関誌の『学之光』はこれとは別のもので、彼らが自分たちの機関紙に同じ名前をつけた理由については、次のように述べている。

「今から四十五年前の一九一二年、祖国の運命を双肩ににない、祖国独立運動の先駆的役割を果たした東京留学生達が、若々しい気鋭と大望を抱きつつ発行されたのがこの『学之光』である。我々の先輩達が残した輝かしい伝統を正しく受け継ぎ支えていくことが、今の私達にできるであろうか？

たしかに重荷すぎる感があり、あまりにも唐突すぎる思い付きの感がしないでもないが、あえてこの様な題号をつけることにした[18]」。

このように法政大学朝文研の学生たちは、「先輩達が残した輝かしい伝統を正しく受け継ぎ支えていく」という自負を、この機関誌名に託したのである。

1　「祖国」の分断と在日朝鮮人学生

「祖国」の分断状況は、在日朝鮮人学生の運動や生活にも影響を及ぼしている。やや長いが、そのことを示す一文を引用しておきたい。

「祖国の政治状態・政策が海外の同胞に与える影響はなににもまして大なるものがある。複雑な祖国状勢は我々学生にもそのまま反映して来ている。

特に不安定な在日朝鮮人の生活と共に留学生の生活は極度に追いつめられている。多くの学生が苦しい生活のために学問を放棄し働くことを余儀なくされている。

しかし我々学生は南北統一を強く望むが故に他国での厳しい生活と斗いながら、学問への情熱をもちつづけている。然し我々は、二分された祖国の事を考える場合、いつも同じ疑問と不満とを覚える。南と北も同じ祖国朝鮮の地であるという意識は、留学生達に複雑な影響を与えている。今年、北鮮では在日朝鮮学生達のために巨額な奨学金を送つてきた。戦後の復興事業のさなかに於て、海外の学生達に対し温かい援助の手を差しのべてくれたことは、感謝にたえない。自己の学問を祖国のために役立たせようとする学生の決議は、より新たなものになつたであろう。しかし我々学生にとつては、その事よりも祖国が二分されている事から受ける精神的打撃は何にもまして大きい。三八度線を境に南北にと二分された朝鮮民族は異民族に変わりつつあるし、世界情勢の変化に伴つて、戦争の恐怖と不安とをかもし出している。…〔中略〕…現在南北朝鮮は、異なる社会制度を持つが、かならずや朝鮮の統一は可能だと信じる。南北朝鮮とも独立国である以上、いかなる国からの干渉も受けることなしに、民族の幸福ということを念願におき、外交政策を進めてほしい、朝鮮問題の平和的解決にあらゆる努力をつくしてほしいと思う。…〔中略〕…我が祖国の地にひかれた三八度線は朝鮮人民の手によつて消さなければならない。その事が実現されてこそ、海外留学生は立派な祖国を持つことの誇りもあらたに、自己の学問に熱中できるであろう。

我々留学生も現在の条件の中で、その方向へと可能な限り自己の力量を奉げる決心である。最後に我々は祖国に次の様にいいたい。

我々留学生は戦争に反対し、不安をさけ祖国の平和的統一を望むと共に留学生の明日を明るくしてもらいたいと」[19]。（傍線は引用者、以下同様）

「祖国」の分断がもたらす「不安定な生活」や「精神的な打撃」は、単に在日朝鮮人学生だけではなく、在日朝鮮人社会全般に及んだものであるが、自分たちを日本で学ぶ「留学生」と認識していた学生たちは、生活のために学業を放棄するしかない状況に追い込まれている現実を「祖国」の分断状況と結びつけて認識していた。彼らは、北朝鮮からの「奨学金」に感謝しつつも、根本的な解決のためには「祖国の平和的統一」が不可欠であり、それによって「立派な祖国」を誇りうると述べている。これは、祖国の統一こそが在日朝鮮人に対する日本社会の抑圧と差別からの解放に導いてくれるという戦後在日朝鮮人運動の認識とも繋がるものと言えよう。

また、「解放後、本国社会との断絶は在日朝鮮人僑胞の日本社会への同化を決定的なものとし、在日朝鮮人僑胞が根源的には本国社会の諸矛盾に帰因しつつ、むしろ日本社会のそれに委ねられてきたという事実は、ともすれば在日朝鮮人僑胞のやり場のない不安を生み出している」[20]とする右派系在日朝鮮人学生の認識も前述した左派系在日朝鮮人学生の認識と同様のものである。

上記の引用文において、そもそも「祖国」から派遣された留学生ではなかった在日朝鮮人学生が自らを「留学生」と位置づけながら、「南と北も同じ祖国朝鮮の地であるという意識は、留学生達に複雑な影響を与えている」と述べているが、彼らにとっての南と北の「祖国」イメージはどういうものであったのだろうか。

2 「祖国」に対する認識

大韓民国――信頼できない「祖国」

機関誌『学之光』からうかがえる韓国イメージは概して否定的である。特に「祖国」の統一問題については、「共和国」（北朝鮮）の平和的統一路線を「南朝鮮」（韓国）が妨害しているという図式で捉えられている。

「平和を愛好する世界人民の無条件支持と歓迎を受けるこの共和国の一貫して変ることのない平和統一に関する政策に対して、米帝は、朝鮮から自己の軍隊を撤退させるのとは反対に、最近南朝鮮に原子砲をもちこみ原子戦争のために萬端の準備をととのえており、又、李承晩は、軍隊の縮小ではなくて軍隊の増大であり、平和的統一ではなくて『平和統一は国是違反』であるとし、『友邦と合同して戦争する時期をまつ』というのであるから全くあきれた話である[21]」。

上記の引用文では、「米帝」（アメリカ）や李承晩政権の統一政策が批判されている。北進統一を国是とする李承晩政権が平和統一論をタブー視していたことは周知の事実であるが、それは次のような事実からも裏付けられた。すなわち、一九五六年の韓国第三代大統領選挙では李承晩の対抗馬として有力視されていた申翼熙が急死したことにより、李承晩の圧勝が予想されていたが、平和統一を前面に掲げた進歩党党首の曺奉岩が全体有効票数の三割近い得票をしたため、これに危機感を抱いた李承晩は、一九五八年一月にいわゆる「進歩党事件」をねつ造して、翌年七月には曺奉岩を死刑に処した。その理由の一つとされたのが進歩党の平和統一論が国家保安法違反に当たるということであった。

また、一九五八年二月五日に北朝鮮政府が朝鮮の平和的統一に関する声明を発表し、朝鮮半島からの外国軍隊の撤退を訴えて、「平和的イメージ」の宣伝に努めていたことが、南北間の統一に対する姿勢の違いを際立たせていた。

左派系在日朝鮮人学生たちは李承晩政権に対して激しい嫌悪感を抱いていた。彼らによれば、李承晩政権は現代国家として「世界に類例のない独裁政権」であり、その下で脅迫、弾圧などのあらゆる不正行動が横行し、李承晩自身も「超人間的な醜悪」さを持つ人物であると認識されていた。すなわち、李承晩政権下の韓国では「憲法が制定されていても実施しようともせず、行政、司法権を一手で握り、如何なる違法者や重犯罪を犯した者でも、李承晩の命令一言で特赦も重罰もさせると云う状態」であったとされている。つまり、「彼等は国家と民族繁栄のための政治家ではなく、独裁政治の権力を背景に私利私欲を満たす」集団でしかないと認識されていたのである。[22]

一方、上記の「共和国」の平和統一政策を具体化したものが、一九六〇年八月一四日の「八・一五解放一五周年慶祝大会」で金日成が提示した「連邦制統一案」であったが、右派系在日朝鮮人学生たちはこれを否定的に捉えていた。彼らはまず、北朝鮮が南・北間でもめていた「国連監視下の総選挙」を否定し、従来「北鮮」自身が提起していた「中立国監視」案さえ引っ込めて、その代わりに朝鮮半島の当事者間で選ばれた「選挙監視委員会」を置くとしたことを問題視している。[23] 彼らによると、朝鮮の分断は、米ソ両国が

「各々自己の進駐した地域を自己の勢力圏内に引き入れたために」生まれたものであり、朝鮮半島の現実に米ソ両国の利害関係が深く関与していることを考慮すれば、北朝鮮の連邦制統一案は朝鮮半島の「地政学的地位」を軽視するものにほかならなかった。つまり、「米・ソいずれの陣営にも属さないという保障がない限り、対立する米・ソはわが国から手を引かないし、わが国は統一できない」[24]のであり、「わが国の平和的完全独立を達成する道」は、「わが国を中立化することによって、関係諸国のわが国の地政学的地位にまつわる利害関係を調整すること、即ち、極東における双方の緩衝地帯として中立化する」こと以外にはないと主張している。このような主張は、四月革命以降の国内外で広まっていた「中立化統一論」に立脚したものであるが、右派系在日朝鮮人学生の間にもこのような考え方が浸透していたことがうかがえる。

また、経済建設面から見た「祖国」イメージは、『学之光』の論調も当時の総連の主張と同じように南北間の対照性を強調するものになっている[25]。すなわち、第二次世界大戦以降の朝鮮における社会経済発展は、明らかに「二つの方向」をたどってきたとして、北朝鮮では「人民政権による急激な経済建設と社会改革」によって「社会主義経済発展の輝しい歴史的段階に到達した」と評価する一方で、韓国では「アメリカ帝国主義と独占資本の植民地隷属化政策」によって国民は飢餓と貧窮に陥れられ、民族経済は「混乱と破綻をきたしている」と断定している。そして、こうした韓国経済の状態は、「米帝」が「占領初期から、南朝鮮経済をアメリカ軍需産業の完全な付属物として従属させ、南朝鮮をアメリカの余剰商品販売市場に転落」させた結果であり、「南朝鮮の重要な経済命脈と国家の経済生活は、もはや完全にアメリカ独占資本の支配下におかれ、民族産業と農業経済は、全面的な衰退と零落の道をあゆんでいる」と見ていた。

ところで、一九五〇年代から一九六〇年代にかけての日本社会では、上記のような南北両国に対するイメージが広がっていたとしばしば指摘されているが、一九六五年に法政大学朝文研が実施した日本人学生に対するアンケートの結果によると、必ずしもそうでもなかったようである。これは、一九六五年の法政祭の際に、朝文研がその展示場を観覧した日本人学生六八七人を対象にアンケート調査を実施したものである。翌年の学園祭で発表された『日本人の朝鮮観調査報告書』[26]によると、「南朝鮮における生活状態」については八一・八%の日本人学生が「悪い」と答えている（良い一・二%、普通八・九%、悪い八一・八%）が、「北朝鮮の生活状態」については「良い二七・五%、普通三六・八%、悪い二三・四%」と見解が別れていたという。朝文研ではこれに対して、「南朝鮮の状況はよく知られていますが、北朝鮮の現在の状況は余り知られていないというより知らされていないのではないか」というコメントを付している。つまり、当時の日本人学生の間では、南の生活の惨状に対する認識は共有されていても、北の生活に対してはそれ程高い評価がなされていなかったのである。

『学之光』の中で韓国に対する否定的な認識に変化が見られるのは、一九六〇年に韓国で起きた四月革命を契機にしている。左派系在日朝鮮人学生たちは、これを「四・一九人民蜂起」と呼び、「南朝鮮学生青年たちが、アメリカ帝国主義とその手先、売国者どもに対する全朝鮮人民のうらみと怒りを爆発させたものであり、祖国の独立と民主主義の戦取するための英雄的な闘争[27]」であると認識し、「四月人民蜂起以来人民の戦いはアメリカ帝国主義の侵略政策に大きな打撃を与え、植民地支配を根底からゆり動かした[28]」と評価している。四月革命によって李承晩政権が倒されたことによって、左派系の学生たちの韓国イメージが変化してくる。周知のように四月革命の中心的な担い手は学生運動グループであった。『学之光』はこのことを「四月人民蜂起で南朝鮮学生青年は先鋒的役割を果たし」、「南朝鮮のほとんど全ての地域の各級学校学生がこの愛国闘争に網羅され、彼らは、蜂起の全過程で文字通りの英雄性と堅固性を発揮した」と述べて評価している[29]。韓国は暗澹たる社会から変革の兆しが見える社会へと変化したのである。

一方、右派系在日朝鮮人学生や民団では、上記の認識とは異なる形で四月革命が受け止められた。まず、一九六〇年七月二五日に開催された第二六回民団臨時大会では、一貫して取られてきた本国政府に対する絶対的支持の姿勢が見直され、「在日同胞の権益を守ることを最優先」し、「本国政府との関係に於いては是々非々の態度で臨むこと」が宣言された。一次的ではあれ、いわば民団の主体性が示されたのである。

これに対して、右派系在日朝鮮人学生たちは、より明確に四月革命は「民主々義的諸権利の奪還闘争であり、李承晩独裁打倒の市民革命であり、祖国統一への大きな前進であった[30]」と評価した。「それ迄民族の一員としての主体的に思考・行動する術を見い出し得ず、民族的虚無の情態に惰していた多くの僑胞学生は、この四・十九《ママ》に依り力強く、民族的に覚醒されていった。我々僑胞学生の人間性確立はまさに民族主体性の確立の自己変革にあり、民族主体性の確立は民族史の潮流に自己を位置づけそれを推進していく過程の中に真に可能な問題である。この様に四・十九《ママ》に依り意識覚醒され、韓国人としての自己を社会的に認識し、民族主体性の確立を図謀する僑胞学生は韓学同へ結集していった[31]」と述べられているように、四月革命は「民族的虚無の情態」に陥っていた多くの在日朝鮮人学生を「民族的に覚醒」させ、「民族主体性の確立」へと導くものであったのである。

　ところが、こうした民主化の風や民族統一への期待は翌年の朴正熙による軍事クーデター（一九六一年五月一六日）によって踏みにじられることになった。この朴正熙による軍事クーデターについて、『学之光』は、「アメリカ帝国主義者は崩れ去つて行く植民地政策を維持するために、卑劣にも武力を用いてクーデターをデツチあげ、カイライ軍事政権を樹立させ、ただ朝鮮人民の不倶戴天の敵米帝を先頭とするその一味徒党軍事政権は南朝鮮人民のあらゆる自由を圧迫し、平和的統一の気運を消そうと懸命になつている[32]」とし、その背景にアメリカ帝国主義が存在することを強調している。そして、「人民の心に燎原のように広がつていつた平和統一の気運は消え去るものではない。あの英雄的な人民蜂起を指導、参加した人民達は決してこのまま圧力者の前に膝まずいてはいまい。必ず南朝鮮人民は平和統一闘争に決起するであろう！[33]」という期待感を示している。

　韓国における軍事クーデターが発生すると、民団中央は即日クーデター支持声明を出しているが、韓学同は同年五月二七日に第二〇回全国大会（約三〇〇人参加）を開いてクーデター反対声明を発している。この声明において、韓学同は、「今や、われらが立つべきときである。封ぜられた祖国の口を代弁し、折られた祖国の学生達の脚を代弁して、われらは立つべきときである。三千万同胞の期待もここにかけられている。／左翼小児病と動脈硬化症を併発している総連系学生達のイニシアティブを排し、われらこそ救国運動の先頭に立つべきである。／まず、われらの当面の課題は祖国を軍部の軍靴と銃剣から解放し、自由と民主主義擁護の隊伍を組み広範な在日同胞の支持と力をここに結集して、われらは決起しようではないか」[34]と呼びかけている。

朝鮮民主主義人民共和国――信頼する「祖国」と信頼するしかない「祖国」

「会員大多数の『私達は朝鮮民主主義人民共和国の派遣した学生であり、その立場で、現在実施されている各科別学習会その他の研究に臨んでいるのだ』という暗黙の了解の内に行われたということは注目に価いする」[35]という『学之光』第五号（一九五九年一〇月発行）の巻頭言にある一文は、法政大学朝文研に集う在日朝鮮人学生たちが北朝鮮を自らの「祖国」として認識していたことを物語っている。彼らは北朝鮮に対する下記のような強い信頼感を持っていたのである。

「偉大なるソ聯邦を先頭とする社会主義陣営のわが祖国は、人民の指導的領導的力量である労働党と政府並びに金日成首相の元での復興建設は、世界の声援に答えて、その広範囲に於いて目ざましい発展ぶりを発揮した。そしてまた、祖国の平和統一も、着々とその準備が進められ、朝鮮人民の未来の幸福も約束される日は遠くないでしょう[36]」。

しかしながらその一方で、『学之光』の中には、一部ではあるが、「信頼するしかない」北朝鮮という認識も現れている。北朝鮮では一九五六年の六月から八月にかけて金日成反対派に対する大々的な粛清（いわゆる「八月宗派事件」）が行われ、徐々に金日成独裁体制が強化されていった。その余波は在日朝鮮人社会にも及び、在日朝鮮人研究者や文学者らに対して北朝鮮政府や総聯による干渉が行われる。

次の文は、劉浩一著『現代朝鮮の歴史』（三一書房、一九五三年）や朴慶植・姜在彦他著『朝鮮の歴史』（三一書房、一九五七年）に対して行われた合評会に参加した学生の感想文であるが、この合評会が開かれた背景には、前述した「八月宗派事件」で金日成反対派が粛清される過程で歴史叙述においても金日成中心の抗日運動への書き換えが行われていたことが関連している。

「リベラリストとしての最低の良心を守りぬくことが〈沈黙〉であるとするならば、独裁者に対する最大の抵抗が沈黙を守ることであるならば、まさしく近代以前といわねばならぬといえよう。いいかえれば、南朝鮮において良心的インテリ達が如何に苦しんでおり、リベラリストとしての良心すら守りぬくということが如何に困難であるかをことさらに痛感せざるを得ない。この沈黙に依る抵抗、これは、はたして南朝鮮にのみ見られるものであろうか？我々の内部にも、あるいは我々の周囲にも、そして我々の祖国、朝鮮民主主義人民共和国にはその様な傾向はないであろうか？もちろんその様な傾向はないであろう。いやあり得ないと信ずる。信じられずにはいられないから……。

しかし異質なものではあるにしろなにかわりきれないものが我々にないと断言することがはたしてできるだろうか？

たしか去年だつたと思うが在日朝鮮人の歴史家たちの手でなつた歴史書（朴慶植・姜在彦他著『朝鮮の歴史』と劉浩一著『現代朝鮮の歴史』）に対する祖国の科学院から長い書評が今年の始め頃送られて来た。

ある学術団体が主催となつて著書と書評を中心とする合評会が信濃町の朝鮮会館で開かれた。（偶然だつたかも知らないが書評をもつて〝合評会〟というのも奇妙なはなしである。）門外漢である私も偶然な機会で（それも途中ではあつたが）末席に連なつたことがあるが、著書の内容、書評の内容、そしてそれらについての討論の内容はともかくとして、先ず第一に強く感じられたのはそれらの人たちの底に流れている重つ苦しいなにものかである。一言でいつてしまえば討論にならない！裏がえしていえば、おのおの心の中で思つていることをずばずば言わないということである。これはいつたいどういうことであろうか。沈黙の芽ばえがここにもあるのではなかろうか……。アメリカ帝国主義の侵略下にある南朝鮮・傀儡李承晩の暴圧の下での沈黙ならいざ知らず、或る程度までの学問の自由が保障されているこの日本でしかも自分の祖国朝鮮民主主義人民共和国を自ら誇りとする進歩的科学徒たちがいつたいこれはどうしたことであろう[38]」。

ここで語られている「沈黙に依る抵抗」というのは、一九五三年に創刊された韓国の雑誌『思想界』のある座談会で語られた「抵抗としての沈黙」のことであるが、感想文の筆者は、これと同じように在日朝鮮人研究者の著作に対する「祖国」＝北朝鮮（朝鮮民主主義人民共和国科学院）からの批判に対して著者らが「沈黙」するしかない「重つ苦しいなにものか」が存在することへの異質感を感じているのである。

「アメリカ帝国主義の侵略下にある南朝鮮・傀儡李承晩の暴圧の下」においてリベラリストとしての良心すら守りぬくということが如何に困難であるかをことさらに痛感せざるを得ない」韓国の知識人に対する同情的な視線が、信頼する「祖国」＝北朝鮮から「あり得ないと信ずる」しかない「重つ苦しいなにものか」を押しつけられている在日朝鮮人研究者たちにも向けられる。そして、もともと「信頼する祖国」から、「信頼するしかない祖国」へと揺らぐ複雑な「祖国」認識が示されているのである。

経済的側面では、『学之光』は前述したように北朝鮮に対する絶対的な信頼感を示しており、「朝鮮の北半部が高度に発展した社会主義的工業国家に転化し、朝鮮人民のより豊かな生活を限りなく保障」することにより、「アメリカ帝国主義者の植民地支配から、南朝鮮を解放し、祖国の平和的統一を決定的に促進する」ことになるという認識を示している[39]。もっとも、「祖国」の経済発展が統一を促進させるという認識は右派系在日朝鮮人学生たちにも同様に見られる。

しかし、「祖国」＝北朝鮮が経済的に発展しているとはいっても、日本における在日朝鮮人学生たちは厳しい状況に置かれていた。在日朝鮮人に対する日本社会の根強い差別によって、在日朝鮮人学生たちは、大学を卒業してもまともに就職できず、日雇い労働などをしながら日本社会の底辺で生きていくしかなかった。つまり、在日朝鮮人社会が深刻な貧困状況にあったがゆえに、いっそう強く「祖国」＝北朝鮮の状況が美化されたとも言えるのである。そして、一九五八年から始まる北朝鮮への帰国運動は、「祖国」の発展への寄与であるとともに、参加する在日朝鮮人自身にとっては貧困からの脱出、絶望的な状況のなかの一縷の希望であったのである[40]。

一九五九年八月一三日にカルカッタ協定が結ばれて、在日朝鮮人の「祖国」＝北朝鮮への帰国運動が始まった。同年一二月には第一次帰国船が新潟港を出港したが、今後在日朝鮮人学生らが帰国を考える際の留意事項が『学之光』に掲載されている。まず、「諸般の事情で今尚、国語の知識不十分の者は何をさて置いても母国語を修得しつくすこと」、さらには「自分の研究は勿論、日常の会話から専門用語の読解まで、縦横に駆使出来得る迄学習すること」、そして「国語の面でのハンデなど背負わず帰国できるように備えること」を当面の課題とし、「幸いにして国語学習の心配のないものは、もう一歩進んで自己の就職、進学の分野をよく選んで、精神的空白状態のまま帰国せねばならないといった様なことのない様に精神的準備を全うしておかねばならない」ことを述べている。さらには、「大学は出たけれど、就職の道なくという、萬年失業状態をまぬかれぬ、社会で育って来た私達、朝鮮人学生に取って仕事の場があり、多くあり、人材の不足だという祖国への帰国は、今迄、資本主義国家で果せなかった。そして、私達も得られなかった。人間の本質的要求の満足が得られる国、それが、私達の祖国の土で展開されていることに身内から溢き上る感動なくして接しられぬであろうし、又、飛び立つ思いで、出船を待っている人も数多いことだろう[41]」と「祖国」＝北朝鮮に対する自負心と希望を綴っている。

3　日韓会談に対する認識

左派系在日朝鮮人学生の日韓会談に対する認識は、日韓会談の開始以来一貫してその反対を訴えてきた左派系在日朝鮮人運動の認識と同じものであった[42]。一九五〇年代における左派系在日朝鮮人運動の日韓会談反対論の柱は主に日米韓軍事同盟反対論や韓国政府の正当性問題であったが、「祖国近代化」や「先建設・後統一」路線（統一を実現するためにはまず自国の経済建設を先行させるという路線）を掲げる朴正煕政権が登場して積極的に対日接近策を進めると、「日本独占資本の経済的侵略に反対する」という主張が新たな反対論の柱に加えられることになった。

『学之光』の「巻頭言」[43]に掲げられた反対論をまとめると、次の四点に整理できる。

（1）日韓会談は東北アジアの軍事同盟体制の強化を図るアメリカ帝国主義の極東政策の一環であり、南朝鮮を北朝鮮・中国への侵略基地とすると同時に、朝鮮の分断を一層深刻化し、恒久化するものに他ならない。

（2）朴正熙「政権」は、なんら人民を代表していないアメリカ帝国主義の「カイライ政権」に過ぎず、その正当性に問題がある。

（3）日本・朝鮮間の歴史的な未解決問題は、当然朝鮮統一後に協議すべきものである。

（4）経済「援助」という美名のもとに進められる日本独占資本の南朝鮮再侵略に反対すべきである。

『学之光』はまた、日韓会談が締結されると、「在日朝鮮公民に対する弾圧」が一層強化され、「『永住権申請』によるカイライ『韓国』籍強要策動」が強まるとともに、「『外国人学校制度』創設の名目」のもと、「民主主義的民族教育の弾圧抹殺」と「『同化教育』のおしつけ」が強まると予測している。そして、これに対して「民族教育を擁護する運動」を推進することの重要性を訴えている。[44]

一方、右派系在日朝鮮人学生たちは民団中央と対立する面もあったが、日韓間の国交正常化に関しては基本的に民団と同様に支持していた。ただ、民団が「先国交回復・後諸問題の解決」というスタンスを取ったのに対して、学生たちは「諸問題の解決を前提にした国交回復」を主張したという違いがある。この違いから、会談の後半になって右派系在日朝鮮人学生運動は民団と対立しなければならなかったのである。

右派系在日朝鮮人学生運動は日韓会談が本調印されると日韓条約に対する反対や無効を主張したが、これは左派系の反対論とは同じではなかった。彼らは会談の内容に対して反対や無効を主張したのであって、左派系のように会談自体に対して反対したのではなかった。右派系学生たちの日韓会談反対運動では、法的地位問題と李ライン問題の二つが大きな問題として取り上げられた。

おわりに

本稿では一九六〇年を前後する時期に発行された法政大学朝文研の機関誌『学之光』を手がかりに、当時の左派系在日朝鮮人学生の「祖国」認識を中心に述べてきた。

これまで見てきたように、左派系在日朝鮮人学生たちの「祖国」認識は、基本的に北朝鮮を「祖国」と見るものであったが、「南朝鮮」も含めた「祖国」認識の全体像は反帝国主義イデオロギーに基づくものであったということができる。

しかし、「祖国」の分断が当時の在日朝鮮人学生たちに及ぼした否定的な影響は大きく、彼らの置かれている状況を根本的に解決するためには、祖国の統一というナショナルな課題が最優先されるべきものと見なされていた。しかし、当の「祖国」では、平和統一を強調する北朝鮮と、これを国是違反として排斥する韓国という形で全く相反する動きが見られ、そうした現実を直視する左派系学生たちの間では北朝鮮を絶対視する傾向が次第に強められていった。この固定的な「祖国」イメージを打破するインパクトを与えたのが一九六〇年に韓国で発生した四月革命である。しかしまた、翌年五月の朴正熙らによる軍事クーデターで祖国統一への期待が裏切られると、学生たちの眼には、韓国は、「英雄的な人民蜂起」に対するアメリカ帝国主義の反革命が勝利した場と映るようになった。

一九六〇年代にはなお経済的に順調な発展を遂げているとされた北朝鮮に対する左派系在日朝鮮人学生たちの信頼感は絶対的なものであったが、金日成独裁体制の構築過程で生じた政治的影響が在日朝鮮人社会にも及ぶようになると、『学之光』にはそうした信頼感に揺らぎが生じていることを垣間見せる記事も登場している。それでもなお、この時代の在日朝鮮人学生たちの間では、隠然たる政治的圧力への不信感と「祖国」

に対する信頼感の狭間でさまざまな葛藤があったと言うべきであろう。ただ、一九六〇年代以降になると、徐々に総連の運動から遠ざかる在日朝鮮人知識人や活動家たちが増えていったが、彼らと同じように、同時代の在日朝鮮人学生たちの間にも北朝鮮イメージの揺らぎや転換が現れ始めていたと考えられるのである。

（注）

（1）小林知子「戦後における在日朝鮮人と『祖国』――朝鮮戦争期を中心に」、『朝鮮史研究会論文集』No.34（一九九六年月）。同「在日朝鮮人の『多様化』の一背景――『民族』・『祖国』・『生活』をめぐって」、小倉充夫、加納弘勝編『国際社会6 東アジアと日本社会』、東京大学出版会、二〇〇二年。

（2）趙景達「解放前後期在日朝鮮人にとっての民族と生活」、宮嶋博史・金容徳編『近代交流史と相互認識Ⅲ――一九四五年を前後にして』、慶応義塾大学出版会、二〇〇六年。

（3）鄭雅英「在日韓国人学生の1960年代――早大韓文研『高麗』をよみながら」、大阪国際平和研究所紀要『戦争と平和』、二〇〇八年。

（4）鄭雅英同前、一〇〇頁。

（5）「對談 わが祖國の建設を語る」、『民主朝鮮』、一九六四年六月号、二四頁。

（6）坪井豊吉『在日同胞の動き』、自由生活社、一九七五年、一九九頁。

（7）坪井同前。

（8）坪井同前（一九七五年）、二〇〇頁。

（9）朴慶植『解放後在日朝鮮人運動史』、三一書房、一九八九年、二二八頁。

（10）坪井『在日同胞の動き』、二〇三頁。

（11）坪井同前、三二九～三三〇頁。

（12）坪井同前、五三〇頁。

（13）坪井同前、五三三頁。

（14）坪井同前、六九一頁。

(15) 朴慶植『解放後在日朝鮮人運動史』、三八四〜三八五頁。
(16) 朴慶植同前、三八五頁。
(17) 『学之光』創刊号の原稿募集欄をみると、「法政大学朝鮮人学生（大学院生、研究生を含む）及び法政大学朝鮮学生同窓会員」に寄稿資格があり、「朝鮮関係または、日朝関係（研究論文・エッセイ・創作・其他）」が執筆内容になっている（五一頁）。
(18) 「編集後記」、『学之光』創刊号、一九五七年一一月、五八頁。
(19) 河栄吉「祖国を思う」、『学之光』創刊号、一九五七年、四〇〜四一頁。
(20) 申健二「発刊によせて」、早稲田大学韓国文化研究会『高麗』第八号、一九六八年。
(21) 玄光洙「巻頭言　外国軍隊の速やかな撤退を実現させ全朝鮮の自由選挙をおこなえ！」、『学之光』第二号、一九五八年三月、一〜三頁。
(22) 朴琪喆「韓国の内膜と第四次民議員議員選挙」、『学之光』第三号、一九五八年七月、二四〜二九頁。
(23) 慎洙正「祖国の統一への道」、早稲田大学韓国文化研究会『高麗』創刊号、一九六一年、九一頁。
(24) 慎洙正同前、九六頁。
(25) 韓敬翊「南朝鮮農業経済の破綻と没落」、『学之光』第五号、一九五九年一〇月、一〇〜一一頁。
(26) 法政大学朝鮮文化研究会『日本人の朝鮮観調査報告書』、一九六六年、一一頁。
(27) 崔勇植「朝鮮南半部の学生青年運動の発展」、『学之光』第九号、一九六四年七月、五頁。
(28) 申彰「四月人民蜂起から軍事クーデターまでの平和的統一への気運」、『学之光』第七号、一九六二年、三三頁。
(29) 崔勇植「朝鮮南半部の学生青年運動の発展」、『学之光』第九号、一九六四年七月、五頁。
(30) 韓学同京都府本部執行部「韓学同に関する若干の考察」、在日韓国学生同盟京都府本部『白衣民族』第三号、一九六六年一二月、一二頁。
(31) 韓学同京都府本部執行部同前、一二頁。
(32) 申彰「四月人民蜂起から軍事クーデターまでの平和的統一への気運」、『学之光』第七号、一九六二年、三三頁。
(33) 申彰同前、三二〜三三頁。
(34) 在日韓国学生同盟中央総本部「在日韓国学生同盟『五・一六』クーデター反対声明」（一九六一年五月二七日）、在東京五大学・韓文研共同編纂『韓国時事問題研究資料』、一九六七年三月、一一五頁。

(35)「巻頭言」、『学之光』第五号、一九五九年一〇月、二一〜三頁。

(36)姜政男「紹介　金日成首相が青年・学生に呼びかけた演説文について」、『学之光』第三号、一九五八年七月、三三一〜三六頁。

(37)『現代朝鮮の歴史』に対してなされた主な批判点は、「解放以後における朝鮮人民の斗争歴史を朝鮮労働党と結合させることができず、かえって分離させた」こと、「共和国北半部で進められた革命的民主基地の創設とその強化をめざす斗争の成果にかんする叙述が不十分」であること、「南北朝鮮の歴史をきりはなして叙述し、祖国の統一、独立をたたかいとるために斗争している朝鮮人民の歴史を分離した点」、「朴憲永にたいするとりあつかいがきわめて正しくないこと」を挙げている。(李拏英「劉浩一著『現代朝鮮の歴史』にたいする書評」、朝鮮問題研究所『朝鮮問題研究』第二巻一号、一九五八年四月、五五〜六二頁)。なお、『朝鮮の歴史』に関しては、「三〇年代に金日成同志の指導した抗日パルチザン斗争にたいする全面的な取扱いがなされていない」とし、「三〇年代の朝鮮革命運動にマルクス・レーニン主義を創造的に適用した金日成同志の卓越した役割についての分析が要求される」と批判している(金錫亨「朴慶植・姜在彦著『朝鮮の歴史』について」、同前書、四八〜五四頁)。

(38)許準「『壁』——我々若い世代はうったえる」、『学之光』第二号、一九五八年三月、二八〜三四頁。

(39)石川利治「朝鮮北半部の緩衝期と七ヶ年計画」、『学之光』第六号、一九六〇年一一月、五三頁。

(40)「祖国では、再度にわたり在日同胞の帰国を歓迎する声明を出して、私達に希望を与へているが、日本の政府サマは、オカンムリを曲げている。李承晩への思わくもあろうが、人道的なこの問題は、日本の大衆の支持に支へられた私達の積極的な活動、これによつて必らずや実現せずにはおかぬだろう」(「編集後記」、『学之光』第四号、一九五八年一一月、八三頁)。

(41)「帰国を前にした学生のあり方」、『学之光』第五号、一九五九年一〇月、四九〜五〇頁。

(42)日韓会談反対運動については拙著『일본에서의 한일회담 반대운동——재일조선인운동을 중심으로〔日本における日韓会談反対運動——在日朝鮮人運動を中心に〕』、先人出版社(ソウル)、二〇一六年を参照。

(43)「巻頭言」、『学之光』第一〇号、一九六五年七月、二〜三頁。

(44)「巻頭言」、『学之光』第一一号、一九六六年七月、二〜三頁。

[執筆者略歴]

吉澤文寿（よしざわ　ふみとし）　＊はじめに・第七章担当

1969年生まれ。新潟国際情報大学国際学部教授。

一橋大学大学院社会学研究科博士後期課程修了。

著書として『戦後日韓関係――国交正常化交渉をめぐって』（クレイン、2005年、新装新版は2015年）『日韓会談1965――戦後日韓関係の原点を検証する』（高文研、2015年）、『五〇年目の日韓つながり直し――日韓請求権協定から考える』（社会評論社、2016年、編著）、吉岡吉典『日韓基本条約が置き去りにしたもの――植民地責任と真の友好』（大月書店、2014年、編集および解説を執筆）、『日韓国交正常化問題資料』（現代史料出版、2010年より、浅野豊美、長澤裕子、金鉉洙、鷹田真由美各氏とともに編集）など。

李洋秀（イー　ヤンス）　＊第一章担当

1951年生れ、在日韓国人二世。

愛知朝鮮中高級学校、桐朋学園大学卒業。

ソウル国民大学校日本学研究所共同研究員、大阪経済法科大学アジア太平洋研究センター客員研究員。韓国KBSテレビの日本側コーディネーターを20年務め、200本以上のドキュメンタリー制作に携わる。

著書として「用意周到に準備されていた会談の破壊」吉澤文寿編編『五〇年目の日韓つながり直し――日韓請求権協定から考える』（2016年、社会評論社）、「日韓会談日本側文書の開示を求めた一〇年の裁判」『戦後70年・残される課題――未解決の戦後補償(2)』（創史社、2015年）、「疑問多い日韓条約での解決済み――日韓会談の文書公開と情報開示」『未解決の戦後補償　過去と未来』（創史社、2012年）、ほか。

翻訳書として黄壽永編『韓国の失われた文化財（増補日帝期文化財被害資料）』（三一書房、2014年、韓国語版、国外所在文化財財団、2014年）など。

金恩貞（キム　ウンジョン）　＊第二章担当

日本学術振興会・外国人特別研究員。

2009年大阪市立大学法学部卒業。2015年神戸大学大学院法学研究科博士後期課程修了。博士（政治学、神戸大学）。

神戸大学大学院法学研究科特別研究員、公益財団法人ひょうご震災記念21世紀研究機構主任研究員、大阪市立大学大学院法学研究科客員研究員をへて、2019年9月より現職。

単著として『日韓国交正常化交渉の政治史』（千倉書房、2018年）。

「第30回アジア・太平洋賞特別賞」（2018.10.10）、「2018年度の現代韓国朝鮮学会賞（小此木賞）」（2019.5.11）を受賞。

太田修（おおた　おさむ）　＊第三章担当

1963年生まれ。同志社大学グローバル・スタディーズ研究科教授。

高麗大学校大学院史学科韓国史専攻博士課程修了。朝鮮現代史、近現代日朝関係史専攻。

主な論著に『〔新装新版〕日韓交渉――請求権問題の研究』（クレイン、2015年）、『朝鮮近現代史を歩く――京都からソウルへ』（思文閣出版、2009年）、「7 日朝国交正常化はなぜ必要か」、李鍾元・木宮正史編『朝鮮半島危機から対話へ――変動する東アジアの地政図』（岩波書店、2018年）、「第1章『日韓財産請求権協定で解決済み』論を批判する」、吉澤文寿編『五〇年目の日韓つながり直し――日韓請求権協定から考える』（社会評論社、2016年）など。

浅野豊美（あさの　とよみ）　＊第四章担当

福島県桑折町生まれ。早稲田大学政治経済学術院教授。

1988年3月東京大学教養学部国際関係論学科卒業、2015年4月から現職。

専門は、日本政治外交史・国際関係学。特に、戦後日本をめぐる国際政治史を、日本帝国の解体とアメリカによる再編成過程としてとらえ、賠償問題を歴史的に異なる角度から検証している。

主要著書に、『帝国日本の植民地法制――法域統合と帝国秩序』（名古屋大学出版会、2008年、大平正芳賞・吉田茂賞）、『戦後日本の賠償問題と東アジア地域再編』（慈学社、2013年）。

長澤裕子（ながさわ　ゆうこ）　＊第五章担当

静岡県出身。東京大学大学院総合文化研究科特任講師。

高麗大学大学院政治外交学科博士課程修了。

主な著作として「日韓会談と韓国文化財の返還問題再考」および「戦後日本のポツダム宣言解釈と朝鮮の主権」共に『歴史としての日韓国交正常化Ⅱ』（法政大学出版局、2012年）収録。「解放後朝鮮の対日文化財返還要求と米国――日本の敗戦から対日講和条約締結まで（1945-1951年）」『朝鮮史研究会論文集』第55号（緑蔭書房、2017年）、『朝鮮半島の分断と日本』（高麗大学校出版文化院、近刊）。

翻訳に『韓国外交政策の理想と現実――李承晩外交と米国の対韓政策に対する反省』（法政大学出版局 、2007年）、『日韓国交正常化問題資料』（現代史料出版、2010年より、浅野豊美、吉澤文寿、金鉉洙、鷹田真由美共編）など。

山本興正（やまもと　こうしょう）　＊第六章担当

1981年生まれ。滋賀県立大学非常勤講師。

東京大学大学院総合文化研究科博士課程単位取得満期退学。

論文として、「金嬉老公判対策委員会における民族的責任の思想の生成と葛藤――梶村秀樹の思想的関与を中心に」（『在日朝鮮人史研究』第46号、2016年）、「梶村秀樹における民族的責任の位置――ナショナリズムをめぐる議論を中心に」（『コリアン・スタディーズ』第2号、2014年）、「日本社会から消去、排除される人々――最近の在日外国人管理政策の変化をめぐって」（『情況』第10巻5号、2009年）、「書評 李美淑著『「日韓連帯運動」の時代』」（大野光明・小杉亮子・松井隆志編『社会運動史研究1――運動史とは何か』新曜社、2019年）など。

金崇培（キム　スウンベ）　**＊第八章担当**

忠南大学人文学部招聘教授。

延世大学社会科学大学院政治学科博士課程修了。政治学博士。

著書として『日韓関係の緊張と和解』（韓国語、ポゴサ、2019 年、共著）。

論文として「反ヴェルサイユ――国際的民族自決論と韓国的分化」（韓国語、国際政治論叢、第 59 集第 2 号、2019 年）、「戦後と解放の日韓関係――1945 年直後の認識的乖離」（韓国語、亜細亜研究、第 62 巻第 2 号、2019 年）、「協働的パブリック・ディプロマシーとしての日韓関係――朝鮮通信使の共有と可視化」（韓国語、韓国政治学会報、第 52 集第 2 号、2018 年）、「日中戦争の連続・拡張性――太平洋戦争と平和条約の相関関係」（韓国語、韓国政治外交史論叢、第 39 集第 2 号、2018 年）など。

成田千尋（なりた　ちひろ）　**＊第九章担当**

1987 年生まれ。日本学術振興会特別研究員（PD)。京都大学非常勤講師及び同志社大学嘱託講師。

京都大学大学院文学研究科博士課程修了。

著作として、「沖縄返還交渉と朝鮮半島情勢――B52 沖縄配備に着目して」（『史林』97 巻 3 号)、2014 年 、「米国のベトナム戦争介入と日韓国交正常化――韓国軍ベトナム派兵に着目して」（史林 99 巻 2 号、2016 年）、「오키나와 귀속문제를 둘러싼 한국과 중화민국 정부의 동향 ――一九四〇～五〇년대를 중심으로〔沖縄の帰属問題をめぐる韓国・中華民国政府の動向――一九四〇～五〇年代を中心に〕」（『인문논총〔人文論叢〕』76 巻 2 号､2019 年）など。

金鉉洙（キム　ヒョンス）　**＊第一〇章担当**

1973 年生まれ。明治大学兼任講師。

明治大学大学院文学研究科博士後期課程修了。

著書として『일본에서의 한일회담 반대운동――재일조선인운동을 중심으로〔日本における日韓会談反対運動――在日朝鮮人運動を中心に〕』（図書出版先人、2016 年、ソウル）、「戦後在日朝鮮人の『日本観』」、杉並歴史を語り合う会・歴史科学協議会編『隣国の肖像：日朝相互認識の歴史』（大月書店､2016 年)､「在日朝鮮人にとっての日韓条約｣､吉澤文寿編『五〇年目の日韓つながり直し――日韓請求権協定から考える』（社会評論社、2017 年）など。

歴史認識から見た戦後日韓関係

「1965 年体制」の歴史学・政治学的考察

2019 年 9 月 15 日　初版第 1 刷発行
2020 年 6 月 2 日　重版第 1 刷発行
編著者＊吉澤文寿
発行人＊松田健二
装　幀＊右澤康之
発行所＊株式会社社会評論社
東京都文京区本郷 2-3-10　tel.03-3814-3861/fax.03-3818-2808
印刷・製本＊倉敷印刷株式会社
Printed in Japan